人力资源和社会保障政策法规汇编

(2022)

人力资源和社会保障部法规司编

中国劳动社会保障出版社

图书在版编目(CIP)数据

人力资源和社会保障政策法规汇编.2022/人力资源和社会保障部法规司编. -- 北京：中国劳动社会保障出版社，2024
ISBN 978-7-5167-6291-2

Ⅰ.①人… Ⅱ.①人… Ⅲ.①人力资源管理-劳动政策-汇编-中国-2022②人力资源管理-劳动法-汇编-中国-2022③社会保障-福利政策-汇编-中国-2022④社会保障-法规-汇编-中国-2022 Ⅳ.①F249.20②D922.509

中国国家版本馆 CIP 数据核字(2024)第 050362 号

中国劳动社会保障出版社出版发行

(北京市惠新东街 1 号　邮政编码：100029)

*

北京市艺辉印刷有限公司印刷装订　新华书店经销
880 毫米×1230 毫米　32 开本　18.625 印张　442 千字
2024 年 4 月第 1 版　2024 年 4 月第 1 次印刷
定价：98.00 元

营销中心电话：400-606-6496
出版社网址：http://www.class.com.cn

版权专有　侵权必究

如有印装差错，请与本社联系调换：(010)81211666
我社将与版权执法机关配合，大力打击盗印、销售和使用盗版图书活动，敬请广大读者协助举报，经查实将给予举报者奖励。
举报电话：(010)64954652

编 辑 说 明

为了准确地向全国人力资源社会保障部门的工作人员、广大用人单位和劳动者宣传国家人力资源社会保障法律、行政法规、部门规章及政策性文件，进一步提高人力资源社会保障部门依法行政水平，切实维护广大用人单位和劳动者的合法权益，我们编辑了《人力资源和社会保障政策法规汇编（2022）》一书。本书收集了2022年人力资源社会保障工作方面的法律、行政法规、部门规章和政策性文件等，共81件，分为综合、就业促进、人力资源流动管理、职业能力建设、专业技术人员管理、事业单位人事管理、养老保险、失业保险、社会保险基金监管、社会保险事业管理、农民工工作、劳动关系、调解仲裁管理、劳动保障监察、其他，共15部分。每个部分按其法律效力编排，以便于广大读者查阅。

《人力资源和社会保障政策法规汇编》是工具书，每年出版一册，政策连续性强，特别适合企业、事业单位、机关、社会团体等各类组织主管人力资源社会保障工作的部门长期保存，以备工作查阅。

编 者

2023年12月

总 目 录

综合 …………………………………… （ 1 ）

就业促进 ……………………………… （113）

人力资源流动管理 …………………… （195）

职业能力建设 ………………………… （227）

专业技术人员管理 …………………… （301）

事业单位人事管理 …………………… （353）

养老保险 ……………………………… （369）

失业保险 ……………………………… （387）

社会保险基金监管 …………………… （401）

社会保险事业管理 …………………… （427）

农民工工作 …………………………… （435）

劳动关系 ……………………………… （453）

调解仲裁管理 …………………………（517）
劳动保障监察 …………………………（535）
其他 ……………………………………（545）

目 录

综 合

中华人民共和国妇女权益保障法（2022.10.30）……………（ 3 ）

促进个体工商户发展条例（2022.10.1 中华人民共和国国务院令第755号）………………………………………（ 19 ）

国务院关于印发扎实稳住经济一揽子政策措施的通知（2022.5.24 国发〔2022〕12号）……………………（ 25 ）

国务院办公厅关于加快推进"一件事一次办"打造政务服务升级版的指导意见（2022.9.26 国办发〔2022〕32号）………………………………………………………（ 37 ）

国务院办公厅关于扩大政务服务"跨省通办"范围进一步提升服务效能的意见（2022.9.28 国办发〔2022〕34号）………………………………………………………（ 48 ）

国务院办公厅关于印发第十次全国深化"放管服"改革电视电话会议重点任务分工方案的通知（2022.10.15 国办发〔2022〕37号）……………………………………（ 59 ）

人力资源社会保障部关于修改部分规章的决定（2022.1.7 人社部令第47号）……………………………………（ 73 ）

教育部 中央宣传部 中央编办 国家发展改革委 财政

部 人力资源社会保障部 住房城乡建设部 国家乡村振兴局关于印发《新时代基础教育强师计划》的通知(2022.4.2 教师〔2022〕6号) ……………………（76）

人力资源社会保障部 国家发展改革委 民政部 财政部 农业农村部关于进一步做好长江流域重点水域退捕渔民安置保障工作的通知(2022.5.17 人社部发〔2022〕28号) ……………………………………………（85）

人力资源社会保障部 国家发展改革委 财政部 税务总局关于扩大阶段性缓缴社会保险费政策实施范围等问题的通知(2022.5.31 人社部发〔2022〕31号) ……（89）

国家发展改革委 教育部 科技部 民政部 财政部 人力资源社会保障部 住房城乡建设部 国家卫生健康委 中国人民银行 国务院国资委 税务总局 市场监管总局 银保监会关于印发《养老托育服务业纾困扶持若干政策措施》的通知(2022.8.29 发改财金〔2022〕1356号) ……………………………………（93）

人力资源社会保障部办公厅 税务总局办公厅关于特困行业阶段性实施缓缴企业社会保险费政策的通知(2022.4.25 人社厅发〔2022〕16号) ……………（99）

人力资源社会保障部办公厅 国家发展改革委办公厅 财政部办公厅 税务总局办公厅关于进一步做好阶段性缓缴社会保险费政策实施工作有关问题的通知(2022.9.19 人社厅发〔2022〕50号) ………………………………（102）

商务部办公厅 国家发展改革委办公厅 民政部办公厅 财政部办公厅 人力资源社会保障部办公厅 住房城乡

建设部办公厅 中国人民银行办公厅 税务总局办公厅 市场监管总局办公厅 银保监会办公厅 证监会办公厅关于抓好促进餐饮业恢复发展扶持政策贯彻落实工作的通知（2022.6.14 商办服贸函〔2022〕154号）……（104）

人力资源社会保障部办公厅 国家发展改革委办公厅 国家乡村振兴局综合司关于进一步推进东西部人社协作的通知（2022.11.23 人社厅函〔2022〕173号）……（108）

就 业 促 进

国务院办公厅关于进一步做好高校毕业生等青年就业创业工作的通知（2022.5.5 国办发〔2022〕13号）……（115）

国家发展改革委 财政部 人力资源社会保障部 住房城乡建设部 交通运输部 商务部 文化和旅游部 国家卫生健康委 中国人民银行 国务院国资委 税务总局 市场监管总局 银保监会 中国民航局《关于促进服务业领域困难行业恢复发展的若干政策》的通知（2022.2.18 发改财金〔2022〕271号）……（123）

人力资源社会保障部 教育部 科技部 工业和信息化部 民政部 财政部 商务部 国务院国资委 共青团中央 全国工商联关于实施百万就业见习岗位募集计划的通知（2022.3.8 人社部发〔2022〕11号）……（132）

人力资源社会保障部 国家发展改革委 财政部 农业农村部 国家乡村振兴局关于做好2022年脱贫人口稳岗就

业工作的通知（2022.3.15　人社部发〔2022〕13号）
………………………………………………………（137）
民政部　教育部　财政部　人力资源社会保障部关于做好2022年普通高校毕业生到城乡社区就业工作的通知（2022.6.6　民发〔2022〕34号）……………（143）
人力资源社会保障部　教育部　财政部关于推进企业吸纳就业社会保险补贴"直补快办"助力稳岗扩就业的通知（2022.6.21　人社部发〔2022〕37号）……………（147）
人力资源社会保障部　民政部　财政部　中国人民银行关于促进失业人员就业创业的通知（2022.9.27　人社部发〔2022〕69号）………………………………………（150）
人力资源社会保障部　民政部　财政部　住房城乡建设部　市场监管总局关于加强零工市场建设　完善求职招聘服务的意见（2022.6.22　人社部发〔2022〕38号）
………………………………………………………（154）
人力资源社会保障部　国家发展改革委　教育部　工业和信息化部　财政部　农业农村部　中国人民银行　市场监管总局关于实施重点群体创业推进行动的通知（2022.11.9　人社部发〔2022〕81号）……………（158）
人力资源社会保障部关于加强企业招聘用工服务的通知（2022.3.28　人社部函〔2022〕32号）……………（163）
人力资源社会保障部关于开展公共就业创业服务示范城市创建活动的通知（2022.10.27　人社部函〔2022〕133号）………………………………………………（167）
人力资源社会保障部办公厅关于开展2022年离校未就业高

校毕业生服务攻坚行动的通知（2022.6.10 人社厅发〔2022〕23号） …………………………………………（173）
人力资源社会保障部办公厅 教育部办公厅 民政部办公厅关于做好高校毕业生城乡基层就业岗位发布工作的通知（2022.6.12 人社厅函〔2022〕89号） …………（181）
人力资源社会保障部 民政部 中国残联关于开展就业援助"暖心活动"的通知（2022.7.19 人社部函〔2022〕92号） ………………………………………………（186）
住房城乡建设部办公厅关于进一步做好建筑工人就业服务和权益保障工作的通知（2022.8.29 建办市〔2022〕40号） ………………………………………………（191）

人力资源流动管理

人力资源社会保障部关于实施人力资源服务业创新发展行动计划（2023—2025年）的通知（2022.12.5 人社部发〔2022〕83号） ……………………………………（197）
人力资源社会保障部办公厅关于发挥人力资源服务机构作用助推劳务品牌建设的通知（2022.3.8 人社厅发〔2022〕9号） ……………………………………………（204）
人力资源社会保障部办公厅 财政部办公厅关于做好2022年高校毕业生"三支一扶"计划实施工作的通知（2022.6.7 人社厅发〔2022〕22号） …………（208）
人力资源社会保障部办公厅关于进一步做好人力资源服务

许可告知承诺制工作的通知（2022.9.23　人社厅发〔2022〕51号）……（212）
人力资源社会保障部办公厅关于开展人力资源服务机构稳就业促就业行动的通知（2022.6.30　人社厅函〔2022〕105号）……（222）

职业能力建设

中华人民共和国职业教育法（2022.4.20）……（229）
中共中央办公厅　国务院办公厅印发《关于加强新时代高技能人才队伍建设的意见》（2022.10.7）……（246）
人力资源社会保障部关于健全完善新时代技能人才职业技能等级制度的意见（试行）（2022.3.18　人社部发〔2022〕14号）……（254）
人力资源社会保障部　工业和信息化部　国务院国资委关于印发《制造业技能根基工程实施方案》的通知（2022.6.2　人社部发〔2022〕33号）……（263）
人力资源社会保障部　财政部关于印发《国家级高技能人才培训基地和技能大师工作室建设项目实施方案》的通知（2022.9.14　人社部发〔2022〕62号）……（268）
人力资源社会保障部关于印发《推进技工院校工学一体化技能人才培养模式实施方案》的通知（2022.3.4　人社部函〔2022〕20号）……（290）
中国残联　教育部　中央编办　国家发展改革委　财政部

人力资源社会保障部 住房城乡建设部关于印发《残疾人中等职业学校设置标准》的通知（2022.11.15）
………………………………………………………（296）

专业技术人员管理

人力资源社会保障部关于降低或取消部分准入类职业资格考试工作年限要求有关事项的通知（2022.2.21 人社部发〔2022〕8号）……………………（303）

国家新闻出版署 人力资源社会保障部 广电总局 国家网信办关于印发《新闻专业技术人员继续教育暂行规定》的通知（2022.4.25 国新出发〔2022〕8号）
………………………………………………………（319）

审计署 人力资源社会保障部关于印发《审计专业技术资格规定》和《审计专业技术资格考试实施办法》的通知（2022.7.5 审人发〔2022〕18号）……………（327）

国家新闻出版署 人力资源社会保障部关于印发《新闻记者职业资格考试办法》和《新闻记者职业资格考试实施细则》的通知（2022.12.30 国新出发〔2022〕21号）
………………………………………………………（337）

人力资源社会保障部办公厅关于单独划定部分专业技术人员职业资格考试合格标准有关事项的通知（2022.6.21 人社厅发〔2022〕25号）……………（344）

人力资源社会保障部办公厅关于进一步做好职称评审工作

的通知（2022.11.30 人社厅发〔2022〕60号）……（347）

事业单位人事管理

退役军人事务部 教育部 人力资源社会保障部关于促进优秀军人到中小学任教的意见（2022.6.10 退役军人部发〔2022〕46号）……………………………………（355）
人力资源社会保障部 教育部关于印发《关于进一步完善中小学岗位设置管理的指导意见》的通知（2022.9.2 人社部发〔2022〕58号）……………………（359）
人力资源社会保障部办公厅 教育部办公厅关于做好2022年中小学幼儿园教师公开招聘工作的通知（2022.6.6 人社厅发〔2022〕21号）………………………（364）

养 老 保 险

国务院办公厅关于推动个人养老金发展的意见（2022.4.8 国办发〔2022〕7号）………………………（371）
人力资源社会保障部 财政部关于2022年调整退休人员基本养老金的通知（2022.5.16 人社部发〔2022〕27号）……………………………………………（375）
人力资源社会保障部 财政部 税务总局 银保监会 证

监会关于印发《个人养老金实施办法》的通知（2022.10.26 人社部发〔2022〕70号）……（377）

失 业 保 险

人力资源社会保障部 财政部 税务总局关于做好失业保险稳岗位提技能防失业工作的通知（2022.4.25 人社部发〔2022〕23号）……（389）

国家发展改革委 民政部 财政部 人力资源社会保障部 退役军人事务部 国家统计局关于阶段性调整价格补贴联动机制加大对困难群众物价补贴力度的通知（2022.8.26 发改价格〔2022〕1340号）……（393）

人力资源社会保障部办公厅关于扎实做好失业保险待遇发放工作的通知（2022.6.30 人社厅发〔2022〕27号）……（396）

人力资源社会保障部办公厅 教育部办公厅 财政部办公厅关于加快落实一次性扩岗补助政策有关工作的通知（2022.7.25 人社厅发〔2022〕41号）……（398）

社会保险基金监管

社会保险基金行政监督办法（2022.2.9 人力资源社会保

障部令第48号) ………………………………………… (403)

人力资源社会保障部　财政部关于印发《社会保险基金监督举报奖励暂行办法》的通知(2022.7.11　人社部发〔2022〕45号) ……………………………………… (413)

财政部　人力资源社会保障部　税务总局　国家医保局关于印发《社会保险基金预算绩效管理办法》的通知(2022.5.27　财社〔2022〕65号) …………………… (419)

社会保险事业管理

人力资源社会保障部办公厅关于推进社会保险经办管理服务标准化规范化便利化的意见(2022.12.19　人社厅发〔2022〕59号) …………………………………… (429)

农民工工作

人力资源社会保障部　国家发展改革委　财政部　农业农村部　国家乡村振兴局关于进一步支持农民工就业创业的实施意见(2022.11.9　人社部发〔2022〕76号) ……………………………………………… (437)

人力资源社会保障部　公安部　民政部　司法部　交通运输部　文化和旅游部　国家卫生健康委　国家乡村振兴

局　国家疾控局　全国总工会　共青团中央　国铁集团
关于开展2023年春节期间"春暖农民工"服务行动的
通知（2022.12.19　人社部明电〔2022〕16号）……（443）

人力资源社会保障部办公厅　国家发展改革委办公厅　商
务部办公厅　国家乡村振兴局综合司　全国妇联办公厅
关于进一步加强家政劳务品牌建设的通知（2022.6.14
人社厅函〔2022〕90号）………………………（447）

劳 动 关 系

人力资源社会保障部　财政部　国务院国资委关于印发
《国有企业工资内外收入监督管理规定》的通知
（2022.8.30　人社部发〔2022〕57号）…………（455）

人力资源社会保障部　全国总工会　中国企业联合会/中国
企业家协会　全国工商联关于开展2022年全国和谐劳动
关系创建示范活动的通知（2022.5.25　人社部函
〔2022〕59号）………………………………………（465）

人力资源社会保障部办公厅关于印发《国有企业科技人才
薪酬分配指引》的通知（2022.11.9　人社厅发〔2022〕
54号）…………………………………………………（484）

人力资源社会保障部办公厅关于国有企业新设企业或机构
增人增资有关政策规定意见的函（2022.7.29　人社厅函
〔2022〕119号）………………………………………（513）

人力资源社会保障部办公厅关于2022年国有企业招聘高校

毕业生增人增资有关意见的函（2022.9.5 人社厅函〔2022〕132号）………………………………………（515）

调解仲裁管理

人力资源社会保障部 最高人民法院关于劳动人事争议仲裁与诉讼衔接有关问题的意见（一）（2022.2.21 人社部发〔2022〕9号）……………………………（519）
人力资源社会保障部 中央政法委 最高人民法院 工业和信息化部 司法部 财政部 中华全国总工会 中华全国工商业联合会 中国企业联合会/中国企业家协会关于进一步加强劳动人事争议协商调解工作的意见（2022.10.13 人社部发〔2022〕71号）……………（524）
人力资源社会保障部办公厅 共青团中央办公厅关于建立青年仲裁员志愿者联系企业活动常态化长效化工作机制的通知（2022.11.11 人社厅发〔2022〕55号）……（532）

劳动保障监察

人力资源社会保障部 最高人民法院关于加强行政司法联动保障新冠肺炎康复者等劳动者平等就业权利的通知（2022.8.10 人社部函〔2022〕108号）……………（537）

人力资源社会保障部 国家卫生健康委关于坚决打击对新
　　冠肺炎康复者就业歧视的紧急通知（2022.7.29 人社部
　　明电〔2022〕8号）……………………………………（540）
人力资源社会保障部办公厅关于阶段性缓缴农民工工资保
　　证金有关事项的紧急通知（2022.6.24 人社厅函
　　〔2022〕99号）………………………………………（543）

其　他

中央企业合规管理办法（2022.8.23 国务院国有资产监督
　　管理委员会令第42号）………………………………（547）
退役军人事务部 财政部 人力资源社会保障部 国家卫
　　生健康委 国家医保局 中央军委后勤保障部关于印发
　　《残疾退役军人医疗保障办法》的通知（2022.1.5 退
　　役军人部发〔2022〕3号）……………………………（555）
最高人民法院 最高人民检察院 教育部印发《关于落实
　　从业禁止制度的意见》的通知（2022.11.10 法发
　　〔2022〕32号）…………………………………………（560）
最高人民法院关于为实施积极应对人口老龄化国家战略提
　　供司法服务和保障的意见（2022.3.29 法发〔2022〕
　　15号）……………………………………………………（563）
最高人民法院关于为稳定就业提供司法服务和保障的意见
　　（2022.12.26 法发〔2022〕36号）……………………（569）

综 合

总合

中华人民共和国妇女权益保障法

（1992年4月3日第七届全国人民代表大会第五次会议通过 根据2005年8月28日第十届全国人民代表大会常务委员会第十七次会议《关于修改〈中华人民共和国妇女权益保障法〉的决定》第一次修正 根据2018年10月26日第十三届全国人民代表大会常务委员会第六次会议《关于修改〈中华人民共和国野生动物保护法〉等十五部法律的决定》第二次修正 2022年10月30日第十三届全国人民代表大会常务委员会第三十七次会议修订）

目 录

第一章　总则
第二章　政治权利
第三章　人身和人格权益
第四章　文化教育权益
第五章　劳动和社会保障权益
第六章　财产权益
第七章　婚姻家庭权益
第八章　救济措施
第九章　法律责任
第十章　附则

第一章 总 则

第一条 为了保障妇女的合法权益，促进男女平等和妇女全面发展，充分发挥妇女在全面建设社会主义现代化国家中的作用，弘扬社会主义核心价值观，根据宪法，制定本法。

第二条 男女平等是国家的基本国策。妇女在政治的、经济的、文化的、社会的和家庭的生活等各方面享有同男子平等的权利。

国家采取必要措施，促进男女平等，消除对妇女一切形式的歧视，禁止排斥、限制妇女依法享有和行使各项权益。

国家保护妇女依法享有的特殊权益。

第三条 坚持中国共产党对妇女权益保障工作的领导，建立政府主导、各方协同、社会参与的保障妇女权益工作机制。

各级人民政府应当重视和加强妇女权益的保障工作。

县级以上人民政府负责妇女儿童工作的机构，负责组织、协调、指导、督促有关部门做好妇女权益的保障工作。

县级以上人民政府有关部门在各自的职责范围内做好妇女权益的保障工作。

第四条 保障妇女的合法权益是全社会的共同责任。国家机关、社会团体、企业事业单位、基层群众性自治组织以及其他组织和个人，应当依法保障妇女的权益。

国家采取有效措施，为妇女依法行使权利提供必要的条件。

第五条 国务院制定和组织实施中国妇女发展纲要，将其纳入国民经济和社会发展规划，保障和促进妇女在各领域的全面发展。

县级以上地方各级人民政府根据中国妇女发展纲要，制定和组织实施本行政区域的妇女发展规划，将其纳入国民经济和社会发展规划。

县级以上人民政府应当将妇女权益保障所需经费列入本级

预算。

第六条 中华全国妇女联合会和地方各级妇女联合会依照法律和中华全国妇女联合会章程，代表和维护各族各界妇女的利益，做好维护妇女权益、促进男女平等和妇女全面发展的工作。

工会、共产主义青年团、残疾人联合会等群团组织应当在各自的工作范围内，做好维护妇女权益的工作。

第七条 国家鼓励妇女自尊、自信、自立、自强，运用法律维护自身合法权益。

妇女应当遵守国家法律，尊重社会公德、职业道德和家庭美德，履行法律所规定的义务。

第八条 有关机关制定或者修改涉及妇女权益的法律、法规、规章和其他规范性文件，应当听取妇女联合会的意见，充分考虑妇女的特殊权益，必要时开展男女平等评估。

第九条 国家建立健全妇女发展状况统计调查制度，完善性别统计监测指标体系，定期开展妇女发展状况和权益保障统计调查和分析，发布有关信息。

第十条 国家将男女平等基本国策纳入国民教育体系，开展宣传教育，增强全社会的男女平等意识，培育尊重和关爱妇女的社会风尚。

第十一条 国家对保障妇女合法权益成绩显著的组织和个人，按照有关规定给予表彰和奖励。

第二章 政治权利

第十二条 国家保障妇女享有与男子平等的政治权利。

第十三条 妇女有权通过各种途径和形式，依法参与管理国家事务、管理经济和文化事业、管理社会事务。

妇女和妇女组织有权向各级国家机关提出妇女权益保障方面的意见和建议。

第十四条 妇女享有与男子平等的选举权和被选举权。

全国人民代表大会和地方各级人民代表大会的代表中,应当保证有适当数量的妇女代表。国家采取措施,逐步提高全国人民代表大会和地方各级人民代表大会的妇女代表的比例。

居民委员会、村民委员会成员中,应当保证有适当数量的妇女成员。

第十五条　国家积极培养和选拔女干部,重视培养和选拔少数民族女干部。

国家机关、群团组织、企业事业单位培养、选拔和任用干部,应当坚持男女平等的原则,并有适当数量的妇女担任领导成员。

妇女联合会及其团体会员,可以向国家机关、群团组织、企业事业单位推荐女干部。

国家采取措施支持女性人才成长。

第十六条　妇女联合会代表妇女积极参与国家和社会事务的民主协商、民主决策、民主管理和民主监督。

第十七条　对于有关妇女权益保障工作的批评或者合理可行的建议,有关部门应当听取和采纳;对于有关侵害妇女权益的申诉、控告和检举,有关部门应当查清事实,负责处理,任何组织和个人不得压制或者打击报复。

第三章　人身和人格权益

第十八条　国家保障妇女享有与男子平等的人身和人格权益。

第十九条　妇女的人身自由不受侵犯。禁止非法拘禁和以其他非法手段剥夺或者限制妇女的人身自由;禁止非法搜查妇女的身体。

第二十条　妇女的人格尊严不受侵犯。禁止用侮辱、诽谤等方式损害妇女的人格尊严。

第二十一条　妇女的生命权、身体权、健康权不受侵犯。禁止虐待、遗弃、残害、买卖以及其他侵害女性生命健康权益的行为。

禁止进行非医学需要的胎儿性别鉴定和选择性别的人工终止妊娠。

医疗机构施行生育手术、特殊检查或者特殊治疗时，应当征得妇女本人同意；在妇女与其家属或者关系人意见不一致时，应当尊重妇女本人意愿。

第二十二条 禁止拐卖、绑架妇女；禁止收买被拐卖、绑架的妇女；禁止阻碍解救被拐卖、绑架的妇女。

各级人民政府和公安、民政、人力资源和社会保障、卫生健康等部门及村民委员会、居民委员会按照各自的职责及时发现报告，并采取措施解救被拐卖、绑架的妇女，做好被解救妇女的安置、救助和关爱等工作。妇女联合会协助和配合做好有关工作。任何组织和个人不得歧视被拐卖、绑架的妇女。

第二十三条 禁止违背妇女意愿，以言语、文字、图像、肢体行为等方式对其实施性骚扰。

受害妇女可以向有关单位和国家机关投诉。接到投诉的有关单位和国家机关应当及时处理，并书面告知处理结果。

受害妇女可以向公安机关报案，也可以向人民法院提起民事诉讼，依法请求行为人承担民事责任。

第二十四条 学校应当根据女学生的年龄阶段，进行生理卫生、心理健康和自我保护教育，在教育、管理、设施等方面采取措施，提高其防范性侵害、性骚扰的自我保护意识和能力，保障女学生的人身安全和身心健康发展。

学校应当建立有效预防和科学处置性侵害、性骚扰的工作制度。对性侵害、性骚扰女学生的违法犯罪行为，学校不得隐瞒，应当及时通知受害未成年女学生的父母或其他监护人，向公安机关、教育行政部门报告，并配合相关部门依法处理。

对遭受性侵害、性骚扰的女学生，学校、公安机关、教育行政部门等相关单位和人员应当保护其隐私和个人信息，并提供必要的保护措施。

第二十五条 用人单位应当采取下列措施预防和制止对妇女的性骚扰：

（一）制定禁止性骚扰的规章制度；

（二）明确负责机构或者人员；

（三）开展预防和制止性骚扰的教育培训活动；

（四）采取必要的安全保卫措施；

（五）设置投诉电话、信箱等，畅通投诉渠道；

（六）建立和完善调查处置程序，及时处置纠纷并保护当事人隐私和个人信息；

（七）支持、协助受害妇女依法维权，必要时为受害妇女提供心理疏导；

（八）其他合理的预防和制止性骚扰措施。

第二十六条 住宿经营者应当及时准确登记住宿人员信息，健全住宿服务规章制度，加强安全保障措施；发现可能侵害妇女权益的违法犯罪行为，应当及时向公安机关报告。

第二十七条 禁止卖淫、嫖娼；禁止组织、强迫、引诱、容留、介绍妇女卖淫或者对妇女进行猥亵活动；禁止组织、强迫、引诱、容留、介绍妇女在任何场所或者利用网络进行淫秽表演活动。

第二十八条 妇女的姓名权、肖像权、名誉权、荣誉权、隐私权和个人信息等人格权益受法律保护。

媒体报道涉及妇女事件应当客观、适度，不得通过夸大事实、过度渲染等方式侵害妇女的人格权益。

禁止通过大众传播媒介或者其他方式贬低损害妇女人格。未经本人同意，不得通过广告、商标、展览橱窗、报纸、期刊、图书、音像制品、电子出版物、网络等形式使用妇女肖像，但法律另有规定的除外。

第二十九条 禁止以恋爱、交友为由或者在终止恋爱关系、离婚之后,纠缠、骚扰妇女,泄露、传播妇女隐私和个人信息。

妇女遭受上述侵害或者面临上述侵害现实危险的,可以向人民法院申请人身安全保护令。

第三十条 国家建立健全妇女健康服务体系,保障妇女享有基本医疗卫生服务,开展妇女常见病、多发病的预防、筛查和诊疗,提高妇女健康水平。

国家采取必要措施,开展经期、孕期、产期、哺乳期和更年期的健康知识普及、卫生保健和疾病防治,保障妇女特殊生理时期的健康需求,为有需要的妇女提供心理健康服务支持。

第三十一条 县级以上地方人民政府应当设立妇幼保健机构,为妇女提供保健以及常见病防治服务。

国家鼓励和支持社会力量通过依法捐赠、资助或者提供志愿服务等方式,参与妇女卫生健康事业,提供安全的生理健康用品或者服务,满足妇女多样化、差异化的健康需求。

用人单位应当定期为女职工安排妇科疾病、乳腺疾病检查以及妇女特殊需要的其他健康检查。

第三十二条 妇女依法享有生育子女的权利,也有不生育子女的自由。

第三十三条 国家实行婚前、孕前、孕产期和产后保健制度,逐步建立妇女全生育周期系统保健制度。医疗保健机构应当提供安全、有效的医疗保健服务,保障妇女生育安全和健康。

有关部门应当提供安全、有效的避孕药具和技术,保障妇女的健康和安全。

第三十四条 各级人民政府在规划、建设基础设施时,应当考虑妇女的特殊需求,配备满足妇女需要的公共厕所和母婴室等公共设施。

第四章　文化教育权益

第三十五条　国家保障妇女享有与男子平等的文化教育权利。

第三十六条　父母或者其他监护人应当履行保障适龄女性未成年人接受并完成义务教育的义务。

对无正当理由不送适龄女性未成年人入学的父母或者其他监护人，由当地乡镇人民政府或者县级人民政府教育行政部门给予批评教育，依法责令其限期改正。居民委员会、村民委员会应当协助政府做好相关工作。

政府、学校应当采取有效措施，解决适龄女性未成年人就学存在的实际困难，并创造条件，保证适龄女性未成年人完成义务教育。

第三十七条　学校和有关部门应当执行国家有关规定，保障妇女在入学、升学、授予学位、派出留学、就业指导和服务等方面享有与男子平等的权利。

学校在录取学生时，除国家规定的特殊专业外，不得以性别为由拒绝录取女性或者提高对女性的录取标准。

各级人民政府应当采取措施，保障女性平等享有接受中高等教育的权利和机会。

第三十八条　各级人民政府应当依照规定把扫除妇女中的文盲、半文盲工作，纳入扫盲和扫盲后继续教育规划，采取符合妇女特点的组织形式和工作方法，组织、监督有关部门具体实施。

第三十九条　国家健全全民终身学习体系，为妇女终身学习创造条件。

各级人民政府和有关部门应当采取措施，根据城镇和农村妇女的需要，组织妇女接受职业教育和实用技术培训。

第四十条　国家机关、社会团体和企业事业单位应当执行国家有关规定，保障妇女从事科学、技术、文学、艺术和其他文化活动，享有与男子平等的权利。

第五章　劳动和社会保障权益

第四十一条　国家保障妇女享有与男子平等的劳动权利和社会保障权利。

第四十二条　各级人民政府和有关部门应当完善就业保障政策措施，防止和纠正就业性别歧视，为妇女创造公平的就业创业环境，为就业困难的妇女提供必要的扶持和援助。

第四十三条　用人单位在招录（聘）过程中，除国家另有规定外，不得实施下列行为：

（一）限定为男性或者规定男性优先；

（二）除个人基本信息外，进一步询问或者调查女性求职者的婚育情况；

（三）将妊娠测试作为入职体检项目；

（四）将限制结婚、生育或者婚姻、生育状况作为录（聘）用条件；

（五）其他以性别为由拒绝录（聘）用妇女或者差别化地提高对妇女录（聘）用标准的行为。

第四十四条　用人单位在录（聘）用女职工时，应当依法与其签订劳动（聘用）合同或者服务协议，劳动（聘用）合同或者服务协议中应当具备女职工特殊保护条款，并不得规定限制女职工结婚、生育等内容。

职工一方与用人单位订立的集体合同中应当包含男女平等和女职工权益保护相关内容，也可以就相关内容制定专章、附件或者单独订立女职工权益保护专项集体合同。

第四十五条　实行男女同工同酬。妇女在享受福利待遇方面享有与男子平等的权利。

第四十六条　在晋职、晋级、评聘专业技术职称和职务、培训等方面，应当坚持男女平等的原则，不得歧视妇女。

第四十七条 用人单位应当根据妇女的特点，依法保护妇女在工作和劳动时的安全、健康以及休息的权利。

妇女在经期、孕期、产期、哺乳期受特殊保护。

第四十八条 用人单位不得因结婚、怀孕、产假、哺乳等情形，降低女职工的工资和福利待遇，限制女职工晋职、晋级、评聘专业技术职称和职务，辞退女职工，单方解除劳动（聘用）合同或者服务协议。

女职工在怀孕以及依法享受产假期间，劳动（聘用）合同或者服务协议期满的，劳动（聘用）合同或者服务协议期限自动延续至产假结束。但是，用人单位依法解除、终止劳动（聘用）合同、服务协议，或者女职工依法要求解除、终止劳动（聘用）合同、服务协议的除外。

用人单位在执行国家退休制度时，不得以性别为由歧视妇女。

第四十九条 人力资源和社会保障部门应当将招聘、录取、晋职、晋级、评聘专业技术职称和职务、培训、辞退等过程中的性别歧视行为纳入劳动保障监察范围。

第五十条 国家发展社会保障事业，保障妇女享有社会保险、社会救助和社会福利等权益。

国家提倡和鼓励为帮助妇女而开展的社会公益活动。

第五十一条 国家实行生育保险制度，建立健全婴幼儿托育服务等与生育相关的其他保障制度。

国家建立健全职工生育休假制度，保障孕产期女职工依法享有休息休假权益。

地方各级人民政府和有关部门应当按照国家有关规定，为符合条件的困难妇女提供必要的生育救助。

第五十二条 各级人民政府和有关部门应当采取必要措施，加强贫困妇女、老龄妇女、残疾妇女等困难妇女的权益保障，按照有关规定为其提供生活帮扶、就业创业支持等关爱服务。

第六章　财产权益

第五十三条　国家保障妇女享有与男子平等的财产权利。

第五十四条　在夫妻共同财产、家庭共有财产关系中，不得侵害妇女依法享有的权益。

第五十五条　妇女在农村集体经济组织成员身份确认、土地承包经营、集体经济组织收益分配、土地征收补偿安置或者征用补偿以及宅基地使用等方面，享有与男子平等的权利。

申请农村土地承包经营权、宅基地使用权等不动产登记，应当在不动产登记簿和权属证书上将享有权利的妇女等家庭成员全部列明。征收补偿安置或者征用补偿协议应当将享有相关权益的妇女列入，并记载权益内容。

第五十六条　村民自治章程、村规民约，村民会议、村民代表会议的决定以及其他涉及村民利益事项的决定，不得以妇女未婚、结婚、离婚、丧偶、户无男性等为由，侵害妇女在农村集体经济组织中的各项权益。

因结婚男方到女方住所落户的，男方和子女享有与所在地农村集体经济组织成员平等的权益。

第五十七条　国家保护妇女在城镇集体所有财产关系中的权益。妇女依照法律、法规的规定享有相关权益。

第五十八条　妇女享有与男子平等的继承权。妇女依法行使继承权，不受歧视。

丧偶妇女有权依法处分继承的财产，任何组织和个人不得干涉。

第五十九条　丧偶儿媳对公婆尽了主要赡养义务的，作为第一顺序继承人，其继承权不受子女代位继承的影响。

第七章　婚姻家庭权益

第六十条　国家保障妇女享有与男子平等的婚姻家庭权利。

第六十一条 国家保护妇女的婚姻自主权。禁止干涉妇女的结婚、离婚自由。

第六十二条 国家鼓励男女双方在结婚登记前，共同进行医学检查或者相关健康体检。

第六十三条 婚姻登记机关应当提供婚姻家庭辅导服务，引导当事人建立平等、和睦、文明的婚姻家庭关系。

第六十四条 女方在怀孕期间、分娩后一年内或者终止妊娠后六个月内，男方不得提出离婚；但是，女方提出离婚或者人民法院认为确有必要受理男方离婚请求的除外。

第六十五条 禁止对妇女实施家庭暴力。

县级以上人民政府有关部门、司法机关、社会团体、企业事业单位、基层群众性自治组织以及其他组织，应当在各自的职责范围内预防和制止家庭暴力，依法为受害妇女提供救助。

第六十六条 妇女对夫妻共同财产享有与其配偶平等的占有、使用、收益和处分的权利，不受双方收入状况等情形的影响。

对夫妻共同所有的不动产以及可以联名登记的动产，女方有权要求在权属证书上记载其姓名；认为记载的权利人、标的物、权利比例等事项有错误的，有权依法申请更正登记或者异议登记，有关机构应当按照其申请依法办理相应登记手续。

第六十七条 离婚诉讼期间，夫妻一方申请查询登记在对方名下财产状况且确因客观原因不能自行收集的，人民法院应当进行调查取证，有关部门和单位应当予以协助。

离婚诉讼期间，夫妻双方均有向人民法院申报全部夫妻共同财产的义务。一方隐藏、转移、变卖、损毁、挥霍夫妻共同财产，或者伪造夫妻共同债务企图侵占另一方财产的，在离婚分割夫妻共同财产时，对该方可以少分或者不分财产。

第六十八条 夫妻双方应当共同负担家庭义务，共同照顾家庭生活。

女方因抚育子女、照料老人、协助男方工作等负担较多义务的，有权在离婚时要求男方予以补偿。补偿办法由双方协议确定；协议不成的，可以向人民法院提起诉讼。

第六十九条　离婚时，分割夫妻共有的房屋或者处理夫妻共同租住的房屋，由双方协议解决；协议不成的，可以向人民法院提起诉讼。

第七十条　父母双方对未成年子女享有平等的监护权。

父亲死亡、无监护能力或者有其他情形不能担任未成年子女的监护人的，母亲的监护权任何组织和个人不得干涉。

第七十一条　女方丧失生育能力的，在离婚处理子女抚养问题时，应当在最有利于未成年子女的条件下，优先考虑女方的抚养要求。

第八章　救济措施

第七十二条　对侵害妇女合法权益的行为，任何组织和个人都有权予以劝阻、制止或者向有关部门提出控告或者检举。有关部门接到控告或者检举后，应当依法及时处理，并为控告人、检举人保密。

妇女的合法权益受到侵害的，有权要求有关部门依法处理，或者依法申请调解、仲裁，或者向人民法院起诉。

对符合条件的妇女，当地法律援助机构或者司法机关应当给予帮助，依法为其提供法律援助或者司法救助。

第七十三条　妇女的合法权益受到侵害的，可以向妇女联合会等妇女组织求助。妇女联合会等妇女组织应当维护被侵害妇女的合法权益，有权要求并协助有关部门或者单位查处。有关部门或者单位应当依法查处，并予以答复；不予处理或者处理不当的，县级以上人民政府负责妇女儿童工作的机构、妇女联合会可以向其提出督促处理意见，必要时可以提请同级人民政府开展督查。

受害妇女进行诉讼需要帮助的,妇女联合会应当给予支持和帮助。

第七十四条 用人单位侵害妇女劳动和社会保障权益的,人力资源和社会保障部门可以联合工会、妇女联合会约谈用人单位,依法进行监督并要求其限期纠正。

第七十五条 妇女在农村集体经济组织成员身份确认等方面权益受到侵害的,可以申请乡镇人民政府等进行协调,或者向人民法院起诉。

乡镇人民政府应当对村民自治章程、村规民约,村民会议、村民代表会议的决定以及其他涉及村民利益事项的决定进行指导,对其中违反法律、法规和国家政策规定,侵害妇女合法权益的内容责令改正;受侵害妇女向农村土地承包仲裁机构申请仲裁或者向人民法院起诉的,农村土地承包仲裁机构或者人民法院应当依法受理。

第七十六条 县级以上人民政府应当开通全国统一的妇女权益保护服务热线,及时受理、移送有关侵害妇女合法权益的投诉、举报;有关部门或者单位接到投诉、举报后,应当及时予以处置。

鼓励和支持群团组织、企业事业单位、社会组织和个人参与建设妇女权益保护服务热线,提供妇女权益保护方面的咨询、帮助。

第七十七条 侵害妇女合法权益,导致社会公共利益受损的,检察机关可以发出检察建议;有下列情形之一的,检察机关可以依法提起公益诉讼:

(一) 确认农村妇女集体经济组织成员身份时侵害妇女权益或者侵害妇女享有的农村土地承包和集体收益、土地征收征用补偿分配权益和宅基地使用权益;

(二) 侵害妇女平等就业权益;

(三) 相关单位未采取合理措施预防和制止性骚扰;

（四）通过大众传播媒介或者其他方式贬低损害妇女人格；
（五）其他严重侵害妇女权益的情形。

第七十八条 国家机关、社会团体、企业事业单位对侵害妇女权益的行为，可以支持受侵害的妇女向人民法院起诉。

第九章 法律责任

第七十九条 违反本法第二十二条第二款规定，未履行报告义务的，依法对直接负责的主管人员和其他直接责任人员给予处分。

第八十条 违反本法规定，对妇女实施性骚扰的，由公安机关给予批评教育或者出具告诫书，并由所在单位依法给予处分。

学校、用人单位违反本法规定，未采取必要措施预防和制止性骚扰，造成妇女权益受到侵害或者社会影响恶劣的，由上级机关或者主管部门责令改正；拒不改正或者情节严重的，依法对直接负责的主管人员和其他直接责任人员给予处分。

第八十一条 违反本法第二十六条规定，未履行报告等义务的，依法给予警告、责令停业整顿或者吊销营业执照、吊销相关许可证，并处一万元以上五万元以下罚款。

第八十二条 违反本法规定，通过大众传播媒介或者其他方式贬低损害妇女人格的，由公安、网信、文化旅游、广播电视、新闻出版或者其他有关部门依据各自的职权责令改正，并依法给予行政处罚。

第八十三条 用人单位违反本法第四十三条和第四十八条规定的，由人力资源和社会保障部门责令改正；拒不改正或者情节严重的，处一万元以上五万元以下罚款。

第八十四条 违反本法规定，对侵害妇女权益的申诉、控告、检举，推诿、拖延、压制不予查处，或者对提出申诉、控告、检举的人进行打击报复的，依法责令改正，并对直接负责的主管人员和其他直接责任人员给予处分。

国家机关及其工作人员未依法履行职责,对侵害妇女权益的行为未及时制止或者未给予受害妇女必要帮助,造成严重后果的,依法对直接负责的主管人员和其他直接责任人员给予处分。

违反本法规定,侵害妇女人身和人格权益、文化教育权益、劳动和社会保障权益、财产权益以及婚姻家庭权益的,依法责令改正,直接负责的主管人员和其他直接责任人员属于国家工作人员的,依法给予处分。

第八十五条 违反本法规定,侵害妇女的合法权益,其他法律、法规规定行政处罚的,从其规定;造成财产损失或者人身损害的,依法承担民事责任;构成犯罪的,依法追究刑事责任。

第十章 附 则

第八十六条 本法自 2023 年 1 月 1 日起施行。

促进个体工商户发展条例

（2022年9月26日国务院第190次常务会议通过 2022年10月1日国务院令第755号公布 自2022年11月1日起施行）

第一条 为了鼓励、支持和引导个体经济健康发展，维护个体工商户合法权益，稳定和扩大城乡就业，充分发挥个体工商户在国民经济和社会发展中的重要作用，制定本条例。

第二条 有经营能力的公民在中华人民共和国境内从事工商业经营，依法登记为个体工商户的，适用本条例。

第三条 促进个体工商户发展工作坚持中国共产党的领导，发挥党组织在个体工商户发展中的引领作用和党员先锋模范作用。

个体工商户中的党组织和党员按照中国共产党章程的规定开展党的活动。

第四条 个体经济是社会主义市场经济的重要组成部分，个体工商户是重要的市场主体，在繁荣经济、增加就业、推动创业创新、方便群众生活等方面发挥着重要作用。

国家持续深化简政放权、放管结合、优化服务改革，优化营商环境，积极扶持、加强引导、依法规范，为个体工商户健康发展创造有利条件。

第五条 国家对个体工商户实行市场平等准入、公平待遇的原则。

第六条 个体工商户可以个人经营，也可以家庭经营。个体工商户的财产权、经营自主权等合法权益受法律保护，任何单位和个人不得侵害或者非法干预。

第七条 国务院建立促进个体工商户发展部际联席会议制度，研究并推进实施促进个体工商户发展的重大政策措施，统筹协调促进个体工商户发展工作中的重大事项。

国务院市场监督管理部门会同有关部门加强对促进个体工商户发展工作的宏观指导、综合协调和监督检查。

第八条 国务院发展改革、财政、人力资源社会保障、住房城乡建设、商务、金融、税务、市场监督管理等有关部门在各自职责范围内研究制定税费支持、创业扶持、职业技能培训、社会保障、金融服务、登记注册、权益保护等方面的政策措施，做好促进个体工商户发展工作。

第九条 县级以上地方人民政府应当将促进个体工商户发展纳入本级国民经济和社会发展规划，结合本行政区域个体工商户发展情况制定具体措施并组织实施，为个体工商户发展提供支持。

第十条 国家加强个体工商户发展状况监测分析，定期开展抽样调查、监测统计和活跃度分析，强化个体工商户发展信息的归集、共享和运用。

第十一条 市场主体登记机关应当为个体工商户提供依法合规、规范统一、公开透明、便捷高效的登记服务。

第十二条 国务院市场监督管理部门应当根据个体工商户发展特点，改革完善个体工商户年度报告制度，简化内容、优化流程，提供简易便捷的年度报告服务。

第十三条 个体工商户可以自愿变更经营者或者转型为企业。变更经营者的，可以直接向市场主体登记机关申请办理变更登记。涉及有关行政许可的，行政许可部门应当简化手续，依法为个体工商户提供便利。

个体工商户变更经营者或者转型为企业的，应当结清依法应缴纳的税款等，对原有债权债务作出妥善处理，不得损害他人的合法权益。

第十四条 国家加强个体工商户公共服务平台体系建设，为个体工商户提供法律政策、市场供求、招聘用工、创业培训、金融支持等信息服务。

第十五条 依法成立的个体劳动者协会在市场监督管理部门指导下，充分发挥桥梁纽带作用，推动个体工商户党的建设，为个体工商户提供服务，维护个体工商户合法权益，引导个体工商户诚信自律。

个体工商户自愿加入个体劳动者协会。

第十六条 政府及其有关部门在制定相关政策措施时，应当充分听取个体工商户以及相关行业组织的意见，不得违反规定在资质许可、项目申报、政府采购、招标投标等方面对个体工商户制定或者实施歧视性政策措施。

第十七条 县级以上地方人民政府应当结合本行政区域实际情况，根据个体工商户的行业类型、经营规模、经营特点等，对个体工商户实施分型分类培育和精准帮扶。

第十八条 县级以上地方人民政府应当采取有效措施，为个体工商户增加经营场所供给，降低经营场所使用成本。

第十九条 国家鼓励和引导创业投资机构和社会资金支持个体工商户发展。

县级以上地方人民政府应当充分发挥各类资金作用，为个体工商户在创业创新、贷款融资、职业技能培训等方面提供资金支持。

第二十条 国家实行有利于个体工商户发展的财税政策。

县级以上地方人民政府及其有关部门应当严格落实相关财税支持政策，确保精准、及时惠及个体工商户。

第二十一条 国家推动建立和完善个体工商户信用评价体

系，鼓励金融机构开发和提供适合个体工商户发展特点的金融产品和服务，扩大个体工商户贷款规模和覆盖面，提高贷款精准性和便利度。

第二十二条 县级以上地方人民政府应当支持个体工商户参加社会保险，对符合条件的个体工商户给予相应的支持。

第二十三条 县级以上地方人民政府应当完善创业扶持政策，支持个体工商户参加职业技能培训，鼓励各类公共就业服务机构为个体工商户提供招聘用工服务。

第二十四条 县级以上地方人民政府应当结合城乡社区服务体系建设，支持个体工商户在社区从事与居民日常生活密切相关的经营活动，满足居民日常生活消费需求。

第二十五条 国家引导和支持个体工商户加快数字化发展、实现线上线下一体化经营。

平台经营者应当在入驻条件、服务规则、收费标准等方面，为个体工商户线上经营提供支持，不得利用服务协议、平台规则、数据算法、技术等手段，对平台内个体工商户进行不合理限制、附加不合理条件或者收取不合理费用。

第二十六条 国家加大对个体工商户的字号、商标、专利、商业秘密等权利的保护力度。

国家鼓励和支持个体工商户提升知识产权的创造运用水平、增强市场竞争力。

第二十七条 县级以上地方人民政府制定实施城乡建设规划及城市和交通管理、市容环境治理、产业升级等相关政策措施，应当充分考虑个体工商户经营需要和实际困难，实施引导帮扶。

第二十八条 各级人民政府对因自然灾害、事故灾难、公共卫生事件、社会安全事件等原因造成经营困难的个体工商户，结合实际情况及时采取纾困帮扶措施。

第二十九条 政府及其有关部门按照国家有关规定，对个体工商户先进典型进行表彰奖励，不断提升个体工商户经营者的荣誉感。

第三十条 任何单位和个人不得违反法律法规和国家有关规定向个体工商户收费或者变相收费,不得擅自扩大收费范围或者提高收费标准,不得向个体工商户集资、摊派,不得强行要求个体工商户提供赞助或者接受有偿服务。

任何单位和个人不得诱导、强迫劳动者登记注册为个体工商户。

第三十一条 机关、企业事业单位不得要求个体工商户接受不合理的付款期限、方式、条件和违约责任等交易条件,不得违约拖欠个体工商户账款,不得通过强制个体工商户接受商业汇票等非现金支付方式变相拖欠账款。

第三十二条 县级以上地方人民政府应当提升个体工商户发展质量,不得将个体工商户数量增长率、年度报告率等作为绩效考核评价指标。

第三十三条 个体工商户对违反本条例规定、侵害自身合法权益的行为,有权向有关部门投诉、举报。

县级以上地方人民政府及其有关部门应当畅通投诉、举报途径,并依法及时处理。

第三十四条 个体工商户应当依法经营、诚实守信,自觉履行劳动用工、安全生产、食品安全、职业卫生、环境保护、公平竞争等方面的法定义务。

对涉及公共安全和人民群众生命健康等重点领域,有关行政部门应当加强监督管理,维护良好市场秩序。

第三十五条 个体工商户开展经营活动违反有关法律规定的,有关行政部门应当按照教育和惩戒相结合、过罚相当的原则,依法予以处理。

第三十六条 政府及其有关部门的工作人员在促进个体工商户发展工作中不履行或者不正确履行职责,损害个体工商户合法权益,造成严重后果的,依法依规给予处分;构成犯罪的,依法追究刑事责任。

第三十七条 香港特别行政区、澳门特别行政区永久性居民中的中国公民，台湾地区居民可以按照国家有关规定，申请登记为个体工商户。

第三十八条 省、自治区、直辖市可以结合本行政区域实际情况，制定促进个体工商户发展的具体办法。

第三十九条 本条例自2022年11月1日起施行。《个体工商户条例》同时废止。

国务院关于印发扎实稳住经济一揽子政策措施的通知

国发〔2022〕12号

各省、自治区、直辖市人民政府，国务院各部委、各直属机构：

今年以来，在以习近平同志为核心的党中央坚强领导下，各地区各部门有力统筹疫情防控和经济社会发展，按照中央经济工作会议和《政府工作报告》部署，扎实做好"六稳"工作，全面落实"六保"任务，我国经济运行总体实现平稳开局。与此同时，新冠肺炎疫情和乌克兰危机导致风险挑战增多，我国经济发展环境的复杂性、严峻性、不确定性上升，稳增长、稳就业、稳物价面临新的挑战。

疫情要防住、经济要稳住、发展要安全，这是党中央的明确要求。要坚持以习近平新时代中国特色社会主义思想为指导，完整、准确、全面贯彻新发展理念，加快构建新发展格局，推动高质量发展，高效统筹疫情防控和经济社会发展，最大程度保护人民生命安全和身体健康，最大限度减少疫情对经济社会发展的影响，统筹发展和安全，努力实现全年经济社会发展预期目标。为深入贯彻落实党中央、国务院决策部署，现将《扎实稳住经济的一揽子政策措施》印发给你们，请认真贯彻执行。

各省、自治区、直辖市人民政府要加强组织领导，结合本地区实际，下更大力气抓好中央经济工作会议精神和《政府工作报告》部署的贯彻落实，同时靠前发力、适当加力，推动《扎实稳住经济的一揽子政策措施》尽快落地见效,确保及时落实到位,尽早对稳住经济和助企纾困等产生更大政策效应。各部门要密切协调配合、形成工作合力,按照《扎实稳住经济的一揽子政策措施》提出的六个方面 33 项具体政策措施及分工安排,对本部门本领域本行业的工作进行再部署再推动再落实,需要出台配套实施细则的,应于 5 月底前全部完成。近期,国务院办公厅将会同有关方面对相关省份稳增长稳市场主体保就业情况开展专项督查。

各地区各部门要进一步提高政治站位,在工作中增强责任感使命感紧迫感,担当作为、求真务实,齐心协力、顽强拼搏,切实担负起稳定宏观经济的责任,以钉钉子精神抓好党中央、国务院各项决策部署的贯彻落实,切实把二季度经济稳住,努力使下半年发展有好的基础,保持经济运行在合理区间,以实际行动迎接党的二十大胜利召开。

2022 年 5 月 24 日

扎实稳住经济的一揽子政策措施
(六个方面 33 项措施)

一、财政政策(7项)

1. 进一步加大增值税留抵退税政策力度。在已出台的制造业、科学研究和技术服务业、电力热力燃气及水生产和供应业、软件和信息技术服务业、生态保护和环境治理业、民航交通运输仓储和邮政业等 6 个行业企业的存量留抵税额全额退还、增量留抵税额按月全额退还基础上,研究将批发和零售业,农、林、牧、渔业，住宿和餐饮业，居民服务、修理和其他服务业，教育，卫生和社会工作，文化、体育和娱乐业等7个行业企业纳入按月全额退还增量留抵税额、一次性全额退还存量留抵税额政策范围，预计新增留抵退税1 420亿元。抓紧办理小微企业、个体工商户留抵退税并加大帮扶力度，在纳税人自愿申请的基础上，6月30日前基本完成集中退还存量留抵税额；今年出台的各项留抵退税政策新增退税总额达到约1.64万亿元。加强退税风险防范，依法严惩偷税、骗税等行为。

2. 加快财政支出进度。督促指导地方加快预算执行进度，尽快分解下达资金，及时做好资金拨付工作。尽快下达转移支付预算，加快本级支出进度；加大盘活存量资金力度，对结余资金和连续两年未用完的结转资金按规定收回统筹使用，对不足两年的结转资金中不需按原用途使用的资金收回统筹用于经济社会发展急需支持的领域；结合留抵退税、项目建设等需要做好资金调度、加强库款保障，确保有关工作顺利推进。

3. 加快地方政府专项债券发行使用并扩大支持范围。抓紧完成今年专项债券发行使用任务，加快今年已下达的3.45万亿元专项债券发行使用进度，在6月底前基本发行完毕，力争在8月底前基本使用完毕。在依法合规、风险可控的前提下，财政部会同人民银行、银保监会引导商业银行对符合条件的专项债券项目建设主体提供配套融资支持，做好信贷资金和专项债资金的有效衔接。在前期确定的交通基础设施、能源、保障性安居工程等9大领域基础上，适当扩大专项债券支持领域，优先考虑将新型基础设施、新能源项目等纳入支持范围。

4. 用好政府性融资担保等政策。今年新增国家融资担保基金再担保合作业务规模1万亿元以上。对符合条件的交通运输、餐饮、住宿、旅游行业中小微企业、个体工商户，鼓励政府性融资担保机构提供融资担保支持，政府性融资担保机构及时履行代偿义务，推动金融机构尽快放贷，不盲目抽贷、压贷、断贷，并将上述符合条件的融资担保业务纳入国家融资担保基金再担保合作范围。深入落实中央财政小微企业融资担保降费奖补政策，计划安排30亿元资金，支持融资担保机构进一步扩大小微企业融资担保业务规模，降低融资担保费率。推动有条件的地方对支小支农担保业务保费给予阶段性补贴。

5. 加大政府采购支持中小企业力度。将面向小微企业的价格扣除比例由6%~10%提高至10%~20%。政府采购工程要落实促进中小企业发展的政府采购政策，根据项目特点、专业类型和专业领域合理划分采购包，积极扩大联合体投标和大企业分包，降低中小企业参与门槛，坚持公开公正、公平竞争，按照统一质量标准，将预留面向中小企业采购的份额由30%以上今年阶段性提高至40%以上，非预留项目要给予小微企业评审优惠，增加中小企业合同规模。

6. 扩大实施社保费缓缴政策。在确保各项社会保险待遇按时足额支付的前提下，对符合条件地区受疫情影响生产经营出现暂时困难的所有中小微企业、以单位方式参保的个体工商户，阶段性缓缴三项社会保险单位缴费部分，缓缴期限阶段性实施到今年底。在对餐饮、零售、旅游、民航、公路水路铁路运输等5个特困行业实施阶段性缓缴三项社保费政策的基础上，对受到疫情严重冲击、行业内大面积出现企业生产经营困难、符合国家产业政策导向的其他特困行业，扩大实施缓缴政策，养老保险费缓缴期限阶段性延长到今年底。

7. 加大稳岗支持力度。优化失业保险稳岗返还政策，进一步提高返还比例，将大型企业稳岗返还比例由30%提至50%。拓宽失业保险留工补助受益范围，由中小微企业扩大至受疫情严重影响暂时无法正常生产经营的所有参保企业。企业招用毕业年度高校毕业生，签订劳动合同并参加失业保险的，可按每人不超过1 500元的标准，发放一次性扩岗补助，具体补助标准由各省份确定，与一次性吸纳就业补贴不重复享受，政策执行期限至今年底。

二、货币金融政策（5项）

8. 鼓励对中小微企业和个体工商户、货车司机贷款及受疫情影响的个人住房与消费贷款等实施延期还本付息。商业银行等金融机构继续按市场化原则与中小微企业（含中小微企业主）和个体工商户、货车司机等自主协商，对其贷款实施延期还本付息，努力做到应延尽延，本轮延期还本付息日期原则上不超过2022年年底。中央汽车企业所属金融子企业要发挥引领示范作用，对2022年6月30日前发放的商用货车消费贷款给予6个月延期还本付息支持。对因感染新冠肺炎住院治疗或隔离、受疫情影响隔离观察或失去收入来源的人群，金融机构对其存续的个人住房、消费等贷款，灵活采取合理延后还款时间、延长贷款期限、延期还本等方式调整还款计划。对延期贷款坚持实质性风险判断，不单独因疫情因素下调贷款风险分类，不影响征信记录，并免收罚息。

9. 加大普惠小微贷款支持力度。继续新增支农支小再贷款额度。将普惠小微贷款支持工具的资金支持比例由1%提高至2%，即由人民银行按相关地方法人银行普惠小微贷款余额增量（包括通过延期还本付息形成的普惠小微贷款）的2%提供资金支持，更好引导和支持地方法人银行发放普惠小微贷款。指导金融机构和大型企业支持中小微企业应收账款质押等融资，抓紧修订制度将商业汇票承兑期限由1年缩短至6个月，并加大再贴现支持力度，以供应链融资和银企合作支持大中小企业融通发展。

10. 继续推动实际贷款利率稳中有降。在用好前期降准资金、扩大信贷投放的基础上，充分发挥市场利率定价自律机制作用，持续释放贷款市场报价利率（LPR）形成机制改革效能，发挥存款利率市场化调整机制作用，引导金融机构将存款利率下降效果传导至贷款端，继续推动实际贷款利率稳中有降。

11. 提高资本市场融资效率。科学合理把握首次公开发行股票并上市（IPO）和再融资常态化。支持内地企业在香港上市，依法依规推进符合条件的平台企业赴境外上市。继续支持和鼓励金融机构发行金融债券，建立"三农"、小微企业、绿色、双创金融债券绿色通道，为重点领域企业提供融资支持。督促指导银行间债券市场和交易所债券市场各基础设施全面梳理收费项目，对民营企业债券融资交易费用能免尽免，进一步释放支持民营企业的信号。

12. 加大金融机构对基础设施建设和重大项目的支持力度。政策性开发性银行要优化贷款结构，投放更多更长期限贷款；引导商业银行进一步增加贷款投放、延长贷款期限；鼓励保险公司等发挥长期资金优势，加大对水利、水运、公路、物流等基础设施建设和重大项目的支持力度。

三、稳投资促消费等政策（6项）

13. 加快推进一批论证成熟的水利工程项目。2022年再开工一批已纳入规划、条件成熟的项目，包括南水北调后续工程等重大引调水、骨干防洪减灾、病险水库除险加固、灌区建设和改造等工程。进一步完善工程项目清单，加强组织实施、协调推动并优化工作流程，切实提高水资源保障和防灾减灾能力。

14. 加快推动交通基础设施投资。对沿江沿海沿边及港口航道等综合立体交通网工程，加强资源要素保障，优化审批程序，抓紧推动上马实施，确保应开尽开、能开尽开。支持中国国家铁路集团有限公司发行3 000亿元铁路建设债券。启动新一轮农村公路建设和改造，在完成今年目标任务的基础上，进一步加强金融等政策支持，再新增完成新改建农村公路3万公里、实施农村公路安全生命防护工程3万公里、改造农村公路危桥3 000座。

15. 因地制宜继续推进城市地下综合管廊建设。指导各地在城市老旧管网改造等工作中协同推进管廊建设，在城市新区根据功能需求积极发展干、支线管廊，合理布局管廊系统，统筹各类管线敷设。加快明确入廊收费政策，多措并举解决投融资受阻问题，推动实施一批具备条件的地下综合管廊项目。

16. 稳定和扩大民间投资。启动编制国家重大基础设施发展规划，扎实开展基础设施高质量发展试点，有力有序推进"十四五"规划102项重大工程实施，鼓励和吸引更多社会资本参与国家重大工程项目。在供应链产业链招投标项目中对大中小企业联合体给予倾斜，鼓励民营企业充分发挥自身优势参与攻关。2022年新增支持500家左右专精特新"小巨人"企业。鼓励民间投资以城市基础设施等为重点，通过综合开发模式参与重点领域项目建设。

17. 促进平台经济规范健康发展。出台支持平台经济规范健康发展的具体措施，在防止资本无序扩张的前提下设立"红绿灯"，维护市场竞争秩序，以公平竞争促进平台经济规范健康发展。充分发挥平台经济的稳就业作用，稳定平台企业及其共生中小微企业的发展预期，以平台企业发展带动中小微企业纾困。引导平台企业在疫情防控中做好防疫物资和重要民生商品保供"最后一公里"的线上线下联动。鼓励平台企业加快人工智能、云计算、区块链、操作系统、处理器等领域技术研发突破。

18. 稳定增加汽车、家电等大宗消费。各地区不得新增汽车限购措施，已实施限购的地区逐步增加汽车增量指标数量、放宽购车人员资格限制，鼓励实施城区、郊区指标差异化政策。加快出台推动汽车由购买管理向使用管理转变的政策文件。全面取消二手车限迁政策，在全国范围取消对符合国五排放标准小型非营运二手车的迁入限制，完善二手车市场主体登记注册、备案和车辆交易登记管理规定。支持汽车整车进口口岸地区开展平行进口业务，完善平行进口汽车环保信息公开制度。对皮卡车进城实施精细化管理，研究进一步放宽皮卡车进城限制。研究今年内对一定排量以下乘用车减征车辆购置税的支持政策。优化新能源汽车充电桩（站）投资建设运营模式，逐步实现所有小区和经营性停车场充电设施全覆盖，加快推进高速公路服务区、客运枢纽等区域充电桩（站）建设。鼓励家电生产企业开展回收目标责任制行动，引导金融机构提升金融服务能力，更好满足消费升级需求。

四、保粮食能源安全政策（5项）

19. 健全完善粮食收益保障等政策。针对当前农资价格依然高企情况，在前期已发放200亿元农资补贴的基础上，及时发放第二批100亿元农资补贴，弥补成本上涨带来的种粮收益下降。积极做好钾肥进口工作。完善最低收购价执行预案，落实好2022年适当提高稻谷、小麦最低收购价水平的政策要求，根据市场形势及时启动收购，保护农民种粮积极性。优化种粮补贴政策，健全种粮农民补贴政策框架。

20. 在确保安全清洁高效利用的前提下有序释放煤炭优质产能。建立健全煤炭产量激励约束政策机制。依法依规加快保供煤矿手续办理，在确保安全生产和生态安全的前提下支持符合条件的露天和井工煤矿项目释放产能。尽快调整核增产能政策，支持具备安全生产条件的煤矿提高生产能力，加快煤矿优质产能释放，保障迎峰度夏电力电煤供应安全。

21. 抓紧推动实施一批能源项目。推动能源领域基本具备条件今年可开工的重大项目尽快实施。积极稳妥推进金沙江龙盘等水电项目前期研究论证和设计优化工作。加快推动以沙漠、戈壁、荒漠地区为重点的大型风电光伏基地建设，近期抓紧启动第二批项目，统筹安排大型风光电基地建设项目用地用林用草用水，按程序核准和开工建设基地项目、煤电项目和特高压输电通道。重点布局一批对电力系统安全保障作用强、对新能源规模化发展促进作用大、经济指标相对优越的抽水蓄能电站，加快条件成熟项目开工建设。加快推进张北至胜利、川渝主网架交流工程，以及陇东至山东、金上至湖北直流工程等跨省区电网项目规划和前期工作。

22. 提高煤炭储备能力和水平。用好支持煤炭清洁高效利用专项再贷款和合格银行贷款。压实地方储备责任。

23. 加强原油等能源资源储备能力。谋划储备项目并尽早开工。推进政府储备项目建设，已建成项目尽快具备储备能力。

五、保产业链供应链稳定政策（7项）

24. 降低市场主体用水用电用网等成本。全面落实对受疫情影响暂时出现生产经营困难的小微企业和个体工商户用水、用电、用气"欠费不停供"政策，设立6个月的费用缓缴期，并可根据当地实际进一步延长，缓缴期间免收欠费滞纳金。指导地方对中小微企业、个体工商户水电气等费用予以补贴。清理规范城镇供水供电供气供暖等行业收费，取消不合理收费，规范政府定价和经营者价格收费行为，对保留的收费项目实行清单制管理。2022年中小微企业宽带和专线平均资费再降10%。在招投标领域全面推行保函（保险）替代现金缴纳投标、履约、工程质量等保证金，鼓励招标人对中小微企业投标人免除投标担保。

25. 推动阶段性减免市场主体房屋租金。2022年对服务业小微企业和个体工商户承租国有房屋减免3—6个月租金；出租人减免租金的可按规定减免当年房产税、城镇土地使用税，并引导国有银行对减免租金的出租人视需要给予优惠利率质押贷款等支持。非国有房屋减免租金的可同等享受上述政策优惠。鼓励和引导各地区结合自身实际，拿出更多务实管用举措推动减免市场主体房屋租金。

26. 加大对民航等受疫情影响较大行业企业的纾困支持力度。在用好支持煤炭清洁高效利用、交通物流、科技创新、普惠养老等专项再贷款的同时，增加民航应急贷款额度1 500亿元，并适当扩大支持范围，支持困难航空企业渡过难关。支持航空业发行2 000亿元债券。统筹考虑民航基础设施建设需求等因素，研究解决资金短缺等问题；同时，研究提出向有关航空企业注资的具体方案。有序增加国际客运航班数量，为便利中外人员往来和对外经贸交流合作创造条件。鼓励银行向文化旅游、餐饮住宿等其他受疫情影响较大行业企业发放贷款。

27. 优化企业复工达产政策。疫情中高风险地区要建立完善运行保障企业、防疫物资生产企业、连续生产运行企业、产业链供应链重点企业、重点外贸外资企业、"专精特新"中小企业等重点企业复工达产"白名单"制度，及时总结推广"点对点"运输、不见面交接、绿色通道等经验做法，细化实化服务"白名单"企业措施，推动部省联动和区域互认，协同推动产业链供应链企业复工达产。积极引导各地区落实属地责任，在发生疫情时鼓励具备条件的企业进行闭环生产，保障其稳定生产，原则上不要求停产；企业所在地政府要做好疫情防控指导，加强企业员工返岗、物流保障、上下游衔接等方面服务，尽量减少疫情对企业正常生产经营的影响。

28. 完善交通物流保通保畅政策。全面取消对来自疫情低风险地区货运车辆的防疫通行限制，着力打通制造业物流瓶颈，加快产成品库存周转进度；不得擅自阻断或关闭高速公路、普通公路、航道船闸，严禁硬隔离县乡村公路，不得擅自关停高速公路服务区、港口码头、铁路车站和民用运输机场。严禁限制疫情低风险地区人员正常流动。对来自或进出疫情中高风险地区所在地市的货运车辆，落实"即采即走即追"制度。客货运司机、快递员、船员到异地免费检测点进行核酸检测和抗原检测，当地政府视同本地居民纳入检测范围、享受同等政策，所需费用由地方财政予以保障。

29. 统筹加大对物流枢纽和物流企业的支持力度。加快宁波舟山大宗商品储运基地建设，开展大宗商品储运基地整体布局规划研究。2022年，中央财政安排50亿元左右，择优支持全国性重点枢纽城市，提升枢纽的货物集散、仓储、中转运输、应急保障能力，引导加快推进多式联运融合发展，降低综合货运成本。2022年，中央财政在服务业发展资金中安排约25亿元支持加快农产品供应链体系建设，安排约38亿元支持实施县域商业建设行动。加快 1 000 亿元交通物流专项再贷款政策落地，支持交通物流等企业融资，加大结构性货币政策工具对稳定供应链的支持。在农产品主产区和特色农产品优势区支持建设一批田头小型冷藏保鲜设施，推动建设一批产销冷链集配中心。

30. 加快推进重大外资项目积极吸引外商投资。在已纳入工作专班、开辟绿色通道推进的重大外资项目基础上，充分发挥重大外资项目牵引带动作用，尽快论证启动投资数额大、带动作用强、产业链上下游覆盖面广的重大外资项目。加快修订《鼓励外商投资产业目录》，引导外资更多投向先进制造、科技创新等领域以及中西部和东北地区，支持外商投资设立高新技术研发中心等。进一步拓宽企业跨境融资渠道，支持符合条件的高新技术和"专精特新"企业开展外债便利化额度试点。建立完善与在华外国商协会、外资企业常态化交流机制，积极解决外资企业在华营商便利等问题，进一步稳住和扩大外商投资。

六、保基本民生政策（3项）

31. 实施住房公积金阶段性支持政策。受疫情影响的企业，可按规定申请缓缴住房公积金，到期后进行补缴。在此期间，缴存职工正常提取和申请住房公积金贷款，不受缓缴影响。受疫情影响的缴存人，不能正常偿还住房公积金贷款的，不作逾期处理，不纳入征信记录。各地区可根据本地实际情况，提高住房公积金租房提取额度，更好满足实际需要。

32. 完善农业转移人口和农村劳动力就业创业支持政策。加强对吸纳农业转移人口较多区域、行业的财政和金融支持，中央财政农业转移人口市民化奖励资金安排 400 亿元，推动健全常住地提供基本公共服务制度，将符合条件的新市民纳入创业担保贷款扶持范围。依据国土空间规划和上一年度进城落户人口数量，合理安排各类城镇年度新增建设用地规模。拓宽农村劳动力就地就近就业渠道。重大工程建设、以工代赈项目优先吸纳农村劳动力。

33. 完善社会民生兜底保障措施。指导各地落实好社会救助和保障标准与物价上涨挂钩联动机制，及时足额发放补贴，保障低收入群体基本生活。用好中央财政下拨的 1 547 亿元救助补助资金，压实地方政府责任，通过财政资金直达机制，及时足额发放到需要帮扶救助的群众手中。做好受灾人员生活救助，精准做好需要救助保障的困难群体帮扶工作，对临时生活困难群众给予有针对性帮扶。针对当前部分地区因局部聚集性疫情加强管控，同步推进疫情防控和保障群众基本生活，做好米面油、蔬菜、肉蛋奶等生活物资保供稳价工作。统筹发展和安全，抓好安全生产责任落实，深入开展安全大检查，严防交通、建筑、煤矿、燃气等方面安全事故，开展自建房安全专项整治，切实保障人民群众生命财产安全。

国务院办公厅关于加快推进"一件事一次办"打造政务服务升级版的指导意见

国办发〔2022〕32号

各省、自治区、直辖市人民政府,国务院各部委、各直属机构:

优化政务服务是加快转变政府职能、深化"放管服"改革、持续优化营商环境的重要内容,是加快构建新发展格局、建设人民满意的服务型政府的重要支撑。近年来,在深入推进政务服务"一网、一门、一次"改革、"互联网+政务服务"的基础上,一些地区进一步加大改革创新力度,将多个部门相关联的"单项事"整合为企业和群众视角的"一件事",推行集成化办理,实现"一件事一次办",大幅减少办事环节、申请材料、办理时间和跑动次数,得到企业和群众的普遍认可。同时,各地区在实施过程中还存在系统对接深度不够,数据共享难,不同地区集成化办理服务的名称、标准、规则不一致等问题,制约了"一件事一次办"推广。为加快推进"一件事一次办",打造政务服务升级版,提升政务服务标准化、规范化、便利化水平,更好满足企业和群众办事需求,经国务院同意,现提出以下意见。

一、总体要求

(一)指导思想。以习近平新时代中国特色社会主义思想为指导,深入贯彻落实党的十九大和十九届历次全会精神,坚持以人民为中心的发展思想,坚持系统观念,推动数字技术广泛应用于政府管理服务，优化业务流程、打通业务系统、强化数据共享，推动更多关联性强、办事需求量大的跨部门、跨层级政务服务事项实现"一件事一次办"，进一步提高企业和群众办事的体验感和获得感。

（二）基本原则。

坚持需求导向。从企业和群众实际需求出发，聚焦企业和个人全生命周期涉及面广、办理量大、办理频率高、办理时间相对集中的政务服务事项，实行"一件事一次办"，实现企业和群众办事由"多地、多窗、多次"向"一地、一窗、一次"转变，最大程度利企便民。

坚持系统集成。围绕企业从开办到注销、个人从出生到身后的重要阶段，按照不同应用场景、业务情形，将多个相关联的"单项事"合理归集，科学设计办理流程，梳理形成政务服务"一件事一次办"事项清单，提供主题式、套餐式服务。

坚持协同高效。强化部门间业务协同、系统联通和数据共享，围绕业务流程、办理要素、申报方式、受理方式、联办机制、出件方式等进行优化，大幅减时间、减环节、减材料、减跑动，实现多个事项"一次告知、一表申请、一套材料、一窗（端）受理、一网办理"。

坚持依法监管。按照"谁审批、谁监管，谁主管、谁监管"的原则，在推进"一件事一次办"过程中，强化审管衔接，严格落实有关部门监管责任，健全各司其职、各负其责、相互配合、齐抓共管的协同监管机制，确保事有人管、责有人负，实现无缝衔接。

（三）工作目标。2022年年底前，各地区要建立部门协同、整体联动的工作机制，完成企业和个人政务服务"一件事一次办"事项基础清单中的任务，并结合各地实际拓展本地区"一件事一次办"事项范围。2025年年底前，各地区"一件事一次办"事项范围进一步扩大，服务领域进一步拓展，企业和个人全生命周期重要阶段涉及的更多政务服务事项实现"一件事一次办",打造政务服务升级版,更好满足企业和群众办事需求。

二、重点任务

(一)推进企业全生命周期相关政务服务事项"一件事一次办"。围绕企业从开办到注销全生命周期的重要阶段,梳理集成同一阶段内需要到政府部门、公用企事业单位和服务机构办理的多个单一政务服务事项,为企业提供开办、工程建设、生产经营、惠企政策兑现、员工录用、不动产登记、注销等集成化办理服务,提高办事效率,降低办事成本。

(二)推进个人全生命周期相关政务服务事项"一件事一次办"。围绕个人从出生到身后全生命周期的重要阶段,梳理集成同一阶段内需要办理的多个单一政务服务事项,为群众提供新生儿出生、入园入学、大中专学生毕业、就业、就医、婚育、扶残助困、军人退役、二手房交易及水电气联动过户、退休、身后等集成化办理服务,切实提升群众办事便捷度,减少跑动次数。

三、优化"一件事一次办"服务模式

(一)科学设计流程。对"一件事一次办"涉及的多个政务服务事项的设定依据、受理条件、申请材料、办结时限、收费标准、办理结果等要素进行梳理,合理调整前后置顺序,优化办理要素和业务流程,形成"一件事一次办"事项办理标准化工作规程和办事指南,在线上线下服务渠道同源发布、同步更新。

(二)简化申报方式。对"一件事一次办"涉及的多个政务服务事项的申请材料和表单,通过归并、数据共享等方式进行精简、优化,推行共享数据自动调用、个性信息自行填报、申请表单自动生成,实现"多表合一、一表申请""一套材料、一次提交"。除法律法规规定应当并行办理的事项外,企业和群众可根据实际需求自主选择"一件事一次办"涉及的全部或部分事项。

(三)统一受理方式。根据企业和群众办事实际场景需求,科学合理设立线下"一件事一次办"综合受理窗口,在一个窗口综合收件，实现"一窗受理"。在全国一体化政务服务平台设立"一件事一次办"专栏，通过统一入口实现"一端受理"。

（四）建立联办机制。厘清部门职责，加强部门协作。依托全国一体化政务服务平台，同步获取受理信息和有关部门的办理信息，开展联动审批，推行联合评审、联合勘验、联合验收等，强化线上线下审批协同。

（五）提高出件效率。优化整合"一件事一次办"涉及的出件环节，按照集约化、高效化的原则，采取窗口发放、物流快递送达等灵活多样的方式，将办理结果和实体证照第一时间送达申请人。支持以信息化方式推送办理结果和电子证照，依托政务服务平台实现"一端出件"。

（六）加强综合监管。针对"一件事一次办"跨部门、跨业务的特点，健全监管制度，明确各环节监管部门及职责，完善监管规则和标准，落实监管措施，实施事前事中事后全链条监管。实行相对集中行政许可权改革的地区，要明确政务服务审批部门、行业主管部门的监管职责和边界，强化审管协同和信息共享，推进"一件事一次办"事项依法依规办理，促进集成化办理服务提升。

四、加强"一件事一次办"支撑能力建设

（一）推进线下综合受理窗口和线上受理专栏建设。县级以上政务服务中心和乡镇（街道）便民服务中心要将"一件事一次办"事项纳入综合受理窗口办理，全面推行"前台综合受理、后台分类审批"。有条件的地区可将"一件事一次办"事项延伸到村（社区）便民服务站。各地区要充分利用国家政务服务平台统一事项管理、身份认证、数据共享等公共支撑能力，加快本地区政务服务平台"一件事一次办"事项办理系统建设，在政务服务平台设立专栏，并向政务服务移动端（含App、小程序等）、集成化自助服务终端等拓展，便利企业和群众线上申办、自助申办。

（二）推动"一件事一次办"事项办理相关业务系统互联互通。各地区要加大对"一件事一次办"事项办理相关业务系统的整合力度，推动相关独立办理系统与本地区政务服务平台互联互通、业务协同。国务院有关部门要以全国一体化政务服务平台为数据共享总枢纽，加快推动本部门涉及"一件事一次办"事项办理的垂直管理业务信息系统与地方政务服务平台深度对接，有效满足各地区需求，实现"一次登录、全网通办"。

（三）推进"一件事一次办"事项办理数据按需共享应用。各地区要按照"一件事一次办"事项办理业务流程，梳理数据共享需求、电子证照社会化应用场景清单，发挥政务数据共享协调机制作用，明确数据共享供需对接、规范使用、争议处理、安全管理、技术支撑等制度流程，推进跨部门、跨层级数据依法依规有序共享。国务院有关部门要推动部门之间、部门与地方之间政务数据双向共享，不断提高共享数据质量和可用性、时效性。

（四）建立健全"一件事一次办"标准规范。制定政务服务"一件事一次办"国家标准，围绕事项名称与编码规则、事项管理、办事流程、服务规范、服务质量、监督评价等方面，建立健全标准体系，细化评价指标，完善评价方法。

五、保障措施

（一）加强组织领导。坚持党对推进政务服务"一件事一次办"工作的全面领导。国务院办公厅负责统筹推进全国政务服务"一件事一次办"工作，对各地区各部门推进情况进行跟踪督促和业务指导，组织编制并发布企业和个人政务服务"一件事一次办"事项基础清单，明确"一件事一次办"事项名称、涉及事项、责任单位。各省（自治区、直辖市）人民政府要统筹推进本地区政务服务"一件事一次办"工作，围绕基础清单细化分解任务，明确时间节点、部门分工和监管责任，并因地制宜拓展本地区"一件事一次办"事项范围。各有关部门要积极推进主管行业领域政务服务"一件事一次办"工作，并提供必要的政策、业务、系统、数据等支持。

（二）加强协同配合。各地区要建立跨部门协同推进机制，结合实际明确"一件事一次办"事项核心环节或第一个环节的办理单位作为牵头单位。牵头单位要会同配合单位编制"一件事一次办"事项办理标准化工作规程和办事指南，做好流程优化、系统对接、信息共享、电子证照应用、业务培训等工作。配合单位要与牵头单位密切协作，主动按时完成相关工作。

（三）加强评价监督。各地区要推进政务服务"一件事一次办"好差评工作，让企业和群众评判政务服务绩效。加强对"一件事一次办"事项办理情况的跟踪评估，对工作推进不及时、工作落实不到位、企业和群众反映问题突出的，给予通报批评，并限期整改。

（四）加强宣传引导。各地区各有关部门要通过政府网站、政务新媒体、政务服务平台等及时发布政务服务"一件事一次办"相关信息，同时做好政策解读，不断提高社会知晓度，积极营造有利于推进"一件事一次办"的良好氛围。

附件：1. 企业政务服务"一件事一次办"事项基础清单（2022年版）

2. 个人政务服务"一件事一次办"事项基础清单（2022年版）

2022年9月26日

附件1

企业政务服务"一件事一次办"事项基础清单（2022年版）

序号	名称	涉及事项	责任单位
1	企业开办	企业设立登记	市场监管部门
		公章刻制备案	公安部门
		发票领用	税务部门
		企业社会保险登记	人力资源社会保障部门
		住房公积金单位登记开户	住房城乡建设部门
2	企业准营（以餐饮店为例）	食品经营许可	市场监管部门
		设置大型户外广告及在城市建筑物、设施上悬挂、张贴宣传品审批	住房城乡建设（城市管理）部门
		公众聚集场所投入使用、营业前消防安全检查	消防救援机构
3	员工录用	就业登记	人力资源社会保障部门
		职工参保登记（社会保险）	
		社会保障卡申领	
		档案的接收和转递（流动人员）	
		职工参保登记（基本医疗保险）	医保部门
		个人住房公积金账户设立	住房城乡建设部门
4	涉企不动产登记	不动产统一登记	自然资源部门
		房地产交易税费申报	税务部门

续表

序号	名称	涉及事项	责任单位
5	企业简易注销	税务注销	税务部门
		企业注销登记	市场监管部门

附件 2

个人政务服务"一件事一次办"事项基础清单(2022年版)

序号	名称	涉及事项	责任单位
1	新生儿出生	出生医学证明签发	卫生健康部门
		预防接种证办理	疾控部门、卫生健康部门按职责分工落实
		户口登记	公安部门
		城乡居民参保登记(基本医疗保险)	医保部门
		社会保障卡申领	人力资源社会保障部门
2	灵活就业	就业登记	人力资源社会保障部门
		档案的接收和转递(流动人员)	
		社会保险登记	
		基本医疗保险参保和变更登记	医保部门
		灵活就业人员社会保险费申报	税务部门
3	公民婚育	内地居民婚姻登记	民政部门
		户口登记项目变更	公安部门
		户口迁移	
		生育登记	卫生健康部门
4	扶残助困	残疾人证办理	残联
		困难残疾人生活补贴和重度残疾人护理补贴资格认定	民政部门

续表

序号	名称	涉及事项		责任单位
4	扶残助困	低保、特困等困难群众医疗救助		医保部门
		城乡居民基本养老保险补助		人力资源社会保障部门
5	军人退役	退役报到		退役军人事务部门
		户口登记（退役军人恢复户口）		公安部门
		核发居民身份证		
		预备役登记		人民武装部门
		社会保险登记		人力资源社会保障部门
		军地养老保险关系转移接续		
		基本医疗保险参保和变更登记		医保部门
		基本医疗保险关系转移接续		
		退役士兵自主就业一次性经济补助金的给付		退役军人事务部门
6	二手房转移登记及水电气联动过户	房屋交易合同网签备案	并行办理	住房城乡建设部门
		房地产交易税费申报		税务部门
		不动产统一登记		自然资源部门
		电表过户		能源主管部门
		水表过户		住房城乡建设部门
		天然气表过户		
7	企业职工退休	职工正常退休（职）申请		人力资源社会保障部门
		职工提前退休（退职）申请		
		职工参保登记（基本医疗保险）		医保部门
		住房公积金提取（离休、退休）		住房城乡建设部门
8	公民身后	出具死亡证明（正常死亡）		卫生健康部门
		出具死亡证明（非正常死亡）		公安部门
		出具火化证明		民政部门

续表

序号	名称	涉及事项	责任单位
8	公民身后	参保人员个人账户一次性支取（基本医疗保险）	医保部门
		个人账户一次性待遇申领（养老保险）	人力资源社会保障部门
		遗属待遇申领	
		死亡、宣告死亡办理户口注销	公安部门
		注销驾驶证	
		住房公积金提取（死亡）	住房城乡建设部门

国务院办公厅关于
扩大政务服务"跨省通办"范围
进一步提升服务效能的意见

国办发〔2022〕34号

各省、自治区、直辖市人民政府,国务院各部委、各直属机构:

《国务院办公厅关于加快推进政务服务"跨省通办"的指导意见》(国办发〔2020〕35号)印发以来,各地区各部门大力推进与企业发展、群众生活密切相关的高频政务服务事项"跨省通办",企业和群众异地办事越来越便捷。为贯彻党中央、国务院关于加强数字政府建设、持续优化政务服务的决策部署,落实《政府工作报告》要求,扩大政务服务"跨省通办"范围,进一步提升服务效能,更好满足企业和群众异地办事需求,经国务院同意,现提出以下意见。

一、总体要求

以习近平新时代中国特色社会主义思想为指导,全面贯彻落实党的十九大和十九届历次全会精神,按照党中央、国务院决策部署,坚持以人民为中心的发展思想,聚焦企业和群众反映突出的异地办事难点堵点,统一服务标准、优化服务流程、创新服务方式,充分发挥全国一体化政务服务平台"一网通办"枢纽作用,推动线上线下办事渠道深度融合,持续深化政务服务"跨省通办"改革,不断提升政务服务标准化、规范化、便利化水平,有效服务人口流动、生产要素自由流动和全国统一大市场建设,为推动高质量发展、创造高品质生活、推进国家治理体系和治理能力现代化提供有力支撑。

二、扩大"跨省通办"事项范围

(一)新增一批高频政务服务"跨省通办"事项。在深入落实国办发〔2020〕35号文件部署的基础上,聚焦便利企业跨区域经营和加快解决群众关切事项的异地办理问题,健全清单化管理和更新机制,按照需求量大、覆盖面广、办理频次高的原则,推出新一批政务服务"跨省通办"事项,组织实施《全国政务服务"跨省通办"新增任务清单》(见附件)。

(二)扎实推进地区间"跨省通办"合作。围绕实施区域重大战略,聚焦城市群都市圈一体化发展、主要劳务输入输出地协作、毗邻地区交流合作等需求,进一步拓展"跨省通办"范围和深度。有关地区开展省际"跨省通办"合作要务实高效,科学合理新增区域通办事项,避免层层签订协议、合作流于形式、企业和群众获得感不强等问题。及时梳理地区间"跨省通办"合作中共性、高频的异地办事需求,加强业务统筹,并纳入全国"跨省通办"事项范围。

三、提升"跨省通办"服务效能

(三)改进网上办事服务体验。加快整合网上办事入口,依托全国一体化政务服务平台健全统一身份认证体系,着力解决网上办事"门难找"、页面多次跳转等问题。进一步简化"跨省通办"网上办理环节和流程,丰富网上办事引导、智能客服功能,提供更加简单便捷、好办易办的服务体验。完善国家政务服务平台"跨省通办"服务专区,推动更多"跨省通办"事项网上一站式办理。完善全国一体化政务服务平台移动端应用,推进证明证照查验、信息查询变更、资格认证、年审年报等更多简易高频事项"掌上办"。

(四)优化"跨省通办"线下服务。推动县级以上政务服务中心"跨省通办"窗口全覆盖,建立完善收件、办理两地窗口工作人员和后台审批人员协同联动工作机制，为全程网办提供业务咨询、申报辅导、沟通协调等服务。推行帮办代办、引导教办等线下服务，为老年人等特殊群体和不熟悉网络操作的办事人提供更多便利，更好满足多样化、个性化办事需求，确保线上能办的线下也能办。探索通过自助服务终端等渠道，推进"跨省通办"服务向基层延伸。

（五）提升"跨省通办"协同效率。依托全国一体化政务服务平台，完善"跨省通办"业务支撑系统办件流转功能，推动优化"跨省通办"事项异地代收代办、多地联办服务。通过收件标准查询、材料电子化流转、线上审核、视频会商等辅助方式，同步提供具体事项办理的工作联络功能，提高协同办理效率，加快解决"跨省通办"事项受理和收办件审核补齐补正次数多，资料传递、审查、核验、送达耗时长，跨地区、跨层级经办机构沟通效率低等问题。

四、加强"跨省通办"服务支撑

（六）完善"跨省通办"事项标准和业务规则。国务院有关部门要结合推进统一的政务服务事项基本目录和实施清单编制工作，2023年6月底前实现已确定的政务服务"跨省通办"事项名称、编码、依据、类型等基本要素和受理条件、服务对象、办理流程、申请材料、办结时限、办理结果等在全国范围统一，并在国家政务服务平台发布。国务院有关部门要加快制定完善全程网办、异地代收代办、多地联办的业务标准和操作规程，明确收件地和办理地的权责划分、业务流转程序、联动模式、联系方式等内容，进一步细化和统一申请表单通用格式、申请材料文本标准等，优化办理流程，及时更新办事指南。

（七）加强"跨省通办"平台支撑和系统对接。充分发挥全国一体化政务服务平台公共入口、公共通道、公共支撑作用，在确保安全性和稳定性的前提下，加快推动国务院部门垂直管理业务信息系统、地方各级政府部门业务信息系统与各地区政务服平台深度对接融合,明确对接标准、对接方式、完成时限等要求,为部门有效协同、业务高效办理提供有力支撑。

(八)增强"跨省通办"数据共享支撑能力。充分发挥政务数据共享协调机制作用,强化全国一体化政务服务平台的数据共享枢纽功能,推动更多直接关系企业和群众异地办事、应用频次高的医疗、养老、住房、就业、社保、户籍、税务等领域数据纳入共享范围,提升数据共享的稳定性、及时性。依法依规有序推进常用电子证照全国互认共享,加快推进电子印章、电子签名应用和跨地区、跨部门互认,为提高"跨省通办"服务效能提供有效支撑。加强政务数据共享安全保障,依法保护个人信息、隐私和企业商业秘密,切实守住数据安全底线。

五、强化组织保障

(九)健全工作推进机制。国务院办公厅负责全国政务服务"跨省通办"的统筹协调,推动解决有关重大问题。国务院各有关部门要加大业务统筹力度,按照有关任务时限要求,抓紧出台新增"跨省通办"事项的配套政策、实施方案、试点计划等,加强对主管行业领域"跨省通办"工作的指导和规范。强化跨部门协同联动,有关配合部门要加大业务、数据、信息系统等方面的支持力度。各地区要加强对政务服务"跨省通办"任务落实的省级统筹,强化上下联动、横向协同,加快实现同一事项无差别受理、同标准办理。各级政务服务管理机构要会同本级业务主管部门建立常见问题解答知识库,开展常态化业务培训,切实提升窗口工作人员办理"跨省通办"事项的业务能力。

(十)加强监测评估。国务院办公厅会同有关部门加强对政务服务"跨省通办"工作推进情况的监测分析,了解和掌握"跨省通办"事项实际办理情况,及时跟进协调解决有关难点堵点问题。地方各级政务服务管理机构要会同本级业务主管部门加强对具体事项办理的日常监测管理,强化审管协同,推动审批、监管信息实时共享。国务院办公厅适时组织开展"跨省通办"

落实情况评估工作。

（十一）加大宣传推广力度。各地区各有关部门要通过政府网站、政务新媒体、政务服务平台等及时发布政务服务"跨省通办"有关信息，做好政策解读，确保企业和群众在各个层级办事时充分知晓和享受到"跨省通办"带来的便利。及时梳理总结各地区各有关部门政务服务"跨省通办"的好经验好做法，加大推广力度，积极支持"一地创新、全国复用"。

附件：全国政务服务"跨省通办"新增任务清单

2022 年 9 月 28 日

附件

全国政务服务"跨省通办"新增任务清单(共22项)

序号	"跨省通办"事项	应用场景	牵头单位	配合单位	完成时间
1	临时居民身份证办理	申请人可异地申请办理临时居民身份证,不受户籍地限制	公安部		2022年年底前,在长三角、川渝黔地区启动试点工作;2023年年底前全部省份完成
2	子女投靠父母户口迁移	申请人因投靠父母需要迁移户口的,只需在迁入地申请,迁入地和迁出地公安部门协同办理户口迁移,申请人不再需要到迁出地办理相关手续	公安部		2022年年底前

· 53 ·

续表

序号	"跨省通办"事项	应用场景	牵头单位	配合单位	完成时间
3	城乡居民养老保险参保登记	申请人可异地网上申请城乡居民养老保险参保登记，不受地域限制	人力资源社会保障部		2022年年底前，建成全国统一的线上服务人口，50%以上省份开通"跨省通办"服务；2023年6月底前，全部省份开通"跨省通办"服务
4	城乡居民养老保险待遇申请	申请人可异地网上申请城乡居民养老保险待遇，不受地域限制	人力资源社会保障部		2022年年底前，建成全国统一的线上服务人口，50%以上省份开通"跨省通办"服务；2023年6月底前，全部省份开通"跨省通办"服务
5	住房公积金汇缴	申请人可异地向缴存地住房公积金管理中心申请住房公积金汇缴，不受地域限制	住房城乡建设部		2022年年底前
6	住房公积金补缴	申请人可异地向缴存地住房公积金管理中心申请住房公积金补缴，不受地域限制	住房城乡建设部		2022年年底前

续表

序号	"跨省通办"事项	应用场景	牵头单位	配合单位	完成时间
7	提前部分偿还住房公积金贷款	申请人可异地向住房公积金管理中心申请提前部分偿还住房公积金贷款,不受地域限制	住房城乡建设部		2022年年底前
8	租房提取住房公积金	申请人在缴存地无自有住房且租赁住房的,可异地向缴存地住房公积金管理中心申请提取住房公积金,不受地域限制	住房城乡建设部	自然资源部	2023年年底前
9	提前退休提取住房公积金	申请人未到法定退休年龄但已办理相关退休手续的,可异地向缴存地住房公积金管理中心申请提取住房公积金,不受地域限制	住房城乡建设部	人力资源社会保障部	2023年年底前
10	航运公司符合证明查询、核验	申请人可异地查询、核验航运公司符合证明,不受地域限制	交通运输部		2022年年底前
11	船舶安全管理证书查询、核验	申请人可异地查询、核验船舶安全管理证书,不受地域限制	交通运输部		2022年年底前

续表

序号	"跨省通办"事项	应用场景	牵头单位	配合单位	完成时间
12	水利水电工程施工企业主要负责人、项目负责人和专职安全生产管理人员安全生产考核变更	申请人在申请证书变更时，考核管理部门发生改变的，只需向新考核管理部门提出申请，新考核管理部门和原考核管理部门协同办理，申请人不需要到原考核管理部门办理变更手续	水利部		2023年6月底前
13	异地电子缴税	因跨省经营或管理需要，申请人可将税款从异地银行结算账户跨省缴入经营地国库	税务总局	人民银行	2022年年底前
14	开具税收完税证明	申请人可异地通过电子税务局开具税收完税证明，不受地域限制	税务总局		2022年年底前
15	单位社保险费申报	申请人可异地网上申报单位社保险费，不受地域限制	税务总局		2022年年底前
16	灵活就业人员社会保险费申报	申请人可异地网上申报灵活就业人员社会保险费，不受地域限制	税务总局		2022年年底前

续表

序号	"跨省通办"事项	应用场景	牵头单位	配合单位	完成时间
17	城乡居民社会保险费申报	申请人可异地网上申报城乡居民社会保险费,不受地域限制	税务总局		2022年年底前
18	社会保险费特殊缴费申报	申请人可异地网上申报社会保险费特殊缴费,不受地域限制	税务总局	人力资源社会保障部、国家医保局	2022年年底前
19	工程项目工伤保险费申报	申请人可异地网上申报工程项目工伤保险费,不受地域限制	税务总局		2022年年底前
20	开具社会保险费缴费证明	申请人可异地网上开具社会保险费缴费证明,不受地域限制	税务总局		2022年年底前
21	退还误收多缴保险费申请	申请人可异地网上申请退还误收多缴保险费,不受地域限制	税务总局	人力资源社会保障部、国家医保局	2022年年底前

续表

序号	"跨省通办"事项	应用场景	牵头单位	配合单位	完成时间
22	高血压、糖尿病、恶性肿瘤门诊放化疗、尿毒症透析、器官移植术后抗排异治疗等5种门诊慢特病相关医疗费用跨省直接结算	具有门诊慢特病认定资格的参保人员在参保地备案后，按照参保地相关要求可在高血压、糖尿病、恶性肿瘤门诊放化疗、尿毒症透析、器官移植术后抗排异治疗等5种门诊慢特病相关治疗费用跨省联网定点医疗机构享受直接结算服务	国家医保局		2022年底前

国务院办公厅关于印发第十次全国深化"放管服"改革电视电话会议重点任务分工方案的通知

国办发〔2022〕37号

各省、自治区、直辖市人民政府,国务院各部委、各直属机构:

《第十次全国深化"放管服"改革电视电话会议重点任务分工方案》已经国务院同意,现印发给你们,请结合实际认真贯彻落实。

2022年10月15日

第十次全国深化"放管服"改革电视电话会议重点任务分工方案

党中央、国务院高度重视深化"放管服"改革优化营商环境工作。2022年8月29日,李克强总理在第十次全国深化"放管服"改革电视电话会议上发表重要讲话,部署持续深化"放管服"改革,推进政府职能深刻转变,加快打造市场化法治化国际化营商环境,着力培育壮大市场主体,稳住宏观经济大盘,推动经济运行保持在合理区间。为确保会议确定的重点任务落到实处，现制定如下分工方案。

一、依靠改革开放释放经济增长潜力

（一）继续把培育壮大市场主体作为深化"放管服"改革的重要着力点，坚持"两个毫不动摇"，对各类所有制企业一视同仁，依法平等保护各类市场主体产权和合法权益、给予同等政策支持。（市场监管总局、国家发展改革委、工业和信息化部、司法部、财政部、商务部、国务院国资委、国家知识产权局等国务院相关部门及各地区按职责分工负责）

具体举措：

1. 落实好《促进个体工商户发展条例》，抓紧制定完善配套措施，切实解决个体工商户在经营场所、用工、融资、社保等方面面临的突出困难和问题，维护个体工商户合法权益，稳定个体工商户发展预期。（市场监管总局牵头，国务院相关部门及各地区按职责分工负责）

2. 深入开展制止滥用行政权力排除、限制竞争执法专项行动，进一步健全公平竞争审查制度，建立健全市场竞争状况监测评估和预警机制，更大力度破除地方保护、市场分割，切实维护公平竞争市场秩序。（市场监管总局牵头，国务院相关部门及各地区按职责分工负责）

3. 持续清理招投标领域针对不同所有制企业、外地企业设置的各类隐性门槛和不合理限制，畅通招标投标异议、投诉渠道，严厉打击围标串标、排斥潜在投标人等违法违规行为。（国家发展改革委牵头，国务院相关部门及各地区按职责分工负责）

（二）加快推进纳入国家"十四五"规划以及省级规划的重点项目，运用"放管服"改革的办法，打通堵点卡点，继续采取集中办公、并联办理等方式，提高审批效率，强化要素保障，推动项目尽快落地。同时，进一步压实地方政府和相关业主单位的责任，加强监督。（国家发展改革委牵头，自然资源部、生态

环境部、住房城乡建设部、交通运输部、水利部、审计署等国务院相关部门及各地区按职责分工负责)

具体举措：

1. 依托推进有效投资重要项目协调机制，加强部门协同，高效保障重要项目尽快落地，更好发挥有效投资对经济恢复发展的关键性作用。(国家发展改革委牵头，国务院相关部门及各地区按职责分工负责)

2. 落实好重要项目用地、规划、环评、施工许可、水土保持等方面审批改革举措，对正在办理手续的项目用海用岛审批实行即接即办，优化水利工程项目招标投标程序，推动项目及时开工，尽快形成实物工作量。(自然资源部、生态环境部、住房城乡建设部、水利部等国务院相关部门及各地区按职责分工负责)

(三)依法盘活用好5 000多亿元专项债地方结存限额，与政策性开发性金融工具相结合，支持重点项目建设。在专项债资金和政策性开发性金融工具使用过程中，注重创新机制，发挥对社会资本的撬动作用。引导商业银行扩大中长期贷款投放，为重点项目建设配足融资。(财政部、国家发展改革委、人民银行、银保监会等国务院相关部门及各地区按职责分工负责)

具体举措：

指导政策性开发性银行用好用足政策性开发性金融工具额度和8 000亿元新增信贷额度，优先支持专项债券项目建设。鼓励商业银行信贷资金等通过银团贷款、政府和社会资本合作(PPP)等方式，按照市场化原则加大对重要项目建设的中长期资金支持力度。(财政部、人民银行、银保监会等国务院相关部门及各地区按职责分工负责)

(四)抓紧研究支持制造业企业、职业院校等设备更新改造的政策，金融机构对此要增加中长期贷款投放。完善对银行的考核办法，银行要完善内部考评和尽职免责规定，形成激励机制。持续释放贷款市场报价利率改革和传导效应，降低企业融资和个人消费信贷成本。(人民银行、银保监会、国家发展改革委、财政部、教育部、工业和信息化部、人力资源社会保障部等国务院相关部门及各地区按职责分工负责)

具体举措：

继续深化利率市场化改革，发挥存款利率市场化调整机制作用，释放贷款市场报价利率（LPR）形成机制改革效能，促进降低企业融资和个人消费信贷成本。督促21家全国性银行完善内部考核、尽职免责和激励机制，引导商业银行扩大中长期贷款投放，为设备更新改造等配足融资。(人民银行、银保监会负责)

（五）落实好阶段性减征部分乘用车购置税、延续免征新能源汽车购置税、放宽二手车迁入限制等政策。给予地方更多自主权，因城施策运用好政策工具箱中的40多项工具，灵活运用阶段性信贷政策，支持刚性和改善性住房需求。有关部门和各地区要认真做好保交楼、防烂尾、稳预期相关工作，用好保交楼专项借款，压实项目实施主体责任，防范发生风险，保持房地产市场平稳健康发展。同时，结合实际出台针对性支持其他消费领域的举措。(财政部、税务总局、工业和信息化部、公安部、生态环境部、住房城乡建设部、商务部、人民银行、银保监会等国务院相关部门及各地区按职责分工负责)

具体举措：

1. 延续实施新能源汽车免征车辆购置税政策，组织开展新能源汽车下乡和汽车"品牌向上"系列活动，支持新能源汽车产业发展，促进汽车消费。(财政部、工业和信息化部、税务总局等国务院相关部门及各地区按职责分工负责)

2. 实施好促进绿色智能家电消费政策，积极开展家电以旧换新和家电下乡。办好国际消费季、家电消费季、中华美食荟、老字号嘉年华等活动。加快培育建设国际消费中心城市，尽快扩大城市一刻钟便民生活圈试点，促进消费持续恢复。(商务部牵头，国务院相关部门及各地区按职责分工负责)

（六）支持企业到国际市场打拼，在公平竞争中实现互利共赢。加强对出口大户、中小外贸企业服务，帮助解决生产、融资、用工、物流等问题。加大对跨境电商、海外仓等外贸新业态支持力度，线上线下相结合搭建境内外展会平台，支持企业稳订单拓市场。（商务部、工业和信息化部、人力资源社会保障部、交通运输部、人民银行、银保监会、中国贸促会等相关部门和单位及各地区按职责分工负责）

具体举措：

1. 2022年年底前再增设一批跨境电子商务综合试验区，加快出台更多支持海外仓发展的政策措施。鼓励贸促机构、会展企业以"境内线上对口谈、境外线下商品展"方式举办境外自办展会，帮助外贸企业拓市场、拿订单。（商务部牵头，中国贸促会等相关部门和单位及各地区按职责分工负责）

2. 鼓励金融机构积极创新贸易金融产品，提升贸易融资服务水平。支持金融机构按照市场化原则，为海外仓企业和项目提供定制化的信贷产品及出口信保等金融产品和服务。（人民银行、银保监会牵头，国务院相关部门及各地区按职责分工负责）

（七）继续深化通关便利化改革，推进通关业务全流程网上办理，提升港口集疏运水平，畅通外贸产业链供应链。（海关总署、交通运输部、商务部、国家铁路局、中国国家铁路集团有限公司等相关部门和单位及各地区按职责分工负责）

具体举措：

1. 2022年年底前，依托国际贸易"单一窗口"平台，加强部门间信息共享和业务联动，开展进口关税配额联网核查及相应货物无纸化通关试点。在有条件的港口推进进口货物"船边直提"和出口货物"抵港直装"。（海关总署牵头，国务院相关部门及各地区按职责分工负责）

2. 加快推动大宗货物和集装箱中长距离运输"公转铁""公转水"等多式联运改革，推进铁路专用线建设，降低综合货运成本。2022年11月底前，开展不少于100个多式联运示范工程建设。（交通运输部、国家发展改革委、国家铁路局、中国国家铁路集团有限公司等相关部门和单位及各地区按职责分工负责）

（八）保障外资企业国民待遇，确保外资企业同等享受助企惠企、政府采购等政策，推动一批制造业领域标志性外资项目落地，增强外资在华长期发展的信心。（国家发展改革委、商务部、工业和信息化部、财政部、中国贸促会等相关部门和单位及各地区按职责分工负责）

具体举措：

1. 2022年年底前制定出台关于以制造业为重点促进外资扩增量稳存量提质量的政策文件，进一步优化外商投资环境，高标准落实外资企业准入后国民待遇，保障外资企业依法依规平等享受相关支持政策。（国家发展改革委、商务部等国务院相关部门及各地区按职责分工负责）

2. 更好发挥服务外资企业工作专班作用，完善问题受理、协同办理、结果反馈等流程，有效解决外资企业面临的实际困难问题。（中国贸促会牵头，国务院相关部门及各地区按职责分工负责）

二、提升面向市场主体和人民群众的政务服务效能

（九）继续行简政之道，放出活力、放出创造力。落实和完善行政许可事项清单制度，坚决防止清单之外违法实施行政许可，2022年年底前省、市、县级要编制完成本级行政许可事项清单和办事指南，加快实现同一事项在不同地区和不同层级同标准、无差别办理。（国务院办公厅牵头，国务院相关部门及各地区按职责分工负责）

具体举措：

1. 2022年年底前，省、市、县级人民政府按照统一的清单编制要求，编制并公布本级行政许可事项清单，明确事项名称、主管部门、实施机关、设定和实施依据等基本要素。（国务院办

公厅牵头,各地区按职责分工负责)

2. 2022年年底前,对行政许可事项制定实施规范,明确许可条件、申请材料、审批程序等内容,持续推进行政许可标准化、规范化、便利化。强化监督问责,坚决防止清单之外违法实施行政许可。(国务院办公厅牵头,国务院相关部门及各地区按职责分工负责)

(十)不断强化政府部门监管责任,管出公平、管出质量。依法严厉打击制售假冒伪劣、侵犯知识产权等违法行为,完善监管规则,创新适应行业特点的监管方法,推行跨部门综合监管,进一步提升监管效能。(国务院办公厅、市场监管总局、国家知识产权局等国务院相关部门及各地区按职责分工负责)

具体举措:

1. 2022年年底前制定出台关于深入推进跨部门综合监管的指导意见,对涉及多个部门、管理难度大、风险隐患突出的监管事项,加快建立健全职责清晰、规则统一、信息互通、协同高效的跨部门综合监管制度,切实增强监管合力,提高政府监管效能。(国务院办公厅牵头,国务院相关部门及各地区按职责分工负责)

2. 针对企业和群众反映强烈、侵权假冒多发的重点领域,进一步加大执法力度,严厉打击商标侵权、假冒专利等违法行为,对重大典型案件开展督查督办,持续营造创新发展的良好环境。(市场监管总局、国家知识产权局等国务院相关部门及各地区按职责分工负责)

(十一)严格规范公正文明执法,深入落实行政处罚法,坚持过罚相当、宽严相济,明确行政处罚裁量权基准,切实解决一些地方在行政执法过程中存在的简单粗暴、畸轻畸重等问题,决不能搞选择性执法、"一刀切"执法、逐利执法。严肃查处吃拿卡要、牟取私利等违法违规行为。(司法部等国务院相关部门及各地区按职责分工负责)

具体举措：

1. 深入贯彻落实《国务院办公厅关于进一步规范行政裁量权基准制定和管理工作的意见》（国办发〔2022〕27号），进一步推动各地区各部门分别制定本地区本领域行政裁量权基准，指导督促各地区尽快建立行政裁量权基准动态调整机制，将行政裁量权基准制定和管理工作纳入法治政府建设考评指标体系，规范行政执法，避免执法畸轻畸重。（司法部牵头，国务院相关部门及各地区按职责分工负责）

2. 严格规范行政罚款行为，抓紧清理调整一批违反法定权限设定、过罚不当等不合理罚款事项，进一步规范罚款设定和实施，防止以罚增收、以罚代管、逐利执法等行为。（司法部牵头，国务院相关部门及各地区按职责分工负责）

（十二）按照构建全国统一大市场的要求，全面清理市场准入隐性壁垒，推动各地区、各部门清理废除妨碍公平竞争的规定和做法。（国家发展改革委、市场监管总局等国务院相关部门及各地区按职责分工负责）

具体举措：

1. 落实好《市场准入负面清单（2022年版）》，抓紧推动清单事项全部实现网上办理，建立健全违背市场准入负面清单案例归集和通报制度，进一步畅通市场主体对隐性壁垒的投诉渠道，健全处理回应机制。（国家发展改革委、商务部牵头，国务院相关部门及各地区按职责分工负责）

2. 加快出台细化落实市场主体登记管理条例的配套政策文件，编制登记注册业务规范和审查标准，在全国推开经营范围规范化登记，完善企业名称争议处理机制。（市场监管总局牵头，国务院相关部门及各地区按职责分工负责）

（十三）加强政务数据共享，推进企业开办注销、不动产登记、招工用工等常办事项由多环节办理变为集中办理，扩大企业电子营业执照等应用。（国务院办公厅、自然资源部、人力资源

社会保障部、市场监管总局等国务院相关部门及各地区按职责分工负责）

具体举措：

1. 2022年年底前实现企业开办、涉企不动产登记、员工录用、企业简易注销等"一件事一次办"，进一步提升市场主体获得感。（国务院办公厅牵头，国务院相关部门及各地区按职责分工负责）

2. 加快国家政务大数据平台建设，依托政务数据共享协调机制，不断完善政务数据共享标准规范，提升政务数据共享平台支撑能力，促进更多政务数据依法有序共享、合理有效利用，更好满足企业和群众办事需求。（国务院办公厅牵头，国务院相关部门及各地区按职责分工负责）

3. 加快建设全国统一、实时更新、权威可靠的企业电子证照库，并与全国一体化政务服务平台电子证照共享服务系统互联互通，推动电子营业执照和企业电子印章跨地区跨部门互信互认，有序拓展电子营业执照在市场准入、纳税、金融、招投标等领域的应用，为市场主体生产经营提供便利。（国务院办公厅、市场监管总局等国务院相关部门及各地区按职责分工负责）

（十四）再推出一批便民服务措施，解决好与人民群众日常生活密切相关的"关键小事"。（国务院相关部门及各地区按职责分工负责）

具体举措：

1. 延长允许货车在城市道路上通行的时间，放宽通行吨位限制，推动取消皮卡车进城限制，对新能源配送货车扩大通行范围、延长通行时间，进一步便利货车在城市道路通行。（公安部牵头，国务院相关部门及各地区按职责分工负责）

2. 加快开展"互联网+考试服务"，建立中国教育考试网统一用户中心，丰富和完善移动端功能，实行考试信息主动推送，进一步提升考试成绩查询和证书申领便利度。（教育部牵头，国

务院相关部门及各地区按职责分工负责）

（十五）进一步扩大营商环境创新试点范围，支持有条件的地方先行先试，以点带面促进全国营商环境不断改善。（国务院办公厅牵头，国务院相关部门及各地区按职责分工负责）

具体举措：

密切跟踪营商环境创新试点工作推进情况，及时总结推广实践证明行之有效、市场主体欢迎的改革举措，适时研究扩大试点地区范围，推动全国营商环境持续改善。（国务院办公厅牵头，国务院相关部门及各地区按职责分工负责）

（十六）落实好失业保险保障扩围政策，进一步畅通申领渠道，提高便利度，继续对不符合领取失业保险金条件的失业人员发放失业补助金，确保应发尽发。加强动态监测，及时发现需要纳入低保的对象，该扩围的扩围，做到应保尽保。及时启动价格补贴联动机制并足额发放补贴。加强和创新社会救助，打破户籍地、居住地申请限制，群众在哪里遇到急难就由哪里直接实施临时救助。加强各类保障和救助资金监管，严查优亲厚友、骗取套取等行为，确保资金真正用到困难群众身上，兜牢基本民生底线。（民政部、人力资源社会保障部、国家发展改革委、财政部、退役军人部、国家统计局等国务院相关部门及各地区按职责分工负责）

具体举措：

1. 2022年年底前制定出台关于进一步做好最低生活保障等社会救助兜底保障工作的政策文件，指导督促地方及时将符合条件的困难群众纳入社会救助范围，优化非本地户籍人员救助申请程序，全面推行由急难发生地直接实施临时救助，切实兜住、兜准、兜好困难群众基本生活底线。（民政部牵头，国务院相关部门及各地区按职责分工负责）

2. 深入推进线上申领失业保险待遇，简化申领手续、优化申领服务，推动失业保险金和失业补助金应发尽发、应保尽保。

（人力资源社会保障部、财政部及各地区按职责分工负责）

3.指导督促各地于2023年3月前阶段性调整价格补贴联动机制，进一步扩大保障范围，降低启动条件，加大对困难群众物价补贴力度，并及时足额发放补贴。（国家发展改革委、民政部、财政部、人力资源社会保障部、退役军人部、国家统计局及各地区按职责分工负责）

三、着力推动已出台政策落地见效

（十七）用"放管服"改革办法加快释放政策效能，推动各项助企纾困政策第一时间落到市场主体，简化办理程序，尽可能做到直达快享、"免申即享"。各级政府包括财政供养单位都要真正过紧日子，盘活存量资金和资产，省级政府要加大财力下沉力度，集中更多资金落实惠企利民政策，支持基层保基本民生支出、保工资发放。严厉整治乱收费乱罚款乱摊派等行为。（财政部、国家发展改革委、工业和信息化部、司法部、税务总局、市场监管总局等国务院相关部门及各地区按职责分工负责）

具体举措：

1.落实好阶段性缓缴社会保险费政策，进一步优化经办服务流程，健全部门协作机制，实现企业"即申即享"。优化增值税留抵退税办理流程，在实现信息系统自动推送退税提醒、提取数据、预填报表的基础上，进一步完善退税提醒服务，促进留抵退税政策在线直达快享。（人力资源社会保障部、国家发展改革委、财政部、税务总局等国务院相关部门及各地区按职责分工负责）

2.2022年年底前，在交通物流、水电气暖、金融、地方财经、行业协会商会和中介机构等重点领域，集中开展涉企违规收费专项整治行动，切实减轻市场主体负担。（国家发展改革委、工业和信息化部、财政部、市场监管总局等国务院相关部门及各地区按职责分工负责）

（十八）加大稳就业政策实施力度。着力拓展市场化社会化就业主渠道，落实好各项援企稳岗政策，让各类市场主体在吸纳就业上继续当好"主角"。对 200 多万未落实就业去向的应届大学毕业生，要做好政策衔接和不断线就业服务，扎实开展支持就业创业行动，对自主创业者落实好担保贷款、租金减免等政策。稳住本地和外来务工人员就业岗位，在重点项目建设中扩大以工代赈实施规模，帮助农民工就近就业增收。支持平台经济健康持续发展，发挥其吸纳就业等作用。同时，坚决消除就业歧视和不合理限制，营造公平就业环境。（人力资源社会保障部、教育部、国家发展改革委、中央网信办、住房城乡建设部、农业农村部、人民银行、市场监管总局、银保监会等相关部门和单位及各地区按职责分工负责）

具体举措：

1. 持续组织开展线上线下校园招聘活动，实施离校未就业高校毕业生服务攻坚行动，为未就业毕业生提供职业指导、岗位推荐、职业培训和就业见习机会，确保 2022 年年底前离校未就业毕业生帮扶就业率达 90% 以上。深入推进企业吸纳就业社会保险补贴"直补快办"，扩大补贴对象范围，支持企业更多吸纳重点群体就业。（教育部、人力资源社会保障部、财政部等国务院相关部门及各地区按职责分工负责）

2. 推进新就业形态就业人员职业伤害保障试点。针对新冠肺炎康复者遭遇就业歧视问题，加大监察执法力度，发现一起严肃处理一起，切实维护劳动者平等就业权益。（人力资源社会保障部、财政部、国家卫生健康委、税务总局、国家医保局等相关部门和单位及各地区按职责分工负责）

（十九）保障好粮食、能源安全稳定供应，确保全年粮食产量保持在 1.3 万亿斤以上。围绕保饮水、保秋粮继续抓实抗旱减灾工作。强化农资供应等服务保障，把农资补贴迅速发到实际种粮农民手中，进一步保护他们的种粮积极性。稳定生猪产能，防范生猪生产和猪肉价格出现大的波动。（农业农村部、水利部、

应急部、国家发展改革委、财政部、商务部、国家粮食和储备局等国务院相关部门及各地区按职责分工负责）

具体举措：

1. 及时启动或调整国家防汛抗旱总指挥部抗旱应急响应，加大对旱区的抗旱资金、物资装备支持力度，督促旱区加快蓄引提调等抗旱应急工程建设。加强预报、预警、预演、预案"四预"措施，及时发布干旱预警。依据晚稻等秋粮作物需水情况，适时开展抗旱保供水联合调度，为灌区补充水源。（应急部、水利部、财政部、农业农村部等国务院相关部门及各地区按职责分工负责）

2. 压实生猪产能分级调控责任，督促产能过度下降的省份及时增养能繁母猪，重点排查并纠正以用地、环保等名义关停合法运营养殖场的行为，确保全国能繁母猪存栏量稳定在4 100万头以上。加强政府猪肉储备调节，切实做好猪肉市场保供稳价工作。（农业农村部、国家发展改革委、财政部、自然资源部、生态环境部、商务部等国务院相关部门及各地区按职责分工负责）

（二十）加强煤电油气运调节，严格落实煤炭稳价保供责任，科学做好跨省跨区电力调度，确保重点地区、民生和工业用电。国有发电企业担起责任，应开尽开、稳发满发。（国家发展改革委、国务院国资委、国家能源局等国务院相关部门及各地区按职责分工负责）

具体举措：

在确保安全生产和生态安全的前提下，加快煤矿核增产能相关手续办理，推动已核准煤炭项目加快开工建设。督促中央煤炭企业加快释放先进煤炭产能，带头执行电煤中长期合同。（国家发展改革委、自然资源部、生态环境部、应急部、国务院国资委、国家能源局、国家矿山安监局等国务院相关部门及各地区按职责分工负责）

（二十一）持续推进物流保通保畅，进一步畅通"主动脉"

和"微循环",稳定产业链供应链,保障全行业、全链条稳产达产,稳定市场预期。(交通运输部、工业和信息化部等国务院相关部门及各地区按职责分工负责)

具体举措:

密切关注全国高速公路收费站和服务区关闭关停情况,及时协调解决相关问题。指导各地认真落实优先过闸、优先引航、优先锚泊、优先靠离泊等"四优先"措施,保障今冬明春煤炭、液化天然气(LNG)等重点物资水路运输。(交通运输部牵头,国务院相关部门及各地区按职责分工负责)

各地区、各部门要对照上述任务分工,结合自身职责,细化实化相关任务措施,明确时间表,落实责任单位和责任人,强化协同配合,切实抓好各项改革任务落地,最大限度利企便民,更好服务经济社会发展大局。国务院办公厅要加强业务指导和督促协调,支持地方探索创新,及时总结推广经验做法,推动改革取得更大实效。各地区、各部门的贯彻落实情况,年底前书面报国务院。

人力资源社会保障部关于修改部分规章的决定

(2021年12月23日人力资源社会保障部第79次部务会审议通过 2022年1月7日人力资源和社会保障部令第47号公布 自公布之日起生效)

为贯彻实施《中华人民共和国行政处罚法》，按照《国务院办公厅关于开展涉及行政处罚内容的行政法规、规章和行政规范性文件清理工作的通知》（国办函〔2021〕39号）、《国务院办公厅关于开展清理行政法规和规章中不合理罚款规定工作的通知》（国办函〔2021〕55号）、《国务院关于进一步贯彻实施〈中华人民共和国行政处罚法〉的通知》（国发〔2021〕26号）要求，人力资源社会保障部对相关部门规章进行了清理，决定对3件规章的部分条款予以修改：

一、将《劳动行政处罚听证程序规定》第三条修改为"劳动行政部门作出下列行政处罚决定，应当告知当事人有要求听证的权利，当事人要求听证的，劳动行政部门应当组织听证：

（一）较大数额罚款；

（二）没收较大数额违法所得、没收较大价值非法财物；

（三）降低资质等级、吊销许可证件；

（四）责令停产停业、责令关闭、限制从业；

（五）其他较重的行政处罚；

（六）法律、法规、规章规定的其他情形。

当事人不承担组织听证的费用。"

二、将《劳动行政处罚听证程序规定》第十一条中的"三日内"均修改为"5个工作日内"。

三、将《劳动行政处罚听证程序规定》第十二条第一款中的"七日"修改为"7个工作日"。

四、将《劳动行政处罚听证程序规定》第十二条第三款修改为"除涉及国家秘密、商业秘密或者个人隐私依法予以保密外,听证应当公开进行。对于公开举行的听证,劳动行政部门可以先期公布听证案由、听证时间及地点"。

五、在《劳动行政处罚听证程序规定》第十四条中增加一款,作为第二款"当事人及其代理人无正当理由拒不出席听证或者未经许可中途退出听证的,视为放弃听证权利,劳动行政部门终止听证"。

六、将《劳动行政处罚听证程序规定》第十五条修改为"听证应当制作笔录。笔录由听证记录员制作。听证笔录在听证结束后,应当立即交当事人或者其代理人核对无误后签字或者盖章。当事人或者其代理人拒绝签字或者盖章的,由听证主持人在笔录中注明"。

七、将《劳动行政处罚听证程序规定》第十七条修改为"听证结束后,听证主持人应当根据听证确定的事实和证据,依据法律、法规和规章,向劳动行政部门负责人提出对听证案件处理的书面建议。劳动行政部门应当根据听证笔录,依据《中华人民共和国行政处罚法》第五十七条的规定作出决定"。

八、将《关于实施〈劳动保障监察条例〉若干规定》第二十五条修改为"劳动保障行政部门应当在收到回避申请之日起3个工作日内依法审查,并由劳动保障行政部门负责人作出回避决定。决定作出前,不停止实施劳动保障监察。回避决定应当告知申请人"。

九、删去《就业服务与就业管理规定》第七十五条中的

"并可处以一千元以下的罚款"。

本决定自公布之日起施行。

相关规章根据本决定作相应的修改,重新公布。

教育部　中央宣传部　中央编办　国家发展改革委　财政部　人力资源社会保障部　住房城乡建设部　国家乡村振兴局关于印发《新时代基础教育强师计划》的通知

教师〔2022〕6号

为贯彻落实习近平总书记关于教育的重要论述特别是关于教师队伍建设的重要讲话精神，落实《中华人民共和国国民经济和社会发展第十四个五年规划和2035年远景目标纲要》有关要求，全面深化新时代教师队伍建设改革，加强高水平教师教育体系建设，培养造就高素质专业化创新型中小学教师队伍，着力构建优质均衡的基本公共教育服务体系，推动教育高质量发展，现将《新时代基础教育强师计划》印发给你们，请认真落实。

2022年4月2日

新时代基础教育强师计划

高质量教师是高质量教育发展的中坚力量。为贯彻落实《中共中央 国务院关于全面深化新时代教师队伍建设改革的意见》，按照《中华人民共和国国民经济和社会发展第十四个五年规划和2035年远景目标纲要》要求，着力推动教师教育振兴发展，努力造就新时代高素质专业化创新型中小学（含幼儿园、特殊教育，下同）教师队伍，为加快实现基础教育现代化提供强有力的师资保障，制定本计划。

一、总体要求

（一）指导思想。以习近平新时代中国特色社会主义思想为指导，贯彻党的十九大和十九届历次全会精神，全面贯彻党的教育方针，坚持社会主义办学方向，落实立德树人根本任务，坚持培育和践行社会主义核心价值观，坚持把教师队伍建设作为基础工作来抓，加快构建教师思想政治建设、师德师风建设、业务能力建设相互促进的教师队伍建设新格局。遵循教师成长发展规律，以高素质教师人才培养为引领，以高水平教师教育体系建设为支撑，以提升教师思想政治素质、师德师风水平和教育教学能力为重点，筑基提质、补短扶弱、做优建强、全面提高教师培养培训质量，整体提升中小学教师队伍教书育人能力素质，促进教师数量、素质、结构协调发展，为构建高质量教育体系奠定坚实的师资基础。

（二）基本原则

——坚持师德为先。把教师思想政治和师德师风建设放在首要位置，围绕落实立德树人根本任务，全面加强中小学教师思想政治建设，提高教师的政治意识、政治能力，严格落实师德师风第一标准,突出全方位全过程师德养成,推动教师以德施教、以德立身。

——坚持质量为重。服务教育高质量发展要求,加强高质量教师队伍建设,推动地方政府、学校、社会各方深度参与教师教育,强化师范院校在教师教育体系中的主体地位,推进职前培养和职后培训一体化,创新师范生教育实践和教师专业发展机制模式,提升教师培养培训质量。

——坚持突出重点。按照乡村振兴重大战略部署和振兴教师教育有关要求,立足重点区域和人才紧缺需求,适应区域、学段、学科等发展需要,加强东西部协作、对口支援等,加大中西部欠发达地区师范院校、教师发展机构建设和高素质教师培养培训力度,增加紧缺薄弱领域师资培养供给。

——坚持强化保障。中央带动、分级实施,鼓励支持各地创新教师编制、职称、考核评价、待遇保障等方面举措,深化中小学教师队伍建设综合改革,提高教师教育基础能力建设水平,统筹规划、以点带面、辐射引领、整体发展,形成综合保障体系。

(三)目标任务。到2025年,建成一批国家师范教育基地,形成一批可复制可推广的教师队伍建设改革经验,培养一批硕士层次中小学教师和教育领军人才。完善部属师范大学示范、地方师范院校为主体的农村教师培养支持服务体系,为中西部欠发达地区定向培养一批优秀中小学教师。师范生生源质量稳步提高,欠发达地区中小学教师紧缺情况逐渐缓解,教师培训实现专业化、标准化,教师发展保障有力,教师队伍管理服务水平显著提升。

到2035年,适应教育现代化和建成教育强国要求,构建开放、协同、联动的高水平教师教育体系,建立完善的教师专业发展机制,形成招生、培养、就业、发展一体化的教师人才造就模式,教师数量和质量基本满足基础教育发展需求,教师队伍区域分布、学段分布、学历水平、学缘结构、年龄结构趋于合理,教师思想政治素质、师德修养、教育教学能力和信息技术应用能力建设显著加强，教师队伍整体素质和教育教学水平明显提升，尊师重教蔚然成风。

二、具体措施

（一）提升教师思想政治素质。全面加强中小学教师思想政治建设，落实意识形态工作责任制。坚持教育者先受教育，将习近平新时代中国特色社会主义思想融入教师培养培训课程，将习近平总书记关于教育的重要论述作为首要必修课程，开展常态化的学习教育，引导广大教师深刻领会"两个确立"的决定性意义，增强"四个意识"、坚定"四个自信"、做到"两个维护"，坚持"四个相统一"，争做"四有"好老师，当好"四个引路人"。深入贯彻落实《新时代公民道德建设实施纲要》《新时代爱国主义教育实施纲要》，大力开展"四史"特别是党史学习教育，精选体现正确价值导向的优秀文学艺术、影视作品，组织和引导师范生、教师阅读观看，加强价值引领，加强铸牢中华民族共同体意识教育，引导广大师范生、教师树立和坚持正确的国家观、历史观、民族观、文化观、宗教观。强化师范毕业生思想政治考察，健全标准、程序，把好第一道关口。加强教师教育院校、中小学党组织、团组织建设，做好在优秀师范生、中小学教师中发展党员、团员工作。

（二）加强和改进师德师风建设。常态化推进师德培育涵养，将各类师德规范纳入新教师岗前培训和在职教师全员培训必修内容。创新师德教育方式，通过榜样引领、情景体验、实践教育、师生互动等形式，激发教师涵养师德的内生动力。将师德师风建设贯穿教师管理全过程，在资格认定、教师招聘、职称评审、岗位聘用、年度考核、推优评先、表彰奖励等工作中严格落实师德师风第一标准。完善教师荣誉表彰制度，加大优秀教师典型表彰宣传力度。深入落实新时代幼儿园、中小学教师职业行为十项准则和幼儿园、中小学教师违反职业道德行为处理办法，严肃查处师德失范行为，加大师德失范行为通报警示力度，持续开展违反教师职业行为十项准则典型案例通报。指导各地各校开展师德警示教育，德法并举，提高警示教育实效性。提升全体教师法治素养。推进实施教职员工准入查询制度。推进师德师风基地建设，推动师德师风建设模式探索、方法创新，发挥引领示范作用。

（三）建设国家师范教育基地。重点支持建设一批国家师范教育基地，构建师范院校为主体、高水平综合大学参与、教师发展机构为纽带、优质中小学为实践基地的开放、协同、联动的现代教师教育体系。基地建设重在加强师范生专业能力发展中心建设和师范专业建设，深化教师教育改革，推进教师教育信息化建设与应用。加大在教育硕士、教育博士授予单位及授权点方面对师范院校的引导支持力度，支持高水平综合大学开展教师教育，推动师范人才培养质量提升。

（四）开展国家教师队伍建设改革试点。鼓励支持地方政府统筹，相关部门密切配合，高校、教师发展机构、中小学等协同，开展区域教师队伍建设改革试点，内容包括师范生培养、教师专业发展、教师人事管理制度改革、教育教学研究与改革等。总结推广试点经验，加快构建现代教师队伍治理体系，提升教育教学水平。

（五）建立教师教育协同创新平台。鼓励支持高水平师范院校建立教师教育协同创新平台，推动优质课程资源共享、学科建设经验分享、教育科研课题共同研究，整体提升我国教师教育的办学水平。充分发挥部属师范大学的引领示范作用，建立部属师范大学和地方师范院校师范人才培养协同机制，支持区域内相关院校在教育科学研究、教师教育师资队伍建设、师范人才培养和基础教育服务等领域开展合作。依托部属师范大学等高水平师范院校，为地方师范院校定向培养博士层次教师教育师资。支持部分办学历史悠久、质量优质、效益明显、地方发展急需的师范高等专科学校升格为普通本科高校。

（六）实施高素质教师人才培育计划。持续实施卓越教师培养计划。推动本科和教育硕士研究生阶段整体设计、分段考核、连续培养的一体化卓越中学教师培养模式改革，推进高素质复合型硕士层次高中教师培养试点。推进部属师范大学公费师范生攻读教育硕士工作，加强履约管理。继续实施农村学校教育硕士师资培养计划。扩大教育硕士、教育博士招生计划。适应基础教育改革发展，遵循教师成长规律，改革师范院校课程教学内容，改进教学方法手段，强化教育实践环节，提高师范生培养质量。实施新周期名师名校长领航计划，培养造就一批引领教育改革发展、辐射带动区域教师素质能力提升的教育家。搭建教师培训与学历教育衔接的"立交桥"。支持在职教师学习深造，提升学历。

（七）实施中西部欠发达地区优秀教师定向培养计划。支持部属师范大学和高水平地方师范院校，根据各地需求，每年为中西部欠发达地区定向培养一批高素质教师，发挥示范带动作用，推进各地进一步加大县域普通高中和乡村学校教师补充力度。中西部欠发达地区优秀教师定向培养计划（以下简称优师计划）提前批次录取，学生在校学习期间免除学费，免缴住宿费，并补助生活费，毕业后到定向就业县中小学履约任教不少于6年，由定向就业县人民政府按定向培养计划统筹落实就业工作，确保岗位和待遇保障。鼓励支持履约任教的优师计划师范生职后专业发展，建立跟踪指导机制，持续提升教书育人本领。

（八）深化精准培训改革。聚焦基础教育课程改革的理念、要求和教育教学方法变革，以中西部欠发达地区农村教师校长培训为重点，充分发挥名师名校长辐射带动作用，实施五年一周期的"国培计划"，示范引领各地教师全员培训开展。发挥国家教师发展协同创新实验基地建设的示范作用，通过建立标准、项目拉动、转型改制等举措，推动各地构建完善省域内教师发展机构体系，建强县级教师发展机构及培训者、教研员队伍。优化培训内容、打造高水平课程资源，建立完善自主选学机制和精准帮扶机制，创新线上线下混合式研修模式，提升中小学教师的信息技术应用能力和科学素养。

（九）改进师范院校评价。推进师范类专业认证工作，明确师范院校教育教学评估和相关学科评估基本要求，探索建立符合教师教育规律的师范类"双一流"建设评价机制，切实推动师范院校把办好师范教育作为第一职责，将培养合格教师作为主要考核指标，推动师范专业特色发展、追求卓越。

（十）进一步完善教师资格制度。严把教师入口关，全面推开中小学教师资格考试和定期注册制度改革。教师必须取得相应教师资格，持教师资格证上岗任教。推进师范生免国家中小学教师资格考试认定取得中小学教师资格改革（以下简称免试认定改革），开展教师教育院校师范类专业办学质量审核。继续做好教育类研究生、公费师范生和优师计划师范生免试认定改革工作，教师教育院校对师范生教育教学能力进行考核。严格教师资格申请人普通话水平要求，提高新任教师国家通用语言文字教育教学水平。

（十一）优化义务教育教师资源配置。深入推进县域内义务教育学校教师"县管校聘"管理改革，加大音体美、劳动教育、信息技术、心理健康教育等紧缺学科教师补充力度，重点加强城镇优秀教师、校长向乡村学校、薄弱学校流动，发挥优秀教师、校长的辐射带动作用，扩大优质资源覆盖面，整体提升学校育人能力。完善交流轮岗激励机制，将到农村学校或薄弱学校任教1年以上作为申报高级职称的必要条件，3年以上作为选任中小学校长的优先条件。城镇教师校长在乡村交流轮岗期间，按规定享受乡村教师相关补助政策。实施银龄讲学计划，鼓励支持乐于奉献、身体健康的退休优秀校长教师到乡村和基层学校支教讲学。加强乡村教师周转宿舍建设，支持地方完善住房保障体系，加大保障性住房供应力度，解决教师队伍住房困难问题。

（十二）优化教职工编制配置。切实落实关于进一步挖潜创新加强中小学教职工管理有关政策精神，在总量内盘活用好现有事业编制资源，按照标准及时核定教职工编制，优先满足中小学教育发展需要。各地要坚持创新管理，综合需求变化情况，加强人员和编制的动态调整，不断提高使用效益。结合实际合理核定公办幼儿园教职工编制，配足配齐幼儿园教职工。

（十三）深化教师职称改革，完善岗位管理制度。充分考虑不同地域、不同学段、不同学科的特点和要求，进一步完善教师职称评价标准，实行分类评价。对长期在乡村学校工作的中小学教师，职称评聘可按规定"定向评价、定向使用"，中高级岗位实行总量控制、比例单列，不受各地岗位结构比例限制。出台完善中小学岗位设置管理的指导意见，适当提高中、高级岗位结构比例。进一步落实学校办学自主权，具备条件的学校在岗位结构比例范围内依据标准自主评聘中、初级职称和岗位，按照管理权限推荐或聘用高级职称和岗位，鼓励地方进一步探索具备条件的学校在岗位结构比例范围内自主评聘高级职称和岗位。

（十四）加强教师工资待遇保障。加大经费保障力度，切实解决拖欠义务教育教师工资和欠缴社会保险费、职业年金、住房公积金等问题，全面落实义务教育教师平均工资收入水平不低于当地公务员平均工资收入水平要求，落实好公办幼儿园教师工资待遇政策，确保及时足额发放，民办幼儿园参照公办幼儿园合理确定教师工资收入水平。提高教龄津贴标准。各地绩效工资核定要向乡村小规模学校、艰苦边远地区学校等倾斜，要完善中小学教师绩效考核办法，绩效工资分配向班主任、教育教学效果突出的一线教师、从事特殊教育随班就读工作的教师倾斜。各地要继续落实好乡村教师生活补助政策，着力提高乡村教师地位待遇，形成"学校越边远、条件越艰苦、从教时间越长、教师待遇越高"的格局。

（十五）推进教师队伍建设信息化。建设师范生管理信息系统，加快完善教师管理信息系统和教师资格管理信息系统，提升管理服务支撑功能。完善国家教师管理服务信息化平台，精准到人，为教师队伍建设提供信息化决策和便捷化服务支撑。加强信息系统安全防护，确保教师信息安全。深入实施人工智能助推教师队伍建设试点行动，探索人工智能助推教师管理优化、教师教育改革、教育教学方法创新、教育精准帮扶的新路径和新模式，总结试点经验，提炼创新模式，逐步在全国推广使用，进一步挖掘和发挥教师在人工智能与教育融合中的作用。

三、实施保障

（一）组织保障。建立新时代基础教育强师计划工作协调制度，推动发挥地方党委教育工作领导小组作用，各地及有关高校要建立强师工作专班，制定具体实施方案，切实加强协调。要加强宣传引导，深入细致地做好政策宣传解读工作，及时回应社会关切。各级教育督导部门要将实施情况纳入政府履行教育职责评价内容，加强督导检查并强化督导结果运用。

（二）政策保障。各地要满腔热情关心教师，完善教师评价制度和标准，制订出台当地教师激励支持政策，推进中小学教师减负，在全社会营造尊师重教的良好风尚。要将依法依规落实教师待遇保障作为底线要求，支持服务教师专业发展和终身成长，确保各项政策措施全面落实到位，真正取得实效。

（三）经费保障。中央和地方共同支持新时代基础教育强师计划实施。各地要优化支出结构，将教师队伍建设作为教育投入重点予以优先保障，加大对师范院校支持力度，适时提高师范专业生均拨款标准，重点提升教师专业素质能力、提高教师待遇保障。严格落实经费监管制度，规范经费使用，确保资金使用效益。

人力资源社会保障部 国家发展改革委 民政部 财政部 农业农村部 关于进一步做好长江流域重点水域退捕渔民安置保障工作的通知

人社部发〔2022〕28号

上海、江苏、安徽、江西、湖北、湖南、重庆、四川、贵州、云南省（市）人力资源社会保障厅（局）、发展改革委、民政厅（局）、财政厅（局）、农业农村厅（委）：

今年是长江流域重点水域全面实施"十年禁渔"的第二年，各地区前期集中攻坚、持续推进，安置保障工作取得积极成效。为深入贯彻习近平总书记重要指示批示精神，落实党中央、国务院重大决策部署，巩固拓展退捕渔民安置保障成效，现将有关事项通知如下：

一、准确把握总体要求

长江"十年禁渔"具有长期性、艰巨性、复杂性，退捕渔民安置保障是做好禁捕工作的关键，需要持之以恒、久久为功。要坚持以习近平新时代中国特色社会主义思想为指导，深入贯彻党中央、国务院决策部署，始终把安置保障工作作为重中之重，聚焦重点难点，全面梳理检查，进一步深化细化工作措施，强化就业帮扶的针对性，提升技能培训的有效性，确保养老保险应保尽保，切实巩固安置保障成果，实现退捕渔民上岸就业有出路、生活有保障。

二、锁定重点帮扶对象

将就业不稳定、就业转失业、新产生就业意愿、零就业退捕渔民家庭、大龄困难人员、退捕前后收入落差大的退捕渔民,作为重点帮扶对象,纳入台账管理。依托安置保障实名制帮扶系统,通过数据比对、入户回访、专项排查、实地调研等方式,及时掌握重点帮扶对象的就业状态、技能水平、培训需求、社会保障等信息,动态更新重点帮扶台账,"一人一策"开展针对性帮扶。

三、精准开展就业帮扶

常态化为退捕渔民提供"1131"服务,至少提供1次政策宣讲、1次就业指导、3次职业介绍、1次职业培训机会。在开展"10+N"公共就业服务专项活动时,将退捕渔民纳入服务范围,并设立退捕渔民招聘专区,帮助及早就业。组织各类公共就业服务机构、市场机构、零工市场,定期归集一批适合渔民技能专长的企业岗位和无年龄限制、无技能要求的爱心岗位信息及时定向推送。对符合就业困难人员条件的退捕渔民,落实各项援助政策,确实无法实现就业的,统筹用好各类公益性岗位按规定安置。

四、分类组织技能培训

及时掌握退捕渔民培训需求,突出实用技能培训,分类施策,有针对性地开展就业技能培训、创业培训、企业新型学徒制培训等。结合本地企业用工情况,创新培训模式,大力开展定制培训或项目制培训,培训合格后及时根据就业意愿推荐上岗。充分考虑渔民作息时间,优化培训形式,鼓励利用晚上、周末等业余时间开展培训,利用"互联网+"提供线上职业技能培训服务。有条件的地方,可以送培训下乡入户,提高培训的参与率和有效性。

五、兜牢社会保障底线

积极引导退捕渔民按时缴费、长期缴费、有条件的按高标准缴费，落实退捕渔民养老保险缴费补贴政策，及时足额支付养老保险待遇。持续跟踪退捕渔民基本养老保险参保缴费情况，对出现中断缴费的，核实了解情况，做好相关服务和政策落实。对退捕渔民中属于低保对象、特困人员、返贫致贫人员、重度残疾人等缴费困难群体的，按规定代缴部分或全部最低标准城乡居民养老保险费。强化兜底保障，符合低保条件的及时纳入低保范围；符合特困供养条件的及时纳入特困供养范围；遭遇急难问题导致基本生活陷入困境的，及时按规定给予临时救助。

六、倾斜帮扶重点地区

退捕渔民集中、经济发展困难的地区，要结合实际确定重点帮扶市县名单，建立分包联系制度，开展定向结对帮扶，在政策、资金、项目等方面倾斜支持。涉及户籍地、退捕地、参保地"三地分离"退捕渔民的地区，要强化地区间统筹协调，及时转接相关信息，确保各项帮扶政策落实落细。江心岛湖心岛地区，要统筹考虑转产安置和基本生活保障等政策，强化地方资金保障责任，确保各项就业扶持政策落实到位。

七、防范化解风险隐患

加大风险排查力度，强化与信访、宣传等部门沟通衔接，关注舆情动态，及时发现退捕渔民安置保障中的苗头性倾向性隐患，建立风险问题清单。健全完善应对预案，储备一批超常规政策和应急性举措，防范因安置保障工作不到位可能引发的群体事件和规模失业风险。畅通咨询投诉渠道，及时受理解决安置保障合理诉求，对一时难以解决的，做好政策解释和思想疏导，坚持"一案一档"，做好跟踪服务。

八、强化宣传教育引导

鼓励采取抽样调查、第三方评估、满意度评价等多种形式，动态跟踪问效，激励先进，督促后进。用好主流媒体、工作简报、微信官方公众号等平台，大力宣传安置保障政策措施，积极推广各地典型经验做法和特色亮点，营造良好社会氛围。持续挖掘选树退捕渔民转产就业典型代表，讲好渔民就业创业故事，引导树立正确就业观念，依靠劳动努力创造幸福生活。

2022 年 5 月 17 日

人力资源社会保障部 国家发展改革委 财政部 税务总局关于扩大阶段性缓缴社会保险费政策实施范围等问题的通知

人社部发〔2022〕31号

各省、自治区、直辖市人民政府，新疆生产建设兵团：

为贯彻落实党中央、国务院决策部署，着力保市场主体保就业保民生，在落实特困行业缓缴企业职工基本养老保险费、失业保险费、工伤保险费（以下称三项社保费）政策的基础上，经国务院同意，现就扩大政策实施范围、延长缓缴期限等问题通知如下：

一、扩大实施缓缴政策的困难行业范围

在对餐饮、零售、旅游、民航、公路水路铁路运输等5个特困行业实施阶段性缓缴三项社保费政策的基础上，以产业链供应链受疫情影响较大、生产经营困难的制造业企业为重点，进一步扩大实施范围（具体行业名单附后）。缓缴扩围行业所属困难企业，可申请缓缴三项社保费单位缴费部分，其中养老保险费缓缴实施期限到2022年年底，工伤、失业保险费缓缴期限不超过1年。原明确的5个特困行业缓缴养老保险费期限相应延长至2022年年底。缓缴期间免收滞纳金。

二、对受疫情影响较大、生产经营困难的中小微企业实施缓缴政策

受疫情影响严重地区生产经营出现暂时困难的所有中小微企

业、以单位方式参保的个体工商户,可申请缓缴三项社保费单位缴费部分,缓缴实施期限到 2022 年年底,其间免收滞纳金。参加企业职工基本养老保险的事业单位及社会团体、基金会、社会服务机构、律师事务所、会计师事务所等社会组织参照执行。

三、进一步发挥失业保险稳岗作用

加大稳岗返还支持力度,将大型企业稳岗返还比例由 30%提至 50%。拓宽一次性留工培训补助受益范围,由出现中高风险疫情地区的中小微企业扩大至该地区的大型企业;各省(自治区、直辖市)还可根据当地受疫情影响程度以及基金结余情况,进一步拓展至未出现中高风险疫情地区的餐饮、零售、旅游、民航和公路水路铁路运输 5 个行业企业。上述两项政策实施条件和期限与《关于做好失业保险稳岗位提技能防失业工作的通知》(人社部发〔2022〕23 号)一致。企业招用毕业年度高校毕业生,签订劳动合同并参加失业保险的,可按每人不超过 1 500 元的标准,发放一次性扩岗补助,具体补助标准由各省份确定,与一次性吸纳就业补贴政策不重复享受,实施期限截至 2022 年年底。

四、规范缓缴实施办法

申请缓缴的企业应符合受疫情影响生产经营出现暂时困难、处于亏损状态等条件。各省份要结合地方实际和基金承受能力,在确保养老金等各项社会保险待遇按时足额发放的基础上,制定具体实施办法,明确实施程序、缓缴期限、困难企业和受疫情影响严重地区认定标准、审批流程和工作机制等,可授权县(区)人力资源社会保障部门会同相关部门负责审批。各县(区)要严格把握适用范围和条件,不得擅自扩大范围、降低标准,批准缓缴的企业名单等情况按月报省级人力资源社会保障、税务部门。各省份具体实施办法出台后报人力资源社会保障部、国家发展改革委、财政部、税务总局备案。

五、简化企业申报流程

缓缴社会保险费坚持自愿原则，符合条件的困难企业，可根据自身情况申请缓缴一定期限的社会保险费。各级人力资源社会保障、税务部门要简化办事流程，大力推行"网上办"等不见面服务方式，简化程序，方便企业办理，减轻企业事务性负担。对生产经营困难、所属行业类型等适用条件，可实行告知承诺制，企业出具符合条件的书面承诺。要加强事后监督检查，对作出承诺但经查不符合条件的企业，要及时追缴缓缴的社会保险费，并按规定加收滞纳金。各省份要全面推行稳岗返还"免申即享"经办新模式，通过大数据比对，直接向符合条件的企业发放资金。

六、切实维护职工权益

申请缓缴社会保险费的企业，要依法履行代扣代缴职工个人缴费义务。不得因缓缴社会保险费，影响职工个人权益。缓缴期限内，职工申领养老保险待遇、办理关系转移等业务的，企业应为其补齐缓缴的养老保险费。缓缴的企业出现注销等情形的，应在注销前缴纳缓缴的费款。

各地区要高度重视、精心组织实施，精准把握政策实施范围，规范实施程序，健全审核机制，切实防范风险。要切实承担主体责任，加强社会保险基金收支情况监测，做好资金保障，确保各项社会保险待遇按时足额支付。各级人力资源社会保障、发展改革、财政、税务等部门要加强协作配合，完善信息沟通协调机制，切实落实缓缴政策的各项要求，确保政策落地见效。执行中遇到的情况和问题，要及时报告。

附件：扩大实施缓缴政策的困难行业名单

2022 年 5 月 31 日

附件

扩大实施缓缴政策的困难行业名单

农副食品加工业
纺织业
纺织服装、服饰业
造纸和纸制品业
印刷和记录媒介复制业
医药制造业
化学纤维制造业
橡胶和塑料制品业
通用设备制造业
汽车制造业
铁路、船舶、航空航天和其他运输设备制造业
仪器仪表制造业
社会工作
广播、电视、电影和录音制作业
文化艺术业
体育
娱乐业

国家发展改革委 教育部 科技部 民政部 财政部 人力资源社会保障部 住房城乡建设部 国家卫生健康委 中国人民银行 国务院国资委 税务总局 市场监管总局 银保监会关于印发《养老托育服务业纾困扶持若干政策措施》的通知

发改财金〔2022〕1356号

各省、自治区、直辖市及计划单列市人民政府，新疆生产建设兵团，国务院各部门、各直属机构：

促进养老托育服务健康发展，解决好"一老一小"问题，对保障和改善民生、促进人口长期均衡发展具有重要意义。受新冠肺炎疫情等因素影响，养老托育服务业面临较多困难。为切实推动养老托育服务业渡过难关、恢复发展，更好满足人民群众日益增长的养老托育服务需求，经国务院同意，现提出以下政策措施。

一、房租减免措施

（一）养老服务机构和托育服务机构（以下简称养老托育服务机构）属于中小微企业和个体工商户范畴、承租国有房屋的，一律免除租金到2022年年底。其中承租国有经营用房的，各地区可在此基础上研究出台进一步减免措施。教育、科研等系统的有关单位和机构出租房屋的，鼓励其对养老托育服务小微企业和个体工商户进行租金减免。出租人减免租金的可按规定减免当年房产税、城镇土地使用税，对减免养老托育小微企业和个体工商户承租人房屋租金的出租人，鼓励国有银行按照其资质水平和风险水平给予优惠利率质押贷款等支持。因减免租金影响国有企事业单位业绩的，在考核中根据实际情况予以认可。

（二）鼓励非国有房屋租赁主体在平等协商的基础上合理分担疫情带来的损失。非国有房屋减免租金的出租人可同等享受上述各项政策优惠。有条件的地方要采取管用举措，支持非国有房屋出租人减免租金。

（三）鼓励各地探索将街道社区公共服务设施、国有房屋等物业以适当方式转交政府集中改造利用，免费或低价提供场地，委托专业化养老托育服务机构经营。对存在房屋租金支付困难的养老托育服务机构，鼓励合同双方通过平等协商方式延期收取。探索允许空置公租房免费提供给社会力量供其在社区为老年人开展助餐助行、日间照料、康复护理、老年教育等服务。

二、税费减免措施

（四）2022 年，各地对符合条件的养老托育服务机构按照 50%税额顶格减征资源税、城市维护建设税、房产税、城镇土地使用税、印花税（不含证券交易印花税）、耕地占用税和教育费附加、地方教育附加等"六税两费"。

（五）养老托育服务机构可按规定享受《关于养老、托育、家政等社区家庭服务业税费优惠政策的公告》（财政部　税务总局　发展改革委　民政部　商务部　卫生健康委公告 2019 年第 76 号）规定的税费优惠政策。

（六）养老托育行业纳税人可按规定享受按月全额退还增量留抵税额、一次性全额退还存量留抵税额的留抵退税政策。

（七）严格落实养老托育服务机构用电、用水、用气、用热按居民生活类价格执行的政策，鼓励地方 2022 年视情给予进一步减免优惠。落实对受疫情影响封闭管理的养老托育服务机构用电、用水、用气"欠费不停供"政策，设立 6 个月费用缓缴期，并可根据本地实际进一步延长，缓缴期间免收欠费滞纳金。养老托育服务机构申请办理电、水、气、热等业务，实行限时办结制度。

三、社会保险支持措施

（八）延续实施阶段性降低失业保险、工伤保险费率政策。对不裁员、少裁员的养老托育服务机构，实施普惠性失业保险稳岗返还政策。

（九）受疫情影响经营出现暂时困难的养老托育服务机构，可申请阶段性缓缴养老保险、失业保险、工伤保险单位缴费部分，缓缴期间免收滞纳金。对符合条件的养老托育服务机构，"免申即享"缓缴职工医保单位缴费 3 个月，缓缴期间免收滞纳金。

（十）以个人身份参加企业职工基本养老保险的养老托育服务机构从业人员、养老服务从业人员等各类灵活就业人员，2022 年缴纳费款确有困难的，可自愿暂缓缴费，2022 年未缴费月度可于 2023 年年底前进行补缴，缴费基数在 2023 年当地个人缴费基数上下限范围内自主选择，缴费年限累计计算。

四、金融支持措施

（十一）开展普惠养老专项再贷款试点，支持金融机构通过融资信用服务平台网络向普惠养老服务机构提供贷款，根据试点情况，在对政策进行评估完善后进一步扩大试点范围。

（十二）引导商业银行等金融机构继续按市场化原则与养老托育领域的中小微企业（含中小微企业主）和个体工商户自主协商，对其贷款实施延期还本付息，努力做到应延尽延，延期还本付息日期原则上不超过 2022 年年底。

（十三）鼓励地方结合财力实际，给予养老托育服务机构贷款贴息支持，缓解养老托育服务机构融资困难。

（十四）鼓励政府性融资担保机构按市场化原则为养老托育服务机构提供融资增信支持，积极为受疫情影响企业提供融资担保支持。支持地方结合财力实际向政府性融资担保机构注资、提供融资担保费用补贴。

（十五）养老服务机构的综合责任保险承保机构，2022年对养老服务机构提升理赔效率、应赔尽赔。鼓励地方通过政府购买服务，按照竞争择优原则，为托育服务机构提供相关保险。对2022年被列为疫情中高风险区所在的县级行政区域内的养老托育服务机构，鼓励保险机构在风险可控、市场化和商业自愿前提下，根据实际情况适当延长保单到期日或延期收取保费。

（十六）支持符合条件的养老企业发行公司信用类债券，拓宽养老企业多元化融资渠道。

五、防疫支持措施

（十七）地方各级人民政府应在物资调配、转运隔离、医疗救治等疫情防控工作部署方面对养老托育服务机构予以倾斜，提供技术支持和必要保障。

（十八）地方各级人民政府根据疫情防控规定组织辖区内养老托育服务机构定期开展核酸检测，并视情况增加检测频次。养老托育服务机构按规定储备必备防疫物资，引导公益慈善组织为养老托育服务机构捐赠防疫物资。

（十九）对因疫情防控要求实施封闭管理、无法正常运营的养老托育服务机构的防疫物资、消杀支出，地方人民政府可给予适当支持。

（二十）地方各级民政部门视疫情情况，除涉及安全管理情况外，适度考虑疫情对养老服务机构满意度评价的影响，合理调整运营补贴发放条件，推动及时足额发放运营补贴。

六、其他支持措施

(二十一)中央预算内投资加大对养老托育设施建设支持力度,将养老托育设施建设项目纳入地方政府专项债券支持范围。鼓励各地优先通过公建民营方式,引导运营能力强的机构参与养老托育设施建设和运营,减轻养老托育服务机构建设投入成本,提升服务质量。

(二十二)地方各级人民政府组织心理医生、社会工作者等团队,通过现场或视频方式,根据需要及时为不具备心理咨询条件的养老服务机构提供心理疏导服务,帮助缓解入住老年人及员工因长期封闭出现的焦虑等心理健康问题。

(二十三)鼓励餐饮企业为不具备餐饮自制能力的养老服务机构和居家养老的老年人提供助餐服务,地方可结合实际因地制宜对老年人助餐服务给予适当支持。

(二十四)鼓励家政企业积极参与规范化居家上门养老托育服务,有效提升社区居家养老托育服务水平。鼓励地方探索对参与养老托育服务的家政企业给予适当支持。

(二十五)支持养老托育服务机构探索新业态、发展新模式。地方各级人民政府引导养老托育服务机构线上线下融合发展,支持养老领域企业发展智慧养老模式,帮助对接互联网医疗、康复辅助器具制造等资源,提供智慧化服务;支持托育服务机构创新服务形式,发展互联网直播互动式家庭育儿服务,鼓励开发婴幼儿养育课程、父母课堂等,拓展线上服务。有条件的地方可结合实际探索发放养老托育服务消费券。

(二十六)支持养老托育服务机构依托职业院校共建产教融合实训基地,中央预算内投资按照"十四五"教育强国推进工程有关要求予以支持。探索工学一体化的培训模式,推动解决养老托育行业用工难问题。

各地区要结合实际情况和养老托育服务业领域特点,抓好政策贯彻落实,明确各项政策措施申请条件和实施路径,充分发挥全国一体化政务服务平台"助企纾困服务专区"等数字化平台作用，及时跟踪研判相关困难行业恢复情况，出台有针对性的专项配套支持政策，确保政策有效传导至市场主体。各有关部门要各负其责、加强配合，及时协调解决政策落实中的难点堵点问题，主动回应社会关切。国家发展改革委、民政部、国家卫生健康委等部门牵头统筹协调，会同相关方面做好政策解读和宣传引导，加大力度推动政策措施细化落实，不断做好行业运行形势分析和政策储备研究。充分发挥行业组织桥梁纽带作用，做好相关指导服务工作，反馈行业发展共性问题和政策落实情况。

2022 年 8 月 29 日

人力资源社会保障部办公厅 税务总局办公厅关于特困行业阶段性实施缓缴企业社会保险费政策的通知

人社厅发〔2022〕16号

各省、自治区、直辖市及新疆生产建设兵团人力资源社会保障厅（局），国家税务总局各省、自治区、直辖市和计划单列市税务局：

为贯彻党中央、国务院决策部署，抓好特困行业纾困政策落实，现就阶段性实施缓缴企业职工基本养老保险费、失业保险费、工伤保险费（以下简称"三项社保费"）相关事项通知如下：

一、适用范围

缓缴适用于餐饮、零售、旅游、民航、公路水路铁路运输企业三项社保费的单位应缴纳部分。上述行业中以单位方式参加社会保险的有雇工的个体工商户以及其他单位，参照企业办法缓缴。对职工个人应缴纳部分，企业应依法履行好代扣代缴义务。

以个人身份参加企业职工基本养老保险的个体工商户和各类灵活就业人员，2022年缴纳费款有困难的，可自愿暂缓缴费，2022年未缴费月度可于2023年年底前进行补缴，缴费基数在2023年当地个人缴费基数上下限范围内自主选择，缴费年限累计计算。

二、实施期限

企业职工基本养老保险费缓缴费款所属期为 2022 年 4 月至 6 月。失业保险费、工伤保险费缓缴费款所属期为 2022 年 4 月至 2023 年 3 月，在此期间，企业可申请不同期限的缓缴。已缴纳所属期为 2022 年 4 月费款的企业，可从 5 月起申请缓缴，缓缴月份相应顺延一个月，也可以申请退回 4 月费款。缓缴期间免收滞纳金。

三、办理流程

在缓缴期限内，企业可根据自身经营状况向社会保险登记部门申请缓缴三项社保费。新开办企业可自参保当月起申请缓缴；企业行业类型变更为上述行业的，可自变更当月起申请缓缴。

四、资格认定

各省要本着方便、快捷、不增加企业事务性负担的原则审核。社会保险登记部门审核企业是否适用缓缴政策时，应以企业参保登记时自行申报的行业类型为依据。现有信息无法满足划分行业类型需要的，可实行告知承诺制，由企业出具所属行业类型的书面承诺，并承担相应法律责任。

五、补缴费款

企业原则上应在缓缴期满后的一个月内补缴缓缴的失业保险、工伤保险费款；缓缴的企业职工基本养老保险费最迟于 2022 年年底前补缴到位，期间免收滞纳金，税务部门应及时提醒企业补缴。企业可根据实际需要，提前申报缴纳缓缴的费款，税务部门应及时征收。企业依法注销的，应当在注销前缴纳缓缴的费款，相关部门按照注销流程及时办理。

六、待遇处理

缓缴期限内，职工申领养老保险待遇的，企业应先为其补齐缓缴的企业职工基本养老保险费。缓缴失业保险费不影响企业享受阶段性降低失业保险费率和稳岗返还政策、不影响参保职工享受技能提升补贴政策、不影响参保失业人员享受失业保险金或失业补助金等相关待遇。缓缴工伤保险费不影响企业享受阶段性降低工伤保险费率政策和职工享受工伤保险待遇。

　　各省人力资源社会保障、税务部门要高度重视、精心组织，简化办事流程，大力推行"网上办"等不见面服务方式。各地要加强指导监督，健全内控机制，切实防范风险。要建立信息沟通协调机制，参保企业自行向税务部门申报缴费的地区，税务部门要按月将缓缴企业名称、统一社会信用代码、企业行业类型、缓缴险种及属期、缓缴期限、缓缴金额、人数等信息传递给社会保险经办机构；税务部门按照社会保险经办机构传递的缴费信息进行征收的地区，社会保险经办机构要按月将上述缓缴信息传递给税务部门。各省要加强工作调度，按季将政策落实情况分别报送人力资源社会保障部、国家税务总局，在执行中遇有重大情况和问题，要及时报告。

2022年4月25日

人力资源社会保障部办公厅 国家发展改革委办公厅 财政部办公厅 税务总局办公厅关于进一步做好阶段性缓缴社会保险费政策实施工作有关问题的通知

人社厅发〔2022〕50号

各省、自治区、直辖市及新疆生产建设兵团人力资源社会保障厅（局）、发展改革委、财政厅（局），国家税务总局各省、自治区、直辖市和计划单列市税务局：

为进一步落实好《关于扩大阶段性缓缴社会保险费政策实施范围等问题的通知》（人社部发〔2022〕31号）要求，切实发挥阶段性缓缴社会保险费政策效果，促进保市场主体保就业保民生，现就有关问题通知如下：

一、自2022年9月起，各省、自治区、直辖市及新疆生产建设兵团（以下统称地区）可根据本地区受疫情影响情况和社会保险基金状况，进一步扩大缓缴政策实施范围，覆盖本地区所有受疫情影响较大、生产经营困难的中小微企业、以单位方式参保的个体工商户、参加企业职工基本养老保险的事业单位及各类社会组织，使阶段性缓缴社会保险费政策惠及更多市场主体。

二、阶段性缓缴社会保险费政策到期后，可允许企业在2023年年底前采取分期或逐月等方式补缴缓缴的社会保险费。

补缴期间免收滞纳金。

三、各地社会保险经办机构在提供社保缴费查询、出具缴费证明时,对企业按照政策规定缓缴、补缴期间认定为正常缴费状态,不得作欠费处理。企业缓缴期间,要依法履行代扣代缴职工个人缴费义务。已依法代扣代缴的,职工个人缴费状态认定为正常缴费。同时,要主动配合当地相关部门,妥善处理与职工落户、购房、购车以及子女入学资格等政策的衔接问题。

四、要结合本地实际,进一步加大政策宣传解读力度,针对不同行业、不同企业以及灵活就业人员特点,提高宣传的针对性和精准度,确保政策"应知尽知"。通过适时发布缓缴数据信息、采访报道企业典型案例等方式,加强政策实施效果宣传。

五、要进一步优化经办服务,对符合缓缴政策要求的市场主体,积极主动对接,分类做好服务保障。要健全部门协作机制,加强数据共享,简化办事流程,实现企业"即申即享",减轻企业事务性负担。

各级人力资源社会保障、发展改革、财政、税务等部门要进一步加强配合,更好发挥工作合力,促进阶段性缓缴社会保险费政策取得实效。政策实施过程中遇到的新情况和新问题,要及时报告。

2022年9月19日

商务部办公厅 国家发展改革委办公厅民政部办公厅 财政部办公厅 人力资源社会保障部办公厅 住房城乡建设部办公厅 中国人民银行办公厅 税务总局办公厅 市场监管总局办公厅 银保监会办公厅 证监会办公厅关于抓好促进餐饮业恢复发展扶持政策贯彻落实工作的通知

商办服贸函〔2022〕154号

各省、自治区、直辖市及新疆生产建设兵团商务、发展改革、民政、财政、人力资源社会保障、住房城乡建设主管部门，中国人民银行上海总部、各分行、营业管理部、各省会（首府）城市中心支行、各副省级城市中心支行，市场监管局（厅、委）、银保监局、证监局，国家税务总局各省、自治区、直辖市和计划单列市税务局，商务部驻各地方特派员办事处：

餐饮业是稳增长、促消费、扩就业、惠民生的重要领域，对促进形成强大国内市场具有重要作用。为深入贯彻党中央、国务院决策部署，落实全国稳住经济大盘电视电话会议精神和扎实稳住经济一揽子政策措施，推动《关于促进服务业领域困难行业恢复发展的若干政策》落地见效，促进餐饮业加快恢复发展，现就进一步做好有关工作通知如下：

一、科学界定扶持措施适用的市场主体

各地商务主管部门要积极配合相关政策部门，合理准确界定扶持政策适用的市场主体，实现应享尽享。原则上依法取得营业执照和食品经营许可（备案）相关证书，且食品经营主体业态为"餐饮服务经营者"的市场主体均可申请餐饮业扶持政策措施。有条件的地方可充分发挥政务服务平台优势，对上述餐饮市场主体（下称餐饮企业）推行"免申即享"。政府部门现有数据无法满足划分市场主体类型的，各地可结合实际，按规定实行告知承诺制，不增加市场主体事务性负担。

二、加快出台对定期核酸检测和防疫消杀补贴的措施

鼓励有条件的地方商务主管部门、财政部门根据本地疫情防控指挥机构对餐饮企业核酸检测、防疫消杀的要求，制定餐饮企业员工免费定期核酸检测、防疫消杀补贴具体措施，明确补贴范围、补贴比例、申请流程、办理窗口、申请材料清单等，提高审核效率，及时拨付补贴资金。有条件的地方可充分发挥政务服务平台优势，支持餐饮企业在线申报免费定期核酸检测人员名单，精准发放免费核酸检测电子抵扣券，并做好补贴资金拨付工作。

三、落实好社会保险助企纾困政策

各地商务主管部门要加强与人力资源社会保障部门、税务部门协调配合，支持餐饮企业稳岗扩岗，落实各项助企纾困政策。2022年对餐饮企业延续实施阶段性降低失业保险、工伤保险费率政策。对不裁员、少裁员的餐饮企业，继续实施失业保险稳岗返还政策，提高返还比例。各省级商务主管部门要配合人力资源社会保障、财政、税务等部门，结合本地实际和基金承受能力，推动本省按规定制定阶段性实施缓缴养老保险、失业保险、工伤保险费以及留工培训补助政策具体实施办法，加强部门信息共享和协调配合，以规范、安全、便捷为原则，提高服务质量和效率，优化审核流程，缩短办理时限，让更多餐饮企业享受政策

红利。

四、拓宽企业融资渠道

各地商务主管部门要会同发展改革、人民银行、住房城乡建设、市场监管等部门，在保障数据安全和遵守征信管理要求基础上，依托已有共享交换平台，依法依规加强部门间餐饮企业数据共享管理，与金融机构、征信机构开展对接，更多发放信用贷款。各地人民银行、发展改革和证监等部门要开展信用类债券发行政策辅导，支持符合条件的餐饮企业发行公司信用类债券，拓宽多元化融资渠道。

五、增强融资担保功能

各地商务主管部门要配合财政、金融监管部门加强政策宣传和融资辅导，指导政府性融资担保机构为符合条件的餐饮企业提供融资增信支持，依法依约及时履行代偿责任，积极帮助受疫情影响企业续保续贷。有条件的地方财政部门可向政府性融资担保机构提供资本金注入、担保费用补贴等支持。

六、发挥好商业保险支撑作用

各地商务主管部门、银保监局要积极组织保险公司与餐饮企业、餐饮行业协会开展形式多样的交流对接活动，及时对接更新营业中断损失保险产品清单，加大宣传推广力度，鼓励餐饮企业自愿购买营业中断类保险。有条件的地方财政部门可对餐饮企业购买营业中断类保险给予适当补贴，有效减轻其资金压力。银保监局、商务主管部门要支持保险公司根据当前疫情形势和餐饮企业需求，提供保障方案灵活、理赔更加便捷的保险服务，提高餐饮企业的保险保障水平。

七、支持老年助餐消费

鼓励各地因地制宜，结合养老服务等工作，加大支持力度，通过政府购买服务等形式支持持证经营且具备餐饮服务食品安全量化等级的社会餐饮配送力量，提供老年人助餐、配餐服务。鼓励各地商务主管部门会同民政部门开展养老助餐供需对接，加强养老机构、社区养老服务机构供餐需求信息共享，引导餐饮企业主动对接养老机构、社区养老服务机构开展助餐合作，培育专业化养老供餐企业。鼓励未内设食堂的养老机构依法依规公开择优选择餐饮市场主体承担养老供餐服务。

八、加强政策宣传

各地商务主管部门要配合相关部门，在依法依规依职责督促指导餐饮企业做好疫情防控和安全生产工作的基础上，推动各项普惠性扶持政策落地见效，帮助餐饮外卖平台和餐饮企业衔接落实好已发布的商户服务费优惠措施，加快出台专项扶持政策的落实举措，为餐饮企业申请政策帮扶提供必要指导。各地商务主管部门要会同相关部门和县、镇街两级人民政府以及市场监管执法人员、网格管理员等，加大政策宣传力度，通过政府网站、政务新媒体、基层政务服务窗口等渠道，多形式、全方位地向辖区内餐饮企业宣传推广。各地举办促消费活动应坚持自愿参与原则，不得强制餐饮企业给予满减、返利等各种形式的配套优惠措施，不得以配套优惠措施为由设置活动参与门槛。

九、强化政策落实保障

各地商务主管部门要会同相关部门，制定政策落实清单，明确落实责任人、路线图和时间表，定期汇总本地具体落实举措，如未出台具体落实举措的，要说明理由；及时总结典型经验做法，报送有关情况；积极研究支持符合条件的餐饮企业参与当地疫情防控相关服务保障工作。商务部驻各地特派员办事处要积极推动、协助和督促各地开展上述工作，及时跟踪并上报进展情况。

2022 年 6 月 14 日

人力资源社会保障部办公厅 国家发展改革委办公厅 国家乡村振兴局综合司关于进一步推进东西部人社协作的通知

人社厅函〔2022〕173号

各省、自治区、直辖市及新疆生产建设兵团人力资源社会保障厅（局）、发展改革委、乡村振兴局：

东西部协作是巩固拓展脱贫攻坚成果和全面推进乡村振兴的重要力量，是支持西部地区建设，推动区域协调发展、协同发展、共同发展，缩小发展差距，实现共同富裕的重要举措。为贯彻中共中央、国务院关于深化东西部协作的决策部署，切实发挥人社部门在东西部协作中的作用，现就进一步推进东西部人社协作有关事项通知如下：

一、工作目标

进一步健全东西部人社协作体制机制，创新协作方式，强化服务保障，提升协作效率，构建集劳务协作、品牌打造、技能培训、技工院校建设、人才交流于一体的东西部人社协作新格局，扎实巩固拓展人社脱贫攻坚成果，助力全面推进乡村振兴。

二、工作任务

（一）创新协作方式。各地要充分发挥区域间互补优势，积极整合帮扶资源，丰富协作形式。西部地区要指导国家乡村振兴重点帮扶县、大型易地搬迁安置区等重点地区与结对帮扶县（市、区）在就业、技工教育和技能培训、人才引智等方面加强工作联动。东部地区要将劳务协作、技能提升、人才支援等列入东西部协作重要内容，加大资金、资源、项目投入。鼓励结对关系调整前的东西部协作结对地区通过市场化方式继续保持协作关系。有条件地区可与劳动力流动较多的其他地区建立健全市场化协作机制。

（二）健全东西部劳务协作机制。西部地区要摸清本地脱贫人口和防止返贫监测对象外出务工意愿，建立有意愿外出人员清单；东部地区要挖掘本地区企业用工需求，动态归集发布适合脱贫人口和防止返贫监测对象的就业岗位，形成岗位需求清单。依托东西部协作机制，搭建完善用工信息对接平台，推动输出地、输入地信息共享、培训协同、高效对接。优化完善劳务协作机制，对受疫情、重大自然灾害影响的输出地及时开展劳务协作定向援助，对输入地及时分流承接压力，结合实际调整劳务协作目标任务。东部地区要落实稳岗责任，努力将脱贫人口稳在企业，稳在岗位。对吸纳协作地区脱贫人口和防止返贫监测对象就业成效明显的企业，可给予一定支持。加大易地扶贫搬迁就业帮扶力度，强化精准就业培训和劳务对接，依托东西部协作机制有序组织搬迁劳动力外出务工。按照已形成的协作帮扶关系，以国家乡村振兴重点帮扶县为重点，开展乡村与街道的精准对接，帮助愿意从事家政服务的农村转移劳动力直达家政社区服务网点就业。

（三）着力发展劳务品牌。各地要充分发挥东西部劳务协作作用，健全劳务品牌建设机制，扩大劳务品牌就业规模和产业容量，提高就业质量。鼓励各地积极参加劳务品牌发展大会，建成一批具有鲜明地域特色、过硬技能特征和良好市场口碑的劳务品牌，进一步带动就业创业，助推地区产业发展。鼓励东西部协作地区为家政劳务品牌搭建对接渠道，支持家政劳务品牌在家政服务劳务对接助力乡村振兴行动中发挥作用。

（四）促进就业帮扶车间稳固发展。各地要进一步发挥东西部人社协作机制在建立、稳定和发展就业帮扶车间方面的作用，全面摸底排查就业帮扶车间运营情况，做到基础底数清、政策落实清、经营状况清，确保完成就业帮扶车间数量稳定在 3 万个以上、吸纳脱贫人口和防止返贫监测对象就业数量稳定在 40 万人以上的年度目标。积极推动帮扶车间发展成为吸纳就业的产业，把易地搬迁安置区配套帮扶车间作为重点，支持帮扶车间扩大生产规模、延长产业链条，推动从单一生产类型、单一产业环节向综合工厂转型，促进聚集发展，提高产业集中度。

（五）大力实施以工代赈。各地要将以工代赈作为促进脱贫群众就近就业增收、提高劳动技能的一项重要举措。要在政府投资的重点工程项目和农业农村基础设施建设领域中，按照"应用尽用、能用尽用"的原则，大力实施以工代赈，充分挖掘工程项目用工潜力，为当地脱贫人口和防止返贫监测对象等群体提供规模性务工岗位。东部地区要充分发挥优势，积极吸纳西部省份外出务工人员参与当地工程项目建设，推动更多帮扶项目按照以工代赈方式实施，充分吸纳脱贫人口和防止返贫监测对象、农民工等重点群体务工就业。以工代赈项目要广泛组织脱贫人口和防止返贫监测对象和其他就业困难群体参与务工，合理确定劳务报酬发放标准和规模，尽可能提高以工代赈项目劳务报酬发放比例，最大程度发挥"赈"的作用。各地要统筹各类培训资金和资源，联合施工单位对以工代赈务工人员开展劳动技能培训和安全生产培训，帮助其掌握实际操作技能。

（六）加强技工教育培训协作交流。各地要建立健全以促进就业和适应产业发展、满足市场需求为导向的技工教育培训体系。西部地区要依托现有资源，新建、改（扩）建一批技工院校和职业培训机构，鼓励各级各类企业举办或参与举办技工院校，支持民办技工教育发展，不断提升自主发展能力。东部地区要鼓励本地技工院校、企业与西部地区技工院校开展校校合作、企校合作，扩大在西部地区招生和培训规模；支持各类培训机构到西部开展职业技能培训，推动培训资源共建共享，加大对搬迁群众的技能培训力度,提升训后上岗率。

(七)强化人才协作和智力支持。各地要通过实施人才双向挂职、"组团式"人才支援、柔性引才等方式,持续为脱贫地区人才队伍注入新力量。东部地区要加大人才选派力度,选派教育、医疗、产业、科技、管理等领域专业技术人才到西部地区开展帮扶工作;要鼓励各类专家到西部开展专题讲座、现场指导、技术咨询等活动,扶持基层重点领域、特殊区域和关键岗位专业技术人才培训工作,为西部培养培训一批急需紧缺和骨干专业技术人才。西部地区要加大政策保障力度,为帮扶人才提供便利和支持。

(八)持续深化东西部协作考核评价。各地要对照东西部协作考核评价发现的问题,扎实推进整改落实,助力协作地区牢牢守住不发生规模性返贫的底线。强化协作帮扶责任落实,定期组织开展对接调研,共同协调研究谋划推动重点工作。各地人力资源社会保障、发展改革、乡村振兴部门要优化对接机制,加强统筹协调和工作配合,推动协作帮扶顺利开展。东部地区要谋划推动好重大发展项目,提供强有力的协作支持。西部地区要强化发展主体责任,为帮扶项目落地创造良好条件。

三、工作要求

(一)加强组织领导。各地人力资源社会保障、发展改革、乡村振兴部门要加强协调联动,落实帮扶责任,积极拓展帮扶领域、健全帮扶机制、优化帮扶方式,因地制宜开展各类对接活动。要准确把握东西部协作工作方向,聚焦协作重点,坚持以发展的办法创新深化协作帮扶,不断提升协作工作质量水平。省级人力资源社会保障部门每年12月15日前将年度工作推进和落实情况报送人力资源社会保障部乡村振兴办。

(二)强化服务保障。鼓励劳务输出人数较多的地区,在劳务输入地建立综合性务工服务站(点),进一步强化输出输入联络对接,实地了解外出务工脱贫人口和防止返贫监测对象在输入地的就业状况、生活情况，做好后续跟踪服务，确保输得出、稳得住。东部地区输入地要畅通脱贫人口和防止返贫监测对象流入渠道，帮助其方便就业、稳定就业、维护合法权益，将在本地务工的脱贫人口和防止返贫监测对象全部作为工作对象，纳入稳岗就业服务范围。

（三）营造良好氛围。各地人力资源社会保障部门要牵头梳理总结东西部人社协作典型经验，充分利用网络、电视等多种媒体，广泛开展宣传，并及时报人力资源社会保障部乡村振兴办。我们将通过简报、报纸、官微等途径，摘登宣传各地经验做法。

2022 年 11 月 23 日

就业促进

国务院办公厅关于进一步做好高校毕业生等青年就业创业工作的通知

国办发〔2022〕13号

各省、自治区、直辖市人民政府,国务院各部委、各直属机构:

高校毕业生等青年就业关系民生福祉、经济发展和国家未来。为贯彻落实党中央、国务院决策部署,做好当前和今后一段时期高校毕业生等青年就业创业工作,经国务院同意,现就有关事项通知如下。

一、多渠道开发就业岗位

(一)扩大企业就业规模。坚持在推动高质量发展中强化就业优先导向,加快建设现代化经济体系,推进制造业转型升级,壮大战略性新兴产业,大力发展现代服务业,提供更多适合高校毕业生的就业岗位。支持中小微企业更多吸纳高校毕业生就业,按规定给予社会保险补贴、创业担保贷款及贴息、税费减免等扶持政策,对吸纳高校毕业生就业达到一定数量且符合相关条件的中小微企业,在安排纾困资金、提供技术改造贷款贴息时予以倾斜;对招用毕业年度高校毕业生并签订1年以上劳动合同的中小微企业,给予一次性吸纳就业补贴,政策实施期限截至2022年12月31日;建立中小微企业专业技术人员职称评定绿色通道和申报兜底机制,健全职业技能等级(岗位)设置,完善职业技能等级认定机制,落实科研项目经费申请、科研成果等申报与国有企事业单位同类人员同等待遇。设置好"红灯""绿灯",促进平台经济健康发展，带动更多就业。稳定扩大国有企业招聘规模，指导企业规范发布招聘信息，推进公开招聘。（国家发展改革委、科技部、工业和信息化部、财政部、人力资源社会保障部、商务部、人民银行、国务院国资委、税务总局、市场监管总局等按职责分工负责）

（二）拓宽基层就业空间。结合实施区域协调发展、乡村振兴等战略，适应基层治理能力现代化建设需要，统筹用好各方资源，挖掘基层就业社保、医疗卫生、养老服务、社会工作、司法辅助等就业机会。社区专职工作岗位出现空缺要优先招用或拿出一定数量专门招用高校毕业生。继续实施"三支一扶"计划、农村特岗教师计划、大学生志愿服务西部计划等基层服务项目，合理确定招募规模。对到中西部地区、艰苦边远地区、老工业基地县以下基层单位就业的高校毕业生，按规定给予学费补偿和国家助学贷款代偿、高定工资等政策，对其中招聘为事业单位正式工作人员的，可按规定提前转正定级。（中央组织部、最高人民法院、最高人民检察院、教育部、民政部、财政部、人力资源社会保障部、农业农村部、国家卫生健康委、共青团中央等按职责分工负责）

（三）支持自主创业和灵活就业。落实大众创业、万众创新相关政策，深化高校创新创业教育改革，健全教育体系和培养机制，汇集优质创新创业培训资源，对高校毕业生开展针对性培训，按规定给予职业培训补贴。支持高校毕业生自主创业，按规定给予一次性创业补贴、创业担保贷款及贴息、税费减免等政策，政府投资开发的创业载体要安排30%左右的场地免费向高校毕业生创业者提供。支持高校毕业生发挥专业所长从事灵活就业，对毕业年度和离校2年内未就业高校毕业生实现灵活就业的，按规定给予社会保险补贴。（国家发展改革委、教育部、科技部、财政部、人力资源社会保障部、人民银行、税务总局、市场监管总局等按职责分工负责）

（四）稳定公共部门岗位规模。今明两年要继续稳定机关事业单位招录（聘）高校毕业生的规模。深化落实基层法官检察官助理规范便捷招录机制，畅通政法专业高校毕业生进入基层司法机关就业渠道。支持承担国家科技计划（专项、基金等）的高校、科研院所和企业扩大科研助理岗位规模。充分考虑新冠肺炎疫情影响和高校毕业生就业需要，合理安排公共部门招录（聘）和相关职业资格考试时间。受疫情影响严重地区，在2022年12月31日前可实施中小学、幼儿园、中等职业学校教师资格"先上岗、再考证"阶段性措施。（中央组织部、最高人民法院、最高人民检察院、教育部、科技部、人力资源社会保障部等按职责分工负责）

二、强化不断线就业服务

（五）精准开展困难帮扶。要把有劳动能力和就业意愿的脱贫家庭、低保家庭、零就业家庭高校毕业生，以及残疾高校毕业生和长期失业高校毕业生作为就业援助的重点对象，提供"一人一档""一人一策"精准服务，为每人至少提供3~5个针对性岗位信息，优先组织参加职业培训和就业见习，及时兑现一次性求职创业补贴，千方百计促进其就业创业。对通过市场渠道确实难以就业的困难高校毕业生，可通过公益性岗位兜底安置。实施"中央专项彩票公益金宏志助航计划"，面向困难高校毕业生开展就业能力培训。实施共青团促进大学生就业行动，面向低收入家庭高校毕业生开展就业结对帮扶。及时将符合条件的高校毕业生纳入临时救助等社会救助范围。实施国家助学贷款延期还款、减免利息等支持举措，延期期间不计复利、不收罚息、不作为逾期记录报送。（教育部、民政部、财政部、人力资源社会保障部、人民银行、共青团中央、中国残联、开发银行等按职责分工负责）

（六）优化招聘服务。推进公共就业服务进校园，逐步实现公共就业招聘平台和高校校园网招聘信息共享。建立高校毕业生就业岗位归集机制，广泛收集机关事业单位、各类企业、重大项目等高校毕业生就业岗位需求计划，集中向社会发布并动态更新。构建权威公信的高校毕业生就业服务平台，密集组织线上线下专项招聘服务，扩大国家24365大学生就业服务平台、百日千万网络招聘、"千校万岗"、中小企业网上百日招聘等招聘平台和活动影响力。积极组织服务机构、用人单位进校园招聘。（教育部、工业和信息化部、人力资源社会保障部、国务院国资委、共青团中央、全国工商联等按职责分工负责）

（七）加强就业指导。健全高校学生生涯规划与就业指导体系，开展就业育人主题教育活动，引导高校毕业生树立正确的职业观、就业观和择业观。注重理论与实践相结合，开展多种形式的模拟实训、职业体验等实践教学，组织高校毕业生走进人力资源市场，参加职业能力测评，接受现场指导。高校要按一定比例配齐配强就业指导教师，就业指导教师可参加相关职称评审。打造一批大学生就业指导名师、优秀职业指导师、优秀就业指导课程和教材。举办全国大学生职业规划大赛，增强大学生生涯规划意识，指导其及早做好就业准备。（教育部、人力资源社会保障部、共青团中央等按职责分工负责）

（八）落实实名服务。深入实施离校未就业高校毕业生就业创业促进计划，强化教育、人力资源社会保障部门离校前后信息衔接，持续跟进落实实名服务。运用线上失业登记、求职登记小程序、基层摸排等各类渠道，与有就业意愿的离校未就业高校毕业生普遍联系，为每人免费提供1次职业指导、3次岗位推荐、1次职业培训或就业见习机会。（人力资源社会保障部牵头，教育部等按职责分工负责）

（九）维护就业权益。开展平等就业相关法律法规和政策宣传，坚决防止和纠正性别、年龄、学历等就业歧视，依法打击"黑职介"、虚假招聘、售卖简历等违法犯罪活动，坚决治理付费实习、滥用试用期、拖欠试用期工资等违规行为。督促用人单位与高校毕业生签订劳动（聘用）合同或就业协议书，明确双方的权利义务、违约责任及处理方式，维护高校毕业生合法就业权益。对存在就业歧视、欺诈等问题的用人单位，及时向高校毕业生发布警示提醒。（教育部、公安部、人力资源社会保障部、市场监管总局、全国妇联等按职责分工负责）

三、简化优化求职就业手续

（十）稳妥有序推动取消就业报到证。从2023年起，不再发放《全国普通高等学校本专科毕业生就业报到证》和《全国毕业研究生就业报到证》（以下统称就业报到证），取消就业报到证补办、改派手续，不再将就业报到证作为办理高校毕业生招聘录用、落户、档案接收转递等手续的必需材料。（中央组织部、教育部、公安部、人力资源社会保障部等按职责分工负责）

（十一）提供求职就业便利。取消高校毕业生离校前公共就业人才服务机构在就业协议书上签章环节，取消高校毕业生离校后到公共就业人才服务机构办理报到手续。应届高校毕业生可凭普通高等教育学历证书、与用人单位签订的劳动（聘用）合同或就业协议书，在就业地办理落户手续（超大城市按现有规定执行）；可凭普通高等教育学历证书，在原户籍地办理落户手续。教育部门要健全高校毕业生网上签约系统，方便用人单位与高校毕业生网上签约，鼓励受疫情影响地区用人单位与高校毕业生实行网上签约。对延迟离校的应届高校毕业生，相应延长报到入职、档案转递、落户办理时限。（教育部、公安部、人力资源社会保障部等按职责分工负责）

（十二）积极稳妥转递档案。高校要及时将毕业生登记表、成绩单等重要材料归入学生档案，按照有关规定有序转递。到机关、国有企事业单位就业或定向招生就业的，转递至就业单位或定向单位；到非公单位就业的，转递至就业地或户籍地公共就业人才服务机构；暂未就业的，转递至户籍地公共就业人才服务机构。档案涉密的应通过机要通信或派专人转递。公共就业人才服务机构要主动加强与高校的沟通衔接，动态更新机构服务信息，积极推进档案政策宣传服务进校园，及时接收符合转递规定的学生档案。档案管理部门要及时向社会公布服务机构名录和联系方式。（中央组织部、教育部、人力资源社会保障部、国家邮政局等按职责分工负责）

（十三）完善毕业去向登记。从2023年起，教育部门建立高校毕业生毕业去向登记制度，作为高校为毕业生办理离校手续的必要环节。高校要指导毕业生（含结业生）及时完成毕业去向登记，核实信息后及时报省级教育部门备案。实行定向招生就业办法的高校毕业生，省级教育部门和高校要指导其严格按照定向协议就业并登记去向信息。高校毕业生到户籍和档案接收管理部门办理相关手续时，教育部门应根据有关部门需要和毕业生本人授权，提供毕业生离校时相应去向登记信息查询核验服务。（教育部、人力资源社会保障部等按职责分工负责）

（十四）推进体检结果互认。指导用人单位根据工作岗位实际，合理确定入职体检项目，不得违法违规开展乙肝、孕检等检测。对外科、内科、胸透X线片等基本健康体检项目，高校毕业生近6个月内已在合规医疗机构进行体检的，用人单位应当认可其结果，原则上不得要求其重复体检，法律法规另有规定的从其规定。用人单位或高校毕业生对体检结果有疑问的，经协商可提出复检、补检要求。高校可不再组织毕业体检。（教育部、人力资源社会保障部、国家卫生健康委等按职责分工负责）

四、着力加强青年就业帮扶

（十五）健全青年就业服务机制。强化户籍地、常住地就业失业管理服务责任，允许到本地就业创业的往届高校毕业生、留学回国毕业生及失业青年进行求职登记、失业登记，提供均等化基本公共就业服务，按规定落实就业创业扶持政策。实施青年就业启航计划，对有就业意愿的失业青年，开展职业素质测评，制定求职就业计划，提供针对性岗位信息，组织志愿服务、创业实践等活动。对长期失业青年,开展实践引导、分类指导、跟踪帮扶,提供就业援助,引导他们自强自立、及早就业创业。(人力资源社会保障部、共青团中央等按职责分工负责)

(十六)提升职业技能水平。适应产业转型升级和市场需求,高质量推动产训结合和职业技能培训资源共建共享,扩大青年职业技能培训规模,拓展学徒培训、技能研修、新职业培训等多种模式,举办各类职业技能竞赛活动。鼓励高校毕业生等青年在获得学历证书的同时获得相关职业资格证书或职业技能等级证书,对需要学历学位证书作为报考条件的,允许先参加考试评定,通过考试评定的,待取得相关学历学位证书后再发放职业资格证书或职业技能等级证书。(国家发展改革委、教育部、财政部、人力资源社会保障部等按职责分工负责)

(十七)扩大就业见习规模。实施百万就业见习岗位募集计划,支持企事业单位、社会组织、政府投资项目、科研项目等设立见习岗位,按规定给予就业见习补贴。鼓励有条件的地方或用人单位为见习人员购买商业医疗保险,提高见习保障水平。离校未就业高校毕业生到基层实习见习基地参加见习或者到企事业单位参加项目研究的,视同基层工作经历,自报到之日起算。实施大学生实习"扬帆计划",广泛开展各级政务实习、企业实习和职业体验活动。(人力资源社会保障部牵头,中央组织部、教育部、科技部、工业和信息化部、民政部、财政部、商务部、国务院国资委、共青团中央、全国工商联等按职责分工负责)

五、压紧压实工作责任

(十八)加强组织领导。各地区各部门各高校要以习近平新时代中国特色社会主义思想为指导,认真贯彻落实党中央、国务院决策部署,把高校毕业生等青年就业作为就业工作重中之重,作为政府绩效考核和高校绩效考核内容,将帮扶困难高校毕业生就业作为重点,明确目标任务,细化具体举措,强化督促检查。各有关部门要立足职责,密切配合,同向发力,积极拓宽就业渠

道，加快政策落实。（各有关部门和单位、各省级人民政府按职责分工负责）

（十九）强化工作保障。要根据本地区高校毕业生等青年就业形势和实际需要，统筹安排资金，加强人员保障，确保工作任务和政策服务落实。健全公共就业服务体系，实施提升就业服务质量工程，增强对高校毕业生等青年就业指导服务的针对性有效性。运用政府购买服务机制，支持经营性人力资源服务机构、社会组织等市场力量参与就业服务、职业指导、职业培训等工作。（各有关部门和单位、各省级人民政府按职责分工负责）

（二十）做好宣传引导。开展就业政策服务专项宣传，及时提供通俗易懂的政策解读。开展"最美基层高校毕业生""基层就业出征仪式"等典型宣传活动，引导高校毕业生等青年将职业选择融入国家发展，在奋斗中实现人生价值。做好舆论引导，及时回应社会关切，稳定就业预期。（各有关部门和单位、各省级人民政府按职责分工负责）

2022 年 5 月 5 日

国家发展改革委　财政部　人力资源社会保障部　住房城乡建设部　交通运输部　商务部　文化和旅游部　国家卫生健康委　中国人民银行　国务院国资委　税务总局　市场监管总局　银保监会　中国民航局《关于促进服务业领域困难行业恢复发展的若干政策》的通知

发改财金〔2022〕271号

各省、自治区、直辖市人民政府，新疆生产建设兵团，国务院各部门、各直属机构：

《关于促进服务业领域困难行业恢复发展的若干政策》已经国务院同意，现印发给你们，请认真组织实施。

2022年2月18日

附件：关于促进服务业领域困难行业恢复发展的若干政策

附件

关于促进服务业领域困难行业恢复发展的若干政策

按照党中央、国务院决策部署,为帮助服务业领域困难行业渡过难关、恢复发展,在落实好已经出台政策措施的基础上,经国务院同意,现提出以下助企纾困扶持政策措施。

一、服务业普惠性纾困扶持措施

1. 延续服务业增值税加计抵减政策,2022年对生产、生活性服务业纳税人当期可抵扣进项税额继续分别按10%和15%加计抵减应纳税额。

2. 2022年扩大"六税两费"适用范围,将省级人民政府在50%税额幅度内减征资源税、城市维护建设税、房产税、城镇土地使用税、印花税(不含证券交易印花税)、耕地占用税和教育费附加、地方教育附加等"六税两费"的适用主体,由增值税小规模纳税人扩展至小型微利企业和个体工商户。符合条件的服务业市场主体可以享受。

3. 鼓励各地可根据条例授权和本地实际,2022年对缴纳房产税、城镇土地使用税确有困难的纳税人给予减免。符合条件的服务业市场主体可以享受。

4. 2022年加大中小微企业设备器具税前扣除力度。中小微企业2022年度内新购置的单位价值500万元以上的设备器具,折旧年限为3年的可选择一次性税前扣除,折旧年限为4年、5年、10年的可减半扣除。企业可按季度享受优惠,当年不足扣除形成的亏损,可在以后5个纳税年度结转扣除。符合条件的服务业市场主体可以享受。

5. 2022年延续实施阶段性降低失业保险、工伤保险费率政策。对不裁员、少裁员的企业继续实施普惠性失业保险稳岗返还政策，在2022年度将中小微企业返还比例从60%最高提至90%。符合条件的服务业市场主体可以享受。

6. 2022年被列为疫情中高风险地区所在的县级行政区域内的服务业小微企业和个体工商户承租国有房屋，2022年减免6个月租金，其他地区减免3个月租金。各地可统筹各类资金，对承租非国有房屋的服务业小微企业和个体工商户给予适当帮扶。鼓励非国有房屋租赁主体在平等协商的基础上合理分担疫情带来的损失。对减免租金的房屋业主，2022年缴纳房产税、城镇土地使用税确有困难的，鼓励各地可根据条例授权和地方实际给予减免。因减免租金影响国有企事业单位业绩的，在考核中根据实际情况予以认可。

7. 2022年引导银行用好2021年两次降低存款准备金率释放的2.2万亿元资金，发挥好货币政策工具的总量和结构双重功能，优先支持困难行业特别是服务业小微企业和民营企业。

8. 2022年发挥好支持普惠小微的市场化工具引导作用，对地方法人银行普惠小微贷款余额增量的1%提供激励资金，用好4 000亿元再贷款滚动额度，引导金融机构加大对困难行业特别是服务业领域的倾斜力度。鼓励金融机构对符合续贷条件的服务业市场主体按正常续贷业务办理，不得盲目惜贷、抽贷、断贷、压贷，保持合理流动性。

9. 2022年继续推动金融系统减费让利，落实好贷款市场报价利率（LPR）下行、支农支小再贷款利率下调，推动实际贷款利率在前期大幅降低基础上继续下行，督促指导降低银行账户服务收费、人民币转账汇款手续费、银行卡刷卡手续费，减轻服务业小微企业和个体工商户经营成本压力。

10. 采取切实有效措施制止乱收费、乱摊派、乱罚款行为，研究实施专项整治行动方案，完善整治涉企乱收费协同治理和联合惩戒机制，防止对服务业的各项助企纾困政策效果被"三乱"抵消。鼓励服务业行业采取多种手段开展促销活动。

二、餐饮业纾困扶持措施

11. 鼓励有条件的地方对餐饮企业免费开展员工定期核酸检测，对企业防疫、消杀支出给予补贴支持。2022年原则上应给予餐饮企业员工定期核酸检测不低于50%比例的补贴支持。

12. 引导外卖等互联网平台企业进一步下调餐饮业商户服务费标准，降低相关餐饮企业经营成本。引导互联网平台企业对疫情中高风险地区所在的县级行政区域内的餐饮企业，给予阶段性商户服务费优惠。

13. 允许失业保险、工伤保险基金结余较多的省份对餐饮企业阶段性实施缓缴失业保险、工伤保险费政策，具体办法由省级人民政府确定。符合条件的餐饮企业提出申请，经参保地人民政府批准可以缓缴，期限不超过一年，缓缴期间免收滞纳金。

14. 引导金融机构加强与餐饮行业主管部门信息共享，运用中小微企业和个体工商户的交易流水、经营用房租赁以及有关部门掌握的信用信息等数据，提升风险定价能力，更多发放信用贷款。鼓励符合条件的餐饮企业发行公司信用类债券，拓宽餐饮企业多元化融资渠道。

15. 鼓励政府性融资担保机构为符合条件的餐饮业中小微企业提供融资增信支持，依法依约及时履行代偿责任，积极帮助受疫情影响企业续保续贷。支持有条件的地方向政府性融资担保机构注资、提供融资担保费用补贴。

16. 鼓励保险机构优化产品和服务，扩大因疫情导致餐饮企业营业中断损失保险的覆盖面，提升理赔效率，提高对餐饮企业的保障程度。鼓励有条件的地方给予保费补贴。

17. 鼓励餐饮企业为老年人提供助餐服务，地方结合实际因地制宜对老年人助餐服务给予适当支持。不得强制餐饮企业给予配套优惠措施。

三、零售业纾困扶持措施

18. 鼓励有条件的地方对零售企业免费开展员工定期核酸检测，对企业防疫、消杀支出给予补贴支持。2022年原则上应给予零售企业员工定期核酸检测不低于50%比例的补贴支持。

19. 中央财政通过服务业发展资金，支持开展县域商业体系建设。加强政策支持，发挥市场机制作用，推动"一个上行（农产品上行）"和"三个下沉（供应链下沉、物流配送下沉、商品和服务下沉）"。

20. 中央财政继续通过服务业发展资金，支持10个省（自治区、直辖市）进一步加强农产品供应链体系建设，完善农产品流通骨干网络等。

21. 允许失业保险、工伤保险基金结余较多的省份对零售企业阶段性实施缓缴失业保险、工伤保险费政策，具体办法由省级人民政府确定。符合条件的零售企业提出申请，经参保地人民政府批准可以缓缴，期限不超过一年，缓缴期间免收滞纳金。

22. 对于各地商务主管部门推荐的应急保供、重点培育、便民生活圈建设等名单企业，鼓励银行业金融机构加大信贷支持，适当降低贷款利率，鼓励有条件的地方给予贷款贴息。引导金融机构加强与零售行业主管部门信息共享，运用中小微企业和个体工商户的交易流水、经营用房租赁以及有关部门掌握的信用信息等数据，提升风险定价能力，更多发放信用贷款。鼓励符合条件的零售企业发行公司信用类债券，拓宽零售企业多元化融资渠道。

23. 鼓励政府性融资担保机构为符合条件的零售业中小微企业提供融资增信支持，依法依约及时履行代偿责任，积极帮助受疫情影响企业续保续贷。支持有条件的地方向政府性融资担保机构注资、提供融资担保费用补贴。

四、旅游业纾困扶持措施

24. 2022年继续实施旅行社暂退旅游服务质量保证金扶持政策，对符合条件的旅行社维持80%的暂退比例，鼓励有条件的地方进一步提高暂退比例。同时，加快推进保险代替保证金试点工作，扩大保险代替保证金试点范围。

25. 允许失业保险、工伤保险基金结余较多的省份对旅游企业阶段性实施缓缴失业保险、工伤保险费政策，具体办法由省级人民政府确定。符合条件的旅游企业提出申请，经参保地人民政府批准可以缓缴，期限不超过一年，缓缴期间免收滞纳金。

26. 加强银企合作，建立健全重点旅游企业项目融资需求库，引导金融机构对符合条件的、预期发展前景较好的A级旅游景区、旅游度假区、乡村旅游经营单位、星级酒店、旅行社等重点文化和旅游市场主体加大信贷投入，适当提高贷款额度。

27. 政府采购住宿、会议、餐饮等服务项目时，严格执行经费支出额度规定，不得以星级、所有制等为门槛限制相关企业参与政府采购。

28. 鼓励机关企事业单位将符合规定举办的工会活动、会展活动等的方案制定、组织协调等交由旅行社承接，明确服务内容、服务标准等细化要求，加强资金使用管理，合理确定预付款比例，并按照合同约定及时向旅行社支付资金。

29. 鼓励银行业金融机构合理增加旅游业有效信贷供给。建立重点企业融资风险防控机制。引导金融机构合理降低新发放贷款利率，对受疫情影响生产经营困难的旅游企业主动让利。鼓励符合条件的旅游企业发行公司信用类债券，拓宽旅游企业多元化融资渠道。

30. 对符合条件的、预期发展良好的旅行社、旅游演艺等领域中小微企业加大普惠金融支持力度。发挥文化和旅游金融服务中心的积极作用，建立中小微旅游企业融资需求库。鼓励银行业金融机构对旅游相关初创企业、中小微企业和主题民宿等个体工商户分类予以小额贷款支持。

五、公路水路铁路运输业纾困扶持措施

31. 2022年暂停铁路运输企业预缴增值税一年。

32. 2022年免征轮客渡、公交客运、地铁、城市轻轨、出租车、长途客运、班车等公共交通运输服务增值税。

33. 2022年中央财政对符合要求的新能源公交车,继续按照既定标准给予购置补贴,且退坡幅度低于非公共领域购置车辆。

34. 2022年中央财政进一步加大车辆购置税收入补助地方资金力度,支持公路、水运和综合货运枢纽、集疏运体系建设等。

35. 鼓励有条件的地方根据实际需要统筹安排资金,用于存在困难的新能源出租车、城市公交运营等支出。

36. 加强信息共享,发挥动态监控数据作用,引导金融机构创新符合道路水路运输企业特点的动产质押类贷款产品,盘活车辆、船舶等资产。鼓励金融机构按市场化原则对信用等级较高、承担疫情防控和应急运输任务较重的交通运输企业加大融资支持力度,相关主管部门提供企业清单供金融机构参考。鼓励符合条件的交通运输企业发行公司信用类债券,拓宽交通运输企业多元化融资渠道。

六、民航业纾困扶持措施

37. 2022年暂停航空运输企业预缴增值税一年。

38. 地方可根据实际需要,统筹中央对地方转移支付以及地方自有财力,支持航空公司和机场做好疫情防控。

39. 统筹资源加大对民航基础设施建设资金支持力度。中央财政继续通过民航发展基金对符合条件的航空航线、安全能力建设等予以补贴。继续通过民航发展基金等对符合条件的中小机场和直属机场运营、安全能力建设等予以补贴,对民航基础设施贷款予以贴息,对机场和空管等项目建设予以投资补助。鼓励地方财政对相关项目建设予以支持。

40. 研究协调推动中国航空油料集团有限公司与上游企业协

商取消航空煤油价格中包含的海上运保费（2美元/桶）、港口费（50元/吨）等费用。

41. 鼓励银行业金融机构加大对枢纽机场的信贷支持力度。鼓励符合条件的航空公司发行公司信用类债券，拓宽航空公司多元化融资渠道。对受疫情影响严重的航空公司和民航机场注册发行债务融资工具建立绿色通道。

七、精准实施疫情防控措施

42. 认真落实严格、科学、精准的疫情防控措施，坚决防止和避免"放松防控"和"过度防控"两种倾向，有效恢复和保持服务业发展正常秩序。一是建立精准监测机制，运用大数据手段建立餐厅、商超、景点、机场、港口、冷链运输等服务业重点区域、重点行业从业人员库，落实重点人员和高风险岗位人员核酸检测频次，做到应检尽检。二是提升精准识别能力，确保疫情在服务业场所发生时全力以赴抓好流调"黄金24小时"。三是强化精准管控隔离，科学精准定位服务业重点、高危人群，对密切接触者和密接的密接进行集中隔离医学观察，对其他人员按照相关规定进行分类管理。四是推广精准防护理念，餐饮、零售、旅游、交通客运、民航等行业和相关服务场所工作人员做到疫苗应接尽接，建立工作人员每日健康监测登记制度，增强从业人员和公众疫情防控意识。

43. 严格落实国务院联防联控机制综合组防疫政策"五个不得"的要求，即不得禁止低风险地区人员返乡；不得随意扩大中高风险地区范围；不得随意将限制出行范围由中、高风险地区及所在区（县）扩大到所在地市；不得擅自对低风险地区人员采取集中隔离管控、劝返等措施；不得随意延长集中隔离观察期限。在此基础上，进一步对服务业行业提出精准防疫要求。一是不得突破疫情防控相应规定进行封城、封区，不得非必要、不报批中断公共交通。二是不得非经流调、无政策依据对餐厅、商超、景区景点、电影院及相关服务业场所等实施关停措施、延长关停时间。三是不得在国务院联防联控机制政策要求基础上擅自增加对服务业的疫情防控措施。确有必要采取封城封区、中断交通等措施或在现行基础上加强疫情防控力度的，须报经国务院联防联控机制同意后实施。各省级人民政府要统筹本地区疫情防控措施总体要求，针对服务业行业特点，建立疫情防控措施层层加码问题反映、核实、纠正专项工作机制。

八、保障措施

发展改革委要切实发挥牵头作用，加强统筹协调，做好形势分析，加大协调推动有关政策的出台、执行落实工作力度，强化储备政策研究；国务院各有关部门要各司其职、加强配合，加大政策宣传贯彻力度，抓紧出台具体政策实施办法，及时跟进解读已出台政策措施，及时协调解决政策落实过程中的难点、堵点问题，及时回应社会诉求和关切。

各地区要结合实际情况和服务业领域困难行业特点，把握好政策时度效，抓好政策宣传贯彻落实，及时跟踪研判相关困难行业企业恢复情况，出台有针对性的专项配套支持政策，确保政策有效传导至市场主体，支持企业纾困发展。

各有关行业协会要充分发挥联系企业的桥梁和纽带作用，指导帮助企业用足用好相关纾困扶持措施，加强调查研究，及时了解和反馈行业发展动态、难点问题、企业诉求和政策落实情况。

人力资源社会保障部 教育部 科技部 工业和信息化部 民政部 财政部 商务部 国务院国资委 共青团中央 全国工商联关于实施百万就业见习岗位募集计划的通知

人社部发〔2022〕11号

各省、自治区、直辖市及新疆生产建设兵团人力资源社会保障厅（局）、教育厅（委、局）、科技厅（委、局）、工业和信息化主管部门、民政厅（局）、财政厅（局）、商务厅（局）、国资委、团委、工商联，各中央企业：

就业见习是组织高校毕业生等青年进行岗位实践锻炼的就业准备活动，是帮助他们积累工作经验、增强实践能力、促进实现就业的重要举措。为深入贯彻中共中央、国务院关于高校毕业生等青年就业的决策部署，人力资源社会保障部、教育部、科技部、工业和信息化部、民政部、财政部、商务部、国务院国资委、共青团中央、全国工商联等十部门决定2022年启动实施百万就业见习岗位募集计划（以下简称计划），进一步推进就业见习工作，帮助高校毕业生等青年提升就业能力。现将具体要求通知如下。

一、指导思想

以习近平新时代中国特色社会主义思想为指导，深入贯彻党的十九大和十九届历次全会精神，认真落实中共中央、国务院关于稳就业保就业的决策部署，围绕促进高校毕业生等青年就业，坚持政府搭台、市场主导、多元募集、量质并重，加大就业见习组织力度，落实完善就业见习政策，帮助高校毕业生等青年增强岗位实践经验，提升就业竞争力，促进市场化社会化就业。

二、目标任务

充分发挥政府有关部门、社会各方面力量，积极开发就业见习岗位，全年募集不少于100万个就业见习岗位，为高校毕业生等青年提供充足见习机会。多渠道搭建见习供需对接平台，畅通岗位募集渠道，力争把有意愿的用人单位、高校毕业生和失业青年都组织到见习活动中。完善落实就业见习政策，强化跟踪服务，提高就业见习的规范性、知晓度和吸引力，帮助更多高校毕业生等青年通过见习积累经验、及早就业。

三、支持政策

（一）补贴支持。见习对象为离校2年内未就业高校毕业生和16~24岁失业青年。见习期间，由见习单位为见习人员提供基本生活费、办理人身意外伤害保险，并承担对见习人员的指导管理费用。对吸纳见习的单位，按规定给予就业见习补贴。对见习期满留用率达到50%以上的见习单位，可适当提高见习补贴标准。将对见习期未满与见习人员签订劳动合同的，给予见习单位剩余期限见习补贴政策延续至2022年年底。

（二）税费支持。见习单位支出的见习补贴相关费用，不计入社会保险缴费基数。符合税收法律及其有关规定的支出，可以在计算企业所得税应纳税所得额时扣除。

（三）激励推动。按照国家有关规定开展国家级就业见习示范单位评选，优先激励参加本次计划并表现突出的各类单位。对计划组织实施到位、募集岗位多、岗位质量好、实施效果佳的省份，纳入就业工作督查激励统筹考虑。

四、工作举措

（一）开通服务专区。本次计划将开通计划服务专区（http://zhaopin.ciic.com.cn），集中发布见习政策、经办渠道、经办流程，设立见习单位、见习岗位申报通道，同步开设国有企业、制造业名企、互联网大厂等专栏。计划信息同步在中国公共招聘网（http://job.mohrss.gov.cn）、高校毕业生就业服务平台（http://job.mohrss.gov.cn/202008gx/index.jhtml）、就业在线（https://www.jobonline.cn）等公共招聘平台发布。各地要依托本地就业服务信息化平台、部门官网及线下服务机构，开设计划服务专区，受理本地用人单位和毕业生就业见习申请，提供政策宣传、岗位发布、供需对接等一体化服务。

（二）规范岗位要求。各地要合理设置见习单位和见习岗位条件，定期跟踪、动态管理，力争提供针对性、高质量的见习机会。见习单位要有较强的社会责任感、管理规范、合法经营，具备符合国家规定的劳动保护措施和劳动安全卫生条件。见习岗位尽可能覆盖不同行业，重点提高管理、技术、科研类岗位比重，更好发挥青年所学所长。

（三）抓好岗位募集。各地要迅速对接辖区内各类企事业单位、社会组织、政府投资项目和科研项目，重点挖掘本地特色产业、现代服务业、高端制造业等领域见习岗位信息，及时掌握见习单位类型、见习岗位数量和专业技能要求。对用人单位在本地平台和计划服务专区提交的见习申请，要及时审核，确保单位和岗位信息真实有效，并在15个工作日内明确审核意见。

（四）搭建对接平台。各地要多渠道汇总发布本地区见习单位目录和见习岗位清单，开展就业见习进园区、进社区、进市场。多方式开展专场招募、双向洽谈、直播带岗等活动，并在各类招聘会、就业服务专项活动中推出见习岗位。要结合实名服务，广泛动员未就业毕业生和16~24岁失业青年积极参与，运用大数据、云计算等技术手段精准推送岗位信息，吸引更多符合条件人员参加见习。

（五）强化组织实施。各地要加强对见习单位的指导服务，做好协议签订、岗前培训、待遇保障、专人带教、人员管理、权益维护等工作，不得以营利为目的违规组织见习。要鼓励见习单位对见习人员积极留用，加强对未留用人员的就业服务，根据求职需要，加大跟踪帮扶，提供针对性服务，促进尽快实现就业。

（六）优化政策服务。各地要畅通补贴申领渠道，优化流程精简材料，强化部门间信息比对共享，推出政策快办、帮办、打包办。要定期开展工作检查和评估，改进提升见习组织实施，健全就业见习长效机制。

五、工作要求

（一）强化组织领导。各地要高度重视计划组织实施，将其纳入就业工作整体部署，纳入高校毕业生就业服务体系统筹推进。要结合实际确定本地见习岗位募集目标，制定具体实施方案，努力实现岗位募集规模稳中有升。要坚持自愿原则，鼓励见习单位因需设岗，避免简单摊派。

（二）加大部门协同。各地人力资源社会保障部门要做好见习的指导协调工作，加强见习单位认定、岗位募集、管理服务、政策宣传等。教育部门要指导高校做好见习政策宣传，向有需求的高校毕业生推荐见习信息。科技、工业和信息化、民政、商务、国有资产监督管理、工商联等部门要立足部门职能职责，发挥行业优势，鼓励各类用人单位设立见习岗位。财政部门要统筹相关资金，按规定支持符合条件的就业见习岗位。共青团要丰富青年见习实践活动，积极动员青年参与。

（三）大力宣传引导。各地要运用青年人喜闻乐见的短视频、动漫、海报等形式，大力宣传计划实施、见习政策、申请渠道，提高政策知晓度。要主动推广各地区、各部门、各见习单位的经验做法和成效，大力宣传一批青年通过见习实现就业创业的故事，及时宣传见习单位履行社会责任的良好形象，引领更多青年和用人单位主动参与就业见习。

（四）做好信息联通。各地人力资源社会保障部门要于3月底前上线计划服务专区，在显著位置统一计划名称、标识，并与部级服务平台互联互通。4月1日起部省两级计划服务专区同步向社会开通。人力资源社会保障部将于3月20日前向各地提供专区模板、账号和密码，各地也要主动联系部级服务平台技术支持方中智招聘，做好技术衔接。计划实施后请各地按月填报《百万就业见习岗位募集计划工作情况汇总表》（见附件2），于下个月的前5日报人力资源社会保障部全国人才流动中心，原《青年就业见习工作情况汇总表》不再填报。

附件：1. 百万就业见习岗位募集计划各省服务平台汇总表（略）
　　　2. 百万就业见习岗位募集计划工作情况汇总表（略）

2022年3月8日

人力资源社会保障部 国家发展改革委 财政部 农业农村部 国家乡村振兴局关于做好2022年脱贫人口稳岗就业工作的通知

人社部发〔2022〕13号

各省、自治区、直辖市及新疆生产建设兵团人力资源社会保障厅（局）、发展改革委、财政厅（局）、农业农村（农牧）厅（局、委）、乡村振兴局（支援合作办、合作交流办）：

为深入贯彻落实党的十九届六中全会和中央经济工作会议、中央农村工作会议精神，落实《中共中央 国务院关于做好2022年全面推进乡村振兴重点工作的意见》部署安排，做好2022年脱贫人口稳岗就业工作，现就有关事项通知如下：

一、明确目标任务

（一）保持规模稳定。按照稳存量、扩增量、提质量的要求，帮助有劳动能力和就业意愿的脱贫人口实现就业，帮助已就业脱贫人口稳定就业，推动全国脱贫人口（含防止返贫监测对象，下同）务工规模不低于3 000万人。各省份目标任务具体见附件。

（二）聚焦重点区域。将160个国家乡村振兴重点帮扶县和易地搬迁集中安置区作为稳岗就业工作的重点地区，保持脱贫人口务工规模稳定，牢牢守住不发生规模性失业返贫的底线。

二、高质量推进重点工作

（三）深化东西部劳务协作。依托东西部协作机制，加强劳务协作对接，丰富拓展人员输出、技能培训、权益保障、产业援建等协作内容，有条件省份可在此基础上，与更多人员往来较多的省份建立劳务协作机制。中西部省（区、市）要落实主体责任，建立脱贫人口底数、就业意向、就业需求、培训需求等清单，加强劳务输出管理服务。东部省（市）要落实输入地稳岗责任，建立岗位需求清单，在中西部省（区、市）开发劳动密集型协作项目，努力将脱贫人口稳在企业、稳在岗位。

（四）加强省内劳务协作。中西部省（区、市）要指导省内发达地区与脱贫地区签订劳务协议，组织省内大中型企业定向吸纳脱贫地区劳动力，健全省内劳务协作机制，推动脱贫人口实现县外省内就业。

（五）促进就地就近就业。衔接推进乡村振兴补助资金支持的优势特色产业项目，优先吸纳脱贫人口就业，参与项目建设。加大以工代赈实施力度，在农业农村基础设施建设领域大力推广以工代赈方式，具备条件的可提高劳务报酬资金占比，广泛动员脱贫人口参与以工代赈工程项目建设。鼓励乡村能人创办以吸纳脱贫人口为主的农民劳务专业合作社，促进增产增收。推动就业帮扶车间健康发展、壮大升级，各地可利用衔接推进乡村振兴补助资金对就业帮扶车间吸纳脱贫人口就业给予奖补。依托乡村建设行动和农村人居环境整治提升等，统筹用好各类乡村公益性岗位，托底安置其中符合就业困难人员条件的弱劳力、半劳力和无法外出、无业可就的脱贫人口。

（六）开展"雨露计划+"行动。组织开展"雨露计划+"就业促进专项行动，引导脱贫家庭（含防止返贫监测对象家庭）新成长劳动力接受中、高等职业院校和技术院校教育，原补助标准、资金渠道、发放方式保持不变，会同行业部门做好动态监测。做好雨露计划毕业生就业帮扶工作，发挥建筑、物流、电力等劳动密集型行业的作用，促进雨露计划毕业生实现就业。

（七）落实就业帮扶政策。加大对脱贫人口就业帮扶的政策扶持力度，按规定落实好就业创业服务补助、社会保险补贴、创业担保贷款及贴息、交通费补贴、就业帮扶基地奖补等政策。制定公布就业帮扶政策清单，优化经办服务流程，便利脱贫人口及用人单位申请享受。

三、加强组织保障

（八）压实工作责任。坚持"中央统筹、省负总责、市县乡抓落实"的就业帮扶工作机制，推动落实五级书记抓就业帮扶的责任。脱贫县要将稳岗就业作为巩固拓展脱贫攻坚成果的基础性工作来抓。凝聚多方合力，充分发挥村两委、驻村第一书记和工作队、乡村就业信息员等各类就业帮扶力量作用。

（九）加强组织领导。人力资源社会保障部门加强统筹协调，督促落实就业帮扶政策措施。乡村振兴部门（支援合作办、合作交流办）配合人力资源社会保障部门做好脱贫人口就业帮扶工作，共同做好脱贫人口稳岗就业情况监测和工作调度。发展改革部门加大以工代赈项目实施力度，配合做好易地搬迁脱贫人口就业帮扶。农业农村部门推动乡村地区产业发展。财政部门要按有关规定对脱贫人口稳岗就业工作予以支持。将脱贫人口稳岗就业工作纳入对各省（区、市）巩固脱贫成果后评估、东西部协作考核、省（区、市）对市县的乡村振兴战略实绩考核。

（十）营造良好氛围。选树一批脱贫人口稳岗就业典型，总结宣传推广一批"立得住、叫得响、推得开"的就业帮扶好经验好做法。定期举办乡村振兴技能大赛等活动，营造劳动最光荣、幸福靠奋斗的良好社会氛围。

附件1：1. 2022年度各省（区、市）脱贫人口务工目标任务表

2. 2022年度东部地区吸纳脱贫人口务工目标任务表

2022年3月15日

附件 1

2022年度各省（区、市）脱贫人口务工目标任务表

单位：万人

序号	省（区、市）	目标任务
1	河　北	83.41
2	山　西	91.01
3	内蒙古	19.62
4	辽　宁	15.64
5	吉　林	10.73
6	黑龙江	19.67
7	安　徽	178.78
8	福　建	8.12
9	江　西	130.90
10	山　东	17.88
11	河　南	205.42
12	湖　北	208.40
13	湖　南	232.48
14	广　西	268.21
15	海　南	28.01
16	重　庆	75.11
17	四　川	220.60
18	贵　州	319.60

续表

序号	省（区、市）	目标任务
19	云　南	318.19
20	西　藏	18.95
21	陕　西	210.23
22	甘　肃	190.00
23	青　海	17.90
24	宁　夏	24.51
25	新　疆	105.80
合计		3 019.17

附件 2

2022年度东部地区吸纳脱贫人口务工目标任务表

单位：万人

序号	省（市）	目标任务
1	北 京	38.5
2	天 津	15.5
3	上 海	49.2
4	江 苏	84.8
5	浙 江	213.3
6	福 建	68.2
7	山 东	20.8
8	广 东	387.6
合计		877.7

民政部 教育部 财政部 人力资源社会保障部关于做好 2022 年普通高校毕业生到城乡社区就业工作的通知

民发〔2022〕34 号

各省、自治区、直辖市民政厅（局）、教育厅（教委、教育局）、财政厅（局）、人力资源社会保障厅（局），新疆生产建设兵团民政局、教育局、财政局、人力资源社会保障局：

普通高校毕业生（以下简称高校毕业生）是城乡社区工作者和城乡社区服务人才的重要来源，引导高校毕业生到城乡社区就业是提高城乡社区工作队伍素质的重要途径。为贯彻落实《国务院办公厅关于进一步做好高校毕业生等青年就业创业工作的通知》（国办发〔2022〕13 号）要求，做好高校毕业生到城乡社区就业工作，发挥高校毕业生在城乡社区治理和服务中的积极作用，现提出如下意见：

一、总体要求

深入学习贯彻习近平新时代中国特色社会主义思想，坚持扩大就业与服务发展相结合、市场主导与政府引导相结合、政策支持与优化服务相结合，多渠道吸纳高校毕业生到城乡社区就业创业，为提高城乡社区治理和服务精准化精细化水平、推进基层治理体系和治理能力现代化建设提供人才支撑。

二、重点任务

（一）加强社区工作者队伍建设招录一批。各地要对照

"十四五"期末每万城镇常住人口拥有社区工作者18人的发展目标和本地区社区工作者队伍建设年度规划目标，统筹社区专职工作人员现有空岗待招聘、因退休离职待招聘、新增待招聘等岗位需求，在科学研判的基础上拟订社区专职工作人员年度招聘计划，报当地党委和政府同意后组织实施。鼓励结合社区服务体系建设、新冠肺炎疫情社区防控等因素要求调整完善社区工作者队伍建设规划，及时补充社区工作力量。健全社区工作者职业体系，营造拴心留人的良好环境，引导高校毕业生扎根基层。原则上2022年所有新招聘岗位全部向高校毕业生开放，鼓励拿出较多数量岗位专门招聘有志热心服务群众的高校毕业生。鼓励具备条件的行政村积极吸纳高校毕业生到村担任村务工作者。

（二）发展城乡社区服务业吸纳一批。各地要贯彻落实《"十四五"城乡社区服务体系建设规划》，支持在社区提供养老、托育、家政、物业、健康等服务的机构（含企业、事业单位、社会组织，以下简称提供社区服务的机构）加快发展，增强吸纳高校毕业生就业能力。对上述机构中的小微企业，吸纳离校2年内未就业高校毕业生就业，与之签订1年以上劳动合同并为其缴纳社会保险费的，按规定落实社会保险补贴政策；对招用毕业年度高校毕业生并签订1年以上劳动合同的中小微企业，给予一次性吸纳就业补贴，政策实施期限截至2022年12月31日。高校毕业生在城乡社区服务领域创业的，按规定落实税费优惠、一次性创业补贴、创业担保贷款等政策。社区综合服务设施为相关提供社区服务的机构给予必要的场地支持。

（三）开发就业见习岗位募集一批。各地要组织提供社区服务的机构参与"百万就业见习岗位募集计划"，结合社区服务均等化、精细化、智能化发展趋势合理设置见习岗位条件，增强对高校毕业生吸引力，特别要鼓励具有一定就业容量和技术含量的企业、社会组织申报就业见习基地。要指导有条件的城乡社区组织因需设立就业见习岗位，并纳入本地区见习单位目录和见习岗位清单，广泛动员相关专业高校毕业生积极参与；城乡社区组织设立的就业见习岗位见习期一般为3—12个月，见习期满后可按规定同等条件下优先招录为社区专职工作人员；按规定落实就业见习补贴和激励推动政策。力争到2022年年底，各地设立就业见习岗位的城乡社区占当地城乡社区总数的比例不低于5%。

（四）创新工作联动机制带动一批。各地要结合全面推动乡镇（街道）社会工作站建设，培育壮大社区社会工作人才队伍，力争年底前各地乡镇（街道）社会工作站覆盖率均达到50%，积极引导高校毕业生到乡镇（街道）社会工作站开展服务。鼓励教育发展基金会、高校教育基金会设立社区创新专项基金，支持高校毕业生组成社区创新团队，对接社区需求，发挥专业特长，积极参与社区建设、治理和服务实践；重点资助乡村产业振兴、社区信息化建设、社区疫情防控等融合潜力大、带动能力强的创新项目，资助期满后推动符合条件的社区创新团队转型创业。力争年底前实现社区创新专项基金和社区创新团队省级层面全覆盖。

（五）加强高校毕业生教育引导储备一批。各地要强化对在校大学生的理想信念教育和思想教育，引导高校毕业生将个人价值实现融入国家发展大局，树立科学的就业观和成才观。设立一批城乡社区实习实践基地，组织在校大学生到城乡社区开展实习实践、志愿服务、社会公益等活动，引导在校大学生了解城乡社区居民需求和工作实际，激发高校毕业生到城乡社区就业创业的热情。加强对在城乡社区就业高校毕业生的培训，增强其服务群众的工作本领，提升其专业技术能力，帮助其尽快完成角色转换，做好投身城乡社区一线砥砺磨练、增长才干的职业准备。

三、工作要求

（一）强化组织保障。各地要将进一步引导和鼓励高校毕业生到城乡社区就业纳入当地就业、人才和城乡社区治理工作总体安排，建立部门各司其职、协同推进的工作机制。要统筹安排使用好就业创业、人才发展、城乡社区治理和服务等各方面资金，支持高校毕业生到社区就业创业。

（二）明确部门职责。民政部门要结合社区工作者队伍建设、城乡社区服务体系建设、乡镇（街道）社会工作站建设、社会组织培育管理等工作，积极促进高校毕业生到城乡社区就业。教育部门要加强对高校毕业生的教育引导，指导设立城乡社区实习实践基地，鼓励教育发展基金会、高校教育基金会设立社区创新专项基金。人力资源社会保障部门要积极支持"百万就业见习岗位募集计划"向城乡社区倾斜，按规定落实就业激励政策。财政部门要积极支持高校毕业生到城乡社区就业创业，按规定对欠发达地区予以倾斜支持。

（三）加强宣传引导。各地要通过"最美城乡社区工作者""最美基层高校毕业生"等宣传品牌，大力选树宣传扎根城乡社区、干事创业的优秀高校毕业生典型，按照有关规定对到城乡社区服务的优秀高校毕业生进行表彰奖励，营造将个人成长成才融入党和国家事业的鲜明导向。

（四）推动工作落实。各省级民政、教育、人力资源社会保障部门填写《2022年高校毕业生到城乡社区就业创业见习情况统计表》（见附件），于2022年7月10日、2023年1月10日分别报送民政部、教育部、人力资源社会保障部，对推动力度较大省份，视情在有关试点示范项目中予以倾斜。

附件：2022年高校毕业生到城乡社区就业创业见习情况统计表（略）

2022年6月6日

人力资源社会保障部 教育部 财政部关于推进企业吸纳就业社会保险补贴"直补快办"助力稳岗扩就业的通知

人社部发〔2022〕37号

各省、自治区、直辖市及新疆生产建设兵团人力资源社会保障厅（局）、教育厅（教委）、财政厅（局）：

近期，新一轮疫情、国际局势变化的超预期影响，对稳就业工作带来新的挑战。为加大就业政策实施力度，推动政策速享尽享，助力用人单位稳定岗位、扩大就业，拟实施企业吸纳就业社会保险补贴政策"直补快办"行动，现就有关事项通知如下：

一、明确工作要求

各地要坚持以习近平新时代中国特色社会主义思想为指导，深入贯彻党中央、国务院关于稳就业保就业决策部署，坚持突出重点、精准施策，注重数据比对、部门协同，精准锁定吸纳就业困难人员、毕业年度高校毕业生及离校2年内未就业高校毕业生就业的用人单位，加快构建政策找人、无感智办、直补快办的落实机制，扩大政策落实率，提升企业获得感，支持企业更多吸纳重点群体就业。

二、加快全程网上经办

各地要加快建立省级一体化的就业补贴政策申领经办系统，其中企业吸纳就业社会保险补贴政策要在2022年12月底前全部实现网上申领，并通过网站、手机App等方式，为用人单位和劳动者提供补贴申领、资格核对、办理进度查询、资金发放等服务。目前暂不具备全程网上办理条件的事项，尽量通过电话咨询、指导、预约等方式提供服务。

三、推行"直补快办"模式

各地要改变以往企业上门申请、部门层层审批的工作模式，按月提取企业上月新增参保人员信息，会同当地教育等部门，做好与就业困难人员实名库、毕业生信息等比对，主动筛选确定符合补贴条件的单位和人员。通过上门宣传、12333政务服务平台等渠道，主动向受益对象推送政策，告知补贴政策内容、申请流程、经办渠道。对能够直接依托信息系统、大数据比对、相关单位信息协同等方式获得或核实政策凭证的，可直接发放到企业账户。

四、优化审核经办流程

各地要加密审核频次，做到随申请随确定随审核，不得简单以季度、年度为频次集中受理审核。对当地社保缴纳基数尚未核定的，可先按照企业实际缴费情况或上年度缴费基数，计算补贴额度，待缴费基数确定后再予核定。推广"一次审批、全期畅领"，企业初次申请补贴政策后，政策享受期内，如相关情况和材料未发生变化，不得要求重复提供证明材料。进一步优化经办流程，减环节、减材料、减时限，编制好社保补贴审核发放流程和办事指南，加快资金发放进度，对主动申请或筛查确定的单位，最晚在20个工作日内完成审核和补贴发放流程。

五、防范资金管理风险

各地要按照就业补助资金监管有关要求，细化操作办法，加大风险排查，杜绝冒领、骗取、套取等现象，严防内外勾结、违规操作、失职渎职等行为，确保不发生资金管理系统性风险。要健全内控体系，落实岗位相互监督、业务环节相互制衡的机制，严禁业务和财务岗位兼任，严禁会计和出纳兼任。要严格流程控制，细化资质核定、资格审批、资金发放等经办规程，定期复核、抽检,确保规范运行。要加强对失信行为的追查问责,依法打击和震慑各类虚报冒领行为。

六、加大组织实施力度

各地要切实提高认识,抓好部署发动,细化工作方案,层层抓好落实。要创新形式,细化操作,加强政策宣传和业务培训,提升基层工作人员政策和业务水平。要加强信息衔接,建立人力资源社会保障部门内部以及与教育、财政等部门之间的协作机制,进一步解放思想、大胆创新,不断探索优化经办服务的新途径。

一次性吸纳就业补贴可参照上述"直补快办"要求执行。各地具体"直补快办"工作方案请于2022年6月底前报人力资源社会保障部就业促进司,后续工作进展和问题建议请及时报告。

2022年6月21日

人力资源社会保障部 民政部 财政部 中国人民银行关于促进失业人员就业创业的通知

人社部发〔2022〕69号

各省、自治区、直辖市及新疆生产建设兵团人力资源社会保障厅（局）、民政厅（局）、财政厅（局），中国人民银行上海总部、各分行、营业管理部、省会（首府）城市中心支行、各副省级城市中心支行：

促进失业人员就业创业，关系民生底线，关系社会稳定。为深入贯彻落实党中央、国务院决策部署，持续做好稳就业保就业工作，进一步提升失业人员就业服务水平，努力控制失业规模、缩短失业周期、保障基本生活，确保就业大局持续稳定，现将有关事项通知如下：

一、畅通失业求助渠道

充分运用多种方式，集中推介公共就业服务机构、失业登记全国统一服务平台等线上线下求助渠道，广泛公布登记失业办理入口、凭证程序、服务清单等。及时受理登记失业申请，在规定时间内办结并以适当方式反馈结果。要确定专人主动联系，详细了解失业原因、技能水平、就业意愿，对就业困难人员、离校未就业高校毕业生、脱贫人口同步标注，建立基础台账，做到人员底数清、基本信息清、服务需求清。对不符合失业登记条件、超出失业登记年龄但有求职培训需求的，及时办理求职登记。

二、即时精准提供服务

健全分级分类服务机制，根据登记失业人员就业需求和能力素质，及时提供有针对性的公共就业服务。对有就业意愿的，开展求职技巧指导，组织参加招聘活动，精准匹配岗位信息或零工信息。对有自主经营意愿的，提供政策咨询、开业指导等创业服务。对就业意向尚不清晰的，提供职业指导、心理疏导，组织参加职业体验、就业见习等就业准备活动。完善跟踪服务机制，通过信息比对、实地走访、电话调查，每月至少进行1次跟踪回访，了解求职就业进展，更新台账信息，按需调整服务。

三、支持提升就业能力

健全培训就业联动机制，对接市场需求、产业发展和登记失业人员结构，完善与就业创业相衔接的培训课程和内容。建立职业技能培训项目清单，及时向社会公布并动态调整。动员各类培训机构、技工院校和符合条件的企业，广泛开展面向登记失业人员的订单、定向式培训，符合条件的落实职业培训补贴、生活费补贴。对纳入重点产业职业资格评价和职业技能等级认定目录的，可适当提高补贴标准。

四、支持用人单位吸纳就业

建立重点企业用工保障、重大项目用工需求与登记失业人员求职需求比对机制，优先向登记失业人员推荐，引导用人单位优先吸纳。对企业吸纳符合条件登记失业人员的，按规定落实税收减免、创业担保贷款及贴息、职业培训补贴等政策。有条件的地方可对企业吸纳登记失业半年以上人员就业且签订1年以上劳动合同的，给予一次性吸纳就业补贴，政策申请期限截至2022年12月31日。

五、支持自主创业和灵活就业

提供经营场地支持，政府投资开发的孵化基地等创业载体应安排一定比例场地，免费向登记失业人员提供。加大创业政策实施力度，按规定落实税收减免、创业担保贷款及贴息、创业补贴等政策，对10万元以下的创业担保贷款免除反担保要求。强化零工市场建设，组织有灵活就业意愿的登记失业人员与用人主体"点对点"对接，实施好新就业形态就业人员职业伤害保障试点。

六、强化困难人员援助兜底

合理确定并动态调整就业困难人员认定条件，及时将登记失业人员中符合条件的零就业家庭、低保家庭、脱贫人口、大龄、残疾、长期失业等人员纳入就业援助范围，开展"一对一"就业援助，制定个性化援助方案，优先提供职业指导、岗位推荐，打包兑现就业补贴政策。通过市场化渠道难以实现就业的，运用公益性岗位托底安置。及时将生活困难的登记失业人员，转介当地民政部门，符合条件的纳入临时救助或最低生活保障范围。强化生活保障与就业促进衔接，对已就业的低保对象，在核算其家庭收入时扣减必要的就业成本，并在其家庭成员人均收入超过当地低保标准后给予一定时间的渐退期。

七、强化重点地区就业帮扶

失业率攀升快、失业人员集中地区，要客观分析原因，及时掌握失业人员数量情况、问题诉求，推出必要的超常规应对举措。本地岗位不足地区，加速推动重大项目落地，加快岗位释放，视情组织跨地区劳务对接。疫情严重地区，及时切换线上线下服务模式，确保服务不断档。疫情严重地区的创业担保贷款借款人，因停工停产导致还款困难的，可申请展期还款，期限原则上不超过1年。严肃处理对疫情严重地区求职者和曾经新冠病毒核酸检测阳性的康复者的就业歧视现象，营造公平就业环境。

各地要高度重视，将失业人员就业创业工作作为当前稳就业的重要任务，健全工作机制，动员各方力量，加强形势监测，细化帮扶举措，完善本地区规模性失业风险应对预案，实施台账式管理、清单式推进。加强登记失业与社会保险参保数据库信息比对，符合条件的便捷兑现失业保险金、失业补助金等待遇。人力资源社会保障部将适时调度通报全国统一登记失业平台联系办结、失业人员就业帮扶等进展情况,作为就业工作绩效评价的重要参考。各地促进失业人员就业创业工作典型经验、困难问题,以及重大规模裁员情况、因失业引发的突发性群体性事件情况,要及时报告。

2022年9月27日

人力资源社会保障部 民政部 财政部 住房城乡建设部 市场监管总局关于加强零工市场建设 完善求职招聘服务的意见

人社部发〔2022〕38号

各省、自治区、直辖市及新疆生产建设兵团人力资源社会保障厅（局）、民政厅（局）、财政厅（局）、住房和城乡建设厅（委、管委）、市场监管局（厅、委）：

　　"打零工"对促进大龄和困难人员就业增收具有重要作用。近年来，各地大力探索推进零工市场建设，强化零工人员就业服务，取得了积极进展。为深入贯彻落实党中央、国务院决策部署，支持多渠道灵活就业，更好地促进大龄和困难等零工人员实现就业，现提出以下意见。

　　一、强化零工市场信息服务

　　建立零工求职招聘信息服务制度，将零工信息纳入公共就业信息服务范围，免费向社会提供零工求职招聘信息登记和发布服务。加强零工岗位信息收集，通过办理招聘登记、走访调研企业、对接劳务中介等方式，广泛收集非全日制用工、临时性和阶段性用工等零工需求信息。拓宽零工信息发布渠道，充分利用服务大厅、政务大厅、基层服务平台等线下场所和招聘网站、微信微博、手机App等线上渠道，多渠道、多形式发布零工求职招聘信息。

二、强化零工快速对接服务

建立零工"即时快招"服务模式,为零工人员与用工主体提供快速发布信息、现场对接洽谈、即时确认结果、当日面试到岗等服务。优化零工快速对接流程手续,简化求职招聘登记表格事项,设立零工信息快速发布通道,引导分职业(工种、岗位)对接洽谈,完善车辆即停即走引导等服务,方便双方进场快速对接。拓展零工招聘对接形式,在举办行业、企业招聘会中增设零工招聘区或因时因需举办零工专场招聘会,组织流动招工大篷车、定向招聘等活动,促进供需匹配对接。

三、强化就业创业培训服务

健全培训项目和培训政策推介服务,针对零工人员的能力和素质,提供符合市场需求、易学易用的培训信息,引导有单位就业意愿和培训需求的零工人员参加急需紧缺职业技能培训和新职业技能培训,组织有创业意愿的参加创业培训。创新开展线上线下相结合的培训方式,支持零工人员灵活选择培训时间和培训方式,对符合条件的按规定落实职业培训补贴和培训期间生活费补贴。

四、强化困难零工帮扶服务

建立零工人员分级服务机制,对待工时间长、低收入家庭、残疾等大龄和困难零工人员加强就业帮扶,优先组织其与适合的用工主体开展"点对点"对接洽谈,引导用工主体优先招用困难零工人员。对符合就业困难人员条件的,按规定开展个性化就业援助,明确服务项目和步骤,组织参加职业培训,跟踪解决就业过程中的困难和问题。对其中通过市场渠道难以实现就业创业且符合条件的,可通过公益性岗位予以安置。

五、完善零工市场秩序维护

公开零工市场服务制度、服务热线和投诉举报方式,依法监管职业中介机构,严厉打击黑中介、发布虚假招聘信息以及以招聘为名牟取不正当利益或进行其他违法活动等违法违规行为,维护劳动者合法权益。指导和督促用工主体合理确定招聘条件，规范招聘行为，依法合规用工，落实用人单位用工主体责任。加大劳动就业和社会保障法律法规政策宣传，帮助零工人员了解自身权益，提高维权和安全意识，依法理性维权。

六、完善服务场地设施支撑

合理利用公共就业服务机构场地资源，设立零工对接服务专区或分时分区共享场地设施，适应零工对接特点提早服务大厅开放时间，为零工人员与用工主体、职业中介机构当面对接洽谈提供免费场地。对零工人员自发集中、具有一定规模的求职地点，有条件的地方可通过改造利用闲置建筑、搭建必要服务设施、施划标线等方式，就近设立零工服务场所，配备卫生防疫、写字桌椅等便民辅助设施，引导求职招聘双方有序开展对接洽谈。

七、完善信息化应用支撑

加强"互联网+"、大数据、云服务、人工智能等技术手段运用，提升零工信息服务水平，动态收集更新零工人员和用工主体信息，支持零工岗位信息省级归集、多点联动、统一发布，提供在线匹配对接、应聘报名、结果确认等"一网通办"服务。依托中国公共招聘网、"就业在线"等平台联网发布各地公共就业服务机构招聘、见习、培训等服务信息，推送劳动就业和社会保障法律法规、就业创业政策解读等信息，方便零工人员和用工主体快速查询。

八、扩大零工服务多元化供给

充分发挥公共就业服务机构提供兜底服务的公益属性，完善覆盖城乡的服务网络，因地制宜强化零工求职招聘服务，加强信息真实性审核，示范带动零工市场诚信建设。鼓励人力资源服务机构、社会资本和优质服务资源参与零工市场建设和运营管理，依法依规提供招聘求职对接服务，拓展职业规划、企业管理、法律援助等专业化服务。鼓励公共就业服务机构招募志愿者，组建零工市场志愿服务团队，多渠道开展零工求职招聘对接服务。

九、开展零工市场动态监测

建立零工市场动态管理名录，编制各地提供零工服务的公共就业服务机构、诚信运营的市场化零工市场等规范运行的零工市场清单，向社会广泛公布地址、运行时间、职业（工种、岗位）、联系方式等信息，为供求双方对接提供指引。支持具备一定工作条件和基础的城市开展零工市场运行情况监测，对零工市场求职人数、招聘岗位等信息进行定期监测分析，及时掌握零工市场供求变化趋势。

十、加大组织实施力度

各地要切实提高思想认识，把加强零工求职招聘服务作为完善就业服务的重要举措，压实属地责任，强化组织领导，明确目标任务，更好支持多渠道灵活就业。推广加强零工市场建设典型经验，选树促进零工人员就业服务标兵，以点带面提升零工市场就业服务整体水平。大力宣传党中央、国务院支持灵活就业健康发展、保障灵活就业人员权益的政策措施和公共服务事项，合理引导社会预期，积极回应社会关切。

请各省级人力资源社会保障部门汇总本地区零工市场名录并于每年年底前更新后报送人力资源社会保障部。零工市场名录信息具体包括：零工市场名称（无正规名称的可以约定俗成或所在地址名称代称）、运营性质（指公共、经营性或自发形成）、详细地址、求职人员规模、主要招聘工种和日均招聘成功人数等。现有零工市场名录连同拟参与开展零工市场运行情况监测的城市名单请于2022年9月底前报送。

2022年6月22日

人力资源社会保障部　国家发展改革委　教育部　工业和信息化部　财政部　农业农村部　中国人民银行　市场监管总局关于实施重点群体创业推进行动的通知

人社部发〔2022〕81号

各省、自治区、直辖市及新疆生产建设兵团人力资源社会保障厅（局）、发展改革委、教育厅（教育局、教委）、中小企业主管部门、财政厅（局）、农业农村（农牧）厅（局、委）、市场监管局（厅、委），人民银行上海总部、各分行、营业管理部、各省会（首府）城市中心支行、副省级城市中心支行：

为贯彻落实党中央、国务院决策部署，纵深推进大众创业、万众创新，激发创业创新主体活力，催生更多市场主体，更好发挥创业带动就业的倍增效应，决定实施重点群体创业推进行动。现就有关事项通知如下：

一、总体要求

以习近平新时代中国特色社会主义思想为指导，深入贯彻党的二十大精神，全面落实就业优先政策，立足新发展阶段、贯彻新发展理念、构建新发展格局，坚持创业带动就业，聚焦高校毕业生、农民工、就业困难人员等重点群体，优化创业环境，提升创业创新能力，完善政策扶持和孵化服务，最大限度释放创业动力，为实现高质量充分就业提供有力支撑。

到 2024 年年底，通过完善落实扶持政策，优化提供创业服务，支持更多重点群体投身创业活动，力争实现每年创业培训规模不少于 200 万人次、离校 5 年内高校毕业生新创业不少于 30 万人，返乡入乡创业人数累计超过 1 400 万人，就业困难人员能够以更加灵活方式实现就业增收。

二、主要举措

（一）实施"创业环境优化"计划。遵循依法合规、规范统一、公开透明、便捷高效的原则，优化市场主体登记办理流程，提高市场主体登记效率，推行当场办结、一次办结、限时办结等制度，实现集中办理、就近办理、网上办理、异地可办，提升市场主体登记便利程度。结合本地特色创业品牌行动计划、劳务品牌培育计划，持续推进商事制度改革，打造优质营商环境，优化"敢闯敢创"的良好创业生态。

（二）实施"创业主体培育"计划。支持高校毕业生创业，开展创业训练营、创业实训等活动，提供项目指导、风险评估、商业实战模拟等"沉浸式"体验，促进高校毕业生等青年创意设计成果落地转化。支持农民工返乡创业，聚焦农民工能力短板、产业特点和创业阶段，强化培训、资金、场地、用工、营销等扶持，助力返乡创业项目更好发展。支持就业困难人员创业，鼓励发展夜经济、后备箱经济等特色经营，引导其创办投资少、风险小的创业项目。组织开展好中国国际"互联网+"大学生创新创业大赛、"创客中国"中小企业创新创业大赛、"中国创翼"创业创新大赛等赛事活动，发掘一批创新型企业和项目，培育一批创业主体。

（三）实施"创业服务护航"计划。建立公共创业服务标准，编制功能手册，拓展创业服务内容，集聚各方优质创业服务资源，加快构建创业信息发布、业务咨询、能力培养、指导帮扶、孵化服务、融资支持、活动组织等一体化服务机制。组织创业导师走基层活动，对重点群体创业进行分类指导，通过主动对接、定期走访、上门服务等方式，提供针对性创业指导服务。强化人力资源对接服务，面向各类创业项目人才引进和招聘用工需求，开展形式多样的对接洽谈活动，为重点群体创业提供人力资源支撑。

（四）实施"创业培训赋能"计划。针对重点群体创业需求，广泛开展创业培训，对符合条件的创业者按规定给予补贴。深入实施"马兰花"创业培训行动，针对不同创业阶段，开展"创办你的企业""改善你的企业""扩大你的企业"等培训，提升劳动者创业能力。组织各类创业培训讲师大赛，培养一批创业培训讲师及培训师，加强对创业师资人员的选拔培养。

（五）实施"创业政策扶持"计划。加快落实创业担保贷款政策，支持有条件的地方加快推行电子化审批，实行全程线上办理，提升创业担保贷款申领便利度。提升创业担保贷款担保基金效能，简化担保手续，推动担保基金有效履行代偿责任，对符合条件的按规定免除反担保要求。创业担保贷款借款人因疫情影响流动性遇到暂时困难的，可申请展期还款，期限原则上不超过1年。鼓励有条件的地方对借款人实施跟踪指导服务，加大支持力度，适当放宽创业担保贷款借款人条件、提高贷款额度上限，由此额外产生的贷款贴息由地方自行承担。

（六）实施"金融产品助力"计划。发挥好普惠小微贷款支持工具作用，鼓励金融机构稳定普惠小微贷款存量，扩大增量。用好再贷款再贴现政策，引导金融机构重点支持小微企业，特别是加大对劳动密集型企业的政策倾斜。支持金融机构围绕"稳岗扩岗"创新产品和服务，加大首贷、信用贷、中长期贷款投放，扩大小微企业覆盖面。持续释放贷款市场报价利率（LPR）改革效能，推动小微企业融资成本稳中有降。

（七）实施"创业载体筑巢"计划。政府投资的创业孵化基地、创业园区等载体用于创业项目使用的场地，要优先向重点群体免费提供。发挥全国创业孵化示范基地典型带动作用，引导各级创业孵化基地、农民工返乡创业园等载体改造升级，强化服务质量管理，提升孵化服务水平。引导小型微型企业创业创新示范基地聚焦各类创业创新服务资源，为小微企业提供有效服务支撑，提高重点群体创业成功率。加强各类创业载体交流合作，共享发布创业项目、孵化场地、仪器设备等信息，为重点群体与创业资源搭建资源整合平台。

（八）实施"灵活就业支持"计划。允许个人经营、非全日制、新就业形态等灵活方式就业的劳动者在常住地公共就业服务机构办理就业登记。充分利用公共就业服务机构场地资源，设立零工服务专区，结合实际动态调整服务大厅开放时间，免费向社会提供零工信息登记发布和求职招聘服务。完善落实零工市场建设支持举措，鼓励有条件的地方因地制宜改造利用闲置建筑，搭建必要服务设施，科学规划布局场地设施。加强灵活就业人员权益维护，提供维权"绿色通道"和法律援助服务。对依托平台灵活就业的困难人员、两年内未就业高校毕业生，按规定给予社会保险补贴。

三、工作要求

（一）加强组织领导。各地发展改革、教育、工业和信息化、财政、人力资源社会保障、农业农村、人民银行、市场监管等部门要充分认识促进创业带动就业的重要意义，切实加强组织领导，充分发挥职能职责，细化目标任务，明确任务分工，落实好各项扶持政策。人力资源社会保障部门要积极做好统筹协调，健全跨部门协同推进机制，确保重点群体创业推进行动有序推进。

（二）鼓励探索创新。鼓励各地围绕支持重点群体创业创新思路和形式，积极探索多种务实有效的实施方式和有用、管用的实招硬招，及时推广工作落实中的经验做法和制度性成果。支持有条件的地方进一步丰富拓展本次行动提出的主要举措和创新政策。

（三）加强宣传引导。各地要用通俗易懂的语言、生动形象的图片、简洁明了的文字等多种形式，通过广播电视、报纸、网络和新媒体等平台，广泛宣传创业服务工作政策措施、先进经验、典型案例，大力营造"鼓励创业、宽容失败"的良好氛围。扎实开展各类创业主题活动，丰富成果展示、品牌打造、项目路演、创业沙龙等活动内容，积极引导社会各界关心、支持和参与创业活动。

（四）强化监督落实。各地要抓好重点群体创业推进行动具体实施，加强资源对接和信息共享，定期调度汇总实施进展情况，共同研究、协调解决工作中的难点、堵点问题。要依法维护重点群体创业者权益，加强相关法律法规宣传，严格执法监督，畅通监督举报投诉通道，不断完善有利于创业创新的市场环境。

请各省、自治区、直辖市人力资源社会保障厅（局）于2022年年底前将重点群体创业推进行动工作方案报人力资源社会保障部。

2022年11月9日

人力资源社会保障部关于加强企业招聘用工服务的通知

人社部函〔2022〕32号

各省、自治区、直辖市及新疆生产建设兵团人力资源社会保障厅（局）：

企业是吸纳就业的主渠道。做好企业招聘用工服务，对支持企业生产经营，保持就业局势稳定具有重要作用。为深入贯彻落实党中央、国务院决策部署，进一步做好"六稳""六保"工作，支持企业稳岗扩岗，努力扩大就业容量，现就有关事项通知如下：

一、优化信息发布服务

广泛收集岗位信息，通过窗口经办、网络登记、上门走访、调研座谈等方式，摸清各类用工主体特别是中小微企业、民营企业招聘岗位和零工需求信息，形成招聘需求清单。充分利用服务大厅、政务大厅、街道（乡镇）社区等线下场所，以及招聘网站、微信微博、App等线上途径发布招聘信息，推动岗位信息省级归集、多点联动发布。鼓励通过开通招聘大篷车、开展"送岗下乡"活动等方式，向劳动者较集中的地区发布招聘信息。

二、优化招聘组织服务

在做好疫情防控前提下，因地制宜开展线下各类招聘活动，针对性举办小规模、定制化招聘会，实现"周周有活动、日日有服务"。合理安排行业、企业、专业招聘场次，开展"公共就业服务进校园"、乡村招聘大集等定向招聘活动，推进企业与劳动者精准对接。探索开展"即时快招"招聘方式，提供即时发布信息、组织对接、面试洽谈等"一站式"快办服务，满足企业和劳动者即时对接需求。常态化举办线上招聘活动，开设大型专项招聘活动线上专场专区，推广运用直播带岗、远程面试等新型招聘对接模式，实现线上招聘活动不停歇。

三、优化重点企业用工保障服务

强化重点企业用工常态化服务，动态更新重点企业清单，完善"一对一"联系服务机制，提供员工招聘、疫情防控、政策落实等服务。深化劳务协作机制，扩大劳务协作范围，建立地区间劳务协作联盟，通过互设服务站、共建劳务合作基地等形式，开展劳务协作对接活动，"点对点"引进外来劳动力。探索建立用工余缺调剂机制，帮助企业搭建共享用工信息对接平台，帮助企业就近就地调剂本地用工，缓解企业临时用工难题。

四、优化涉企事项办理服务

开展企业招用员工"一件事"打包办服务，推进员工招聘、参保缴费、档案转递等事项按统一标准受理、后台并联办理，及时反馈办理结果。完善就业、社保等涉企事项清单，明确服务对象、标准、申领流程等，精简证明材料，优化经办流程，加强政策解读，进一步提高政策服务透明度。加快智慧化手段应用，探索运用新技术、新媒介精准推送招聘用工政策服务信息，推进部门间业务信息共享和协同联办，提升政策服务便利度。

五、扩大技能人才供给

结合本地产业定位，梳理急需紧缺职业（工种）信息，引导社会机构开展市场紧缺职业技能培训。对补贴性职业技能培训实施目录清单管理，公布培训项目目录、培训和评价机构目录，为劳动者按需选择技能培训提供便利。依托职业院校、技工院校等机构，组织农民工、登记失业人员、未就业毕业生等参加培训，扩大技能人才储备。创新校企合作模式，鼓励企业与职业院校、技工院校共建实训基地，通过校企双师带徒、工学交替等方式，推进校企合作开展订单、定岗、定向式人才培养，满足企业对急需紧缺、关键技术人才的需求。

六、加强企业用工指导

及时发布人力资源市场供求状况和工资指导价位，帮助企业了解市场供需状况，科学设置岗位，制订招聘计划，做好岗位需求特征描述和企业文化、工作环境宣介，引导其理性招聘。指导和督促企业依法合规用工，切实履行用工主体责任和吸纳就业困难人员等群体就业的社会责任，依法保障职工劳动安全、劳动报酬、休息休假、社会保险权益，构建和谐劳动关系。指导企业强化人文关怀，主动关心关爱劳动者，改善劳动条件，合理确定劳动报酬，拓展劳动者职业发展空间，增强用工稳定性。

七、加强求职人员引导

积极为求职者推送诚信人力资源服务机构和招聘网站信息，帮助其掌握正规求职途径，筛选适合的岗位信息。向劳动者客观宣传解读就业形势，引导其树立正确的就业观、择业观，组织参加现场观摩、模拟实践、就业见习等体验式就业活动，帮助其熟悉工作环境和岗位流程，增进求职者与企业相互了解。强化优先推荐，"点对点"推荐大龄劳动者、就业困难人员、残疾人、登记失业人员、未就业毕业生等重点群体到适合的企业应聘求职，及时落实社会保险补贴等就业政策。

八、规范企业招聘行为

持续开展人力资源市场秩序清理整顿专项行动，完善招聘信息管理制度，强化企业主体责任和招聘服务提供者审查责任，督促其确保信息真实性、合法性。依法查处发布虚假招聘信息、签订不实就业协议等扰乱人力资源市场秩序的违法违规行为，净化市场环境。坚决防止和纠正性别、民族、年龄、学历等就业歧视，消除不合理限制，营造公平就业的良好环境。

九、构建多元主体服务格局

充分发挥公共就业服务机构行业示范作用，强化招聘信息有效性审核，向社会免费提供招聘用工兜底服务和重特大突发事件应急服务。鼓励人力资源服务机构提供高级人才寻访、人才测评、人力资源管理咨询等专业化服务，满足企业高端服务需求。鼓励社会组织采取政策宣传、需求摸排、专业服务等方式，依法有序提供招聘用工服务。广泛招募就业服务领域专家、企业家、人力资源服务机构从业人员、高校就业指导老师等各领域有一定专长的热心人士，组建企业用工服务志愿团队，提供公益性招聘用工服务。

十、强化组织保障

各地要切实提高思想认识，把加强企业招聘用工服务作为稳就业保就业重要任务来抓，强化组织领导，健全工作机制，落实目标责任，形成工作合力，帮助企业缓解招聘用工困难。加强人力资源市场监测，探索开展人力资源供需预测，强化用工形势研判和分析解读，引导企业科学招聘用工和培训机构合理开展职业技能培训。加强典型宣传引导，选树服务企业招聘用工的典型人物，宣传帮助企业招聘用工的典型经验，营造良好舆论氛围。

2022 年 3 月 28 日

人力资源社会保障部关于开展公共就业创业服务示范城市创建活动的通知

人社部函〔2022〕133号

各省、自治区、直辖市及新疆生产建设兵团人力资源社会保障厅（局）：

为进一步健全就业公共服务体系，推进全方位公共就业服务，促进服务提质增效，更好服务稳就业保就业，我部决定开展公共就业创业服务示范城市创建活动。现就有关事项通知如下：

一、总体要求

以习近平新时代中国特色社会主义思想为指导，深入贯彻党的二十大精神，落实中共中央、国务院关于稳就业保就业决策部署，通过公共就业创业服务示范城市创建，深入总结和全面展示公共就业创业服务的显著成效和特色做法，着力健全就业公共服务体系，完善服务制度，优化服务措施，打造服务信息平台，提升服务水平，提高劳动力市场供需匹配效率，切实增强人民群众在就业创业领域的获得感、幸福感、安全感，更好促进重点群体就业创业，全力推动实现高质量充分就业。

二、创建对象

直辖市下辖的区（县）、副省级城市、地级市。

三、创建名额

"十四五"期间，全国创建公共就业创业服务示范城市100个左右，分1~2批次认定。

四、创建原则

创建示范活动坚持公开、公平、公正；坚持自愿申报、先创后评；坚持严格执行创建示范标准和评估认定程序。

五、创建标准

（一）服务体系健全。以城市为中心、覆盖城乡的服务体系健全，服务网点布局合理，设施设备配置齐全，人力资源市场、零工市场建设科学、运行规范。公共就业创业服务人员数量充足、结构合理、素质优良。公共就业创业服务经费纳入同级财政预算，资金保障到位。政府购买公共就业创业服务机制健全，形成多元化、多主体服务供给格局。

（二）服务制度规范。劳动者求职、用人单位招聘全程服务制度健全、项目丰富、流程统一，根据服务对象特点针对性提供就业服务。失业登记管理服务制度、重点群体实名制管理服务制度、就业援助制度、创业服务制度完善并落实到位。创业者都能享受开业指导、政策咨询、创业培训等"一条龙"服务。市场信息发布制度完善，杜绝虚假招聘信息、歧视性招聘要求。以就业为导向、面向全体劳动者的职业技能培训机制健全，培训就业实现有机衔接。建立公共就业创业服务质量评价体系和绩效考核制度。

（三）服务方式便捷。制定发布就业创业服务清单，对就业登记、失业登记、职业指导、职业介绍、就业援助提供精准化服务。窗口单位作风扎实，执行首问负责制，关联业务实现协同办理，现场经办业务实现"一门、一窗、一网、一次"办理。全面应用互联网、手机 App、小程序、自助一体机等经办业务，提供预约服务、上门服务、代理服务、线上服务等便民措施。

（四）服务手段智能。建立全市统一的就业创业业务经办平台，实现失业登记、就业援助等核心业务全程信息化管理，就业创业政策受理、审核、实施一体化办理。建立智能招聘平台，联网发布全市招聘岗位、见习、培训等信息，信息真实有效。业务经办数据、招聘岗位信息及时全量向上集中，实现业务协同和数据共享。开展就业领域大数据分析，定期发布市场供求信息，为分析就业形势、制定就业政策提供支撑。

（五）服务成效明显。公共就业创业服务质量、效率和满意度全面提升，创造出一批有特色、可复制、可推广的典型经验。城镇新增就业任务完成较好，失业水平较低，就业形势总体稳定。人力资源市场秩序规范，劳动者和用人单位供需对接顺畅，城市就业环境公平、创业氛围良好。

六、创建程序

（一）组织申报。具备创建积极性、公共就业创业服务工作基础较好的城市，自愿向所在省份人力资源社会保障厅（局）申报参与创建。各省（区、市）申报城市数量不超过所辖地级市数量的一半。申报城市名单及申报材料（申报表见附件）由各省（区、市）人力资源社会保障厅（局）汇总后于2022年11月30日前报送人力资源社会保障部。

（二）推动创建。各省（区、市）人力资源社会保障（局）加强对申报城市的工作指导，推动申报城市达到公共就业创业服务示范城市创建示范标准。

（三）评估验收。创建期间，人力资源社会保障部将制定印发公共就业创业服务示范城市评估标准、名额分配表。创建1年后，先由各省（区、市）人力资源社会保障（局）对照评估标准，对申报城市进行初审，根据示范城市分配名额，择优推荐示范城市，在本省（区、市）公示后报送人力资源社会保障部（报送材料要求另行通知）。人力资源社会保障部组织有关方面对各省（区、市）推荐的示范城市进行评估，提出拟确定的全国公共就业创业服务示范城市名单。

（四）公示认定。人力资源社会保障部在官网公示拟确定的全国公共就业创业服务示范城市名单。对公示无异议的城市，认定命名为"全国公共就业创业服务示范城市"。

（五）监督管理。示范城市就业领域出现违法违规违纪问题并造成恶劣社会影响、创建工作被证实达不到创建标准以及产生其他应当撤销示范命名情形的，将予以撤销命名。

七、工作要求

（一）提高认识。各地要高度重视公共就业创业服务示范城市创建工作，将其作为就业创业工作的重要内容，认真制定工作方案，广泛开展动员，充分调动城市参与示范创建的积极性，有计划、有步骤地推进示范创建活动。

（二）加强指导。各地要认真组织好本行政区域范围内示范城市的创建申报、初审和推荐工作，对申报城市加强业务指导和跟踪管理，及时总结经验，及时报送创建工作进展。有条件的省份，可在政策、资金上对申报城市予以适当倾斜。

（三）严格程序。各地要严格按照创建示范标准和程序组织开展创建工作，组织申报、评选推荐过程坚持公开公平公正，严格把关、严肃纪律，不增加基层工作负担，确保推荐对象的先进性、示范性、代表性，接受各方监督，做到社会公认。

（四）大力宣传。各地要采取线上线下多种方式，通过公众号、广播电视、网站、报刊、工作简讯等多种方式，广泛宣传公共就业创业服务示范城市创建活动的动态、经验、成效和典型，充分发挥先进典型的示范引领作用，努力营造良好舆论氛围。

附件：全国公共就业创业服务示范城市创建申报表

2022年10月27日

附件

全国公共就业创业服务示范城市创建
申 报 表

申报城市_____

所在省份_____

填表日期　2022 年　　月　　日

申报材料	(包括申报城市基本情况和创建目标任务，创建目标任务要清晰且包括量化指标，字数在 1 500 字以内)
	
	申报城市人力资源社会保障局（盖章）
	分管局领导及联系方式：
	
	工作联系人姓名、职务及联系方式：
	
	     年 月 日
	
	省级人力资源社会保障厅（局）（盖章）
	
	联系人姓名、职务及联系方式：
	
	     年 月 日

人力资源社会保障部办公厅关于开展2022年离校未就业高校毕业生服务攻坚行动的通知

人社厅发〔2022〕23号

各省、自治区、直辖市及新疆生产建设兵团人力资源社会保障厅（局）：

按照《国务院办公厅关于进一步做好高校毕业生等青年就业创业工作的通知》（国办发〔2022〕13号）要求，为进一步做好离校未就业高校毕业生就业促进工作，现决定在全国集中开展离校未就业高校毕业生服务攻坚行动。现就有关工作通知如下：

一、总体要求

以习近平新时代中国特色社会主义思想为指导，坚决贯彻党中央、国务院决策部署，把促进高校毕业生就业摆在稳就业保就业工作重要位置，以实名服务为支撑，强化政策落实、权益维护、困难帮扶，为有就业意愿的未就业毕业生和失业青年提供针对性服务，确保工作不断档、服务不断线，确保高校毕业生等青年就业局势总体稳定。

二、行动主题

服务攻坚促就业　筑梦青春赢未来

三、行动时间

2022年7—12月

四、服务对象

2022届离校未就业高校毕业生，35岁以下登记失业青年。以下统称为未就业毕业生。

五、主要措施

（一）提早衔接未就业毕业生实名信息。各省级人力资源社会保障部门要提早与教育部门和高校对接，尽快获取未就业毕业生实名信息，7月底前全部完成信息移交。6月底前，部里将全面开放未就业毕业生求职登记小程序，各地人力资源社会保障部门要加大宣传推广力度，同步开放线上线下求助渠道，允许未就业毕业生在户籍地、常住地、求职地进行失业登记或求职登记。

（二）集中开展公共就业服务公开行动。6月底前，地市及以上人力资源社会保障部门要充分运用各种渠道，发出公开信或服务公告，集中推介求助途径、招聘渠道、机构目录、政策服务清单。重点亮出未就业毕业生求职登记小程序、失业登记全国统一服务平台等求助途径，亮出公共招聘网站、诚信人力资源服务机构等招聘渠道，亮出公共就业人才服务机构、档案管理服务机构等名录，亮出就业创业、人才引进、档案接收等政策服务清单。

（三）健全完善实名帮扶机制。各地人力资源社会保障部门要建立未就业毕业生实名台账，通过走访摸排、数据比对，摸清其就业失业状态、学历专业、求职意向、服务需求等信息。对有就业意愿的，至少提供1次职业指导、3次岗位推介、1次技能培训或就业见习机会；对有创业意向的，提供创业培训、创业服务和政策扶持；对暂无就业意愿的，做好状态记录，及时跟进服务。

（四）高频举办公共就业服务专项活动。按照"10+N"公共就业服务专项活动要求，接续举办百日千万网络招聘、大中城市联合招聘、金秋招聘月、就业服务周、中央企业专场招聘等活动。用好线上招聘平台，常态化发布岗位信息，广泛应用直播带岗、空中宣讲、无接触面试等新模式，并加快岗位信息省级集中、全国联网发布。落实疫情防控常态化要求，有条件的地方尽可能组织线下招聘活动。未就业毕业生较为集中的地市级以上城市，每周至少举办 1 次专业性招聘活动，每月至少举办 1 次综合性招聘活动。

（五）大力推进政策快办助力就业行动。切实抓好国务院办公厅关于进一步做好高校毕业生等青年就业创业工作文件的配套落实，充分释放政策效力促进毕业生就业创业。扩大毕业生就业创业一件事"打包办"范围，分类推出基层就业、企业吸纳、自主创业、灵活就业、培训见习等政策礼包，推动税收优惠、创业担保贷款、资金补贴等政策集中兑现。加快毕业生就业政策网上办，通过数据比对主动筛选政策对象，实施直补快办、无感智办，切实提升政策获得感、满意度。

（六）协调推动公共部门岗位加快落地。积极协调有关部门，加快推进事业单位公开招聘工作，加快"三支一扶"等基层服务项目招募，合理安排考试时间，尽快开展笔试面试。抓紧部署中小学幼儿园教师招聘，力争 8 月 1 日前完成，指导受疫情影响严重地区落实部分教师资格"先上岗、再考证"阶段性政策。

（七）组织实施困难毕业生就业结对帮扶。聚焦脱贫家庭、低保家庭、零就业家庭以及残疾、较长时间未就业等有特殊困难的未就业毕业生，组织党员干部、服务机构结对帮扶，制订"一人一策"帮扶计划。优先推荐岗位，优先落实政策，优先组织培训见习，及时提供专业化职业指导服务，促进尽快就业创业，对确实难以市场就业的，提供公益性岗位兜底安置。

（八）持续强化毕业生就业权益保障。加大人力资源市场秩序清理整顿，坚决查处黑职介、假招聘、售卖简历和证书以及其他侵害求职者人身财产权益的违法违规行为。加强劳动就业政策法规宣传，规范企业招聘行为，对各类用人单位特别是国有企事业单位出现无故解约、就业歧视等行为的,要及时约谈、及时纠正。

(九)组织开展"平凡岗位 精彩人生"典型宣传活动。挖掘一批服务重大战略、投身生产一线、主动创业创新、扎根城乡基层的高校毕业生典型,推出系列新闻宣传,组织开展事迹报告,全方位展示新时代高校毕业生就业创业的精神风貌。通过典型示范和朋辈引领,引导毕业生树立正确的就业观、职业观、成才观,从实际出发选择职业和工作岗位,多渠道就业创业、建功立业。

六、工作要求

各地人力资源社会保障部门要将行动实施作为高校毕业生就业工作的重要抓手,落实属地责任,细化实施方案,明确工作措施、时间安排和保障机制。要加强部门间协调配合,聚合政策服务资源,充分调动人力资源服务机构和行业协会参与积极性。要加强宣传引导,开展形式多样、内容丰富的宣传活动,扩大行动知晓度和参与度。要强化跟踪调度,及时汇总并动态报送任务完成、工作进展、典型经验、意见建议,年底前及时报告行动总结。

部里将从 7 月起,对求职登记小程序求助毕业生联系服务情况进行日调度,对各地未就业毕业生信息衔接工作进行周调度(7 月底前填写工作进展汇总表,见附件 2),对未就业毕业生实名联系和帮扶进度进行半月调度,并会同有关媒体开设行动宣传专栏。

附件:1. 青春新赛道 就业新航程——致 2022 届高校毕业生的一封信
2. 离校未就业高校毕业生信息衔接工作进展汇总表

2022 年 6 月 10 日

附件 1

青春新赛道　就业新航程

——致 2022 届高校毕业生的一封信

亲爱的 2022 届毕业生们：

栀子花开，骊歌唱响。大家即将告别校园，开启人生新航程！

就业创业，是你们逐梦青春、成就未来的起点。党和政府十分牵挂，推出系列政策措施，为你们就业创业提供支持。人力资源社会保障部门将会同各方，强化政策落实，优化不断线服务，助力你们扬帆起航！

——如果你已落实工作单位，请及时与用人单位签订劳动合同，跟进缴纳社会保险，确认档案转递去向，并在规定时间内办理户口迁移、党团组织关系接转等手续。你入职的企业，也可以申请社会保险补贴、吸纳就业补贴、扩岗补助等政策支持。

——如果你还在求职，可以到当地公共就业人才服务机构大厅或登录求职登记小程序，进行求职登记、失业登记，免费获取岗位信息、职业指导、职业培训等公共就业服务。

——如果你有志自主创业，可以参加创业培训，提升创业能力；可以申请创业担保贷款及贴息、税收优惠、创业补贴等政策，减轻创业压力；还可以申请入驻创业孵化基地，获取开业指导、项目推介、孵化服务等支持。人力资源社会保障部门还将举办系列创业创新大赛等活动，为你们搭建项目展示、成果转化、融资对接的平台。

——如果你选择灵活就业，可以按灵活就业人员身份参加社会保险，申请获得社会保险补贴。其中，参加职工基本养老保险的，可以灵活选择缴费基数、缴费时间。

——如果你暂时不考虑就业，也请珍惜韶华、加油充电。积极参加就业见习、技能提升、志愿服务等实践活动，丰富阅历、增长才干，积蓄厚积薄发的力量。

——家庭困难、身有残疾等有特殊难处的同学，请不必过于担心，我们将开展结对帮扶、就业援助，优先为你们推荐岗位、提供服务，帮助你们成就人生梦想。

同学们，查询高校毕业生就业创业相关政策服务，可登录各级人力资源社会保障部门官网、高校毕业生就业服务平台、中国公共招聘网，或拨打12333服务热线（相关网址和二维码附后）。

这里也提醒大家，参加招聘活动要做好疫情防护，还要防范黑职介、乱收费、扣证件等求职陷阱。如发现侵权行为，请立即投诉举报。

奋斗的青春最美丽。衷心祝愿同学们早日找到心仪的工作，在青春的新赛道上放飞人生梦想，在壮阔的新征程中成就事业华章！

人力资源社会保障部门相关服务渠道

高校毕业生就业服务平台：http://job.mohrss.gov.cn/202008gx/index.jhtml

中国公共招聘网：http://job.mohrss.gov.cn

就业在线：https://www.jobonline.cn

百万就业见习岗位募集计划平台：https://www.myjob500.com/rsbwjx/home

人力资源社会保障政务服务平台：https://www.12333.gov.cn

技能人才评价工作网：http://osta.mohrss.gov.cn

未就业高校毕业生求职登记小程序二维码：

附件 2

离校未就业高校毕业生信息衔接工作进展汇总表

填报单位（盖章）： 填报时间：2022 年 7 月 日

工作任务	信息衔接		服务公开				实名台账情况		招聘安排		
	是否启动	是否完成发出公开信或服务公告	是否公开未就业毕业生求职登记小程序、失业登记全国统一服务平台等求助途径	是否公开公共招聘网站、诚信人力资源服务机构等招聘渠道	是否公开公共就业、人才服务、档案管理服务机构等名录	是否发布就业创业、人才引进、档案接收等政策服务清单	是否建立实名台账	实名登记毕业生人数	是否设立网络招聘专区	是否发布招聘活动安排	线下招聘场次
进展情况											

填报人： 联系电话：

·180·

人力资源社会保障部办公厅 教育部办公厅 民政部办公厅关于做好高校毕业生城乡基层就业岗位发布工作的通知

人社厅函〔2022〕89号

各省、自治区、直辖市及新疆生产建设兵团人力资源社会保障厅（局）、教育厅（局、教委）、民政厅（局）：

为深入贯彻党中央、国务院关于高校毕业生就业工作的决策部署，广泛开发城乡基层就业岗位，积极拓展高校毕业生就业空间，确保高校毕业生就业形势总体稳定，现就做好高校毕业生城乡基层就业岗位发布工作通知如下：

一、总体要求

以习近平新时代中国特色社会主义思想为指导，坚持把高校毕业生就业作为就业工作重中之重，结合实施乡村振兴战略、加强基层治理体系和治理能力现代化建设，聚合资源、挖掘潜力、协同推进，多渠道、多形式、多领域归集发布一批适合高校毕业生就业的城乡基层岗位，推动拓宽高校毕业生就业空间、助力毕业生成长成才与完善基层社会管理治理和服务水平互促共进。

二、重点任务

（一）广开基层就业门路。本通知所指的城乡基层就业岗位，包括通过基层机关事业单位招录（聘）、各类市场主体创造、基层服务项目招募、有关部门根据实际开发，面向2022届高校毕业生及往届未就业毕业生的基层就业岗位。要结合乡村振兴、基层治理、产业发展，坚持因需设岗，用好现有各类资金、政策渠道，积极开发劳动社保、社区管理服务、医疗卫生、养老服务、农业科技、社会救助、社会工作、中小企业服务等岗位。要主动开展调查摸底，及时掌握本地基层机关事业单位、企业等用工主体岗位空缺情况，全面收集招募（聘）计划，向社会动态发布。要实施好基层服务项目，规范公益性岗位开发，有条件的地方可探索县聘乡用、乡镇（街道）聘村（社区）用等方式开发临时性岗位，为毕业生提供更多基层就业渠道。

（二）规范岗位招聘流程。要加强部门间协调配合，根据招聘计划安排，按照"公开、公平、公正"的原则，有序组织开展招聘工作，合理安排招录时间。招聘岗位要向社会公开发布，注明岗位名称、薪酬待遇、条件要求、报名方式、服务期限、工作内容和地点等信息，重点面向 2022 届毕业生及往届未就业毕业生进行招聘。公共部门岗位招聘结果要向社会公示，公示结果无异议的，按规定办理录（聘）用手续或在当地人力资源社会保障部门进行就业登记和劳动用工备案。相关岗位招录（聘）已有规定的，按有关规定执行。

（三）落实相关扶持政策。各地要结合实际完善落实支持政策，积极引导高校毕业生到城乡基层就业创业。对高校毕业生到基层就业的，按规定落实学费补偿和助学贷款代偿、高定工资、职称评聘等专项支持政策。对到城乡基层企业或社会组织就业、灵活就业、自主创业的，按规定落实税费减免、社会保险补贴、创业补贴、创业担保贷款等政策。对参加基层服务项目的，按规定落实考研初试加分、定向招录、事业单位专项招聘等政策。要畅通政策申请渠道，简化优化流程，加快政策兑现，充分释放政策激励引导的效力。

（四）强化跟踪服务保障。对到城乡基层就业创业的毕业生，要做好档案转递、社保缴纳、劳动权益维护等服务保障。畅通后续成长发展渠道，将其纳入当地人才政策扶持范围，加强教育管理和激励关怀，对表现优秀的，在职务职称评聘、人才项目选拔、升学进修深造等方面予以适当倾斜。鼓励用人单位对本单位服务期满毕业生，按政策积极留用，对未留用毕业生要落实免费就业指导、岗位推荐、创业指导等就业服务，促进其尽早实现就业。

三、工作要求

（一）加强组织领导。支持毕业生到城乡基层就业创业，对于拓展高校毕业生就业空间、保持就业大局稳定具有重要意义。各地要把做好高校毕业生城乡基层就业岗位发布工作纳入本地就业工作总体安排，高度重视，精心组织，研究制定本地岗位发布工作方案，细化完善支持举措，明确专人负责，切实抓好实施推进。

（二）加大工作保障。要做好工作统筹安排，建立由人力资源社会保障、教育、民政等部门各司其职、协同推进的工作机制，做好资金测算，用好现有各类资金渠道，争取各方资金支持，确保各类招聘按照时间节点顺利推进。人力资源社会保障部门要主动对接有关部门和地区，积极调动市场力量，做好岗位摸排、信息发布、实施推进、政策落实等工作，同时省级人力资源社会保障部门要依托官网官微、公共招聘网站、人社服务App等开设岗位信息发布专区。教育部门要做好高校毕业生动员，主动向高校毕业生推送城乡基层岗位信息。民政部门要广泛发动城乡社区拓宽高校毕业生就业岗位。

（三）强化宣传引导。要结合工作推进实施进度，广泛依托传统媒体和新兴媒介，高频次发布岗位信息、招聘公告、招聘成效等，扩大工作知晓度。主动发掘一批扎根城乡基层、建功立业的优秀高校毕业生典型，运用青年人喜闻乐见的方式强化宣传推广，引导毕业生面向城乡基层就业创业，营造良好社会氛围。

（四）抓好信息上报。各地要明确一名工作联络人员，于6月30日前将联络人员信息、岗位信息发布专区网址链接报送人力资源社会保障部全国人才流动中心。从6月起按季度填写信息汇总表（见附件），并形成工作进展情况，内容包括岗位归集数量、进展和取得成效，存在的困难问题以及工作建议，于下季度初5日内分别报送人力资源社会保障部全国人才流动中心、教育部高校学生司、民政部基层政权建设和社区治理司。

附件：高校毕业生城乡基层就业岗位发布工作信息汇总表

2022年6月12日

附件

高校毕业生城乡基层就业岗位发布工作信息汇总表

填报单位：
填报日期：2022 年 月 日

岗位类型	公务员招录岗位	事业单位招聘岗位	基层服务项目招募岗位	市场主体招聘岗位	有关部门根据实际开发岗位	其他岗位
发布数量						

人力资源社会保障部 民政部 中国残联关于开展就业援助"暖心活动"的通知

人社部函〔2022〕92号

各省、自治区、直辖市及新疆生产建设兵团人力资源社会保障厅（局）、民政厅（局）、残联：

做好困难人员就业援助，关系群众冷暖，关系民生底线。为贯彻党中央、国务院稳就业保就业决策部署，服务保民生、兜底线、救急难，人力资源社会保障部、民政部、中国残联决定在全国范围内组织开展就业援助"暖心活动"，集中为就业困难人员送岗位、送服务、送政策、送温暖，帮扶一批困难人员就业。现就有关事项通知如下：

一、活动主题

援助暖民心 就业解民忧

二、活动时间

2022年8—10月

三、重点援助对象

（一）失业1年以上、大龄、最低生活保障家庭、身有残疾的登记失业人员；

（二）脱贫家庭、最低生活保障家庭、零就业家庭以及身有残疾、较长时间未就业的高校毕业生；

（三）省级人民政府确定的其他就业困难人员。

四、活动目标

（一）底数更精准。符合条件的援助对象能够及时发现认定，获得联系对接，实现援助对象基本信息、就业状态、就业意愿、服务需求基本掌握、动态管理。

（二）帮扶更有效。就业援助政策和服务知晓度、可及性明显提升，未就业援助对象尽快就业创业或投入就业准备活动中，已就业援助对象就业稳定性进一步增强。

（三）温暖进万家。就业援助机制健全完善，就业援助成效巩固拓展，关心关爱就业困难人员的工作合力不断凝聚、社会氛围更加浓厚。

五、主要措施

（一）健全援助工作台账。开展登记失业人员、重点群体与低保家庭、持证残疾人数据比对，梳理年龄、失业时长等基本信息，及时将符合条件人员认定为援助对象，并在数据库中作出专门标识。推动失业登记、未就业高校毕业生管理与援助对象认定协同办理。组织联系对接、情况摸底，动态掌握援助对象基本情况，做到人员底数清、就业状态清、就业意愿清、服务需求清。

（二）收集援助岗位信息。依托街道、社区等基层平台，收集一批便民商业、物业管理、家政服务、保洁保绿、基层协管等城乡社区岗位、灵活就业岗位。依托公共就业服务机构、人力资源服务机构，收集一批疫情防控、生活保供、交通物流等重点企业及中小微企业急需紧缺岗位，并准备一批岗位所需的技能培训项目。依托国有企事业单位和社会责任感强的大中型企业，提供一批知识型、技术型等适合高校毕业生的就业岗位，设立一批低门槛、有保障的爱心岗位，开发一批安排残疾人的按比例就业岗位。

（三）制定分类援助计划。组织职业指导师、创业培训师等专业力量，到街道、社区定期开展坐诊服务，为援助对象开展个性化职业指导，制定"一人一策"援助计划，确定差异化帮扶举措。对有就业需求的，明确求职路径，开展针对性岗位推荐；对有创业需求的，明确创业方向，提供创业服务；对有培训需求的，明确培训目标，提供适合的培训信息；对就业意愿不强的，开展心理疏导，组织职业体验，帮助提振信心，引导积极就业。

（四）组织系列送岗活动。筛选适合援助对象的岗位信息，通过短信、微信、App等方式"点对点"定向推送。搭建招聘流动平台，开出"就业大篷车"、设立"就业驿站"，送岗位进社区、进家门。运用直播带岗、云招聘等线上服务模式，举办小规模、专业化、高频次线下专场招聘会，组织援助对象积极参加招聘活动。

（五）加快援助政策落实。筛选符合条件的援助对象和用人单位，精准推送援助政策，对能够通过信息比对核实的，直接兑现各项补贴，推动涉企政策和涉援助对象政策打包办理。开发一批公益性岗位，对通过市场渠道难以就业的实施托底安置，给予岗位补贴和社会保险补贴，并根据需要及时开发一批临时性公益性岗位。

（六）强化基本生活保障。开展援助对象与参保人员、低保家庭数据共享比对，为参加失业保险的援助对象按规定兑现失业保险金、失业补助金等失业保险待遇，为基本生活出现暂时性、阶段性困难的未参加失业保险、未纳入低保的援助对象按规定实施临时救助。鼓励低保家庭援助对象积极就业，对可能因就业导致收入超出低保标准的，实施低保待遇渐退。

六、工作要求

（一）加强组织领导。各地人力资源社会保障、民政部门和残联组织要高度重视活动开展，带着对困难群众的深厚感情，精心组织、周密安排，确保活动务实高效。要加强配合，协同推进，抓紧制定工作方案，明确目标任务，细化具体举措，优先保障就业援助工作政策和资金需要。要充分发挥各类公共就业服务机构、人力资源服务机构、街道社区平台和社会组织作用，凝聚各方广泛参与、共同推进的工作合力。

（二）健全援助机制。各地要以此次集中活动为契机，坚持日常援助与集中援助相结合，健全就业援助长效工作机制。要合理设定并动态调整就业困难人员认定标准，构建及时发现、优先服务、分类帮扶、动态管理工作机制，力争对就业困难人员发现一人、认定一人、帮扶一人。

（三）做好宣传引导。各地要开展就业援助政策和服务专项宣传，运用人民群众喜闻乐见的宣传方式，提供通俗易懂的政策解读，不断提高政策知晓度。要大力宣传困难人员自主就业、自主创业和用人单位吸纳就业的典型事迹，集中宣传就业援助工作中的特色做法和鲜活经验，发挥示范带动作用，引导全社会共同关心和支持就业援助工作。

活动期间，各地要及时报送活动进展及成效，相关工作信息、图文影像、新闻线索即时发至指定邮箱。活动结束后，各地要全面总结任务完成情况、主要数据、典型案例、意见建议，有关总结报告情况请于11月8日前报送人力资源社会保障部、民政部、中国残联。活动统计表请分别于8月31日、9月30日、10月31日报送当月数据。

附件：就业援助"暖心活动"情况统计表

2022年7月19日

附件

就业援助"暖心活动"情况统计表

填报单位：　　　　　　　　　　　　　　　　　　　　　　　　填报时间：

认定的援助对象人数	长期失业人数	大龄人员数	残疾人员数	低保家庭成员人数	就业困难高校毕业生数	为援助对象开展走访慰问人次数	举办专场招聘场次数	其中现场招聘会次数	提供就业岗位数	其中规模以上企业提供岗位数	帮助援助对象实现就业人数	企业吸纳人数	灵活就业人数	自主创业人数	公益性岗位安置人数	对援助对象实施时救助人次数	对援助对象发放临时救助金额数
1	2	3	4	5	6	7	8	9	10	11	12	13	14	15	16	17	18

单位负责人：　　　　　　　　　　　　　　　　　　　　　　　　填表人：

注：上述内容均为活动期间的数字。

住房城乡建设部办公厅关于进一步做好建筑工人就业服务和权益保障工作的通知

建办市〔2022〕40号

各省、自治区住房和城乡建设厅，直辖市住房和城乡建设（管）委，新疆生产建设兵团住房和城乡建设局：

建筑业是国民经济支柱产业，在吸纳农村转移劳动力就业、推进新型城镇化建设和促进农民增收等方面发挥了重要作用。为深入贯彻落实党中央、国务院决策部署，促进建筑工人稳定就业，保障建筑工人合法权益，统筹做好房屋市政工程建设领域安全生产和民生保障工作，现将有关事项通知如下：

一、加强职业培训，提升建筑工人技能水平

（一）提升建筑工人专业知识和技能水平。各地住房和城乡建设主管部门要积极推进建筑工人职业技能培训，引导龙头建筑企业积极探索与高职院校合作办学、建设建筑产业工人培育基地等模式，将技能培训、实操训练、考核评价与现场施工有机结合。鼓励建筑企业和建筑工人采用师傅带徒弟、个人自学与集中辅导相结合等多种方式，突出培训的针对性和实用性，提高一线操作人员的技能水平。引导建筑企业将技能水平与薪酬挂钩，实现技高者多得、多劳者多得。

（二）全面实施技能工人配备标准。各地住房和城乡建设主管部门要按照《关于开展施工现场技能工人配备标准制定工作的通知》（建办市〔2021〕29号）要求，全面实施施工现场技能工人配备标准，将施工现场技能工人配备标准达标情况作为在建项目建筑市场及工程质量安全检查的重要内容，推动施工现场配足配齐技能工人，保障工程质量安全。

二、加强岗位指引，促进建筑工人有序管理

（三）强化岗位风险分析和工作指引。各地住房和城乡建设主管部门要统筹房屋市政工程建设领域行业特点和农民工个体差异等因素，针对建筑施工多为重体力劳动、对人员健康条件和身体状况要求较高等特点，强化岗位指引，引导建筑企业逐步建立建筑工人用工分类管理制度。对建筑电工、架子工等特种作业和高风险作业岗位的从业人员要严格落实相关规定，确保从业人员安全作业，减少安全事故隐患；对一般作业岗位，要尊重农民工就业需求和建筑企业用工需要，根据企业、项目和岗位的具体情况合理安排工作，切实维护好农民工就业权益。

（四）积极拓宽就业渠道。各地住房和城乡建设主管部门要主动作为，积极配合人力资源社会保障、工会等部门，为不适宜继续从事建筑活动的农民工，提供符合市场需求、易学易用的培训信息，开展有针对性的职业技能培训和就业指导，引导其在环卫、物业等劳动强度低、安全风险小的领域就业，拓宽就业渠道。

三、加强纾困解难，增加建筑工人就业岗位

（五）以工代赈促进建筑工人就业增收。各地住房和城乡建设主管部门要配合人力资源社会保障部门严格落实阶段性缓缴农民工工资保证金要求，提高建设工程进度款支付比例，进一步降低建筑企业负担，促进建筑企业复工复产，有效增加建筑工人就业岗位。依托以工代赈专项投资项目，在确保工程质量安全和符合进度要求等前提下，结合本地建筑工人务工需求，充分挖掘用工潜力，通过以工代赈帮助建筑工人就近务工实现就业增收。

四、加强安全教育，保障建筑工人合法权益

（六）压实安全生产主体责任。各地住房和城乡建设主管部门要督促建筑企业建立健全施工现场安全管理制度，严格落实安全生产主体责任，对进入施工现场从事施工作业的建筑工人，按规定进行安全生产教育培训，不断提高建筑工人的安全生产意识和技能水平，减少违规指挥、违章作业和违反劳动纪律等行为，有效遏制生产安全事故，保障建筑工人生命安全。

（七）改善建筑工人安全生产条件。各地住房和城乡建设主管部门要督促建筑企业认真落实《建筑施工安全检查标准》（JGJ 59—2011）、《建设工程施工现场环境与卫生标准》（JGJ 146—2013）等规范标准，配备符合行业标准的安全帽、安全带等具有防护功能的劳动保护用品，持续改善建筑工人安全生产条件和作业环境。落实好建筑工人参加工伤保险政策，进一步扩大工伤保险覆盖面。

（八）持续规范建筑市场秩序。各地住房和城乡建设主管部门要依法加强行业监管，严厉打击转包挂靠等违法违规行为，持续规范建筑市场秩序。联合人力资源社会保障等部门用好工程建设领域工资专用账户、农民工工资保证金、维权信息公示等政策措施，保证农民工工资支付，维护建筑工人合法权益。加强劳动就业和社会保障法律法规政策宣传，帮助建筑工人了解自身权益，提高维权和安全意识，依法理性维权。

各地住房和城乡建设主管部门要提高思想认识，加强组织领导，明确目标任务，利用多种形式宣传相关政策，积极回应社会关切和建筑工人诉求，合理引导预期，切实做好建筑工人就业服务和权益保障工作。

2022 年 8 月 29 日

人力资源流动管理

人文社会科学普及

人力资源社会保障部关于实施人力资源服务业创新发展行动计划（2023—2025年）的通知

人社部发〔2022〕83号

各省、自治区、直辖市及新疆生产建设兵团人力资源社会保障厅（局），各副省级市人力资源社会保障局：

为深入贯彻党的二十大精神，落实党中央、国务院关于发展人力资源服务业决策部署，积极促进高质量充分就业，强化现代化建设人才支撑，人力资源社会保障部决定实施人力资源服务业创新发展行动计划（2023—2025年）。现就有关工作通知如下：

一、总体要求

以习近平新时代中国特色社会主义思想为指导，紧紧围绕就业优先战略、人才强国战略和乡村振兴战略，坚持创新驱动发展，坚持有效市场和有为政府相结合，以产业引导、政策扶持和环境营造为重点，深化人力资源服务供给侧结构性改革，培育壮大市场化就业和人才服务力量，加快提升人力资源服务水平，进一步激发市场活力和发展新动能，促进劳动力、人才顺畅有序流动，为全面建设社会主义现代化国家提供有力支撑。

二、培育壮大市场主体

（一）做强做优龙头企业。统筹规划人力资源服务业发展布局，到2025年重点培育形成50家左右经济规模大、市场竞争力强、服务网络完善的人力资源服务龙头企业。支持龙头企业通过兼并、收购、重组、联盟、融资等方式，调整优化市场结构，提高企业核心竞争力和产业集中度。支持龙头企业发挥人才优势、技术优势和创新优势，参与制订行业发展规划政策和标准规范、按规定承担就业和人才工作领域相关试点示范等事项。建立人力资源服务龙头企业分级分类管理机制，实行常态化联系和动态调整，提高人力资源服务产业发展组织化水平。

（二）支持"专精特新"发展。将人力资源服务业纳入国家优质中小企业梯度培育范围，到2025年重点培育形成100家左右聚焦主业、专注专业、成长性好、创新性强的"专精特新"人力资源服务企业，推动技术、资金、人才、数据等要素资源向创新企业集聚。鼓励有条件的地方开展"专精特新"人力资源服务企业遴选培育，在人力资源测评、人力资源培训、网络招聘、人力资源管理软件、人力资源大数据分析应用等领域，发展具有原始创新能力和集成创新实力的人力资源科技型、创新型企业。

三、强化服务发展作用

（三）扩大市场化就业和人才服务供给。开展人力资源服务机构稳就业促就业行动，聚焦高校毕业生、农民工等重点群体，大规模开展求职招聘、就业指导、政策咨询等服务。举办全国人力资源市场高校毕业生就业服务周、国聘行动、人力资源服务进校园进企业等专项活动。引导人力资源服务机构向劳动者提供贯穿职业生涯全过程的就业和职业发展服务，创造更多通过勤奋劳动实现自身发展的机会。开展市场化引才聚才行动，加快培育一批特色鲜明、专业领先、贡献突出的高水平猎头机构。深化人才引领驱动，支持有条件的地方采用市场化引才奖补等措施，通过"揭榜挂帅"等多种方式引进高精尖缺人才。引导人力资源服务机构依法依规有序承接政府人才服务项目。企业委托人力资源服务机构引才的所需费用，可按规定列入经营成本。鼓励人力资源服务机构围绕科技研发和成果转化，开发人力资源测评、人力资源管理咨询、薪酬及绩效管理等服务产品。

（四）强化制造业人力资源支持。坚持把服务实体经济作为着力点，搭建制造业等重点领域人力资源服务供需对接平台，推动人力资源服务深度融入制造业产业链。支持人力资源服务机构为制造业企业设计人力资源管理流程和模式，梳理整合相关环节的人力资源服务需求，持续提供专业化规范化信息对接和供需匹配服务。推动制造业企业与人力资源服务机构建立互利共赢、长期稳定的战略合作关系，共同发展面向相近领域的人力资源服务。有条件的地方可在各类功能区、产业园区、创业园区等建立人力资源服务联络站，贴近市场一线开展需求监测、用工保障、人才引育等服务。

（五）促进人力资源市场协调发展。实施西部和东北地区人力资源市场建设援助计划，引导各类人力资源服务机构围绕乡村振兴开展专项招聘、供需对接、技能培训、劳务品牌建设等服务。支持人力资源服务机构与脱贫地区特别是国家乡村振兴重点帮扶县和易地扶贫搬迁安置区广泛开展对接合作，通过设立子公司、分支机构等方式，形成常态化就业帮扶合作机制。支持县域经济比较发达、人口规模较大的地区，因地制宜建设人力资源服务业集聚区。

四、建强集聚发展平台

（六）完善产业园功能布局。围绕国家区域重大战略和区域协调发展战略，到"十四五"末建成30家左右国家级人力资源服务产业园和一批有特色、有活力、有效益的地方人力资源服务产业园。提高人力资源服务产业园服务产业集群发展能力，促进专业人才向产业集群高度集聚。支持有条件的地方依托人力资源服务产业园创建公共实训基地、国家中小企业公共服务示范平台，强化人力资源公共服务枢纽和产业发展平台功能。建立人力资源服务产业园交流协作机制，推进人力资源服务区域协同和开放合作。定期评估总结人力资源服务产业园发展状况，加强成果运用和督促指导。

（七）发展专业性行业性人才市场。围绕建设世界重要人才中心和创新高地，聚焦先进制造业、战略性新兴产业、现代服务业以及数字经济等重点领域，规划建设一批专业性行业性国家级人才市场。完善国家级人才市场综合性人才服务功能，打通专业人才开发、引进、流动、配置全链条。支持有条件的地方综合运用区域、产业、土地等政策，推动人才市场高质量发展。

五、增强创新发展动能

（八）全面提升数字化水平。鼓励数字技术与人力资源管理服务深度融合，利用规模优势、场景优势、数据优势，培育人岗智能匹配、人力资源素质智能测评、人力资源智能规划等新增长点。制定发布人力资源服务数字化发展评价标准，推进人力资源服务业数字化转型升级。支持人力资源服务企业运用大数据、云计算、人工智能等新兴技术，加速实现业务数据化、运营智能化。支持有条件的人力资源服务龙头企业打造一体化数字平台，提升系统集成水平，形成数据驱动的智能决策和服务能力。支持中小人力资源服务企业从数字化转型需求迫切的业务环节入手，加快推进数字化办公、业务在线管理等应用，逐步向全业务全流程数字化升级拓展。

（九）鼓励发展新业态新模式。培育发展高技术、高附加值人力资源服务业态，推动行业向价值链高端延伸。支持人力资源服务领域平台经济健康发展，引导人力资源服务平台企业加强数据、产品、内容等资源整合共享，扩大网络招聘、远程面试、直播带岗、协同办公、在线培训等线上服务覆盖面。深化共享经济在人力资源服务领域的应用，创新发展服务业态，为企业开展共享用工和劳动者兼职、灵活就业提供优质服务。

（十）强化企业创新主体地位。支持人力资源服务企业联合高校、科研院所及金融机构等，加强人力资源服务理论、商业模式、关键技术等方面的研发和应用。鼓励和支持人力资源服务企业转化研发成果，参与技术合同登记，参评高新技术企业。支持符合条件的人力资源服务企业设立博士后科研工作站或创新实践基地。加强对人力资源服务业创新主体的知识产权保护。

六、提升开放发展水平

（十一）推进更高水平对外开放。贯彻外商投资法及实施条例，落实人力资源服务领域外商投资国民待遇，持续优化市场化法治化国际化营商环境。依托我国超大规模人力资源市场优势，积极引进我国市场急需的海外优质人力资源服务企业、项目和技术。推动保障外资企业平等参与人力资源服务领域政府采购、标准制定。加强国际交流合作，积极参与人力资源领域国际规则和技术标准制定。

（十二）发展人力资源服务贸易。开展"一带一路"人力资源服务行动，支持国内人力资源服务企业在共建"一带一路"国家设立研发中心和分支机构。在"一带一路"国际合作高峰论坛框架下举办人力资源服务业国际合作论坛。高质量建设人力资源服务出口基地，培育发展人力资源服务贸易新业态新模式。依托中国中小企业发展促进中心、企业跨境贸易投资法律综合支援平台，为人力资源服务企业"走出去"提供跨境磋商、法律政策咨询、商务考察、案件应对等服务。

七、夯实行业发展基础

（十三）加强行业人才队伍建设。实施人力资源服务业万名领军人才培养计划，建立覆盖行业龙头企业高级管理人员、专业技术人员和大型企业人力资源部门负责人的领军人才库和专家智库。依托高等院校、大型企业、国家级人力资源服务产业园、国家级人才市场，建立人力资源服务培训基地和实训基地，鼓励高等院校培养人力资源服务业方向的专业硕士。开展人力资源服务业专业技术人员继续教育，将其纳入专业技术人才知识更新工程。健全人力资源管理专业人员职称评审制度，提高从业人员专业化、职业化水平。

（十四）完善统计监测制度。加强和改进行业统计调查，逐步健全以国民经济行业分类为基础，以市场主体、主要业态、经济指标、社会效益为主要内容的统计指标体系。加强统计组织和监督管理，落实人力资源服务机构主体责任，提高统计数据真实性、科学性、及时性。加强人力资源服务机构信息数据管理，完善定期监测与快速调查相结合的工作机制，持续开展人力资源市场供求信息监测分析。优化统计监测数据分析应用，提升科学决策水平。

（十五）健全信用和标准体系。推进人力资源服务机构诚信体系建设，组织开展形式多样的诚信服务活动。建立健全人力资源服务机构信用记录，推动纳入全国信用信息共享平台，实行信用分类管理。加强人力资源服务国家标准、行业标准、地方标准制修订和宣贯工作，建立覆盖全业态和全过程的标准体系。鼓励人力资源服务行业协会、人力资源服务机构制定团体标准、企业标准，探索实施企业标准领跑者制度。

八、营造良好发展环境

（十六）加大支持力度。落实支持人力资源服务业发展的各项产业、财政和税收优惠政策，在国家重大建设项目库下设立人力资源服务产业发展专项。支持各地利用现有资金渠道开展机构培育、人才培养、人力资源服务产业园建设以及促就业活动等工作。发挥各类政府引导基金带动作用，鼓励社会资本出资组建优质人力资源服务企业培育基金。拓宽人力资源服务机构投融资渠道，支持银行业金融机构开发适合人力资源服务产业的信贷产品。

（十七）规范市场秩序。深化"放管服"改革，依法实施人力资源服务行政许可和备案，进一步落实告知承诺制。加强事中事后监管，创新监管方式和手段。持续开展清理整顿人力资源市场秩序专项行动，加强人力资源市场领域信息安全保护，推动消除影响平等就业的不合理限制和就业歧视，严厉打击违法违规和侵害劳动者权益行为。培育发展行业协会学会，充分发挥行业代表、行业自律、行业协调作用。

（十八）加强宣传引导。综合利用多种宣传方式，及时总结推广人力资源服务业在促进就业创业、优化人才配置和服务高质量发展中的积极成效。定期举办全国人力资源服务业发展大会，鼓励各地举办经验交流、创新创业、供需对接等品牌活动。支持有条件的地方编制发布人力资源服务业发展报告，开展创新案例遴选。办好《人力资源服务》杂志，提高行业知名度和社会影响力。加强理论研究和舆论引导，努力营造全社会重视、支持人力资源服务业发展的浓厚氛围。

2022 年 12 月 5 日

人力资源社会保障部办公厅关于发挥人力资源服务机构作用助推劳务品牌建设的通知

人社厅发〔2022〕9号

各省、自治区、直辖市及新疆生产建设兵团人力资源社会保障厅（局）：

为贯彻落实《人力资源社会保障部、国家发展改革委等20部门关于劳务品牌建设的指导意见》（人社部发〔2021〕66号），更好发挥人力资源服务机构作用，助推劳务品牌高质量发展，现就有关工作通知如下：

一、进一步提高思想认识

劳务品牌建设事关更加充分更高质量就业，事关乡村振兴和共同富裕，是促进和稳定就业的重要抓手，是人力资源服务机构发挥作用的重要领域。各地要高度重视，把助推劳务品牌建设作为发展人力资源服务业的重要内容，充分发挥人力资源服务机构匹配供需、精准高效的专业优势，主动寻找结合点、发力点和突破点，努力为劳务品牌高质量发展提供优质高效的人力资源支撑。

二、开展劳务品牌专项招聘

广泛组织动员各类人力资源服务机构开展劳务品牌从业人员就业推荐活动，搭建交流对接、合作发展平台，促进劳务品牌用工信息供需匹配。引导各类人力资源服务机构、人力资源服务产业园、人才市场集中举办劳务品牌专场招聘活动。强化线上求职招聘服务，鼓励招聘网站设立劳务品牌专区，发动有招聘需求的劳务品牌企业发布岗位信息，为高校毕业生、农民工等重点群体在劳务品牌领域就业择业打造服务平台。组织人力资源服务机构为劳务品牌企业送政策、送信息，帮助及时精准享受各项惠企利民政策。

三、助推劳务品牌提质增效

支持人力资源服务机构面向劳务品牌从业人员，开发特色培训产品和培训服务，加强与技工院校、职业培训机构和企业合作，对符合条件的人力资源服务机构开展劳务品牌从业人员相关技能培训的，按规定纳入补贴性职业技能培训范围，提升劳务品牌从业人员的就业技能。鼓励人力资源服务机构主动对接劳务品牌企业，在人员招聘、职位发布、简历筛选、聘用签约、绩效考核等环节，提供人力资源管理咨询、高级人才寻访等专业服务。支持人力资源服务机构积极引荐知名专家、企业家、创投人士为劳务品牌项目提供创业指导、投融资等专业支持，推动劳务品牌转型升级、向价值链高端延伸。

四、助力劳务品牌集聚发展

在有条件的人力资源服务产业园安排一定比例的场地，吸纳劳务品牌企业入驻，鼓励产业园对符合条件的劳务品牌企业优先给予入园补贴、房租物业费减免等扶持奖补政策。各级人力资源服务产业园要积极开展政策咨询、供需对接、职业发展、展示交流等活动，充分发挥产业园平台的集聚、孵化、培育功能。支持人力资源服务机构参与劳务品牌产业园区的建设运营工作，举办劳务品牌创新创业大赛，推动劳务品牌加快形成规模效应。加强各地区人力资源服务产业园协同联动，为劳务品牌龙头企业跨区域发展提供一体化服务。

五、服务劳务品牌市场拓展

依托东西部协作机制、对口支援机制，建立健全劳务品牌从业人员长期稳定的劳务输出渠道，对参与或开展有组织劳务输出的人力资源服务机构，符合条件的按规定给予就业创业服务补助。统筹城乡人力资源流动配置，畅通劳务品牌从业人员流动渠道，引导高校毕业生等各类人才返乡创业。支持人力资源服务机构在国家乡村振兴重点帮扶县和劳务品牌项目比较集中的地方建立子公司、分支机构，就近就地提供专业的人力资源服务，提升劳务品牌从业人员输出的组织化程度和就业质量。鼓励人力资源服务龙头企业与知名劳务品牌企业强强联合，通过全国人力资源服务网络，为劳务品牌企业拓展市场提供全程跟踪服务。鼓励优质人力资源服务机构探索以服务入股的合作方式深度参与劳务品牌建设。

六、培育发展人力资源服务特色劳务品牌

积极引导人力资源服务机构立足当地资源、结合市场需求、依托产业项目、发挥专业优势，领办创办一批有特色、有口碑、有规模的劳务品牌。支持人力资源服务机构主动发现和培育劳务品牌，建立人力资源服务特色劳务品牌项目库和人才库。鼓励有条件的地方利用人力资源服务业发展资金等现有经费渠道开展项目培育、品牌打造和诚信体系建设。深入实施西部和东北地区人力资源市场援助计划，将劳务品牌建设纳入重点支持范围，组织脱贫地区的人力资源服务特色劳务品牌从业人员到发达地区短期培训、实地观摩，不断提升业务能力和素质水平。鼓励有条件的地方把劳务品牌用工需求纳入人力资源市场供求信息监测范围，通过政府购买服务等形式，编制劳务品牌人才需求目录，及时面向社会发布。

七、切实加强组织实施

各地要进一步提高政治站位，立足职能职责，采取切实措施，围绕劳务品牌建设的发现培育、发展提升、壮大升级等方面主动作为，周密筹划开展相关活动。充分发挥各类人力资源服务机构、人力资源服务产业园、专业性行业性人才市场和行业协会作用，加强与劳务工作站、服务站联动，形成合力。注重发现和培树典型经验，加大宣传引导力度，积极组织人力资源服务机构参与劳务品牌发展大会等展示交流活动，营造有利于劳务品牌高质量发展的良好氛围。

2022年3月8日

人力资源社会保障部办公厅 财政部办公厅关于做好 2022 年高校毕业生"三支一扶"计划实施工作的通知

人社厅发〔2022〕22 号

各省、自治区、直辖市及新疆生产建设兵团人力资源社会保障厅（局）、财政厅（局）：

为贯彻落实党中央、国务院关于进一步引导鼓励高校毕业生到基层工作的决策部署，按照《中共中央组织部　人力资源社会保障部等十部门关于实施第四轮高校毕业生"三支一扶"计划的通知》（人社部发〔2021〕32 号）部署安排，2022 年继续选拔招募高校毕业生到基层从事"三支一扶"（支教、支农、支医和帮扶乡村振兴）服务，现就有关工作通知如下。

一、充分认识实施"三支一扶"计划的重要意义

高校毕业生"三支一扶"计划是引导高校毕业生向基层一线流动、助力推进乡村振兴的民生工程，是为基层输送和培养青年人才、改善基层人才队伍结构的人才工程，是引领高校毕业生树立科学就业观、积极面向基层就业的就业工程。各地要充分认识"三支一扶"计划的重要意义，进一步提高政治站位，聚焦加快推进乡村人才振兴和农业农村现代化建设对青年人才的需求，扎实推进 2022 年实施工作，加强部门间沟通协调，健全服务保障机制，努力提升项目实施质量，更好发挥示范引领作用，积极引导鼓励高校毕业生到基层工作。

二、优化选拔招募结构

2022年，中央财政支持招募"三支一扶"人员3.4万名，鼓励有条件的地方结合实际适当扩大招募规模。贯彻巩固脱贫攻坚成果同乡村振兴有效衔接的决策部署，招募计划向乡村振兴重点帮扶县、脱贫县、易地扶贫搬迁大型和特大型集中安置区所在县倾斜，向革命老区、民族地区、边疆地区等艰苦边远地区倾斜，对国家乡村振兴重点帮扶县实行计划单列。紧贴全面实施乡村振兴战略需要，深入挖掘基层事业发展急需紧缺岗位，积极拓展乡镇（流域）水利管理、乡村建设助理员、野生动植物保护等服务岗位。招人难、留人难的艰苦边远地区，可适当放宽专业要求，降低开考比例，提高本地户籍毕业生比例。优先招募脱贫户、零就业家庭毕业生和已参加规范化培训医学专业毕业生。

三、持续强化培养使用

继续实施"三支一扶"人员能力提升专项计划，2022年中央财政支持培训8 000人次，其中乡村振兴主题培训5 000人次，并按3 000元每人次标准给予补助。各地要认真落实专项培训计划，明确要求，精心组织，严格执行培训管理相关规定，高质量完成专项培训任务。要健全全服务周期的培训制度，完善岗前、在岗和离岗前培训体系，推动"三支一扶"人员纳入行业培训范围，创新对口交流、跟班学习等培训形式，丰富党史学习教育、政治理论学习和"最美"人物经验交流等培训内容，加强思想政治引领，提升专业技术水平。要强化岗位锻炼，积极推广导师制、一帮一、传帮带等结对帮扶做法，择优推荐担任乡镇团委副书记和河（湖）长助理、林（场）长助理、基层供销社主任助理等，为"三支一扶"人员锻炼成长提供有利条件。

四、提升服务保障水平

2022年，中央财政按照东部地区每人每年1.2万元、中部地区2.4万元、西部地区3万元（西藏、新疆南疆四地州4万元）和一次性安家费每人3 000元的标准给予补助。各地要加大资金支持力度，按照有关规定缴纳基本养老、基本医疗、工伤保险，结合实际创造条件缴纳住房公积金、办理补充医疗和人身意外伤害险等、发放艰苦边远地区津贴。推动基层服务单位加强工作生活保障，参照本单位人员标准给予相应补助。按月足额发放工作生活补贴，保障达到当地乡镇机关或事业单位从高校毕业生中新聘用人员试用期满后工资收入水平。

五、做好日常管理服务

"三支一扶"人员原则上安排在乡镇基层单位，服务期间不得借调离岗。要加强平时、年度和期满考核工作，可参照当地绩效考核实际对考核优秀、合格人员给予一定奖励。要加强动态管理，及时上报"三支一扶"人员信息并做好管理信息系统动态更新，开展在岗情况、工作生活补贴发放情况检查。要强化日常服务，按规定做好户口迁移、人事档案转递、党团关系转接等工作，定期组织走访、座谈、慰问活动等，及时掌握"三支一扶"人员的思想动态和工作生活情况。

六、促进服务期满流动

要以促进"三支一扶"人员扎根基层成长成才为重点，完善期满流动政策，畅通流动渠道，创新流动服务。落实公务员定向考录、事业单位专项招聘、住院医师规范化培训等支持政策。要在县乡基层事业单位公开招聘中拿出一定数量或比例的岗位对服务期满考核合格的人员进行专项招聘，并增加工作实绩在考察中的权重，聘用后可以不再约定试用期。要积极拓宽基层留人、用人渠道，组织开展多种形式的专场招聘活动，深挖基层各类工作岗位，并将有创业意愿的纳入创业引领行动等项目，按规定落实扶持政策。符合条件人员可同等享受应届毕业生相关政策，以及考研初试加分政策。加强对服务期满人员的跟踪培养，建立联系服务机制，在职称评定、进修学习等方面予以优先。

各地要高度重视，加强组织领导，结合新冠肺炎疫情防控实际，统筹安排2022年实施工作，推动工作不断提质增效。要把握时间节点，按时推进公告发布、招募选拔、培训上岗及期满考核等工作，原则上各地要在 8 月底前完成人员招募工作。要加强中央补助资金管理和绩效评价，6 月 15 日前按下达招募计划申报资金预算，加快执行进度，提高资金使用效益，人力资源社会保障部会同财政部将根据各地工作实效建立补助名额动态调整机制。要及时总结经验，发掘先进典型，强化宣传引导，积极营造良好氛围。工作中相关信息和建议可及时向人力资源社会保障部人力资源流动管理司反馈。

附件：1. 2022 年"三支一扶"计划名额分配方案（略）
2. 2022 年能力提升培训项目分配方案（略）

2022 年 6 月 7 日

人力资源社会保障部办公厅关于进一步做好人力资源服务许可告知承诺制工作的通知

人社厅发〔2022〕51号

各省、自治区、直辖市及新疆生产建设兵团人力资源社会保障厅（局）：

近年来，按照党中央、国务院关于深化"证照分离"改革部署要求，各级人力资源社会保障部门持续推行人力资源服务许可告知承诺制，不断优化人力资源市场营商环境，激发了人力资源服务领域市场主体发展活力。为进一步规范实施人力资源服务许可告知承诺制，提高市场主体办事的便利度和可预期性，现就做好有关工作通知如下：

一、明确适用范围和对象

各级人力资源社会保障部门依法对申请从事职业中介活动的人力资源服务许可事项实行告知承诺，对申请人承诺其已具备法定条件的，经形式审查后当场作出审批决定。申请人可自主选择是否按照告知承诺制方式办理行政许可，未选择告知承诺制的仍按照一般程序办理。申请人有较严重不良信用记录或者曾有虚假承诺等情形的，在信用修复前不适用告知承诺制。

二、规范工作流程

省级人力资源社会保障部门要结合工作实际，研究制定或优化完善人力资源服务许可告知承诺办事指南、告知承诺书（相关格式文本参考样式参见附件1-2),并通过政府门户网站、政务服务平台、服务场所等渠道公布,方便申请人查阅、使用。各级人力资源社会保障部门对申请人自愿签署告知承诺书并按要求提交材料的,应当场作出审批决定。不得擅自增加受理限制条件、增设办理环节,不得要求申请人重复或额外提供申请材料。

三、加强事后核查

省级人力资源社会保障部门要结合工作实际,制定人力资源服务许可告知承诺事项核查办法,明确核查部门、时间、方式以及免予核查的情形等内容,重点对企业承诺情况进行检查。各级人力资源社会保障部门可利用政务信息共享平台、人力资源市场管理信息系统等实施在线核查。开展现场核查的,要优化工作程序,加强业务协同。在核查监管中发现违反承诺的要责令限期整改,逾期未改或整改不到位的要依法给予撤销人力资源服务许可等处罚。

四、强化信用监管

各级人力资源社会保障部门要建立完善告知承诺信用信息归集共享机制,依法依规将履行承诺情况纳入信用记录,并实施相应激励或惩戒措施。根据履行承诺的具体情形,可在入驻人力资源服务产业园、政府购买人力资源服务等方面,对相关机构予以支持或限制。要建立健全异议处理、信用修复等机制,及时受理和处置人力资源服务机构的异议申请,鼓励失信主体积极纠正其失信行为。

五、推进工作协同

各级人力资源社会保障部门要加强对实施人力资源服务许可告知承诺制工作的统筹调度。在实行相对集中行政许可权改革或者综合行政执法改革的地区,要按照省级人民政府制定的改革方案明确相关部门的审批、监管职责,建立实施告知承诺制工作的协同对接机制,及时共享有关数据信息,实现行政审批与核查监管工作的有效衔接,促进服务质量与监管效能同步提升。

六、加强组织实施

各级人力资源社会保障部门要严格落实工作要求，认真研究解决存在问题，加强工作制度和长效机制建设。要适时开展业务培训，确保经办人员准确掌握制度规程，提升业务办理能力。要加快推进信息化建设，提升告知承诺事项网上申请办理、在线核查监管等工作效能。要及时公开人力资源服务机构承诺事项等信息，公布投诉举报渠道，广泛开展社会监督，强化政策宣传解读，营造良好工作氛围。

附件：1. 人力资源服务许可告知承诺办事指南
　　　2. 人力资源服务许可告知承诺书

2022年9月23日

附件1

人力资源服务许可告知承诺办事指南

（参考样式）

一、适用范围

本办事指南适用于通过告知承诺制方式办理人力资源服务许可事项。申请人可自主选择是否采用告知承诺制方式办理行政许可，未选择告知承诺制的仍按照一般程序办理。申请人有较严重不良信用记录或曾有虚假承诺等情形的，在信用修复前不适用告知承诺制。

二、审批依据

（一）《中华人民共和国就业促进法》；

（二）《人力资源市场暂行条例》；

（三）《就业服务与就业管理规定》；

（四）《人才市场管理规定》；

（五）《网络招聘服务管理规定》；

（六）国务院关于深化"证照分离"改革有关文件；

（七）地方有关法规（各地可根据具体情况确定）。

三、审批部门

登记注册所在地人力资源社会保障部门或综合行政审批部门（以下统称行政审批部门）。

四、许可方式

告知承诺制。

五、法定条件

（一）有明确的章程和管理制度；

（二）有开展业务必备的固定场所、办公设施和一定数额的开办资金；

（三）有一定数量具备相应职业资格的专职工作人员。

六、提交材料及承诺事项

（一）提交材料

1. 开展职业中介活动申请书；

2. 告知承诺书。

委托办理的，还应提供人力资源服务机构法定代表人及委托代理人的身份证明、委托书。

（二）承诺事项

申请人应承诺具有有效合法的营业执照，有明确的章程和管理制度，有开展业务必备的固定场所、办公设施和一定数额的开办资金，有一定数量具备相应职业资格的专职工作人员，符合申请人力资源服务许可的有关规定条件。

七、办理基本流程

（一）申请。申请人向行政审批部门提出申请，提交申请书、承诺书。

（二）告知。行政审批部门向申请人告知取得人力资源服务许可的法律依据、许可条件、需要提交的材料、告知承诺事项、申请人承担的法律责任以及监管措施等。

（三）承诺。申请人承诺符合取得人力资源服务许可的条件，签署承诺书，自愿承担违反承诺的法律责任。

（四）审批。行政审批部门对申请人提交的材料及承诺事项进行形式审查，当场作出审批决定。符合条件的，颁发人力资源服务许可证；不符合条件的，作出不予批准的书面决定并注明理由。

八、办理时限

当场作出审批决定。

九、办理方式

线下：行政审批部门窗口；

线上：人力资源市场管理信息系统或地方政务服务系统。

十、收费依据及标准

免费办理。

十一、送达方式

自行领取或者邮寄（邮费自理）许可证，具体送达方式由申请人自主选择确定。

十二、申请人权利和义务

申请人权利和义务的具体内容参见《中华人民共和国行政许可法》《中华人民共和国就业促进法》《人力资源市场暂行条例》等有关规定。

十三、办公时间、地址、联系方式及投诉渠道

具体由各地行政审批部门公布。

附件2

人力资源服务许可告知承诺书

（参考样式）

一、基本信息
（一）审批部门
名　　称：_____
联系方式：_____
（二）申请人
名　　称：_____
统一社会信用代码：_____
法定代表人姓名：_____
法定代表人证件类型：_____
证件编号：_____
联系方式：_____
（三）委托代理人
姓　　名：_____
委托代理人证件类型：_____
证件编号：_____
联系方式：_____

二、行政审批部门告知
按照人力资源服务许可告知承诺制工作要求，行政审批部门就有关事项告知如下：

（一）审批依据

1.《中华人民共和国就业促进法》；

2. 《人力资源市场暂行条例》;
3. 《就业服务与就业管理规定》;
4. 《人才市场管理规定》;
5. 《网络招聘服务管理规定》;
6. 国务院关于深化"证照分离"改革有关文件;
7. 地方有关法规（各地可根据具体情况确定）。

（二）申请条件

1. 有明确的章程和管理制度;
2. 有开展业务必备的固定场所、办公设施和一定数额的开办资金;
3. 有一定数量具备相应职业资格的专职工作人员。

（三）提交材料

1. 开展职业中介活动申请书;
2. 告知承诺书。

委托办理的，还应提供人力资源服务机构法定代表人及委托代理人的身份证明、委托书。

（四）承诺事项

申请人应承诺符合申请人力资源服务许可的有关规定条件，并提交有关材料。

（五）违诺责任

1. 在办理人力资源服务许可证后，将通过核查或者日常监管等方式，对履行承诺情况进行检查。发现违反承诺的，责令限期整改;逾期未改或整改不到位的，依法给予撤销人力资源服务许可等处罚。
2. 根据违反承诺的具体情形，在入驻人力资源服务产业园、政府购买人力资源服务等方面予以限制。

三、申请人承诺

_____（机构名称）_____ 申请人力资源服务许可，现就有关事项郑重承诺如下：

（一）所提交的申请材料真实、合法、有效。

（二）已知晓行政审批部门告知的全部内容。

（三）已达到取得人力资源服务许可的法定条件，具体是：

1. 章程和管理制度方面：_____

_____

2. 开展业务必备的固定场所、办公设施和一定数额的开办资金方面：_____

_____

3. 专职工作人员方面：_____

_____

（四）愿意承担作出虚假承诺的法律责任，以及告知的各项惩戒措施。

（五）上述陈述是申请人真实意思的表示。

（以下内容为二选一）

☐1. 由法定代表人作出承诺

法定代表人签字： 　　行政审批部门（章）：
　　年　月　日　　　　　　年　月　日

□2. 由委托代理人作出承诺

委托代理人签字：　　　　行政审批部门（章）：
　　年　月　日　　　　　　　年　月　日

（本文书一式两份，行政审批部门与申请人各执一份）

人力资源社会保障部办公厅关于开展人力资源服务机构稳就业促就业行动的通知

人社厅函〔2022〕105号

各省、自治区、直辖市及新疆生产建设兵团人力资源社会保障厅（局），各副省级市人力资源社会保障局：

　　为贯彻党中央、国务院关于稳就业、保居民就业决策部署，充分发挥人力资源服务机构匹配供需、专业高效优势，人力资源社会保障部决定开展人力资源服务机构稳就业促就业行动。现就有关工作通知如下：

　　一、进一步提高政治站位

　　就业是最大的民生，服务就业是人力资源服务业的立身之本、发展之基。各地要紧紧围绕就业谋划推动人力资源服务业发展，把服务就业的规模和质量作为衡量行业发展成效的首要标准，创新思路和抓手，广泛动员组织各类人力资源服务机构，不断扩大市场化就业服务供给，为就业大局稳定和经济社会发展贡献力量。

　　二、大规模开展求职招聘服务

　　组织各类人力资源服务机构，通过线上线下结合、跨区域协同等方式，针对多样化就业需求开展联合招聘，加大服务力度和招聘频次。鼓励人力资源服务机构积极拓展各类线上求职招聘服务模式，为劳动者精准推送就业信息，打造更优、更便捷的线上招聘服务平台，满足各类求职者就业择业需求。指导人力资源服务机构高效统筹疫情防控和就业服务,有序开展日常招聘和小型化、灵活性专场招聘活动,安全有序举办线下招聘活动。

三、全力促进高校毕业生就业

组织国家级人力资源服务产业园、国家级人才市场和人力资源服务机构,广泛收集机关事业单位、各类企业、重大项目等高校毕业生需求计划,集中推荐优质就业岗位。持续举办"国聘行动""全国人力资源市场高校毕业生就业服务周"、人力资源服务进校园进企业等专项活动,重点帮扶脱贫家庭、低保家庭、零就业家庭等高校毕业生就业创业。鼓励各类人力资源服务机构开展形式多样的政策宣讲、职业指导、职业能力测评、模拟实训、职业体验等活动,引导高校毕业生树立正确的职业观、就业观和择业观,提高就业能力和职业素质。支持经营状况良好、管理规范、社会责任感强的人力资源服务机构设立见习岗位,申请成为就业见习基地或创业见习基地,符合条件的给予相应补贴。

四、积极助力农民工稳定就业

依托东西部协作、对口支援机制,鼓励和引导各类人力资源服务机构开展专项招聘、供需对接等劳务协作服务,帮助农民工外出务工和就近就业。实施西部和东北地区人力资源市场建设援助计划,增强当地市场化就业服务能力。支持人力资源服务机构联合技工院校、职业培训机构和用人单位,积极开发优化技能培训产品和项目,向劳动者提供贯穿职业生涯全过程的就业培训和服务,缓解就业结构性矛盾。鼓励人力资源服务机构积极参与劳务品牌建设,培育发展一批吸纳就业能力强、富有地方特色的人力资源服务类劳务品牌。鼓励各地探索培育县域人力资源服务机构,立足当地开展有特色的劳务输出。支持人力资源服务机构与脱贫地区特别是国家乡村振兴重点帮扶县和易地扶贫搬迁安置区,广泛开展对接合作,通过设立子公司、分支机构等多种方式,形成常态化就业帮扶合作机制。

五、着力保障重点领域用工

组织引导优质人力资源服务机构广泛参与政府部门、社会组织开展的各类援企稳岗活动。聚焦制造业、服务业等重点领域、重点企业、重点项目，搭建人力资源服务供需对接平台，支持人力资源服务机构开展"组团式""一条龙""点对点"用工保障服务，按规定参与稳岗扩岗、以训稳岗、重点群体专项培训等工作。引导人力资源服务机构与重点行业企业深度合作，共同发展面向相近领域的人力资源服务技术和产品。针对受疫情影响严重、经营较为困难的地区和行业企业，有组织地开展人力资源服务机构助企纾困活动，提供劳动用工管理、薪酬管理、社保代理等服务，帮助落实各项惠企利民扶持政策。

六、创新发展灵活用工服务

支持人力资源服务机构在法律法规、政策允许的范围之内，创新运用数字技术，搭建区域间、企业间共享用工调剂平台，对行业相近、岗位相似的企业提供劳动力余缺调剂等服务。鼓励各类人力资源服务机构为餐饮、快递、家政、制造业等劳动密集型企业，提供有针对性的招聘、培训、人力资源服务外包等专业服务，维护好劳动者就业权益和职业安全。支持人力资源服务机构开发适应就业多样化需求的灵活就业平台，广泛发布短工、零工、兼职及自由职业等各类需求信息，拓宽就业渠道，为劳动者居家就业、远程办公、兼职就业创造条件。有条件的地方可选择交通便利、人员求职集中的地点设立零工市场，通过政府购买服务等方式委托符合条件的人力资源服务机构管理运营，组织劳务对接洽谈、政策法律咨询、生活服务等活动。

七、积极支持人力资源服务机构发展

广泛宣传国家和各地减税降费、稳岗补贴等稳就业促就业政策，提高人力资源服务机构的政策知晓度，加大政策落实力度。对开展促就业工作成效突出的人力资源服务机构，按规定落实减免场地租金、给予奖励补贴、选树诚信服务机构等政策措施。对提供求职招聘、保障用工、劳务对接等相关服务的机构,按规定落实就业创业服务补助政策。对符合条件的人力资源服务机构开展劳务品牌从业人员相关技能培训的,按规定纳入补贴性职业技能培训范围。国家级人力资源服务产业园要带头减免房租、物业等收费,做到应降尽降、应免尽免。对受疫情等因素影响出现困难的人力资源服务机构要加强帮扶,及时协调落实相关政策,帮助其尽快渡过难关。

八、加强人力资源市场供求信息监测

实施人力资源市场"一线观察"项目,建立健全信息采集渠道,完善定期监测与快速调查相结合的工作机制,及时准确反映就业形势和行业态势。支持各地组织人力资源服务产业园和有代表性的人力资源服务机构,通过抽样调查、形势研判等方式,定期发布人力资源市场供需状况。鼓励具有全国或区域服务网络的人力资源服务机构依托自有求职招聘信息和数据库,开展市场供需、人员薪酬等分析预测,为劳动者求职、用人单位招聘用工提供参考。

各地要高度重视、精心组织人力资源服务机构稳就业促就业行动,加强统筹调度,充分调动各类人力资源服务机构、行业协会等多方力量,增强稳就业促就业实效性。开展清理整顿人力资源市场秩序专项行动,坚决防止和纠正就业歧视,打击违法违规行为,维护劳动者就业权益。及时总结工作中的经验做法,遴选典型案例,通过多种形式宣传推广,营造良好社会氛围。各地有关工作情况和成效,请于12月31日前报送人力资源社会保障部流动管理司。

2022年6月30日

职业能力建设

中华人民共和国职业教育法

(1996年5月15日第八届全国人民代表大会常务委员会第十九次会议通过 2022年4月20日第十三届全国人民代表大会常务委员会第三十四次会议修订)

目　　录

第一章　总则
第二章　职业教育体系
第三章　职业教育的实施
第四章　职业学校和职业培训机构
第五章　职业教育的教师与受教育者
第六章　职业教育的保障
第七章　法律责任
第八章　附则

第一章　总　　则

第一条　为了推动职业教育高质量发展，提高劳动者素质和技术技能水平，促进就业创业，建设教育强国、人力资源强国和技能型社会，推进社会主义现代化建设，根据宪法，制定本法。

第二条　本法所称职业教育，是指为了培养高素质技术技能人才，使受教育者具备从事某种职业或者实现职业发展所需要的职业道德、科学文化与专业知识、技术技能等职业综合素质和行动能力而实施的教育，包括职业学校教育和职业培训。

机关、事业单位对其工作人员实施的专门培训由法律、行政法规另行规定。

第三条 职业教育是与普通教育具有同等重要地位的教育类型，是国民教育体系和人力资源开发的重要组成部分，是培养多样化人才、传承技术技能、促进就业创业的重要途径。

国家大力发展职业教育，推进职业教育改革，提高职业教育质量，增强职业教育适应性，建立健全适应社会主义市场经济和社会发展需要、符合技术技能人才成长规律的职业教育制度体系，为全面建设社会主义现代化国家提供有力人才和技能支撑。

第四条 职业教育必须坚持中国共产党的领导，坚持社会主义办学方向，贯彻国家的教育方针，坚持立德树人、德技并修，坚持产教融合、校企合作，坚持面向市场、促进就业，坚持面向实践、强化能力，坚持面向人人、因材施教。

实施职业教育应当弘扬社会主义核心价值观，对受教育者进行思想政治教育和职业道德教育，培育劳模精神、劳动精神、工匠精神，传授科学文化与专业知识，培养技术技能，进行职业指导，全面提高受教育者的素质。

第五条 公民有依法接受职业教育的权利。

第六条 职业教育实行政府统筹、分级管理、地方为主、行业指导、校企合作、社会参与。

第七条 各级人民政府应当将发展职业教育纳入国民经济和社会发展规划，与促进就业创业和推动发展方式转变、产业结构调整、技术优化升级等整体部署、统筹实施。

第八条 国务院建立职业教育工作协调机制，统筹协调全国职业教育工作。

国务院教育行政部门负责职业教育工作的统筹规划、综合协调、宏观管理。国务院教育行政部门、人力资源社会保障行政部门和其他有关部门在国务院规定的职责范围内，分别负责有关的职业教育工作。

省、自治区、直辖市人民政府应当加强对本行政区域内职业教育工作的领导，明确设区的市、县级人民政府职业教育具体工作职责，统筹协调职业教育发展，组织开展督导评估。

县级以上地方人民政府有关部门应当加强沟通配合，共同推进职业教育工作。

第九条 国家鼓励发展多种层次和形式的职业教育，推进多元办学，支持社会力量广泛、平等参与职业教育。

国家发挥企业的重要办学主体作用，推动企业深度参与职业教育，鼓励企业举办高质量职业教育。

有关行业主管部门、工会和中华职业教育社等群团组织、行业组织、企业、事业单位等应当依法履行实施职业教育的义务，参与、支持或者开展职业教育。

第十条 国家采取措施，大力发展技工教育，全面提高产业工人素质。

国家采取措施，支持举办面向农村的职业教育，组织开展农业技能培训、返乡创业就业培训和职业技能培训，培养高素质乡村振兴人才。

国家采取措施，扶持革命老区、民族地区、边远地区、欠发达地区职业教育的发展。

国家采取措施，组织各类转岗、再就业、失业人员以及特殊人群等接受各种形式的职业教育，扶持残疾人职业教育的发展。

国家保障妇女平等接受职业教育的权利。

第十一条 实施职业教育应当根据经济社会发展需要，结合职业分类、职业标准、职业发展需求，制定教育标准或者培训方案，实行学历证书及其他学业证书、培训证书、职业资格证书和职业技能等级证书制度。

国家实行劳动者在就业前或者上岗前接受必要的职业教育的制度。

第十二条 国家采取措施，提高技术技能人才的社会地位和待遇，弘扬劳动光荣、技能宝贵、创造伟大的时代风尚。

国家对在职业教育工作中做出显著成绩的单位和个人按照有关规定给予表彰、奖励。

每年5月的第二周为职业教育活动周。

第十三条 国家鼓励职业教育领域的对外交流与合作，支持引进境外优质资源发展职业教育，鼓励有条件的职业教育机构赴境外办学，支持开展多种形式的职业教育学习成果互认。

第二章 职业教育体系

第十四条 国家建立健全适应经济社会发展需要，产教深度融合，职业学校教育和职业培训并重，职业教育与普通教育相互融通，不同层次职业教育有效贯通，服务全民终身学习的现代职业教育体系。

国家优化教育结构，科学配置教育资源，在义务教育后的不同阶段因地制宜、统筹推进职业教育与普通教育协调发展。

第十五条 职业学校教育分为中等职业学校教育、高等职业学校教育。

中等职业学校教育由高级中等教育层次的中等职业学校（含技工学校）实施。

高等职业学校教育由专科、本科及以上教育层次的高等职业学校和普通高等学校实施。根据高等职业学校设置制度规定，将符合条件的技师学院纳入高等职业学校序列。

其他学校、教育机构或者符合条件的企业、行业组织按照教育行政部门的统筹规划，可以实施相应层次的职业学校教育或者提供纳入人才培养方案的学分课程。

第十六条 职业培训包括就业前培训、在职培训、再就业培训及其他职业性培训，可以根据实际情况分级分类实施。

职业培训可以由相应的职业培训机构、职业学校实施。

其他学校或者教育机构以及企业、社会组织可以根据办学能力、社会需求，依法开展面向社会的、多种形式的职业培训。

第十七条 国家建立健全各级各类学校教育与职业培训学分、资历以及其他学习成果的认证、积累和转换机制，推进职业教育国家学分银行建设，促进职业教育与普通教育的学习成果融通、互认。

军队职业技能等级纳入国家职业资格认证和职业技能等级评价体系。

第十八条 残疾人职业教育除由残疾人教育机构实施外，各级各类职业学校和职业培训机构及其他教育机构应当按照国家有关规定接纳残疾学生，并加强无障碍环境建设，为残疾学生学习、生活提供必要的帮助和便利。

国家采取措施，支持残疾人教育机构、职业学校、职业培训机构及其他教育机构开展或者联合开展残疾人职业教育。

从事残疾人职业教育的特殊教育教师按照规定享受特殊教育津贴。

第十九条 县级以上人民政府教育行政部门应当鼓励和支持普通中小学、普通高等学校，根据实际需要增加职业教育相关教学内容，进行职业启蒙、职业认知、职业体验，开展职业规划指导、劳动教育，并组织、引导职业学校、职业培训机构、企业和行业组织等提供条件和支持。

第三章 职业教育的实施

第二十条 国务院教育行政部门会同有关部门根据经济社会发展需要和职业教育特点，组织制定、修订职业教育专业目录，完善职业教育教学等标准，宏观管理指导职业学校教材建设。

第二十一条 县级以上地方人民政府应当举办或者参与举办发挥骨干和示范作用的职业学校、职业培训机构，对社会力量依法举办的职业学校和职业培训机构给予指导和扶持。

国家根据产业布局和行业发展需要，采取措施，大力发展先进制造等产业需要的新兴专业，支持高水平职业学校、专业建设。

国家采取措施，加快培养托育、护理、康养、家政等方面技术技能人才。

第二十二条　县级人民政府可以根据县域经济社会发展的需要，设立职业教育中心学校，开展多种形式的职业教育，实施实用技术培训。

教育行政部门可以委托职业教育中心学校承担教育教学指导、教育质量评价、教师培训等职业教育公共管理和服务工作。

第二十三条　行业主管部门按照行业、产业人才需求加强对职业教育的指导，定期发布人才需求信息。

行业主管部门、工会和中华职业教育社等群团组织、行业组织可以根据需要，参与制定职业教育专业目录和相关职业教育标准，开展人才需求预测、职业生涯发展研究及信息咨询，培育供需匹配的产教融合服务组织，举办或者联合举办职业学校、职业培训机构，组织、协调、指导相关企业、事业单位、社会组织举办职业学校、职业培训机构。

第二十四条　企业应当根据本单位实际，有计划地对本单位的职工和准备招用的人员实施职业教育，并可以设置专职或者兼职实施职业教育的岗位。

企业应当按照国家有关规定实行培训上岗制度。企业招用的从事技术工种的劳动者，上岗前必须进行安全生产教育和技术培训；招用的从事涉及公共安全、人身健康、生命财产安全等特定职业（工种）的劳动者，必须经过培训并依法取得职业资格或者特种作业资格。

企业开展职业教育的情况应当纳入企业社会责任报告。

第二十五条　企业可以利用资本、技术、知识、设施、设备、场地和管理等要素，举办或者联合举办职业学校、职业培训机构。

第二十六条 国家鼓励、指导、支持企业和其他社会力量依法举办职业学校、职业培训机构。

地方各级人民政府采取购买服务，向学生提供助学贷款、奖助学金等措施，对企业和其他社会力量依法举办的职业学校和职业培训机构予以扶持；对其中的非营利性职业学校和职业培训机构还可以采取政府补贴、基金奖励、捐资激励等扶持措施，参照同级同类公办学校生均经费等相关经费标准和支持政策给予适当补助。

第二十七条 对深度参与产教融合、校企合作，在提升技术技能人才培养质量、促进就业中发挥重要主体作用的企业，按照规定给予奖励；对符合条件认定为产教融合型企业的，按照规定给予金融、财政、土地等支持，落实教育费附加、地方教育附加减免及其他税费优惠。

第二十八条 联合举办职业学校、职业培训机构的，举办者应当签订联合办学协议，约定各方权利义务。

地方各级人民政府及行业主管部门支持社会力量依法参与联合办学，举办多种形式的职业学校、职业培训机构。

行业主管部门、工会等群团组织、行业组织、企业、事业单位等委托学校、职业培训机构实施职业教育的，应当签订委托合同。

第二十九条 县级以上人民政府应当加强职业教育实习实训基地建设，组织行业主管部门、工会等群团组织、行业组织、企业等根据区域或者行业职业教育的需要建设高水平、专业化、开放共享的产教融合实习实训基地，为职业学校、职业培训机构开展实习实训和企业开展培训提供条件和支持。

第三十条 国家推行中国特色学徒制，引导企业按照岗位总量的一定比例设立学徒岗位，鼓励和支持有技术技能人才培养能力的企业特别是产教融合型企业与职业学校、职业培训机构开展合作，对新招用职工、在岗职工和转岗职工进行学徒培训，或者与职业学校联合招收学生，以工学结合的方式进行学徒培养。有关企业可以按照规定享受补贴。

企业与职业学校联合招收学生，以工学结合的方式进行学徒培养的，应当签订学徒培养协议。

第三十一条　国家鼓励行业组织、企业等参与职业教育专业教材开发，将新技术、新工艺、新理念纳入职业学校教材，并可以通过活页式教材等多种方式进行动态更新；支持运用信息技术和其他现代化教学方式，开发职业教育网络课程等学习资源，创新教学方式和学校管理方式，推动职业教育信息化建设与融合应用。

第三十二条　国家通过组织开展职业技能竞赛等活动，为技术技能人才提供展示技能、切磋技艺的平台，持续培养更多高素质技术技能人才、能工巧匠和大国工匠。

第四章　职业学校和职业培训机构

第三十三条　职业学校的设立，应当符合下列基本条件：

（一）有组织机构和章程；

（二）有合格的教师和管理人员；

（三）有与所实施职业教育相适应、符合规定标准和安全要求的教学及实习实训场所、设施、设备以及课程体系、教育教学资源等；

（四）有必备的办学资金和与办学规模相适应的稳定经费来源。

设立中等职业学校，由县级以上地方人民政府或者有关部门按照规定的权限审批；设立实施专科层次教育的高等职业学校，由省、自治区、直辖市人民政府审批，报国务院教育行政部门备案；设立实施本科及以上层次教育的高等职业学校，由国务院教育行政部门审批。

专科层次高等职业学校设置的培养高端技术技能人才的部分专业，符合产教深度融合、办学特色鲜明、培养质量较高等条件的，经国务院教育行政部门审批，可以实施本科层次的职业教育。

第三十四条 职业培训机构的设立，应当符合下列基本条件：

（一）有组织机构和管理制度；

（二）有与培训任务相适应的课程体系、教师或者其他授课人员、管理人员；

（三）有与培训任务相适应、符合安全要求的场所、设施、设备；

（四）有相应的经费。

职业培训机构的设立、变更和终止，按照国家有关规定执行。

第三十五条 公办职业学校实行中国共产党职业学校基层组织领导的校长负责制，中国共产党职业学校基层组织按照中国共产党章程和有关规定，全面领导学校工作，支持校长独立负责地行使职权。民办职业学校依法健全决策机制，强化学校的中国共产党基层组织政治功能，保证其在学校重大事项决策、监督、执行各环节有效发挥作用。

校长全面负责本学校教学、科学研究和其他行政管理工作。校长通过校长办公会或者校务会议行使职权，依法接受监督。

职业学校可以通过咨询、协商等多种形式，听取行业组织、企业、学校毕业生等方面代表的意见，发挥其参与学校建设、支持学校发展的作用。

第三十六条 职业学校应当依法办学，依据章程自主管理。

职业学校在办学中可以开展下列活动：

（一）根据产业需求，依法自主设置专业；

（二）基于职业教育标准制定人才培养方案，依法自主选用或者编写专业课程教材；

（三）根据培养技术技能人才的需要，自主设置学习制度，安排教学过程；

（四）在基本学制基础上，适当调整修业年限，实行弹性学习制度；

（五）依法自主选聘专业课教师。

第三十七条 国家建立符合职业教育特点的考试招生制度。

中等职业学校可以按照国家有关规定，在有关专业实行与高等职业学校教育的贯通招生和培养。

高等职业学校可以按照国家有关规定，采取文化素质与职业技能相结合的考核方式招收学生；对有突出贡献的技术技能人才，经考核合格，可以破格录取。

省级以上人民政府教育行政部门会同同级人民政府有关部门建立职业教育统一招生平台，汇总发布实施职业教育的学校及其专业设置、招生情况等信息，提供查询、报考等服务。

第三十八条 职业学校应当加强校风学风、师德师风建设，营造良好学习环境，保证教育教学质量。

第三十九条 职业学校应当建立健全就业创业促进机制，采取多种形式为学生提供职业规划、职业体验、求职指导等就业创业服务，增强学生就业创业能力。

第四十条 职业学校、职业培训机构实施职业教育应当注重产教融合，实行校企合作。

职业学校、职业培训机构可以通过与行业组织、企业、事业单位等共同举办职业教育机构、组建职业教育集团、开展订单培养等多种形式进行合作。

国家鼓励职业学校在招生就业、人才培养方案制定、师资队伍建设、专业规划、课程设置、教材开发、教学设计、教学实施、质量评价、科学研究、技术服务、科技成果转化以及技术技能创新平台、专业化技术转移机构、实习实训基地建设等方面，与相关行业组织、企业、事业单位等建立合作机制。开展合作的，应当签订协议，明确双方权利义务。

第四十一条 职业学校、职业培训机构开展校企合作、提供社会服务或者以实习实训为目的举办企业、开展经营活动取得的收入用于改善办学条件；收入的一定比例可以用于支付教师、企业专家、外聘人员和受教育者的劳动报酬，也可以作为绩效工资来源，符合国家规定的可以不受绩效工资总量限制。

职业学校、职业培训机构实施前款规定的活动，符合国家有关规定的，享受相关税费优惠政策。

第四十二条 职业学校按照规定的收费标准和办法，收取学费和其他必要费用；符合国家规定条件的，应当予以减免；不得以介绍工作、安排实习实训等名义违法收取费用。

职业培训机构、职业学校面向社会开展培训的，按照国家有关规定收取费用。

第四十三条 职业学校、职业培训机构应当建立健全教育质量评价制度，吸纳行业组织、企业等参与评价，并及时公开相关信息，接受教育督导和社会监督。

县级以上人民政府教育行政部门应当会同有关部门、行业组织建立符合职业教育特点的质量评价体系，组织或者委托行业组织、企业和第三方专业机构，对职业学校的办学质量进行评估，并将评估结果及时公开。

职业教育质量评价应当突出就业导向，把受教育者的职业道德、技术技能水平、就业质量作为重要指标，引导职业学校培养高素质技术技能人才。

有关部门应当按照各自职责，加强对职业学校、职业培训机构的监督管理。

第五章　职业教育的教师与受教育者

第四十四条 国家保障职业教育教师的权利，提高其专业素质与社会地位。

县级以上人民政府及其有关部门应当将职业教育教师的培养培训工作纳入教师队伍建设规划，保证职业教育教师队伍适应职业教育发展的需要。

第四十五条 国家建立健全职业教育教师培养培训体系。

各级人民政府应当采取措施，加强职业教育教师专业化培养培训，鼓励设立专门的职业教育师范院校，支持高等学校设立相关专业，培养职业教育教师；鼓励行业组织、企业共同参与职业教育教师培养培训。

产教融合型企业、规模以上企业应当安排一定比例的岗位，接纳职业学校、职业培训机构教师实践。

第四十六条 国家建立健全符合职业教育特点和发展要求的职业学校教师岗位设置和职务（职称）评聘制度。

职业学校的专业课教师（含实习指导教师）应当具有一定年限的相应工作经历或者实践经验，达到相应的技术技能水平。

具备条件的企业、事业单位经营管理和专业技术人员，以及其他有专业知识或者特殊技能的人员，经教育教学能力培训合格的，可以担任职业学校的专职或者兼职专业课教师；取得教师资格的，可以根据其技术职称聘任为相应的教师职务。取得职业学校专业课教师资格可以视情况降低学历要求。

第四十七条 国家鼓励职业学校聘请技能大师、劳动模范、能工巧匠、非物质文化遗产代表性传承人等高技能人才，通过担任专职或者兼职专业课教师、设立工作室等方式，参与人才培养、技术开发、技能传承等工作。

第四十八条 国家制定职业学校教职工配备基本标准。省、自治区、直辖市应当根据基本标准，制定本地区职业学校教职工配备标准。

县级以上地方人民政府应当根据教职工配备标准、办学规模等，确定公办职业学校教职工人员规模，其中一定比例可以用于支持职业学校面向社会公开招聘专业技术人员、技能人才担任专职或者兼职教师。

第四十九条 职业学校学生应当遵守法律、法规和学生行为规范，养成良好的职业道德、职业精神和行为习惯，努力学习，完成规定的学习任务，按照要求参加实习实训，掌握技术技能。

职业学校学生的合法权益，受法律保护。

第五十条 国家鼓励企业、事业单位安排实习岗位，接纳职业学校和职业培训机构的学生实习。接纳实习的单位应当保障学生在实习期间按照规定享受休息休假、获得劳动安全卫生保护、参加相关保险、接受职业技能指导等权利；对上岗实习的，应当签订实习协议，给予适当的劳动报酬。

职业学校和职业培训机构应当加强对实习实训学生的指导，加强安全生产教育，协商实习单位安排与学生所学专业相匹配的岗位，明确实习实训内容和标准，不得安排学生从事与所学专业无关的实习实训，不得违反相关规定通过人力资源服务机构、劳务派遣单位，或者通过非法从事人力资源服务、劳务派遣业务的单位或个人组织、安排、管理学生实习实训。

第五十一条 接受职业学校教育，达到相应学业要求，经学校考核合格的，取得相应的学业证书；接受职业培训，经职业培训机构或者职业学校考核合格的，取得相应的培训证书；经符合国家规定的专门机构考核合格的，取得相应的职业资格证书或者职业技能等级证书。

学业证书、培训证书、职业资格证书和职业技能等级证书，按照国家有关规定，作为受教育者从业的凭证。

接受职业培训取得的职业技能等级证书、培训证书等学习成果，经职业学校认定，可以转化为相应的学历教育学分；达到相应职业学校学业要求的，可以取得相应的学业证书。

接受高等职业学校教育，学业水平达到国家规定的学位标准的，可以依法申请相应学位。

第五十二条 国家建立对职业学校学生的奖励和资助制度，对特别优秀的学生进行奖励，对经济困难的学生提供资助，并向艰苦、特殊行业等专业学生适当倾斜。国家根据经济社会发展情况适时调整奖励和资助标准。

国家支持企业、事业单位、社会组织及公民个人按照国家有关规定设立职业教育奖学金、助学金，奖励优秀学生，资助经济困难的学生。

职业学校应当按照国家有关规定从事业收入或者学费收入中提取一定比例资金，用于奖励和资助学生。

省、自治区、直辖市人民政府有关部门应当完善职业学校资助资金管理制度，规范资助资金管理使用。

第五十三条 职业学校学生在升学、就业、职业发展等方面与同层次普通学校学生享有平等机会。

高等职业学校和实施职业教育的普通高等学校应当在招生计划中确定相应比例或者采取单独考试办法，专门招收职业学校毕业生。

各级人民政府应当创造公平就业环境。用人单位不得设置妨碍职业学校毕业生平等就业、公平竞争的报考、录用、聘用条件。机关、事业单位、国有企业在招录、招聘技术技能岗位人员时，应当明确技术技能要求，将技术技能水平作为录用、聘用的重要条件。事业单位公开招聘中有职业技能等级要求的岗位，可以适当降低学历要求。

第六章 职业教育的保障

第五十四条 国家优化教育经费支出结构，使职业教育经费投入与职业教育发展需求相适应，鼓励通过多种渠道依法筹集发展职业教育的资金。

第五十五条 各级人民政府应当按照事权和支出责任相适应的原则，根据职业教育办学规模、培养成本和办学质量等落实职业教育经费，并加强预算绩效管理，提高资金使用效益。

省、自治区、直辖市人民政府应当制定本地区职业学校生均经费标准或者公用经费标准。职业学校举办者应当按照生均经费标准或者公用经费标准按时、足额拨付经费，不断改善办学条件。不得以学费、社会服务收入冲抵生均拨款。

民办职业学校举办者应当参照同层次职业学校生均经费标准，通过多种渠道筹措经费。

财政专项安排、社会捐赠指定用于职业教育的经费，任何组织和个人不得挪用、克扣。

第五十六条 地方各级人民政府安排地方教育附加等方面的经费，应当将其中可用于职业教育的资金统筹使用；发挥失业保险基金作用，支持职工提升职业技能。

第五十七条 各级人民政府加大面向农村的职业教育投入，可以将农村科学技术开发、技术推广的经费适当用于农村职业培训。

第五十八条 企业应当根据国务院规定的标准，按照职工工资总额一定比例提取和使用职工教育经费。职工教育经费可以用于举办职业教育机构、对本单位的职工和准备招用人员进行职业教育等合理用途，其中用于企业一线职工职业教育的经费应当达到国家规定的比例。用人单位安排职工到职业学校或者职业培训机构接受职业教育的，应当在其接受职业教育期间依法支付工资，保障相关待遇。

企业设立具备生产与教学功能的产教融合实习实训基地所发生的费用，可以参照职业学校享受相应的用地、公用事业费等优惠。

第五十九条 国家鼓励金融机构通过提供金融服务支持发展职业教育。

第六十条 国家鼓励企业、事业单位、社会组织及公民个人对职业教育捐资助学，鼓励境外的组织和个人对职业教育提供资助和捐赠。提供的资助和捐赠，必须用于职业教育。

第六十一条 国家鼓励和支持开展职业教育的科学技术研究、教材和教学资源开发，推进职业教育资源跨区域、跨行业、跨部门共建共享。

国家逐步建立反映职业教育特点和功能的信息统计和管理体系。

县级以上人民政府及其有关部门应当建立健全职业教育服务和保障体系，组织、引导工会等群团组织、行业组织、企业、学校等开展职业教育研究、宣传推广、人才供需对接等活动。

第六十二条 新闻媒体和职业教育有关方面应当积极开展职业教育公益宣传，弘扬技术技能人才成长成才典型事迹，营造人人努力成才、人人皆可成才、人人尽展其才的良好社会氛围。

第七章　法　律　责　任

第六十三条 在职业教育活动中违反《中华人民共和国教育法》《中华人民共和国劳动法》等有关法律规定的，依照有关法律的规定给予处罚。

第六十四条 企业未依照本法规定对本单位的职工和准备招用的人员实施职业教育、提取和使用职工教育经费的，由有关部门责令改正；拒不改正的，由县级以上人民政府收取其应当承担的职工教育经费，用于职业教育。

第六十五条 职业学校、职业培训机构在职业教育活动中违反本法规定的，由教育行政部门或者其他有关部门责令改正；教育教学质量低下或者管理混乱，造成严重后果的，责令暂停招生、限期整顿；逾期不整顿或者经整顿仍达不到要求的，吊销办学许可证或者责令停止办学。

第六十六条 接纳职业学校和职业培训机构学生实习的单位违反本法规定，侵害学生休息休假、获得劳动安全卫生保护、参加相关保险、接受职业技能指导等权利的，依法承担相应的法律责任。

职业学校、职业培训机构违反本法规定,通过人力资源服务机构、劳务派遣单位或者非法从事人力资源服务、劳务派遣业务的单位或个人组织、安排、管理学生实习实训的,由教育行政部门、人力资源社会保障行政部门或者其他有关部门责令改正,没收违法所得,并处违法所得一倍以上五倍以下的罚款;违法所得不足一万元的,按一万元计算。

对前款规定的人力资源服务机构、劳务派遣单位或者非法从事人力资源服务、劳务派遣业务的单位或个人,由人力资源社会保障行政部门或者其他有关部门责令改正,没收违法所得,并处违法所得一倍以上五倍以下的罚款;违法所得不足一万元的,按一万元计算。

第六十七条 教育行政部门、人力资源社会保障行政部门或者其他有关部门的工作人员违反本法规定,滥用职权、玩忽职守、徇私舞弊的,依法给予处分;构成犯罪的,依法追究刑事责任。

第八章 附 则

第六十八条 境外的组织和个人在境内举办职业学校、职业培训机构,适用本法;法律、行政法规另有规定的,从其规定。

第六十九条 本法自 2022 年 5 月 1 日起施行。

中共中央办公厅 国务院办公厅印发《关于加强新时代高技能人才队伍建设的意见》

技能人才是支撑中国制造、中国创造的重要力量。加强高级工以上的高技能人才队伍建设，对巩固和发展工人阶级先进性，增强国家核心竞争力和科技创新能力，缓解就业结构性矛盾，推动高质量发展具有重要意义。为贯彻落实党中央、国务院决策部署，加强新时代高技能人才队伍建设，现提出如下意见。

一、总体要求

（一）指导思想。以习近平新时代中国特色社会主义思想为指导，深入贯彻党的十九大和十九届历次全会精神，全面贯彻习近平总书记关于做好新时代人才工作的重要思想，坚持党管人才，立足新发展阶段，贯彻新发展理念，服务构建新发展格局，推动高质量发展，深入实施新时代人才强国战略，以服务发展、稳定就业为导向，大力弘扬劳模精神、劳动精神、工匠精神，全面实施"技能中国行动"，健全技能人才培养、使用、评价、激励制度，构建党委领导、政府主导、政策支持、企业主体、社会参与的高技能人才工作体系，打造一支爱党报国、敬业奉献、技艺精湛、素质优良、规模宏大、结构合理的高技能人才队伍。

（二）目标任务。到"十四五"时期末，高技能人才制度政策更加健全、培养体系更加完善、岗位使用更加合理、评价机制更加科学、激励保障更加有力，尊重技能尊重劳动的社会氛围更加浓厚，技能人才规模不断壮大、素质稳步提升、结构持续优化、收入稳定增加，技能人才占就业人员的比例达到30%以上，高技能人才占技能人才的比例达到1/3，东部省份高技能人才占技能人才的比例达到35%。力争到2035年，技能人才规模持续壮大、素质大幅提高，高技能人才数量、结构与基本实现社会主义现代化的要求相适应。

二、加大高技能人才培养力度

（三）健全高技能人才培养体系。构建以行业企业为主体、职业学校（含技工院校，下同）为基础、政府推动与社会支持相结合的高技能人才培养体系。行业主管部门和行业组织要结合本行业生产、技术发展趋势，做好高技能人才供需预测和培养规划。鼓励各类企业结合实际把高技能人才培养纳入企业发展总体规划和年度计划，依托企业培训中心、产教融合实训基地、高技能人才培训基地、公共实训基地、技能大师工作室、劳模和工匠人才创新工作室、网络学习平台等，大力培养高技能人才。国有企业要结合实际将高技能人才培养规划的制定和实施情况纳入考核评价体系。鼓励各类企业事业组织、社会团体及其他社会组织以独资、合资、合作等方式依法参与举办职业教育培训机构，积极参与承接政府购买服务。对纳入产教融合型企业建设培育范围的企业兴办职业教育符合条件的投资，可依据有关规定按投资额的30%抵免当年应缴教育费附加和地方教育附加。

（四）创新高技能人才培养模式。探索中国特色学徒制。深化产教融合、校企合作，开展订单式培养、套餐制培训，创新校企双制、校中厂、厂中校等方式。对联合培养高技能人才成效显著的企业，各级政府按规定予以表扬和相应政策支持。完善项目制培养模式，针对不同类别不同群体高技能人才实施差异化培养项目。鼓励通过名师带徒、技能研修、岗位练兵、技能竞赛、技术交流等形式，开放式培训高技能人才。建立技能人才继续教育制度，推广求学圆梦行动，定期组织开展研修交流活动，促进技能人才知识更新与技术创新、工艺改造、产业优化升级要求相适应。

（五）加大急需紧缺高技能人才培养力度。围绕国家重大战略、重大工程、重大项目、重点产业对高技能人才的需求，实施高技能领军人才培育计划。支持制造业企业围绕转型升级和产业基础再造工程项目，实施制造业技能根基工程。围绕建设网络强国、数字中国，实施提升全民数字素养与技能行动，建立一批数字技能人才培养试验区，打造一批数字素养与技能提升培训基地，举办全民数字素养与技能提升活动，实施数字教育培训资源开放共享行动。围绕乡村振兴战略，实施乡村工匠培育计划，挖掘、保护和传承民间传统技艺，打造一批"工匠园区"。

（六）发挥职业学校培养高技能人才的基础性作用。优化职业教育类型、院校布局和专业设置。采取中等职业学校和普通高中同批次并行招生等措施，稳定中等职业学校招生规模。在技工院校中普遍推行工学一体化技能人才培养模式。允许职业学校开展有偿性社会培训、技术服务或创办企业，所取得的收入可按一定比例作为办学经费自主安排使用；公办职业学校所取得的收入可按一定比例作为绩效工资来源，用于支付本校教师和其他培训教师的劳动报酬。合理保障职业学校师资受公派临时出国（境）参加培训访学、进修学习、技能交流等学术交流活动相关费用。切实保障职业学校学生在升学、就业、职业发展等方面与同层次普通学校学生享有平等机会。实施现代职业教育质量提升计划，支持职业学校改善办学条件。

（七）优化高技能人才培养资源和服务供给。实施国家乡村振兴重点帮扶地区职业技能提升工程，加大东西部协作和对口帮扶力度。健全公共职业技能培训体系，实施职业技能培训共建共享行动，开展县域职业技能培训共建共享试点。加快探索"互联网+职业技能培训"，构建线上线下相结合的培训模式。依托"金保工程"，加快推进职业技能培训实名制管理工作，建立以社会保障卡为载体的劳动者终身职业技能培训电子档案。

三、完善技能导向的使用制度

（八）健全高技能人才岗位使用机制。企业可设立技能津贴、班组长津贴、带徒津贴等，支持鼓励高技能人才在岗位上发挥技能、管理班组、带徒传技。鼓励企业根据需要，建立高技能领军人才"揭榜领题"以及参与重大生产决策、重大技术革新和技术攻关项目的制度。实行"技师+工程师"等团队合作模式，在科研和技术攻关中发挥高技能人才创新能力。鼓励支持高技能人才兼任职业学校实习实训指导教师。注重青年高技能人才选用。高技能人才配置状况应作为生产经营性企业及其他实体参加重大工程项目招投标、评优和资质评估的重要因素。

（九）完善技能要素参与分配制度。引导企业建立健全基于岗位价值、能力素质和业绩贡献的技能人才薪酬分配制度，实现多劳者多得、技高者多得，促进人力资源优化配置。国有企业在工资分配上要发挥向技能人才倾斜的示范作用。完善企业薪酬调查和信息发布制度，鼓励有条件的地区发布分职业（工种、岗位）、分技能等级的工资价位信息，为企业与技能人才协商确定工资水平提供信息参考。用人单位在聘的高技能人才在学习进修、岗位聘任、职务晋升、工资福利等方面，分别比照相应层级专业技术人员享受同等待遇。完善科技成果转化收益分享机制，对在技术革新或技术攻关中作出突出贡献的高技能人才给予奖励。高技能人才可实行年薪制、协议工资制，企业可对作出突出贡献的优秀高技能人才实行特岗特酬，鼓励符合条件的企业积极运用中长期激励工具，加大对高技能人才的激励力度。畅通高技能人才建立企业年金的机制，鼓励和引导企业为包括高技能人才在内的职工建立企业年金。完善高技能特殊人才特殊待遇政策。

（十）完善技能人才稳才留才引才机制。鼓励和引导企业关心关爱技能人才，依法保障技能人才合法权益，合理确定劳动报酬。健全人才服务体系，促进技能人才合理流动，提高技能人才配置效率。建立健全技能人才柔性流动机制，鼓励技能人才通过兼职、服务、技术攻关、项目合作等方式更好发挥作用。畅通高技能人才向专业技术岗位或管理岗位流动渠道。引导企业规范开展共享用工。支持各地结合产业发展需求实际，将急需紧缺技能人才纳入人才引进目录，引导技能人才向欠发达地区、基层一线流动。支持各地将高技能人才纳入城市直接落户范围，高技能人才的配偶、子女按有关规定享受公共就业、教育、住房等保障服务。

四、建立技能人才职业技能等级制度和多元化评价机制

（十一）拓宽技能人才职业发展通道。建立健全技能人才职业技能等级制度。对设有高级技师的职业（工种），可在其上增设特级技师和首席技师技术职务（岗位），在初级工之下补设学徒工，形成由学徒工、初级工、中级工、高级工、技师、高级技师、特级技师、首席技师构成的"八级工"职业技能等级（岗位）序列。鼓励符合条件的专业技术人员按有关规定申请参加相应职业（工种）的职业技能评价。支持各地面向符合条件的技能人才招聘事业单位工作人员，重视从技能人才中培养选拔党政干部。建立职业资格、职业技能等级与相应职称、学历的双向比照认定制度，推进学历教育学习成果、非学历教育学习成果、职业技能等级学分转换互认，建立国家资历框架。

（十二）健全职业标准体系和评价制度。健全符合我国国情的现代职业分类体系，完善新职业信息发布制度。完善由国家职业标准、行业企业评价规范、专项职业能力考核规范等构成的多层次、相互衔接的职业标准体系。探索开展技能人员职业标准国际互通、证书国际互认工作，各地可建立境外技能人员职业资格认可清单制度。健全以职业资格评价、职业技能等级认定和专项职业能力考核等为主要内容的技能人才评价机制。完善以职业能力为导向、以工作业绩为重点，注重工匠精神培育和职业道德养成的技能人才评价体系，推动职业技能评价与终身职业技能培训制度相适应，与使用、待遇相衔接。深化职业资格制度改革，完善职业资格目录，实行动态调整。围绕新业态、新技术和劳务品牌、地方特色产业、非物质文化遗产传承项目等，加大专项职业能力考核项目开发力度。

（十三）推行职业技能等级认定。支持符合条件的企业自主确定技能人才评价职业（工种）范围，自主设置岗位等级，自主开发制定岗位规范，自主运用评价方式开展技能人才职业技能等级评价；企业对新招录或未定级职工，可根据其日常表现、工作业绩，结合职业标准和企业岗位规范要求，直接认定相应的职业技能等级。打破学历、资历、年龄、比例等限制，对技能高超、业绩突出的一线职工，可直接认定高级工以上职业技能等级。对解决重大工艺技术难题和重大质量问题、技术创新成果获得省部级以上奖项、"师带徒"业绩突出的高技能人才，可破格晋升职业技能等级。推进"学历证书+若干职业技能证书"制度实施。强化技能人才评价规范管理，加大对社会培训评价组织的征集遴选力度，优化遴选条件，构建政府监管、机构自律、社会监督的质量监督体系，保障评价认定结果的科学性、公平性和权威性。

（十四）完善职业技能竞赛体系。广泛深入开展职业技能竞赛，完善以世界技能大赛为引领、全国职业技能大赛为龙头、全国行业和地方各级职业技能竞赛以及专项赛为主体、企业和院校职业技能比赛为基础的中国特色职业技能竞赛体系。依托现有资源，加强世界技能大赛综合训练中心、研究（研修）中心、集训基地等平台建设，推动世界技能大赛成果转化。定期举办全国职业技能大赛，推动省、市、县开展综合性竞赛活动。鼓励行业开展特色竞赛活动，举办乡村振兴职业技能大赛。举办世界职业院校技能大赛、全国职业院校技能大赛等职业学校技能竞赛。健全竞赛管理制度，推行"赛展演会"结合的办赛模式，建立政府、企业和社会多方参与的竞赛投入保障机制，加强竞赛专兼职队伍建设，提高竞赛科学化、规范化、专业化水平。完善并落实竞赛获奖选手表彰奖励、升学、职业技能等级晋升等政策。鼓励企业对竞赛获奖选手建立与岗位使用及薪酬待遇挂钩的长效激励机制。

五、建立高技能人才表彰激励机制

（十五）加大高技能人才表彰奖励力度。建立以国家表彰为引领、行业企业奖励为主体、社会奖励为补充的高技能人才表彰奖励体系。完善评选表彰中华技能大奖获得者和全国技术能手制度。国家级荣誉适当向高技能人才倾斜。加大高技能人才在全国劳动模范和先进工作者、国家科学技术奖等相关表彰中的评选力度，积极推荐高技能人才享受政府特殊津贴，对符合条件的高技能人才按规定授予五一劳动奖章、青年五四奖章、青年岗位能手、三八红旗手、巾帼建功标兵等荣誉，提高全社会对技能人才的认可认同。

（十六）健全高技能人才激励机制。加强对技能人才的政治引领和政治吸纳，注重做好党委（党组）联系服务高技能人才工作。将高技能人才纳入各地人才分类目录。注重依法依章程推荐高技能人才为人民代表大会代表候选人、政治协商会议委员人选、群团组织代表大会代表或委员会委员候选人。进一步提高高技能人才在职工代表大会中的比例，支持高技能人才参与企业管理。按照有关规定，选拔推荐优秀高技能人才到工会、共青团、妇联等群团组织挂职或兼职。建立高技能人才休假疗养制度，鼓励支持分级开展高技能人才休假疗养、研修交流和节日慰问等活动。

六、保障措施

（十七）强化组织领导。坚持党对高技能人才队伍建设的全面领导，确保正确政治方向。各级党委和政府要将高技能人才工作纳入本地区经济社会发展、人才队伍建设总体部署和考核范围。在本级人才工作领导小组统筹协调下，建立组织部门牵头抓总、人力资源社会保障部门组织实施、有关部门各司其职、行业企业和社会各方广泛参与的高技能人才工作机制。各地区各部门要大力宣传技能人才在经济社会发展中的作用和贡献,进一步营造重视、关心、尊重高技能人才的社会氛围,形成劳动光荣、技能宝贵、创造伟大的时代风尚。

(十八)加强政策支持。各级政府要统筹利用现有资金渠道,按规定支持高技能人才工作。企业要按规定足额提取和使用职工教育经费,60%以上用于一线职工教育和培训。落实企业职工教育经费税前扣除政策,有条件的地方可探索建立省级统一的企业职工教育经费使用管理制度。各地要按规定发挥好有关教育经费等各类资金作用,支持职业教育发展。

(十九)加强技能人才基础工作。充分利用大数据、云计算等新一代信息技术,加强技能人才工作信息化建设。建立健全高技能人才库。加强高技能人才理论研究和成果转化。大力推进符合高技能人才培养需求的精品课程、教材和师资建设,开发高技能人才培养标准和一体化课程。加强国际交流合作,推动实施技能领域"走出去""引进来"合作项目,支持青年学生、毕业生参与青年国际实习交流计划,推进与各国在技能领域的交流互鉴。

新华社北京 2022 年 10 月 7 日电

人力资源社会保障部关于健全完善新时代技能人才职业技能等级制度的意见（试行）

人社部发〔2022〕14号

各省、自治区、直辖市及新疆生产建设兵团人力资源社会保障厅（局），国务院各部委、各直属机构人事劳动保障工作机构，中央军委政治工作部兵员和文职人员局，有关行业组织、企业人事劳动保障工作机构：

为贯彻落实习近平总书记关于产业工人队伍建设和技能人才工作的一系列重要指示精神，根据中共中央、国务院关于新时期产业工人队伍建设改革、加强和改进新时代人才工作等有关文件要求，现就健全完善新时代技能人才职业技能等级制度提出如下意见。

一、**总体要求**

（一）指导思想

以习近平新时代中国特色社会主义思想为指导，全面贯彻党的十九大和十九届历次全会以及中央人才工作会议精神，健全技能人才培养、使用、评价、激励制度，畅通技能人才职业发展通道，提高待遇水平，增强荣誉感获得感幸福感，吸引更多劳动者走技能成才、技能报国之路，缓解技能人才短缺问题，充分发挥技能人才在经济社会高质量发展中的重要作用，为全面建设社会主义现代化国家提供有力的人才和技能支撑。

（二）基本原则

——坚持能力为本。围绕经济社会发展对技能人才的需求，充分发挥评价"指挥棒"作用，引导各级各类职业技能培训机构培训方向，激发技能人才参加职业技能培训的内生动力。

——坚持科学评价。遵循技能人才成长规律，以品德、能力、业绩、贡献为导向，完善职业标准，创新评价方式，规范评价流程，坚持考评结合、逐级认定，客观公正评价。优秀的可越级考评。

——坚持效果导向。聚焦技能人才职业发展中的"天花板"问题，完善职业技能等级（岗位）设置体系，畅通技能人才职业发展通道，延伸拓展其成长进步阶梯，推动形成人人学技能、有技能、长技能、比技能的技能型社会。

——坚持岗位使用。围绕用好用活人才，完善促进技能人才发展的政策措施，营造有利于技能人才成长和发挥作用的制度环境，让更多技能人才立足岗位，钻研技能，执着专注，实现岗位成才。

（三）目标任务

"十四五"期末，在以技能人员为主体的规模以上企业和其他用人单位（以下简称用人单位）中，全面推行职业技能等级认定，普遍建立与国家职业资格制度相衔接、与终身职业技能培训制度相适应，并与使用相结合、与待遇相匹配的新时代技能人才职业技能等级制度。涌现一大批高技能领军人才、大国工匠、能工巧匠，高端带动作用不断增强，引领集聚效应不断扩展，培养造就一支数量充足、结构合理、等级清晰、素质优良的产业工人队伍。

二、健全职业技能等级制度体系

（四）全面推行职业技能等级制度。实行技能人才职业技能等级制度，由用人单位和社会培训评价组织（以下简称社评组织）按照有关规定实施职业技能等级认定，使有技能等级晋升需求的人员均有机会得到技能评价。对关系公共利益或涉及国家安全、公共安全、人身健康、生命财产安全的职业（工种），纳入国家职业资格目录，依法实行职业资格准入，并做好与职业技能等级认定的衔接。

（五）健全技能岗位等级设置。企业根据技术技能发展水平等情况，结合实际，在现有职业技能等级设置的基础上适当增加或调整技能等级。对设有高级技师的职业（工种），可在其上增设特级技师和首席技师技术职务（岗位），在初级工之下补设学徒工，形成由学徒工、初级工、中级工、高级工、技师、高级技师、特级技师、首席技师构成的职业技能等级（岗位）序列。行业企业根据自身特点，考虑历史沿用、约定俗成等因素，对上述技能等级名称可使用不同称谓，并明确其与相应技能等级的对应关系。

（六）完善职业标准体系。建立健全由职业标准、评价规范、专项职业能力考核规范等构成的多层次、相互衔接、国际可比的职业标准体系。以满足人力资源管理需要和职业教育培训、技能评价需要为目标，按照职业标准编制技术规程确定的原则和要求开发职业标准或评价规范，并将职业道德、职业操守和劳模精神、劳动精神、工匠精神等要求纳入其中。对国家确定的职业（工种），各省（区、市）和部门（行业）可依托行业组织、龙头企业和院校等开发职业标准或评价规范。

（七）促进职业发展贯通。以职业分类为基础，统筹规划职业技能等级制度、职称制度、职业资格制度框架，并建立境外职业资格证书认可清单制度，避免交叉重复设置和评价，降低社会用人成本。鼓励专业技术人才参加职业技能评价。探索在数字经济领域促进技术技能人才融合发展。

三、完善职业技能等级认定机制

（八）实行分类考核评价。用人单位和社评组织要根据不同类型技能人才的工作特点，实行分类评价。在统一的职业标准体系框架基础上，对技术技能型人才的评价，要突出实际操作能力和解决关键生产技术难题等要求。对知识技能型人才的评价，要突出掌握运用理论知识指导生产实践、创造性开展工作等要求。对复合技能型人才的评价，要突出掌握多项技能、从事多工种多岗位复杂工作等要求。

（九）采取不同考核评价方式。学徒工的转正定级考核，由用人单位在其跟随师傅学习期满和试用期满后，依据本单位有关要求进行。参加中国特色企业新型学徒制的学员按照培养目标进行考核定级。初级工、中级工、高级工、技师、高级技师等级考核是技能考核评价的主体，由用人单位和社评组织按照职业标准和有关规定进行。鼓励支持采取以赛代评方式，依据职业标准举办的职业技能竞赛按照有关规定对获得优秀等次的选手晋升相应职业技能等级。

首席技师、特级技师是在高技能人才中设置的高级技术职务（岗位），一般应在有高级技师的职业（工种）领域中设立，通过评聘的方式进行，实行岗位聘任制。要稳妥有序开展特级技师、首席技师评聘工作，不搞高级技师普遍晋升。对本意见印发前已开展高级技师以上评审工作的，按照本意见有关要求进行复核确认。

特级技师评聘工作要在工程技术领域先行试点的基础上逐步扩大范围，由省级及以上人力资源社会保障部门指导用人单位制定实施方案，对评审标准、程序、办法和配套措施等作出具体规定。用人单位按照制定方案、组织评审、公示核准、任职聘用等程序组织实施。

首席技师原则上从特级技师中产生。首席技师是在技术技能领域作出重大贡献，或本地区、本行业企业公认具有高超技能、精湛技艺的高技能人才。首席技师评聘工作要在特级技师评聘的基础上先行试点、逐步推开，由省级及以上人力资源社会保障部门、国务院有关行业主管部门指导用人单位实施，采取基层推荐、地方或行业评审、公示核准、用人单位聘任等程序进行。

（十）支持用人单位自主开展职业技能等级认定。用人单位结合生产经营特点和实际需要，按照有关规定自主开展技能人才评价。鼓励用人单位在职业技能等级认定工作初期，广泛开展定级考评，根据岗位条件、职工日常表现、工作业绩等，按照有关规定认定职工相应职业技能等级。用人单位可将职业技能等级认定与岗位练兵、技术比武、技术攻关、揭榜领题等相结合。打破学历、资历、年龄、比例等限制，对技艺高超、业绩突出的一线职工，按照规定直接认定其相应技能等级。被派遣劳动者可在用工单位进行职业技能等级认定。

（十一）推行社会化职业技能等级认定。按照统筹规划、合理布局、严格条件、择优遴选、动态调整的原则，面向社会公开征集遴选社评组织。社评组织根据市场需求和劳动者就业创业需要，依据有关规定，按照客观、公正、科学、规范的原则，面向劳动者开展职业技能等级认定。

（十二）指导技工院校全面开展职业技能等级认定。促进技工院校教学与企业用人需求紧密结合，推行工学一体化技能人才培养模式，加强专业设置与产业需求对接、课程内容与职业标准对接、教学过程与工作过程对接，积极为学生提供职业技能等级认定服务。同时，支持技工院校依托合作企业为学生提供职业技能等级认定服务。加大将技工院校培育为社评组织力度，面向各类就业群体提供职业技能等级认定服务。

四、促进职业技能等级认定结果与培养使用待遇相结合

（十三）充分发挥技能评价对提高培养培训质量的导向作用。要将职业技能等级认定作为引导职业技能培训方向、检验培训质量的重要手段。依据职业标准组织开展各等级职业技能培训，突出能力导向，强化高技能人才培训，促进职业技能培训与职业技能等级认定有机衔接。推动建立并形成贯穿劳动者学习工作终身、覆盖劳动者职业生涯全程的职业技能培训制度。

（十四）促进职业技能等级认定结果与岗位使用有效衔接。建立评价与使用相结合的机制，评以适用、以用促评。用人单位结合用人需求，根据职业技能等级认定结果合理安排使用技能人才，实现职业技能等级认定结果与技能人才使用相衔接。实行聘期管理制度，健全日常和动态考核制度，在岗位聘用中实现人员能上能下。

（十五）建立与职业技能等级（岗位）序列相匹配的岗位绩效工资制。推动《技能人才薪酬分配指引》落实落地，强化工资收入分配的技能价值激励导向。引导用人单位建立基于岗位价值、能力素质、业绩贡献的工资分配制度，将职业技能等级作为技能人才工资分配的重要参考，突出技能人才实际贡献，通过在工资结构中设置体现技术技能价值的工资单元，或根据职业技能等级设置单独的技能津贴等方式，合理确定技能人才工资水平，实现多劳者多得、技高者多得。

（十六）健全高技能人才激励机制。引导用人单位工资分配向高技能人才倾斜，高技能人才人均工资增幅不低于本单位相应层级专业技术人员和管理人员人均工资增幅。对优秀的高技能人才，可探索实行协议工资、项目工资、年薪制、专项特殊奖励、股权期权激励、技术创新成果入股、岗位分红等激励办法。对在聘的高级工、技师、高级技师在学习进修、岗位聘任、职务职级晋升、评优评奖、科研项目申报等方面，比照相应层级专业技术人员享受同等待遇。聘用到特级技师岗位的人员，比照正高级职称人员享受同等待遇。首席技师薪酬待遇可参照本单位高级管理人员标准确定或根据实际确定，不低于特级技师薪酬待遇。机关事业单位工勤（工勤技能）人员的职业技能等级（岗位）设置和薪酬待遇按照有关规定执行。

五、加强服务监管

（十七）加强组织领导。健全完善职业技能等级制度关系广大技能人才的切身利益，涉及面广，政治性、政策性和技术性都非常强。各级人力资源社会保障部门要充分认识实施职业技能等级制度的重要意义，要从提升技能人才社会地位、巩固党的执政基础、实现人民共同富裕的高度，切实加强组织领导，统筹规划，周密部署，精心组织。要做好推动落实、服务保障、监督检查以及宣传引导等工作。

（十八）健全公共服务体系。按照全覆盖、可及性、便利性的要求，建立健全技能人才评价服务体系。做好评价机构备案服务，公布机构目录并实行动态调整。严格、规范证书（或电子证书）管理。建立完善信息化服务管理系统，面向社会提供技能人才评价机构和证书查询验证服务。加强跨区域职业技能等级认定结果互认，探索职业技能等级认定结果国际互认。

（十九）加强质量督导和监管。建立健全质量监管体系，实现事前事中事后全链条全领域监管。各地要按照属地管理原则，做好技能人才评价工作的综合管理。加强质量督导，采取"双随机、一公开"和"互联网+监管"等方式，加强对用人单位和社评组织及其评价活动的监督管理和指导。健全评价质量评估机制，及时向社会公开评估结果。用人单位和社评组织要落实评价质量管理主体责任，接受同行监督和社会监督。

附件：职业技能等级（岗位）要求

2022 年 3 月 18 日

附件

职业技能等级（岗位）要求

序号	级别名称	基本要求	实施机构
1	学徒工	能够基本完成本职业某一方面的主要工作。	用人单位
2	初级工	能够运用基本技能独立完成本职业的常规工作。	
3	中级工	能够熟练运用基本技能独立完成本职业的常规工作；在特定情况下，能够运用专门技能完成技术较为复杂的工作；能够与他人合作。	
4	高级工	能够熟练运用基本技能和专门技能完成本职业较为复杂的工作，包括完成部分非常规性的工作；能够独立处理工作中出现的问题；能够指导和培训初、中级工。	
5	技师	能够熟练运用专门技能和特殊技能完成本职业复杂的、非常规性的工作；掌握本职业的关键技术技能，能够独立处理和解决技术或工艺难题；在技术技能方面有创新；能够指导和培训初、中、高级工；具有一定的技术管理能力。	用人单位和社评组织
6	高级技师	能够熟练运用专门技能和特殊技能在本职业的各个领域完成复杂的、非常规性工作；熟练掌握本职业的关键技术技能，能够独立处理和解决高难度的技术问题或工艺难题；在技术攻关和工艺革新方面有创新；能够组织开展技术改造、技术革新活动；能够组织开展系统的专业技术培训；具有技术管理能力。	

续表

序号	级别名称	基本要求	实施机构
7	特级技师	在生产科研一线从事技术技能工作、业绩贡献突出的"企业高技能领军人才"。能够熟练运用专门技能和特殊技能在本职业的各个领域完成复杂的、非常规性工作;精通本职业及相关职业的重要理论原理及关键技术技能,能够独立处理和解决高难度的技术问题或工艺难题;承担传授技艺的任务,在技能人才梯队培养上作出突出贡献。	省级及以上人力资源社会保障部门指导用人单位实施
8	首席技师	在技术技能领域作出重大贡献,或在本地区、本行业企业具有公认的高超技能、精湛技艺的"地方或行业企业高技能领军人才"。为地方、行业企业高技能人才队伍建设作出突出贡献;为国家重大技术攻关、成果转化、技术创新、发明等作出突出贡献,在地方、行业企业的技术进步与发展中发挥关键作用,专业水平在地方、行业企业具有很高认可度和影响力。	省级及以上人力资源社会保障部门、国务院有关行业主管部门指导用人单位实施

注:1. 行业企业可结合实际对上述要求进行修订完善。

2. 上述职业技能等级证书样式和编码按照有关规定确定。证书编码第16位为大写英文字母或阿拉伯数字,其中"X"表示"学徒工","T"表示"特级技师","S"表示"首席技师","5、4、3、2、1"分别表示"初级工、中级工、高级工、技师、高级技师"。

人力资源社会保障部 工业和信息化部 国务院国资委关于印发《制造业技能根基工程实施方案》的通知

人社部发〔2022〕33号

各省、自治区、直辖市及新疆生产建设兵团人力资源社会保障厅(局)、工业和信息化主管部门、国资委：

  为深入贯彻习近平总书记关于技能人才工作重要指示精神，实施新修订的《中华人民共和国职业教育法》，全面落实《"十四五"职业技能培训规划》，加快培养制造业高质量发展急需的高素质技能人才，人力资源社会保障部、工业和信息化部、国务院国资委联合制定了《制造业技能根基工程实施方案》。现印发给你们，请结合实际贯彻执行。

2022年6月2日

制造业技能根基工程实施方案

  为深入贯彻习近平总书记关于技能人才工作重要指示精神，实施新修订的《中华人民共和国职业教育法》，全面落实

《"十四五"职业技能培训规划》,加快培养制造业高质量发展急需的高素质技能人才,特制定本方案。

一、工作背景

制造业是国民经济的主体,是科技创新的主战场,是立国之本、兴国之器、强国之基。技能人才是支撑中国制造、中国创造的重要力量,是联接技术创新与生产实践最核心最基础的劳动要素。党中央、国务院高度重视制造业技能人才工作,适应制造强国、质量强国建设,推行终身职业技能培训制度,组织实施高技能人才振兴计划和职业技能提升行动,大规模培养技能人才。

当前,我国进入新发展阶段,新一轮科技革命和产业变革深入发展,制造业高质量发展急需一大批爱岗敬业、掌握精湛技能的高素质技能人才、能工巧匠、大国工匠。但技能人才培养培训、评价激励制度和发展使用环境有待优化,技能就业、技能成才对劳动者特别是青年吸引力不强,迫切需要把制造业技能人才培养放在更加突出的位置,健全多层次培养体系,加大制造业技能人才培养工作力度。

二、总体要求

(一)加强思想政治引领。突出技能人才思想政治引领,加强理想信念教育,强化质量意识培育,大力弘扬劳模精神、劳动精神、工匠精神,引导制造业广大职工和技能劳动者勤学苦练、深入钻研、勇于创新、敢为人先,不断提高技术技能水平,为推动高质量发展、实施制造强国战略、全面建设社会主义现代化国家贡献智慧和力量。

(二)明确任务目标。2022年至2025年,聚焦制造业重点领域建立一批国家技能根基工程培训基地,加大制造业高新技术、数字技能和急需紧缺职业工种政府补贴培训支持力度,全面推进制造业企业技能人才培养评价工作,促进制造业技能人才"人人持证",优化使用发展环境和激励机制配套支撑,打造数量充足、结构合理、素质优良、充满活力的制造业技能人才队伍。

三、主要任务

（三）遴选建设国家技能根基工程培训基地。重点依托国家制造业高质量发展试验区、国家先进制造业集群等遴选制造业龙头企业、单项冠军企业、专精特新"小巨人"企业和优质技工院校，建设国家技能根基工程培训基地，重点开展高技能人才特别是技师、高级技师、特级技师、首席技师培训研修，形成规模化培训示范效应。支持其面向产业链上下游中小微企业职工提供培训服务，促进制造业技术迭代和质量升级。推动技工院校与先进制造业企业合作共建，推行工学一体化技能人才培养模式，探索组建一批聚焦制造、突出创新、效益显著的技工教育联盟（集团），提高制造业技能人才培养针对性和有效性。

（四）制定制造业政府补贴职业技能培训目录。完善制造业职业分类，动态发布新技术应用和自主技术创新应用产生的新职业，加快制定国家职业技能标准。坚持市场引导和政府补贴职业技能培训共同推进，各地要制定公布制造业政府补贴职业技能培训目录，并动态征集和调整优质培训项目，加大对制造业技能人才培养的支持力度。各地可突出"高精尖缺"导向，结合新一代信息技术和自主信息技术产业、高端工业母机和机器人、航空航天装备、船舶与海洋工程装备、关键软件、数字技能等领域以及工业和信息化职业技能提升培训指导目录，优先将其中适合当地制造业技能人才培养需要的相关职业工种纳入政府补贴职业技能培训目录，并适当提高补贴标准。鼓励实施"揭榜挂帅"机制开展项目制培训。

（五）在制造业企业全面推行中国特色企业新型学徒制。引导制造业企业按照岗位总量的一定比例设立学徒岗位，通过企校双师带徒、工学结合模式对新招用职工、在岗职工和转岗职工进行学徒培训。聚焦企业生产重点领域、关键环节，通过名师带高徒、师徒结对子、建立技能大师工作室等形式，培养高质量企业新型学徒，不断提升学徒关键核心工艺水平和技术创新能力。支持企业建立学徒奖学金、师带徒津贴等，激发师徒积极性和主动性。

（六）加强制造业高技能领军人才选拔评聘。支持制造业企业全面推行职业技能等级制度，推动符合条件的规模以上制造业企业全部备案纳入培训评价机构目录，健全八级技能岗位等级设置，自主开展职业技能等级认定。以工业"六基""卡脖子"关键核心技术等领域为重点，选拔一批技能高超、业绩突出的高技能领军人才聘任首席技师、特级技师等高级技术职务（岗位）。符合条件的，优先推荐入选制造业人才支持计划、享受政府特殊津贴，优先参评中华技能大奖、全国技术能手等评选表彰项目。

（七）全面推进制造业工学一体化技能人才培养模式。对接制造业产业链、创新链发展，大力建设先进制造业等产业需要的新兴专业和优质专业，开发优质教学资源包，推进工学一体化制造业技能人才培养模式。依托技工教育和职业培训教学指导委员会建立国家基本职业培训包专家委员会，加强一体化教材和培训资源建设。鼓励各地结合制造业企业岗位需求开发培训计划，探索建立全国制造业职业技能培训资源、职业资格证书、职业技能等级证书和专项职业能力证书信息共享机制。

（八）大力开展制造业品牌职业技能竞赛。以全国技能大赛为引领，以行业职业技能竞赛为重点，聚焦人工智能、工业机器人、机械制造、新能源汽车等重点领域职业工种，打造一批制造业职业技能竞赛品牌。支持各地积极开展制造业职业技能竞赛，有条件的地方可探索开展制造业领域职业技能竞赛月活动，促进更多优秀高技能人才脱颖而出。

四、实施保障

（九）加强组织领导。各地要将实施制造业技能根基工程作为重要任务，协调纳入区域经济社会发展总体规划。要建立人力资源社会保障、工业和信息化、国资等部门共同参与的工作机制,加大组织推动力度,在政策、项目和资金上对技能根基工程予以重点支持。要抓紧安排部署,充分宣传动员,加强统筹协调,积极组织动员行业协会、企业、技工院校共同实施。各级国资部门要指导国有企业强化责任担当,率先启动实施。

(十)强化政策保障。各地要统筹兼顾,突出重点,加大就业补助资金、职业技能提升行动专账资金、失业保险基金、企业职工教育经费、人才队伍建设经费等统筹力度,支持制造业技能人才培养培训工作。企业要依法履行职工教育培训主体责任,按照《关于企业职工教育经费税前扣除政策的通知》(财税〔2018〕51号)和《关于企业职工教育经费提取与使用管理的意见》(财建〔2006〕317号)等规定,足额提取职工教育经费,其中60%以上用于一线职工的教育和培训。

(十一)优化激励措施。要引导企业根据《技能人才薪酬分配指引》(人社厅发〔2021〕7号),突出对技能要素和技能创新攻关的激励导向,建立体现技能人才岗位价值、能力素质和业绩贡献的薪酬分配制度。对一线生产技术岗位,企业可结合实际设置技能津贴、带徒津贴、专项特殊津贴等。对核心技术岗位、关键工序和急需紧缺技能人才,可实行协议工资、项目工资、年薪制等薪资分配形式。在重点工程、重大项目、关键环节中,探索推行"工程师+高技能领军人才"的团队合作模式,推动科技创新研发与生产实践紧密融合。要建立健全柔性流动机制,鼓励掌握核心生产工艺的高技能人才通过兼职、服务、项目合作等方式更好发挥引领带动和辐射效应,稳定并壮大制造业技能人才队伍。

人力资源社会保障部 财政部关于印发《国家级高技能人才培训基地和技能大师工作室建设项目实施方案》的通知

人社部发〔2022〕62号

各省、自治区、直辖市及新疆生产建设兵团人力资源社会保障厅（局）、财政厅（局）：

　　为深入贯彻落实中共中央、国务院《新时期产业工人队伍建设改革方案》和中央人才工作会议有关要求，根据《"十四五"职业技能培训规划》安排部署，继续做好高技能人才培训基地和技能大师工作室建设工作，人力资源社会保障部、财政部制定了《国家级高技能人才培训基地和技能大师工作室建设项目实施方案》。现印发给你们，请结合实际贯彻执行。

2022年9月14日

国家级高技能人才培训基地和技能大师工作室建设项目实施方案

　　为深入贯彻落实中共中央、国务院《新时期产业工人队伍建设改革方案》和中央人才工作会议有关要求,培养造就更多高技能人才、能工巧匠、大国工匠,根据《"十四五"职业技能培训规划》安排部署,2022—2025年继续实施国家级高技能人才培训基地和技能大师工作室建设项目,特制定本方案。

一、任务目标

2022—2025年,国家重点支持建设400个以上国家级高技能人才培训基地(含新建和已建)和500个以上国家级技能大师工作室,引领带动各地、有关行业企业建设各级各类高技能人才培训基地和技能大师工作室。按照"工学一体、产训结合、引领示范、高质量发展"原则,打造集技能培训、技能评价、技能竞赛、技能交流、工匠精神传播等为一体的综合型高技能人才培养培训服务载体,基本形成覆盖重点产业行业和急需紧缺职业工种的高技能人才培养培训和技能推广网络。

二、条件要求

(一)国家级高技能人才培训基地建设项目

优先支持建设先进制造业、战略性新兴产业及托育、护理、康养、家政等民生重点领域国家级高技能人才培训基地,加强相关领域急需紧缺职业工种高技能人才培养力度。各省级人力资源社会保障部门可会同财政部门结合地方产业布局和发展实际,坚持高标准、严要求、强质量、抓产出的原则,在以下基本条件的基础上制定项目详细遴选标准。具体包括新建和已建两类:

1.新建项目应同时满足以下基本条件:(1)具有较强的管理能力和高效的组织管理体系,建立规范的培训管理、财务管理等制度;遵守国家有关法律法规,近3年未受过刑事行政处罚和失信联合惩戒。(2)培训场所和设施设备符合国家建设和安全标准,能满足年培训2 000人次以上的需要。(3)具有5个以上职业工种与经济发展急需紧缺高技能人才培训特色专业相匹配的实习实训条件,建立信息化管理与服务平台。(4)按照国家职业技能标准和职业培训包规范开展职业技能培训,积极开展中国特色企业新型学徒制培训。（5）积极面向社会或本行业开展培训服务，承担政府补贴性职业技能培训任务，组织和承担职业培训师资研修培训、教材教法研发等工作。

2. 已建项目应从2011—2020年确定的国家级高技能人才培训基地中选取，同时满足以下基本条件：（1）经省级人力资源社会保障部门会同财政部门考核评估确定的，管理规范、资金使用安全、高技能人才培养成效显著的单位。具体考核分批次进行。（2）符合新建项目遴选条件。（3）在先进制造业、战略性新兴产业及托育、护理、康养、家政等民生重点领域，建立了覆盖课程设置、教材开发、师资建设、培训装备、能力评价、技能竞赛等方面的较为完备系统的高技能人才培养培训体系。（4）年度开展培训规模3 000人次以上，其中高技能人才不少于1 000人次。（5）年度培训合格率达到90%以上，企业及劳动者调查评价满意率达到90%以上。

（二）国家级技能大师工作室建设项目

项目应具备固定的场所和必要的工作条件，定期开展培训、研修、攻关、交流等活动；建立有完善的管理制度、办法并规范运作；积极开展技术革新、技能攻关和推广活动和企业新型学徒制任务。工作室带头人一般应具有高级技师职业技能水平，技能拔尖、技艺精湛并具有较强创新创造能力和社会影响力，或具有绝技绝活并在积极挖掘和传承传统工艺上作出较大贡献。各省级人力资源社会保障部门可会同财政部门根据实际制定具体遴选标准。已确定为国家级技能大师工作室的高技能人才，不得以相同单位再次申报。

三、项目遴选程序

（一）项目申报。各省级人力资源社会保障部门会同财政部门组织开展项目申报和遴选评审工作。各地可根据区域经济发展、产业结构调整和新兴战略性产业发展需要，确定项目布局和数量，原则上每省（区、市）每年建设项目不超过5个（含新建和已建，下同）。项目申报单位应提交《国家级高技能人才培训基地建设项目申报表》和《国家级技能大师工作室建设项目申报表》，各地可根据本地实际补充其他申报材料。

（二）项目评审。各省级人力资源社会保障部门会同财政部门组织专家进行评审，确定项目单位并向社会公示。各地要建立专家库，随机抽取评审专家，科学把握评审标准，规范评审程序，严格评审纪律，确保评审公平、公正、公开。

（三）项目备案。各省级人力资源社会保障部门、财政部门将项目评审报告及评审材料（包括2个附件），分别报送人力资源社会保障部和财政部备案。评审报告内容包括：项目申请、评审专家组成以及评审程序、评审方法、评审结果、公示等情况。已建项目申请的，需同时报送项目建设考核评估报告，内容包括：考核评估基本情况、项目建成后的管理运行情况、培训效能发挥情况、资金使用情况等。备案截止日期为每年10月31日，逾期不报视为当年无申报项目。

四、工作要求

（一）加强组织领导。各省级人力资源社会保障部门和财政部门要加大统筹协调力度，共同做好组织实施工作。建立项目实施情况的监督指导、考核评估机制，定期了解项目建设运行情况，总结和推广先进工作经验。

（二）全面考核评估。各地要对2011—2020年期间确定的国家级高技能人才培训基地和技能大师工作室，分批次进行全面考核评估，确保2025年年底前实现考核评估全覆盖。每年申请项目备案时，同步报送本年度考核评估情况报告。对完成建设目标、正常运行、充分发挥效能的项目单位可申请支持，对不符合建设要求、运行停滞、不能达到产出目标的，取消项目称号。

（三）提升项目资金绩效。2022—2025年新建的国家级高技能人才培训基地和技能大师工作室项目，建设期一般不超过2年，并建立项目绩效管理机制。省级人力资源社会保障部门和财政部门，在项目建设期内要加强工作指导和监督检查，项目建设期满要进行项目验收和绩效评价。不符合建设条件或未达到项目绩效目标的限期整改，一年内整改后仍不能满足要求的，取消项目称号。

（四）分类分档给予经费支持。国家级高技能人才培训基地和技能大师工作室项目由各地报人力资源社会保障部、财政部共同备案，在下一年度按两部相关规定分类分档予以后补助支持。原则上每个国家级高技能人才培训基地补助 300 万~700 万元，每个国家级技能大师工作室补助 10 万~30 万元。中央财政通过就业补助资金对国家级高技能人才培训基地和技能大师工作室项目予以适当支持，地方政府和项目建设单位要积极落实项目建设主体责任，进一步加强经费保障。

（五）完善资金使用管理制度。国家级高技能人才培训基地建设补助资金，主要用于购置技能研修实训设备、完善培训基础设施、聘用指导教师、开发高技能人才培训课程、开展与教学有关的科研、评价、竞赛活动等。国家级技能大师工作室建设补助资金，主要用于培训设施设备材料购置、技能交流推广等。各地要建立完善资金使用监督机制，切实保障财政资金规范使用，不得挤占、挪用和截留。项目建设单位要建立专项资金管理制度，做好项目资金使用管理，确保资金安全和有效。

附件：1. 国家级高技能人才培训基地建设项目申报表
   2. 国家级技能大师工作室建设项目申报表

附件 1

国家级高技能人才培训基地
建设项目申报表

项目单位 _____（公章）

项目类别　□新建项目　□已建项目

申报专业
（职业工种）_____

所在地市 _____

主管单位 _____（公章）

填 报 人 _____

填报时间 _____

人力资源社会保障部　财政部　制
2022 年

填 写 要 求

一、请按照要求，如实填写，仔细核对。

二、须制定项目建设总体目标和分阶段目标，要有可量化的考核指标。各项目进度须明确年度目标、可监测指标和经费预算。

三、填写内容文字要准确简练，内容要重点突出，数字要精准无误。

四、请使用 A4 纸，双面印，左侧装订后一式四份连同电子文档一并上报。

一、项目概述

表 1-1　　　　　项目单位基本情况信息

项目单位名称		属性	□政府办 □行业、企业办 □其他_____	
项目单位主管部门				
统一社会信用代码或组织机构代码				
项目单位地址及网址				
法人代表信息	姓名		部门及职务	
	办公电话		手机	
联系人信息	姓名		部门及职务	
	办公电话		手机	
资金账号		开户银行		
办学特色概述（包括但不限于规范管理、培训能力、师资队伍、校企合作等方面） （可附加页）				

表1-2　　　　　　　　　　项目背景及工作基础

项目背景	（简述当地经济社会发展、产业结构调整、企业高技能人才需求、高技能人才培训等方面的总体情况）
工作基础	（就拟申报的专业分别简述培养高技能人才具备的条件和已有的工作基础）

二、项目实施工作思路与工作目标

表2-1　　　　　　　　　　项目实施工作思路

指导思想	（重点围绕贯彻落实"十四五"职业技能培训规划，培训急需紧缺高技能人才，促进区域经济和产业发展等简述指导思想）
基本思路	（简述开展培训基地建设的工作思路和建设原则）

表 2-2　　　　　　　　　项目实施工作目标

总体目标	（简述项目建设总体目标和项目产出）
阶段目标	（按年度制定可量化、可监测目标）

三、项目实施工作重点及内容

表 3-1-1 ＿＿＿＿＿＿专业（职业）项目组构成与建设目标

项目组构成	项目负责人： 项目组成员：
建设目标	（根据项目产出制定，应包括可量化、可监测的数据指标）

表 3-1-2 　＿＿＿＿＿＿专业（职业）建设内容与进度

建设内容一 (重点包括课程设置、培训模式、教材开发、师资配备、培训设备设施、实训实操、技能评价等内容)		建设期第一年 验收要点	建设期第二年 验收要点
构建完善的高技能人才培训体系	1.		
	2.		
	3.		
	4.		
建设内容二 (重点包括校企合作、企业新型学徒制、师资能力提升、设备设施改造等内容)		建设期第一年 验收要点	建设期第二年 验收要点
提升培训能力	1.		
	2.		
	3.		
	4.		
建设内容三 (重点包括高技能人才培训体系建设形成的技术经验、创新性规律性成果)		建设期第一年 验收要点	建设期第二年 验收要点
高技能人才培养经验成果	1.		
	2.		
	3.		
	4.		

表 3-n-1 _____ 专业（职业）项目组构成与建设目标

项目组构成	项目负责人： 项目组成员：
建设目标	（根据项目产出制定，应包括可量化、可监测的数据指标）

表 3-n-2 ＿＿＿＿＿＿＿＿＿专业（职业）建设内容与进度

建设内容一 （重点包括课程设置、培训模式、教材开发、师资配备、培训设备设施、实训实操、技能评价等内容）		建设期第一年 验收要点	建设期第二年 验收要点
构建完善的高技能人才培训体系	1.		
	2.		
	3.		
	4.		

建设内容二 （重点包括校企合作、企业新型学徒制、师资能力提升、设备设施改造等内容）		建设期第一年 验收要点	建设期第二年 验收要点
提升培训能力	1.		
	2.		
	3.		
	4.		

建设内容三 （重点包括高技能人才培训体系建设形成的技术经验、创新性规律性成果）		建设期第一年 验收要点	建设期第二年 验收要点
高技能人才培养经验成果	1.		
	2.		
	3.		
	4.		

四、主要保障措施

表 4-1　　　　　　　　　保障机制

管理机构	（管理机构的总体架构、基本职责、人员组成、责任分工以及考核奖惩措施等）
保障机制	（包括项目建设的培训机制、管理机制等）
经费保障	（包括中央财政补助经费的使用与管理，地方、学校、行业、企业和其他方面的经费筹措措施）

表 4-2　　　　　　　　　　投入预算汇总

建设内容	资金总预算及来源								合计	
	中央财政补助（就业补助资金）		地方财政配套投入		行业企业投入		其他投入			
	金额（万元）	比例（％）	金额（万元）	比例（％）	金额（万元）	比例（％）	金额（万元）	比例（％）	金额（万元）	比例（％）
合计										
构建完善的高技能人才培训体系										
提升培训能力										
高技能人才培养经验成果										

五、审核结果

表5-1 申报单位、省级专家审核意见和行政部门审核结果

申报单位意见	（签字盖章） 年　月　日		
专家评审意见			
专家信息	说明：1. 专家人数不得少于5人；2. 专家人数应为单数。			
	姓名	单位及职务/职称	手机	签名
行政部门审核意见	省级人力资源社会保障厅（局）		省级财政厅（局）	
	（签字盖章） 年　月　日		（签字盖章） 年　月　日	

附件 2

国家级技能大师工作室建设项目申报表

申 报 单 位＿＿＿＿＿＿＿＿＿＿＿＿
工作室职业（工种）＿＿＿＿＿＿＿＿＿＿＿＿
领 办 人 姓 名＿＿＿＿＿＿＿＿＿＿＿＿
领办人职业技能等级＿＿＿＿＿＿＿＿＿＿＿＿
填 报 时 间＿＿＿＿＿＿＿＿＿＿＿＿

人力资源社会保障部 财政部 制
2022 年

填 写 要 求

一、请按照要求，如实填写，仔细核对。

二、文字描述要说清时间、内容、结果，抓住重点，叙述简要。

三、此表请使用 A4 纸，双面印，左侧装订，一式四份连同电子文档一并上报。

申报单位名称					单位性质	
负责人		办公电话				
联系人		办公电话			手机	
电子邮箱					传真	
通信地址					邮政编码	
开户银行及资金账号						
技能大师姓名		性别		民族	出生年月	
参加工作时间		政治面貌			身份证号	
工作单位及职务						
从事职业（工种）					职业技能等级	
获得中华技能大奖、全国技术能手、享受国务院政府特殊津贴年度					手机	
工作室地点					工作室面积	
工作室基本设施					工作室人员	
技能大师工作业绩、获省部级以上奖励或国家专利情况、主要创新发明等情况（可另附页）						

续表

<table>
<tr><td>申报单位意见</td><td colspan="4">

（签字盖章）
年　　月　　日</td></tr>
<tr><td>专家评审意见</td><td colspan="4"></td></tr>
<tr><td rowspan="9">专家信息</td><td colspan="4">说明：专家人数应为单数，不得少于 5 人。</td></tr>
<tr><td>姓名</td><td>单位及职务/职称</td><td>手机</td><td>签名</td></tr>
<tr><td></td><td></td><td></td><td></td></tr>
<tr><td></td><td></td><td></td><td></td></tr>
<tr><td></td><td></td><td></td><td></td></tr>
<tr><td></td><td></td><td></td><td></td></tr>
<tr><td></td><td></td><td></td><td></td></tr>
<tr><td></td><td></td><td></td><td></td></tr>
<tr><td></td><td></td><td></td><td></td></tr>
<tr><td rowspan="2">行政部门审核意见</td><td colspan="2">省级人力资源社会保障厅（局）</td><td colspan="2">省级财政厅（局）</td></tr>
<tr><td colspan="2">

（签字盖章）
年　　月　　日</td><td colspan="2">

（签字盖章）
年　　月　　日</td></tr>
</table>

人力资源社会保障部关于印发《推进技工院校工学一体化技能人才培养模式实施方案》的通知

人社部函〔2022〕20号

各省、自治区、直辖市及新疆生产建设兵团人力资源社会保障厅（局）：

为深入贯彻中共中央办公厅、国务院办公厅《关于推动现代职业教育高质量发展的意见》，全面落实党中央、国务院关于大力发展技工教育的决策部署，按照《关于深化技工院校改革大力发展技工教育的意见》和《技工教育"十四五"规划》工作安排，决定在全国技工院校推进工学一体化技能人才培养模式。现将《推进技工院校工学一体化技能人才培养模式实施方案》印发给你们，请有序推进实施。

2022年3月4日

推进技工院校工学一体化技能
人才培养模式实施方案

为贯彻落实中共中央办公厅、国务院办公厅《关于推动现代职业教育高质量发展的意见》，按照《关于深化技工院校改革 大力发展技工教育的意见》和《技工教育"十四五"规划》工作安排，决定在全国技工院校推进工学一体化技能人才培养模式（以下简称工学一体化培养模式）。现制定如下实施方案。

一、工作背景

（一）实施基础。工学一体化培养模式是依据国家职业技能标准及技能人才培养标准，以综合职业能力培养为目标，将工作过程和学习过程融为一体，培育德技并修、技艺精湛的技能劳动者和能工巧匠的人才培养方式。2009年起，人力资源社会保障部通过分批试点方式逐步推进工学一体化课程教学改革，试点专业31个、试点院校191所。通过试点，工学一体化培养模式教学效果得到教师、学生、家长的好评，培养质量得到用人单位的认可，是推进校企融合、提质培优的重要途径，是技工院校服务制造业和实体经济发展的务实举措。

二、总体要求

（二）指导思想。以习近平新时代中国特色社会主义思想为指导，坚持正确办学方向，坚持立德树人，围绕促进就业创业、服务企业行业、服务经济高质量发展，大力推进工学一体化培养模式，促进教学质量提升，实现思想政治教育、知识传授、技能培养融合统一，持续推动技工院校内涵发展和特色发展。

（三）工作目标。以一体化课程教学改革试点工作为基础，以技师学院为重点,在全国技工院校大力推进工学一体化培养模式。加强工学一体化课程标准、教学资源、教师培养工作,将企业典型工作任务转换为学校教学内容,根据工作过程设计教育过程,实现"在工作中学习、在学习中工作"。力争到"十四五"末实现"百千万"目标,即建设100个工学一体化培养模式专业,1 000所技工院校参与实施工学一体化培养模式,培训10 000名工学一体化教师,进一步提高技能人才培养质量,帮助学生从学校学习到就业工作紧密衔接。

三、主要任务

(四)制定工学一体化课程标准。通过组织制定、征集遴选等多种方式加快开发和修订技工院校工学一体化课程标准,明确培养目标、课程安排、课程规范、实施建议、考核与评价等技能人才培养要求。以通用职业素质课程为突破口,加快公共基础课课程改革创新发展。促进工学一体化课程标准与世界先进标准对接,充分吸收世界技能大赛的先进理念、技能标准、评价体系,推进世界技能大赛各赛项的专业或课程转化工作。

(五)开发工学一体化教学资源。紧密对接产业升级和技术变革趋势,优先开发先进制造业、现代服务业、战略性新兴产业,以及国家急需紧缺职业的教学资源,创新教材形态,开发活页式、工作手册式、融媒体式等教材。开发满足课程教学需要的教学资源包,包含教材、工作页、教学案例库、教学课件、教学视频等。落实《技工院校教材管理工作实施细则》,强化教材规范化管理,坚持凡编必审、凡选必审。

(六)应用工学一体化教学方法。以企业劳动组织方式和工作方法为主要依据,以培养学生综合职业能力为主要目标,深入分析技工院校学生成长成才规律及特征。贯彻以学生为中心、以能力为本位的教学理念,设立课程教学研究与推广应用的课题或项目,加强教学理论研究。创新应用教学技术,充分利用各种形式的教学资源,实施工作过程导向、引导学生自主学习的行动导向教学。

（七）建设工学一体化教学场地。通过新建、改造等方式，建设满足工学一体化课程教学需要的教学场地，科学设置与教学班级规模相匹配、符合工作任务实施要求的软硬件教学设备。鼓励支持技工院校争创国家级、省市级高技能人才培训基地、公共实训基地、世界技能大赛集训基地，积极参与教育强国推进工程。支持技工院校利用公共实训基地开展技能实训，带动工学一体化课程教学场地建设。

（八）加快工学一体化教师队伍建设。实施工学一体化师资专项培训计划，制定师资培训标准，建设师资研修基地，推进网络师资研修，加大教师培训力度。通过各级各类教师职业能力大赛，促进教师提升工学一体化教学能力。技工院校可安排一定比例或者通过流动岗位等形式，面向企业和社会聘用高技能人才等担任专兼职工学一体化教师。在公开招聘有职业技能等级要求的教师时，可以适当降低学历要求，或不再设置学历要求。对优秀高技能人才，可按照国家有关规定直接通过考察的方式公开招聘到与所获技能奖项相关的岗位任教。

四、校企合作扩大工作覆盖面

（九）大力推动校企合作共建。通过引企驻校、引校进企、校企联动、企业办学等方式，与企业合作共同推进工学一体化培养模式，校企共商专业规划、课程开发、教学模式、实习实训工作，联合开发教学资源。派送学校教师到企业实践，促进教师熟悉了解企业工作环境；合理利用企业场地、设施设备开展教学，帮助学生感知企业文化。鼓励工学一体化课程专业与企业车间班组结对子，开展工学一体真实生产项目教学。学校可依托合作共建企业为学生提供职业技能等级认定服务，或按规定加强职业技能等级认定。

（十）探索组建区域性、行业性等多类型技工教育联盟（集团）。积极组织产业龙头企业、行业头部企业、区域性代表企业力量，以推进工学一体化培养模式为纽带，以技师学院为枢纽，加强互助合作，形成整体优势。举办区域或行业高技能人才研修交流活动，通过互派师资帮扶、驻点、学习、交流，共同推动工学一体化课程资源开发、师资培训、设施共享、成果互认。

（十一）充分发挥专家作用。人力资源社会保障部组织研究开发课程标准、评估标准，提供教学指导与技术支持。省级人力资源社会保障部门要组织本地区行业产业和技工院校专家，加强工学一体化培养模式研究，定期开展工作督导，规范教学内容、教学过程、教材使用、技能训练等。充分调动行业产业部门、科研院所等机构的专家力量，在产业发展、技术进步、人才需求、教学研究、技能养成等方面发挥优势，做好教学改革咨询与服务。

（十二）采取工学一体化培养模式开展职业技能培训。技工院校要在职业技能培训工作中发挥高端引领、示范带动作用，普遍采取工学一体化培养模式组织开展职业技能培训。通过设立企业培训工作站，创建共建技能大师工作室等方式，引入生产企业工作流程和管理模式，提取典型工作任务用于培训实训。在企业新型学徒制培训、急需紧缺职业（工种）培训和高技能人才培训中，积极与用人单位沟通协商，结合就业岗位的技能要求，不断完善课程标准、教学资源、教学方法等内容，增强职业技能培训的针对性有效性。

五、积极稳妥有序推进

（十三）加强组织领导。各级人力资源社会保障部门要充分认识此项工作的重要意义，加大工作推进力度，按照《关于深化技工院校改革 大力发展技工教育的意见》要求，中央财政现代职业教育质量提升计划资金可按规定用于支持技工院校。人力资源社会保障部统筹指导推进工学一体化培养模式工作，人力资源社会保障部技工教育和职业培训教材工作委员会办公室负责具体推动实施。依托技工教育和职业培训教学指导委员会组建工学一体化改革专家智库，开展教学研究、教学指导和技术咨询。

建设技工教育网工学一体化改革工作专区，鼓励学校共建共享高质量教辅资源。充分发挥教学教研机构作用，组织做好专家督导、技术咨询、经验总结、教学交流等工作。根据各地工学一体化培养模式推进实施情况，遴选确定一批骨干技工院校、精品课程和专业，宣传典型经验做法。对取得显著成效的学校，在项目遴选、评优表彰中予以倾斜。

（十四）充分发挥学校作用。学校党组织要切实发挥领导作用，推动教学研究、教学管理、教师管理、教学评价、教学场地、资金投入、后勤保障等配套制度建设，确保教学改革顺利进行。加强学校经费分配使用管理，支持教学资源开发和师资队伍建设。对参与国家一体化课程标准和全国规划教材编写的人员，予以成果认定。工学一体化教师可根据课程开发工作量、承担教学任务难度和教学效果，适当提高工作量计算系数、合理确定课时津贴，并在评优评先、职称评定、职务（岗位）评聘晋升等方面予以倾斜。工学一体化专业毕业生学习成绩合格可视同为职业技能等级认定合格。

（十五）分阶段推进。

第一阶段（2022年4月—2023年7月）：计划选取30个试点专业在300所技工院校进行重点推进，制定工学一体化教学评估标准；各级人力资源社会保障部门和技工院校开展1 500人次师资培训。

第二阶段（2023年9月—2024年12月）：增加30个试点专业和300所技工院校进行持续推进；各级人力资源社会保障部门和技工院校开展3 500人次师资培训；组织评选一批精品课程和示范专业。

第三阶段（2025年）全面推广：争取实施工学一体化培养模式的专业达到100个，学校达到1 000所；各级人力资源社会保障部门和技工院校开展5 000人次师资培训；带动广大技工院校继续深入推进实施工学一体化培养模式。

中国残联　教育部　中央编办国家发展改革委　财政部　人力资源社会保障部　住房城乡建设部关于印发《残疾人中等职业学校设置标准》的通知

各省、自治区、直辖市残联、教育厅（教委）、编办、发展改革委、财政厅（局）、人力资源和社会保障厅（局）、住房和城乡建设厅（局），新疆生产建设兵团残联、教育局、编办、发展改革委、财政局、人力资源和社会保障局、住房和城乡建设局：

　　为深入贯彻党的二十大精神，落实《中华人民共和国职业教育法》《残疾人教育条例》《"十四五"特殊教育发展提升行动计划》和国家关于职业教育工作有关决策部署，特别是《教育部等四部门关于加快发展残疾人职业教育的若干意见》"修订《残疾人中等职业学校设置标准（试行）》"的要求，加快完善特殊教育保障机制，进一步加强残疾人中等职业学校基础能力建设和规范化管理，根据残疾人职业教育发展现状和实践需要，我们对2007年发布的《残疾人中等职业学校设置标准（试行）》进行了修订。现将修订后的《残疾人中等职业学校设置标准》印发给你们，请遵照执行。

2022 年 11 月 15 日

残疾人中等职业学校设置标准

第一条 为保障残疾人受教育权利，促进残疾人中等职业教育发展，规范学校建设，保证教育质量，提高办学效益，根据《中华人民共和国职业教育法》《残疾人教育条例》《国家职业教育改革实施方案》《中等职业学校设置标准》《关于加快发展残疾人职业教育的若干意见》和残疾人职业教育特点，特制定本标准。

第二条 本标准所称残疾人中等职业学校是指依法经国家主管部门批准设立，以初中毕业或同等学力的残疾人为主要招生对象，实施全日制学历教育及职业培训的中等职业学校。

第三条 设置残疾人中等职业学校，要遵循需要和可行相结合的原则，纳入当地教育发展规划，在地方教育行政部门统筹和指导下进行。

第四条 新建或改扩建残疾人中等职业学校，校址一般要选在交通便利、公共设施较完善的地方。学校环境要符合残疾人教育教学、校园安全和身心健康要求。

第五条 设置残疾人中等职业学校，须有学校章程和必需的管理制度，要依法办学。学校章程包括：名称、校址、办学宗旨、治理机构和运行机制以及教职工管理、学生管理、教育教学管理、校产和财务管理制度、学校章程修订程序等内容。

第六条 设置残疾人中等职业学校，须配备思想政治素质高和管理能力强，热爱残疾人事业，熟悉残疾人职业教育规律的学校领导。公办中等职业学校实行中国共产党基层组织领导下的校长负责制。校长应具有从事五年以上教育教学工作的经历，校长及教学副校长须具有高级专业技术职务，校级领导应具有大学本科及以上学历。

第七条 设置残疾人中等职业学校，须根据残疾人和职业教育特点，建立必要的教育教学和管理等工作机构。

第八条 设置残疾人中等职业学校，要有基本的办学规模。根据社会需要和残疾人的身心特点合理设置专业，常设专业一般不少于4个，学历教育在校生规模一般不少于300人，班额原则上为8~20人。

第九条 设置残疾人中等职业学校，须有与学校办学规模相适应、结构合理的专兼职教师队伍。专任教师要符合《残疾人教育条例》规定的基本条件，相关辅助专业人员应具备由职能部门认可的相应从业资质。教职工与在校生比例不低于1：5，其中，每15名学生配备1名相关辅助专业人员（如生活辅导、就业指导、心理健康、康复训练、辅助科技和转衔服务等）。专任教师数不低于本校教职工总数的60%，专业课教师数不低于本校专任教师数的60%，"双师型"教师不低于本校专业课教师数的50%。专任教师中，具有高级专业技术职务人数不低于20%、具有专业背景的硕博士学位教师占比不低于10%。每个专业至少应配备具有相关专业中级以上专业技术职务的专任教师2人。学校聘请有实践经验的兼职教师应占本校专任教师总数的20%左右。

第十条 设置残疾人中等职业学校，须有与办学规模、专业设置和残疾人特点相适应的个性化校园、校舍和设施，且符合《无障碍环境建设条例》及《建筑与市政工程无障碍通用规范》等标准规范要求。

校园占地面积（不含教职工宿舍和相对独立的附属机构）：不少于30 000平方米，一般生均占地面积不少于70平方米。

校舍建筑面积（不含教职工宿舍和相对独立的附属机构）：不少于16 000平方米，一般生均建筑面积不少于35平方米。

体育用地：须有200米以上环形跑道的田径场，有满足残疾人教学和体育活动需要的其他设施和场地。

图书馆和阅览室：要适应办学规模，满足教学需要。适用印刷图书生均不少于30册，电子图书生均不少于30册，有盲文图书、有声读物和盲、聋生电子阅览室，报刊种类50种以上。教师阅览（资料）室和学生阅览室的座位数应分别按不低于教职工总数和学生总数的20%设置。

资源中心（教室）：要根据办学规模和本地区残疾人职业教育的需求建立适度大小的资源中心，根据残疾学生类别配备必要的教育教学、康复训练设施设备和资源教师、巡回指导教师及专业人员，为本校学生提供职业能力评估、个别化教学指导、考试辅助和转衔教育服务；同时为本地区的有关学校和机构提供残疾人职业教育指导、咨询和相关服务。

设施、设备与实训基地：必须具有与专业设置相匹配、满足教学要求的实训、实习设施和仪器设备，设施和仪器设备要规范、实用；每个专业要有相对应的校内实训基地和稳定的校外实训基地。要根据残疾学生的实际需要设置医疗服务、心理辅导、康复训练、专用检测等学习及生活所需专用场所和特殊器具设备。

信息化：要具备能够应用现代教育技术手段，实施教育教学与管理信息化所需的软、硬件设施、设备及适合各类残疾人学习的教育教学资源，并参照同类普通中等职业学校标准建设数字校园。

第十一条 设置残疾人中等职业学校，须具有符合国家和地方教育行政部门要求的教育教学基本制度。落实好立德树人根本任务，建立德技并修、工学结合、产教融合、校企合作的育人机制，根据职业教育国家教学标准，结合残疾人身心特点和就业市场需求，科学制订人才培养方案、设置课程，并根据国家政策推行1+X证书制度。

第十二条 学校办学经费应依据《中华人民共和国职业教

育法》《中华人民共和国残疾人保障法》《残疾人教育条例》和有关法律法规，以举办者投入为主，企业、社会等多渠道筹措落实。地方应充分考虑残疾人职业学校班额小、教育教学成本高、无障碍建设维护支出多等实际情况，制定残疾人中等职业学校生均拨款标准（综合定额标准或公用经费定额标准），按时、足额拨付经费，不断改善学校办学条件。

第十三条 学校应落实学历教育与职业培训并举的法定职责，加强残疾人的职业培训，按照育训结合、内外兼顾的要求，面向在校残疾学生和社会残疾人开展职业培训，并积极承担当地特殊教育学校和融合教育机构的残疾人职业教育指导工作。

第十四条 本标准为独立设置的残疾人中等职业学校的基本标准，适用于各级政府部门、行业、企业举办的各类残疾人中等职业学校，民办和非独立设置的残疾人中等职业教育机构及融合教育机构可参照执行。新建的残疾人中等职业学校可根据需要设置不超过 3 年的建设期。省级有关部门可根据本地实际情况制定高于本标准的残疾人中等职业学校设置办法。

第十五条 本标准的主要指标应作为各地残疾人中等职业学校审批、检查、评估、督导的基本依据，有关内容纳入地方政府履行教育职责的督导范围。

第十六条 本标准自颁发之日起施行。2007 年中国残联、教育部制定的《残疾人中等职业学校设置标准（试行）》同时废止。

专业技术人员管理

寺业技术人员管理

人力资源社会保障部关于降低或取消部分准入类职业资格考试工作年限要求有关事项的通知

人社部发〔2022〕8号

各省、自治区、直辖市人民政府，国务院各部委、各直属机构：

根据国务院推进简政放权、放管结合、优化服务的改革部署，为贯彻落实《政府工作报告》要求，进一步推动降低就业创业门槛，经国务院同意，降低或取消《国家职业资格目录（2021年版）》中13项准入类职业资格考试工作年限要求。现就有关事项通知如下。

一、《部分准入类职业资格考试工作年限要求调整方案》（见附件）自2022年起实施。除调整考试工作年限要求外，13项准入类职业资格的其他考试报名条件不变。

二、各有关部门要按照本通知要求，抓紧修订相关部门规章，及时调整考试办法，做好政策宣传和舆论引导，让广大专业技术人员充分了解政策，确保政策落地落实。

三、各地区、各有关部门要积极推行考试报名证明事项告知承诺制，依托全国一体化政务服务平台、国家数据共享交换平台，通过政府部门内部核查等方式对报考人员填报的信息进行核验，压减报考人员需提交的书面材料，进一步优化考试报名服务，减轻专业技术人员负担。

四、考试工作年限要求调整后，专业技术人员取得的职业资格可继续按照有关规定与相应系列和层级的职称对应,并可作为申报高一级职称的条件。

五、各地区、各有关部门要加强职业资格领域事前事中事后全链条全领域监管,严格制定考试大纲,认真履行命审题职责,在考试中加强对实际工作能力的考察力度,严厉打击考试违纪行为,强化对取得职业资格人员的专业能力评估和继续教育,确保政策落地后职业资格水平不降低。

附件:部分准入类职业资格考试工作年限要求调整方案

2022年2月21日

附件

部分准入类职业资格考试工作年限要求调整方案

序号	职业资格名称	实施部门（单位）	现报考条件	调整后报考条件
1	注册城乡规划师	自然资源部、人力资源社会保障部、相关行业协会	（一）取得城乡规划专业大学专科学历，从事城乡规划业务工作满6年。 （二）取得城乡规划专业大学本科学历或学位，或取得建筑学专业学士学位（专业学位），从事城乡规划业务工作满4年。 （三）取得通过专业评估（认证）的城乡规划专业大学本科学历或学位，从事城乡规划业务工作满3年。 （四）取得城乡规划专业硕士学位（专业学位），或取得建筑学硕士学位（专业学位），从事城乡规划业务工作满2年。	（一）取得城乡规划专业大学专科学历，从事城乡规划业务工作满4年。 （二）取得城乡规划专业大学本科学历或学位，或取得建筑学学士学位（专业学位），从事城乡规划业务工作满3年。 （三）取得通过专业评估（认证）的城乡规划专业本科学历或学位，从事城乡规划业务工作满2年。 （四）取得城乡规划专业硕士学位（专业学位），或取得建筑学硕士学位（专业学位），从事城乡规划业务工作满1年。

续表

序号	职业资格名称	实施部门（单位）	现报考条件	调整后报考条件
1	注册城乡规划师	自然资源部、人力资源社会保障部、相关行业协会	（五）取得通过专业评估（认证）的城乡规划专业硕士学位（专业学位），或取得城乡规划业务工作满1年。除上述规定的情形外，取得其他专业的相应学历或者学位的人员，从事城乡规划业务工作年限相应增加1年	（五）取得通过专业评估（认证）的城乡规划专业硕士学位或城市规划专业硕士学位（专业学位），从事城乡规划业务工作满1年。 （六）取得城乡规划专业博士学位。 除上述规定的情形外，取得其他专业的相应学历或者学位的人员，从事城乡规划业务工作年限相应增加1年
2	注册测绘师	自然资源部、人力资源社会保障部	（一）取得测绘类专业大学专科学历，从事测绘业务工作满6年。 （二）取得测绘类专业大学本科学历，从事测绘业务工作满4年。 （三）取得含测绘类专业在内的双学士学位或者测绘类专业研究生班毕业，从事测绘业务工作满3年。 （四）取得测绘类专业硕士学位，从事测绘业务工作满2年。 （五）取得测绘类专业博士学位，从事测绘业务工作满1年。	（一）取得测绘类专业大学专科学历，从事测绘业务工作满4年。 （二）取得测绘类专业大学本科学历，从事测绘业务工作满3年。 （三）取得含测绘类专业在内的双学士学位，从事测绘业务工作满2年。 （四）取得测绘类专业硕士学位，从事测绘业务工作满1年。 （五）取得测绘类专业博士学位。

续表

序号	职业资格名称	实施部门（单位）	现报考条件	调整后报考条件
2	注册测绘师	自然资源部、人力资源社会保障部	（六）取得其他理学类或者工学类专业学历或者学位的人员，其从事测绘业务工作年限相应增加2年。	（六）取得其他理学类或者工学类专业学历或者学位的人员，其从事测绘业务工作年限相应增加1年。
3	注册核安全工程师	生态环境部、人力资源社会保障部	（一）取得理工类专业学士学位，从事核安全工作满5年；或取得其他专业双学士学位或研究生班毕业，其他专业双学士学位或研究生班毕业，从事核安全工作满5年。 （二）取得理工类专业学士学位或研究生班毕业，从事核安全工作满4年。 （三）取得理工类专业硕士学位，从事核安全工作满2年；或取得其他专业硕士学位，从事核安全工作满3年。 （四）取得理工类专业博士学位，从事核安全工作满1年。	（一）取得核工程与辐射安全相关专业大学专科学历，从事其他专业大学专科学历，从事核工程与辐射安全相关工作满3年。 （二）取得核工程与辐射安全相关专业大学本科学历或学士学位，从事其他专业大学本科学历或学士学位，从事核工程与辐射安全相关工作满4年。 （三）取得核工程与辐射安全相关专业第二学士学位或研究生班毕业，从事其他专业第二学士学位或研究生班毕业，从事核工程与辐射安全相关工作满2年。 （四）取得硕士学位，从事核工程与辐射安全相关研究生工作满1年；或取得其他专业硕士学位，从事核工程与辐射安全相关工作满2年。 （五）取得理工类专业博士学位。

续表

序号	职业资格名称	实施部门（单位）	现报考条件	调整后报考条件
4	监理工程师	住房和城乡建设部、交通运输部、水利部、人力资源社会保障部	（一）具有各工程大类专业大学专科学历（或高等职业教育），从事工程施工、监理、设计等业务工作满6年。 （二）具有工学、管理科学与工程类专业大学本科学历或学位，从事工程施工、监理、设计等业务工作满4年。 （三）具有工学、管理科学与工程一级学科硕士学位或专业学位，从事工程施工、监理、设计等业务工作满2年。 （四）具有工学、管理科学与工程一级学科博士学位。 经批准同意开展试点的地区，申请参加监理工程师职业资格考试的，应当具有大学本科及以上学历或学位	（一）具有各工程大类专业大学专科学历（或高等职业教育），从事工程施工、监理、设计等业务工作满4年。 （二）具有工学、管理科学与工程类专业大学本科学历或学位，从事工程施工、监理、设计等业务工作满3年。 （三）具有工学、管理科学与工程一级学科硕士学位或专业学位，从事工程施工、监理、设计等业务工作满2年。 （四）具有工学、管理科学与工程一级学科博士学位。 经批准同意开展试点的地区，申请参加监理工程师职业资格考试的，应当具有大学本科及以上学历或学位
5	造价工程师	住房和城乡建设部、交通运输部、水利部、人力资源社会保障部	一级： （一）具有工程造价专业大学专科（或高等职业教育）学历，从事工程造价业务工作满5年；	一级： （一）具有工程造价专业大学专科（或高等职业教育）学历，从事工程造价业务工作满4年；

续表

序号	职业资格名称	实施部门（单位）	现报考条件	调整后报考条件
5	造价工程师	住房和城乡建设部、交通运输部、水利部、人力资源社会保障部	具有土木建筑、水利、装备制造、交通运输、电子信息、财经商贸大类大学专科（或高等职业教育）学历，从事工程造价业务工作满6年。 （二）具有通过工程教育专业评估（认证）的工程管理、工程造价业大学本科学历或者学位；具有工学、管理学、经济学门类大学本科学历或者学位，从事工程造价业务工作满4年。 （三）具有工学、管理学、经济学门类硕士学位或者第二学士学位，从事工程造价业务工作满3年。 （四）具有工学、管理学、经济学门类博士学位，从事工程造价业务工作满1年。 （五）具有其他专业相应学历或者学位的人员，从事工程造价业务工作年限相应增加1年	具有土木建筑、水利、装备制造、交通运输、电子信息、财经商贸大类大学专科（或高等职业教育）学历，从事工程造价业务工作满5年。 （二）具有工程造价、通过工程教育专业评估（认证）的工程管理专业大学本科学历或学位，从事工程造价、工程管理业务工作满3年； 具有工学、管理学、经济学门类大学本科学历或学位，从事工程造价、工程管理业务工作满4年。 （三）具有工学、管理学、经济学门类硕士学位或者第二学士学位，从事工程造价、工程管理业务工作满2年。 （四）具有工学、管理学、经济学门类博士学位。 （五）具有其他专业相应学历或者学位的人员，从事工程造价、工程管理业务工作年限相应增加1年

续表

序号	职业资格名称	实施部门（单位）	现报考条件	调整后报考条件
5	造价工程师	住房和城乡建设部、交通运输部、水利部、人力资源社会保障部	二级： （一）具有工程造价专业大学专科（或高等职业教育）学历，从事工程造价业务工作满2年； 具有土木建筑、水利、装备制造、交通运输、电子信息、财经商贸大类大学专科（或高等职业教育）学历，从事工程造价业务工作满3年。 （二）具有工程管理、工程造价专业大学本科及以上学历或学位，从事工程造价业务工作满1年； 具有工学、管理学、经济学门类大学本科及以上学历或学位，从事工程造价业务工作满2年。 （三）具有其他专业相应学历或学位的人员，从事工程造价业务工作年限相应增加1年。	二级： （一）具有工程造价专业大学专科（或高等职业教育）学历，从事工程管理业务工作满1年； 具有土木建筑、水利、装备制造、交通运输、电子信息、财经商贸大学专科（或高等职业教育）学历，从事工程管理业务工作满2年。 （二）具有工程造价专业大学本科及以上学历或学位，具有工学、管理学、经济学门类大学本科及以上学历或学位，从事工程管理业务工作满1年。 （三）具有其他专业相应学历或学位的人员，工程管理业务工作年限相应增加1年。

续表

序号	职业资格名称	实施部门（单位）	现报考条件	调整后报考条件
6	建造师（一级）	住房和城乡建设部、人力资源和社会保障部	（一）取得工程类或工程经济类大学专科学历，工作满6年，其中从事建设工程项目施工管理工作满4年。 （二）取得工程类或工程经济类大学本科学历，工作满4年，其中从事建设工程项目施工管理工作满3年。 （三）取得工程类或工程经济类双学位或研究生班毕业，工作满3年，其中从事建设工程项目施工管理工作满2年。 （四）取得工程类或工程经济类硕士学位，工作满2年，其中从事建设工程项目施工管理工作满1年。 （五）取得工程类或工程经济类博士学位，从事建设工程项目施工管理工作满1年。	（一）取得工程类或工程经济类专业大学专科学历，从事建设工程项目施工管理工作满4年。 （二）取得工学门类、管理科学与工程类专业大学本科学历，从事建设工程项目施工管理工作满3年。 （三）取得工学门类、管理科学与工程类专业硕士学位，从事建设工程项目施工管理工作满2年。 （四）取得工学门类、管理科学与工程类专业博士学位，从事建设工程项目施工管理工作满1年。

续表

序号	职业资格名称	实施部门（单位）	现报考条件	调整后报考条件
7	注册验船师	交通运输部、人力资源社会保障部	（一）A 级 1. 取得工学类、理学类专业大学本科学历或学位，从事船舶检验及其相关工作满 3 年。 2. 取得工学类、理学类专业大学本科学历或学位，从事船舶检验及其相关工作满 2 年。 3. 取得工学类、理学类专业硕士学位，从事船舶检验及其相关工作满 1 年。 （二）B 级 1. 取得工学类、理学类专业大学专科学历，从事船舶检验及其相关工作满 3 年。 2. 取得工学类、理学类专业大学本科学历或学位，从事船舶检验及其相关工作满 2 年。 3. 取得工学类、理学类专业硕士学位，从事船舶检验及其相关工作满 1 年。 4. 取得工学类、理学类专业博士学位。	（一）A 级 1. 取得甲类专业（船舶与海洋工程、轮机工程、船舶电子电气工程、海洋渔业科学与技术、航海技术、能源与动力工程、电气工程及其自动化，下同）大学本科及以上学历、学位。 2. 取得乙类专业（甲类专业以外的其他工学类、理学类专业，下同）大学本科及以上学历或学位，从事船舶检验及其相关工作满 1 年。 （二）B 级 1. 取得甲类专业大学本科及以上学历、学位或者乙类专业硕士及以上学历、学位。 2. 取得甲类专业大学专科学历或者乙类专业大学本科学历、学位，从事船舶检验及其相关工作满 1 年。 3. 取得乙类专业大学专科学历，从事船舶检验及其相关工作满 2 年。

续表

序号	职业资格名称	实施部门（单位）	现报考条件	调整后报考条件
7	注册验船师	交通运输部、人力资源社会保障部	（三）C级 1. 取得工学类、理学类专业中专学历，从事船舶检验及其相关工作满3年。 2. 取得工学类、理学类专业大学专科学历，从事船舶检验及其相关工作满2年。 3. 取得工学类、理学类专业大学本科学历及其相关工作满1年 （四）D级 取得其他类专业中专及以上学历，从事船舶检验及其相关工作满1年。申请参加A级、B级、C级或D级考试的人员，取得其他类专业上述学历或D级考试的人员，其从事船舶检验及其相关工作年限相应增加2年	（三）C级 1. 取得甲类专业大学本科及以上学历或者乙类专业大学本科及以上学历学位。 2. 取得甲类专业大学专科学历或乙类专业大学专科学历，从事船舶检验及其相关工作满1年。 3. 取得乙类专业大学专科学历，从事船舶检验及其相关工作满2年。 4. 取得甲类专业中专学历，从事船舶检验及其相关工作满3年。 5. 取得其他专业（非工学类、理学类专业）大专及以上学历或学位，申请参加A级、B级、C级考试的人员，除应满足相应等级的学历、学位要求外，其从事船舶检验及其相关工作的年限在乙类专业基础上相应增加1年

续表

序号	职业资格名称	实施部门（单位）	现报考条件	调整后报考条件
8	渔业船员	农业农村部	一、申请海洋渔业职务船员证书考试资历条件 （一）初次申请：申请助理船副、助理管轮、机驾长、电机员、无线电操作员职务船员证书的，应当担任渔捞员、水手、机舱加油工或电工实际工作满24个月。 （二）申请证书等级职务级提高：持有下一级相应职务船员证书，并实际担任该职务满24个月。 二、申请海洋渔业职务船员证书考核资历条件 （一）专业院校学生：在渔业船舶上见习期满12个月。 （二）曾在军用船舶、交通运输船舶任职的船员：在最近24个月内在相应船舶上工作满6个月	一、申请海洋渔业职务船员证书考试资历条件 （一）初次申请：申请助理船副、助理管轮、机驾长、电机员、无线电操作员职务船员证书的，应当担任渔捞员、水手、机舱加油工或电工实际工作满12个月。 （二）申请证书等级职务级提高：持有下一级相应职务船员证书，并实际担任该职务满12个月。 二、申请海洋渔业职务船员证书考核资历条件 （一）专业院校学生：在渔业船舶上实习同在校学习期间的见习期限要求。满3个月，可免除在渔业船舶上的见习时限要求。 （二）曾在军用船舶、交通运输船舶任职的船员：在最近12个月内在相应船舶工作满3个月

续表

序号	职业资格名称	实施部门（单位）	现报考条件	调整后报考条件
8	渔业船员	农业农村部	三、申请内陆渔业职务船员证书资历条件 （一）初次申请：在相应渔业船舶担任普通船员实际工作满24个月。 （二）申请证书等级职级提高：持有下一级相应职务船员证书，并实际担任该职务满24个月	三、申请内陆渔业职务船员证书资历条件 （一）初次申请：在相应渔业船舶担任普通船员实际工作满12个月。 （二）申请证书等级职级提高：持有下一级相应职务船员证书，并实际担任该职务满12个月
9	注册安全工程师（中级）	应急管理部、人力资源社会保障部	（一）具有安全工程及相关专业大学专科学历，从事安全生产业务满5年；或具有其他专业大学专科学历，从事安全生产业务满7年。 （二）具有安全工程及相关专业大学本科学历，从事安全生产业务满3年；或具有其他专业大学本科学历，从事安全生产业务满5年。 （三）具有安全工程及相关专业第二学士学位，从事安全生产业务满2年；或具有其他专业第二学士学位，从事安全生产业务满3年。 （四）具有安全工程及相关专业硕士学位，从事安全生产业务满1年；或具有其他专业硕士学位，从事安全生产业务满2年。	（一）具有安全生产专业大学专科学历，从事安全生产业务满5年；或具有其他专业大学专科学历，从事安全生产业务满6年。 （二）具有安全生产专业大学本科学历，从事安全生产业务满3年；或具有其他专业大学本科学历，从事安全生产业务满4年。 （三）具有安全生产专业第二学士学位，从事安全生产业务满2年；或具有其他专业第二学士学位，从事安全生产业务满3年。 （四）具有安全生产专业硕士学位，从事安全生产业务满1年；或具有其他专业硕士学位，从事安全生产业务满2年。

续表

序号	职业资格名称	实施部门（单位）	现报考条件	调整后报考条件
9	注册安全工程师（中级）	应急管理部、人力资源社会保障部	（五）具有博士学位，从事安全生产业务满1年。 （六）取得初级注册安全工程师职业资格后，从事安全生产业务满3年	（五）具有博士学位，从事安全生产业务满1年。 （六）取得初级注册安全工程师职业资格后，从事安全生产业务满3年
10	拍卖师	中国拍卖行业协会	具有高等院校专科以上学历和相关专业知识；在拍卖企业工作两年以上	具有高等院校专科以上学历和相关专业知识
11	注册计量师（一级）	市场监管总局、人力资源社会保障部	（一）取得理学或工学门类专业大学专科学历，工作满6年，其中从事计量技术工作满4年。 （二）取得理学或工学门类专业大学本科学历，工作满4年，其中从事计量技术工作满3年。 （三）取得理学或工学门类专业双学士学位或研究生班毕业，工作满3年，其中从事计量技术工作满2年。 （四）取得理学或工学门类专业硕士学位，工作满2年，其中从事计量技术工作满1年。	（一）取得理学或工学门类专业大学专科学历，从事计量技术工作满4年。 （二）取得理学或工学门类专业大学本科学历，从事计量技术工作满3年。 （三）取得理学或工学门类专业双学士学位或研究生班毕业，从事计量技术工作满2年。 （四）取得理学或工学门类专业硕士及以上学位，从事计量技术工作满1年。

续表

序号	职业资格名称	实施部门（单位）	现报考条件	调整后报考条件
11	注册计量师（一级）	市场监管总局、人力资源社会保障部	（五）取得理学或工学门类专业博士学位，从事计量技术工作满1年。 （六）取得其他学科门类专业相应学历、学位的人员，其工作年限和从事计量技术工作的最低年限相应增加1年	（五）取得其他学科门类专业相应学历、学位的人员，其从事计量技术工作的最低年限相应增加1年
12	特种设备检验、检测人员资格	市场监管总局	学历、检验经历、技术职称、专业培训等资历满足申请项目的要求（其中报考检验师需持检验员证4年及以上，并在有效期内）	学历、检验经历、技术职称、专业培训等资历满足申请项目的要求（其中报考检验师需持检验员证3年及以上，并在有效期内）
13	执业药师	国家药监局、人力资源社会保障部	（一）取得药学类、中药学类专业大专学历，在药学或中药学岗位工作满5年。 （二）取得药学类、中药学类专业大学本科学历或药学学士学位，在药学或中药学岗位工作满3年。 （三）取得药学类、中药学类专业第二学士学位、研究生班毕业或硕士学位，在药学或中药学岗位工作满1年。	（一）取得药学类、中药学类专业大专学历，在药学或中药学岗位工作满4年。 （二）取得药学类、中药学类专业大学本科学历或药学学士学位，在药学或中药学岗位工作满2年。 （三）取得药学类、中药学类专业第二学士学位、研究生班毕业或硕士学位，在药学或中药学岗位工作满1年。

续表

序号	职业资格名称	实施部门（单位）	现报考条件	调整后报考条件
13	执业药师	国家药监局，人力资源社会保障部	（四）取得药学类、中药学类专业博士学位。 （五）取得药学类、中药学类相关专业相应学历或学位的人员，在药学或中药学岗位工作的年限相应增加1年	（四）取得药学类、中药学类专业博士学位。 （五）取得药学类、中药学类相关专业相应学历或学位的人员，在药学或中药学岗位工作的年限相应增加1年

· 318 ·

国家新闻出版署 人力资源社会保障部 广电总局 国家网信办关于印发《新闻专业技术人员继续教育暂行规定》的通知

国新出发〔2022〕8号

各省、自治区、直辖市新闻出版局、人力资源社会保障厅（局）、广播电视局、网信办，中央和国家机关各部委、各人民团体有关主管部门，中央军委政治工作部宣传局，中央各主要新闻单位：

现将《新闻专业技术人员继续教育暂行规定》印发给你们，请认真遵照执行。

2022年4月25日

新闻专业技术人员继续教育暂行规定

第一章 总 则

第一条 为进一步加强和规范新闻专业技术人员继续教育工作，不断提升新闻专业技术人员队伍素质，根据《干部教育培训工作条例》《专业技术人员继续教育规定》《新闻记者证管理办法》等，结合新闻工作实际，制定本规定。

第二条 在国家新闻出版、广播电视、网信主管部门批准设立的新闻单位从事新闻采编岗位工作，并持有新闻记者证的人员继续教育，适用本规定。

第三条 新闻专业技术人员继续教育工作坚持以习近平新时代中国特色社会主义思想为指导，牢牢把握党的新闻舆论工作职责使命，健全完善新闻专业技术人员教育培训机制，不断增强新闻专业技术人员脚力、眼力、脑力、笔力，培养造就一支政治坚定、业务精湛、作风优良、党和人民放心的新闻舆论工作队伍，为推动新时代党的新闻舆论工作提供人才保证和智力支持。

第四条 新闻专业技术人员继续教育工作遵循下列原则：

（一）服务大局，确保导向。紧紧围绕党的新闻舆论工作职责使命，深入开展马克思主义新闻观教育，把政治能力建设贯穿继续教育全过程，引导新闻专业技术人员始终坚持正确政治方向、舆论导向、价值取向，增强"四个意识"、坚定"四个自信"、做到"两个维护"。

（二）以人为本，按需施教。遵循新闻传播规律和人才成长规律，结合新闻专业技术人员岗位职责，加强职业道德教育，强化专业能力建设，引导新闻专业技术人员恪守职业操守、完善知识结构、全面提升岗位履职能力。

（三）改革创新，注重实效。创新方式方法，适应形势任务发展变化，建立健全继续教育培训内容更新机制，不断提高新闻专业技术人员继续教育的科学化水平，引导新闻专业技术人员运用所学知识指导实践、推动工作。

第五条 新闻专业技术人员享有参加继续教育的权利和接受继续教育的义务。新闻单位应当依照法律法规和国家有关规定，提取和使用职工教育经费，为本单位新闻专业技术人员参加继续教育提供保障和支持。新闻专业技术人员经所在单位同意，脱产或半脱产参加继续教育活动的，所在单位应当按照国家有关规定，保障工资、福利等待遇。

第二章 管 理 体 制

第六条 新闻专业技术人员继续教育实行统筹规划、分级负责、分类指导的管理体制。

第七条 国家新闻出版署会同人力资源社会保障部负责对全国新闻专业技术人员继续教育工作进行综合管理和统筹协调，制定全国新闻专业技术人员继续教育政策，指导监督全国新闻专业技术人员继续教育工作的组织实施。

国家新闻出版署、广电总局、国家网信办根据职责分工，负责对本行业本领域新闻专业技术人员继续教育工作进行指导和监督。

第八条 各省级有关主管部门和人力资源社会保障部门，共同负责本地区新闻专业技术人员继续教育工作的综合管理和组织实施。

中央主要新闻单位经国家新闻出版主管部门批准后，可按要求自行组织新闻专业技术人员继续教育培训活动。

其他机关、企业、事业单位、社会团体等在各自职责范围内，依法做好本单位新闻专业技术人员继续教育的管理和实施工作。

第三章 内容与形式

第九条 新闻专业技术人员继续教育内容包括公需科目和专业科目。

公需科目包括新闻专业技术人员应当普遍掌握的政治理论、法律法规、职业道德等基本知识。专业科目包括新闻专业技术人员从事新闻工作必须具备并应当掌握的行业政策法规和新闻采访、媒体融合等专业知识，以及行业发展需要的新理论、新知识、新技术等。

国家新闻出版署、人力资源社会保障部统筹规划公需科目课程和教材建设，国家新闻出版署、广电总局、国家网信办会同人力资源社会保障部统筹规划本行业本领域继续教育专业科目课程和教材建设，定期发布继续教育公需科目指南、专业科目指南，对继续教育内容进行指导。

第十条 新闻专业技术人员可以选择参加继续教育的形式。具体形式有：

（一）参加省级以上有关主管部门、人力资源社会保障部门及其公布的继续教育机构组织的面授、网络等继续教育培训活动；

（二）参加国家教育行政主管部门承认的本科以上相关专业学历（学位）教育；

（三）承担省级以上有关主管部门或相关行业协会的新闻类研究课题，或承担国家级科研基金项目；

（四）在拥有国内统一连续出版物号、经国家新闻出版主管部门认定的学术期刊上发表新闻类或与工作相关的学术论文，公开出版与工作职责相关的学术著作、译著等；

（五）参加省级以上有关主管部门组织的新闻单位与高校互聘交流计划，担任高校有关课程（讲座）授课（报告）人；

（六）担任省级以上有关主管部门或相关行业协会组织的宣讲、巡讲，举办的培训班、学术会议、专题讲座等授课（报告）人；

（七）参加省级以上有关主管部门或相关行业协会组织的新闻类评比、竞赛等；

（八）参加省级以上有关主管部门组织的专项主题报道活动，所采写的作品（或提供的素材）在省级以上媒体主报、主屏、主频率或其所属新闻网站、新媒体平台首页首屏等刊播；

（九）参加所在单位或相关专业机构等组织的与本单位业务

范围相关的专业类培训；

（十）省级以上有关主管部门、人力资源社会保障部门认可的其他继续教育形式。

第四章 学时管理

第十一条 新闻专业技术人员参加继续教育的时间，每年累计应不少于90学时。其中，专业科目学时一般不少于总学时的三分之二。

新闻专业技术人员参加继续教育取得的学时，在全国范围内当年度有效，不得结转或顺延至下一年度。

第十二条 新闻专业技术人员参加本规定第十条规定形式的继续教育，其学时计算标准如下：

（一）参加省级以上有关主管部门、人力资源社会保障部门及其公布的继续教育机构组织的面授培训，每天按8学时计算。

（二）参加省级以上有关主管部门、人力资源社会保障部门组织的网络培训，按实际学时计算，每年最多40学时。

（三）参加国家教育行政主管部门承认的本科以上相关专业学历（学位）教育，获得学历（学位）当年度折算为40学时。

（四）独立承担省级以上有关主管部门或相关行业协会的新闻类研究课题，或独立承担国家级科研基金项目，课题结项的，当年度每项折算为40学时；与他人合作完成的，主持人每项折算为30学时，参与人每人每项折算为10学时。

（五）独立公开发表新闻类或与工作相关的学术论文，每篇折算为10学时；与他人合作发表的，每人每篇折算为5学时。每年最多折算为20学时。

（六）独立公开出版与工作职责相关的学术著作、译著等，每本折算为30学时；与他人合作出版的，第一作者每本折算为20学时，其他作者每人每本折算为10学时。每年最多折算为40学时。

（七）参加省级以上有关主管部门组织的新闻单位与高校互聘交流计划，担任高校有关课程（讲座）授课（报告）人，按实际授课（报告）时间的6倍计算学时。每年最多折算为50学时。

（八）担任省级以上有关主管部门或相关行业协会组织的宣讲、巡讲，举办的培训班、学术会议、专题讲座等授课（报告）人，按实际授课（报告）时间的6倍计算学时。每年最多折算为50学时。

（九）参加省级以上有关主管部门或相关行业协会组织的新闻类评比、竞赛等，获得优秀以上等次，获奖当年度每项折算为30学时，同一作品不累计计算。

（十）省级新闻单位新闻专业技术人员参加中央有关主管部门组织的专项主题报道活动，所采写的作品（或提供的素材）在中央媒体主报、主屏、主频率或其所属新闻网站、新媒体平台首页首屏等刊播，市级、县级新闻单位新闻专业技术人员参加省级以上有关主管部门组织的专项主题报道活动，所采写的作品（或提供的素材）在省级以上媒体主报、主屏、主频率或其所属新闻网站、新媒体平台首页首屏等刊播，每篇（条）折算为10学时。每年最多折算为20学时，同一作品不累计计算。

（十一）参加所在单位或相关专业机构等组织的与本单位业务范围相关的专业类培训，每年最多折算为30学时。

第十三条 新闻专业技术人员参加继续教育情况实行学时登记管理。学时登记实行分级负责、逐级审核，具体登记办法由国家新闻出版署、广电总局、国家网信办会同人力资源社会保障部分别制定。

省级有关主管部门每年将本地区新闻专业技术人员继续教育审核情况送同级人力资源社会保障部门备案。

第十四条 参加挂职锻炼或外派等重大专项工作的，由本单位出具证明，报省级有关主管部门备案，可视同参加继续教育；由于伤、病、孕等特殊原因无法在当年度完成继续教育学时的，由所在单位出具证明,可适当顺延完成。

第五章　继续教育机构

第十五条　国家新闻出版署、广电总局、国家网信办会同人力资源社会保障部指导加强新闻专业技术人员继续教育机构建设,推动构建分工明确、优势互补、布局合理、开放有序的继续教育培训体系。鼓励并引导行业协会、培训中心、高等院校等具备培训条件的单位参与新闻专业技术人员继续教育工作。

第十六条　继续教育机构每年须将培训方案、课程内容、授课师资等报当地有关主管部门审核。

第十七条　继续教育机构须具备与新闻专业技术人员继续教育相适应的教学设施、场所、师资队伍和管理力量,建立健全相应的组织机构和管理制度。

第十八条　继续教育机构应当认真组织实施新闻专业技术人员继续教育教学计划,严格执行有关学员、师资管理规定,严肃学习纪律,加强学风建设,根据考试考核结果如实出具新闻专业技术人员参加继续教育的证明。

第十九条　继续教育机构要突出政治引领,把提高政治觉悟、政治能力贯穿教学管理全过程,全面提升新闻专业技术人员政治素养、理论水平、思想作风和业务能力。

第二十条　建立继续教育师资库,建立健全符合新闻工作特点和新闻专业技术人员成长成才规律的师资动态管理机制。

第二十一条　各级有关主管部门、人力资源社会保障部门直接举办继续教育活动的,应当突出公益性,不得收取费用。

第二十二条　继续教育机构不得采取弄虚作假、欺诈等不正当手段招揽生源,不得以继续教育名义组织旅游或与培训无关的活动,不得以继续教育名义乱收费或只收费不培训,以及从事其他有关法律法规明令禁止的行为。

第六章 考核与监督

第二十三条 新闻单位应当建立本单位新闻专业技术人员继续教育与使用、晋升相衔接的激励机制，把新闻专业技术人员参加继续教育情况作为新闻专业技术人员考核评价、岗位聘用的重要依据。

第二十四条 新闻专业技术人员参加继续教育情况，应当作为聘任专业技术职务或者申报评定职称，以及新闻记者证年度核验、换发的重要条件。

第二十五条 省级以上有关主管部门、人力资源社会保障部门应当对新闻专业技术人员继续教育机构、新闻单位执行本规定的情况进行监督检查。

第二十六条 省级以上有关主管部门、人力资源社会保障部门应当定期组织或委托第三方评估机构对本地区新闻专业技术人员继续教育机构进行教学质量评估，评估结果作为评价继续教育机构办学质量的重要标准和承担下一年度继续教育任务的重要依据。

第二十七条 新闻单位违反本规定的，由省级以上有关主管部门责令改正。

第二十八条 新闻专业技术人员无正当理由不参加继续教育或者在学习培训期间违反学习纪律和管理制度的，所在单位可视情给予批评教育、不予报销或者要求退还培训费用等。

第二十九条 继续教育机构违反本规定的，由省级以上有关主管部门责令改正，并依法依规进行处理。

第七章 附　　则

第三十条 中国人民解放军和中国人民武装警察部队所属新闻单位新闻专业技术人员继续教育工作，参照本规定执行。

第三十一条 本规定由国家新闻出版署负责解释。

第三十二条 本规定自 2023 年 1 月 1 日起施行。

审计署　人力资源社会保障部关于印发《审计专业技术资格规定》和《审计专业技术资格考试实施办法》的通知

审人发〔2022〕18号

各省、自治区、直辖市及新疆生产建设兵团审计厅（局）、人力资源社会保障厅（局），中央和国家机关各部委、各人民团体人事部门，中央军委审计署综合局，各中管金融企业、中央企业人力资源部门：

  为加强审计专业人员队伍建设，完善审计人才评价工作机制，更好地适应审计工作高质量发展要求，根据《人力资源社会保障部　审计署关于深化审计专业人员职称制度改革的指导意见》（人社部发〔2020〕84号）和国家职业资格制度等有关规定，我们制定了《审计专业技术资格规定》和《审计专业技术资格考试实施办法》，现印发给你们，请遵照执行。

2022年7月5日

审计专业技术资格规定

第一条 为加强高素质专业化审计专业人员队伍建设，科学客观公正评价审计专业人员，推动审计工作高质量发展，根据审计专业人员职称制度改革要求和国家职业资格制度，制定本规定。

第二条 在国家机关、企事业单位、社会团体等组织中从事审计及相关工作的审计专业人员，适用本规定。

第三条 国家设置审计专业技术资格，分为初级、中级、高级三个级别，列入国家职业资格目录。

审计专业技术资格的英文名称为 Audit Qualifications（简称 AudQ）。初级审计专业技术资格及助理审计师的英文名称为 Assistant Auditor（简称 AAud）；中级审计专业技术资格及审计师的英文名称为 Proficient Auditor（简称 PAud）；高级审计专业技术资格的英文名称为 Senior Audit Qualification，高级审计师的英文名称为 Senior Auditor（简称 SAud），正高级审计师的英文名称为 Principal Auditor（简称 PrAud）。

第四条 审计专业技术资格实行全国统一组织、统一大纲、统一命题的考试制度。

第五条 审计署、人力资源社会保障部共同负责审计专业技术资格制度的政策制定，并按职责分工对审计专业技术资格制度的实施进行指导、监督和检查。

第六条 审计署、人力资源社会保障部成立全国审计专业技术资格考试办公室，办公室设在审计署人事教育司，承担审计专业技术资格考试的日常管理工作。

审计署建立审计专业技术资格考试专家库，负责组织专家开展拟定考试大纲、考试命审题、考试阅卷及结果公布等工作,研究提出考试专业设置、考试科目调整、考试合格标准及免予考试政策等。人力资源社会保障部负责审定考试专业设置、考试科目、考试大纲及免予考试政策等,会同审计署开展考试质量评估。

第七条 凡遵守中华人民共和国宪法和法律法规,具备良好的审计职业道德和敬业精神,符合初级、中级、高级审计专业技术资格考试报名条件的人员,即可报名参加相应级别的考试。

应届毕业生可以凭所在院校开具的应届毕业证明作为符合相应学历条件,报名参加当年度审计专业技术资格考试。

第八条 具备国家教育部门认可的高中毕业(含高中、中专、职高、技校,下同)及以上学历,均可报名参加初级审计专业技术资格考试。

第九条 具备下列条件之一者,可以报名参加中级审计专业技术资格考试:

(一)高中毕业,取得初级审计专业技术资格,从事审计相关工作满10年;

(二)具备大学专科学历,从事审计相关工作满5年;

(三)具备大学本科学历或学士学位,从事审计相关工作满4年;

(四)具备双学士学位(包括第二学士学位),从事审计相关工作满2年;

(五)具备硕士学位或研究生学历,从事审计相关工作满1年;

(六)具备博士学位。

在审计及相关合规、稽核、内部控制、风险管理等岗位工作;或在会计、经济、统计、工程或教育科研等岗位工作,且有相关审计实践经验的;可以视同从事审计相关工作(下同)。

取得相应学历学位前后的审计相关工作年限合并计算,工作年限计算截止日期为考试年度的 12 月 31 日（下同）。

第十条 具备下列条件之一者，可以报名参加高级审计专业技术资格考试：

（一）具备大学专科学历，取得中级审计专业技术资格后从事审计相关工作满 6 年；

（二）具备大学本科学历或学士学位，取得中级审计专业技术资格后从事审计相关工作满 5 年；

（三）具备硕士学位或研究生学历，取得中级审计专业技术资格后从事审计相关工作满 4 年；

（四）具备博士学位，取得中级审计专业技术资格后从事审计相关工作满 2 年。

取得中级会计、经济、统计专业技术资格或工程师等相关专业中级职称，符合本条规定的学历、年限条件的，可以报名参加高级审计专业技术资格考试。

第十一条 初级、中级和高级审计专业技术资格考试实行相对固定的全国统一合格标准。根据审计人才队伍建设需要，人力资源社会保障部会同审计署可以单独划定相关地区、专业类别或科目的考试合格标准。

各省、自治区、直辖市人力资源社会保障行政主管部门会同审计机关，可以根据本地区人才需求状况，确定本地区本年度参加高级审计师职称评审的使用标准。

第十二条 初级、中级审计专业技术资格考试合格，由各省、自治区、直辖市人力资源社会保障行政主管部门颁发人力资源社会保障部统一印制或制作的审计专业技术资格证书，包含纸质证书和电子证书。纸质证书由人力资源社会保障部、审计署联合用印，电子证书使用人力资源社会保障部专业技术人员职业资格证书专用电子印章。达到全国统一合格标准的，证书在全国范围有效。达到单独划定地区合格标准的，证书载明有效区域，在证书载明区域内有效。

高级审计专业技术资格考试合格，由全国审计专业技术资格考试办公室颁发统一印制或制作的高级审计专业技术资格考试合格证明，包含纸质证明和电子证明。纸质证明由全国审计专业技术资格考试办公室用印，电子证明使用相应专用电子印章。达到全国统一合格标准的，在全国范围有效。达到单独划定地区合格标准的，证明载明有效区域，在证明载明区域内有效。从事审计相关工作的公务员具备合格证明，可以作为审计专业能力水平的证明，但不得参加专业技术人才职称评审。企事业单位、社会组织的审计专业人员取得合格证明，自考试合格之日起5年内可以参加高级审计师职称评审；达到当地当年度使用标准的，由所在省、自治区、直辖市的人力资源社会保障行政主管部门、审计机关发布通知，可以参加当地当年度高级审计师职称评审。

第十三条 通过考试取得初级审计专业技术资格，即具备助理审计师职称。通过考试取得中级审计专业技术资格，即具备审计师职称。参加高级审计专业技术资格考试合格取得高级审计专业技术资格并通过高级审计师职称评审，即具备高级审计师职称。具备高级审计师以上职称人员跨地区任职的，其职称应当按照当地职称管理部门认可的方式认定，鼓励跨地区审计职称互通互认。

企事业单位、社会组织等用人单位可以在审计相关工作岗位上聘用具备审计专业技术资格及相应职称的人员；可以在总审计师等审计管理岗位上优先聘用具备高级审计师职称以上人员。

第十四条 审计专业人员应当认真履行工作职责，按照专业技术人员继续教育的有关规定接受继续教育，不断提高专业能力和业务水平。用人单位应当按照规定对审计专业人员参加继续教育予以保障。

第十五条 获得审计专业博士学位人员经全国审计专业技术资格考试办公室审核，可以免予考试，取得中级审计专业技术资格。

第十六条 取得二级造价工程师职业资格证书,可对应初级审计专业技术资格,报考中级审计专业技术资格考试。

取得注册会计师全国统一考试合格证书、一级造价工程师职业资格证书,可对应中级审计专业技术资格,报考高级审计专业技术资格考试。

取得资产评估师、税务师职业资格证书,符合相应的学历、年限条件,可对应初级或中级审计专业技术资格,报考高一级审计专业技术资格考试。

第十七条 具备其他系列副高级职称以上资格,在审计相关工作岗位从事审计相关工作满2年,可以视作符合《审计专业人员职称评价基本标准》规定的学历、年限条件,报名参加高级审计专业技术资格考试,符合条件人员相应参加审计系列高级职称评审。

第十八条 从事审计相关工作的公务员参加高级审计专业技术资格考试取得合格证明,按照规定接受继续教育且未参加审计职称评审,后续首次转入企事业单位、社会组织等任职的,自转入企事业单位、社会组织等任职之日起5年内可以参加高级审计师职称评审。

第十九条 发现以不正当手段取得审计专业技术资格等行为,按程序撤销其审计专业技术资格。

第二十条 本规定施行前取得的初级、中级审计专业技术资格证书与按照本规定取得的证书效用等同。高级审计专业技术资格考试合格证明按照本规定施行。各地执行的考试报名和资格评价条件、职业资格与审计专业技术资格对应关系,与本规定不一致的按照本规定执行。

第二十一条 本规定由审计署、人力资源社会保障部按职责分工负责解释。

第二十二条 本规定自发布之日起施行。2002年6月6日人事部、审计署联合发布的《高级审计师资格评价办法(试行)》(人发〔2002〕58号)和2003年1月13日审计署、人事部联合发布的《审计专业技术初、中级资格考试规定》(审人发〔2003〕4号)同时废止。

审计专业技术资格考试实施办法

第一条 审计署考试中心负责审计专业技术资格考试的具体组织实施。审计署考试中心具体拟定考务工作细则、考场规则及相关工作标准和流程,由全国审计专业技术资格考试办公室(以下简称全国审计考办)审定。

各省、自治区、直辖市的人力资源社会保障行政主管部门人事考试机构承担本地区审计专业技术资格考试考务工作,按照专业技术人员资格考试考务工作有关规程组织实施考试。

第二条 全国审计考办负责组织全国审计专业技术资格考试巡考和监督检查。

各省、自治区、直辖市的人力资源社会保障行政主管部门、审计机关负责本地区考试工作的监督检查。

第三条 初级、中级审计专业技术资格考试均设《审计相关基础知识》和《审计理论与实务》2个科目。

高级审计专业技术资格考试设《高级审计实务》1个科目。

根据审计人才队伍建设需要,审计专业技术资格考试可以按程序分设专业类别。报名分专业类别的考试时,应试人员可以根据工作需要选择一个专业类别参加考试。

第四条 获得审计专业硕士学位人员报名参加初级、中级审计专业技术资格考试,可以免予考查《审计相关基础知识》科目。

第五条 审计专业技术资格考试原则上每年组织一次。

初级、中级审计专业技术资格考试成绩实行2年为一个周期的滚动管理方法，应试人员须在连续的两个考试年度内通过全部应试科目，方可取得相应级别审计专业技术资格证书。分专业类别的考试时间和考试成绩滚动管理周期可根据考试科目、方式、频次等调整。

第六条 考试报名证明事项实行告知承诺制，符合考试报名条件的应试人员按照考试机构规定的程序和要求报名，凭准考证和有效身份证件在指定的日期、时间、地点和考场参加考试。

中央和国务院各部门及所属单位、中央管理企业的人员按属地原则在工作地或居住地报名参加考试。港澳台居民、军队人员、外国籍人员在工作地或居住地就近报名参加考试。

第七条 考点原则上安排在设区的市以上城市的大中专院校、中考高考定点学校或考试机构建设的专门场所，优先安排在人事考试标准化考场、教育考试标准化考场进行。

考点在考试期间应当具备符合要求的信号屏蔽、视频监控等安全设备，制定应急预案，按要求建立有关部门单位参与的考试安全协调联动机制。无纸化考试考点应当具备足够数量的考点机、监考机、考试机等，并满足有关软、硬件和网络要求。

第八条 考试收费纳入行政事业性收费目录，包括上缴中央财政的考务费和补偿当地组织实施成本的考试费，一般由当地承担考务工作的人事考试机构向应试人员收取，按照行政事业性收费规范收支管理；审计署考试中心执收考务费汇缴至中央财政。考试收费标准按照国家有关规定确定。

第九条 审计署考试中心具体组织专家拟定考试大纲，全国审计考办审核，报人力资源社会保障部审定后发布。有关单位可以按照考试大纲要求组织编纂考试用书。

审计署考试中心按照考试大纲要求具体组织专家开展考试征题和命题，建立试题库，加强对参与考试工作专家的管理。全国审计考办按照考试大纲要求组织专家进行考试审题并审定试卷，规范工作流程，对考试专家库实行动态管理。

第十条 按照安全、科学、高效的原则，审计署考试中心具体组织考试阅卷工作，采取有效措施保障考试数据安全和阅卷结果科学，提高阅卷工作效率。全国审计考办组织进行考试阅卷结果验收，采取适当方式公布考试结果。

审计署考试中心建立考试结果反馈机制，开展考试结果分析，提升试题试卷质量。全国审计考办建立试题试卷质量评估和审查机制，研究提出考试专业类别设置、考试科目、大纲及考试方式调整等政策建议，坚持正确的考试评价导向，推动提升考试国际化水平，不断加强考试的科学性、针对性和实用性。

第十一条 审计署考试中心具体开展对各地人事考试机构审计专业技术资格考试相关考务工作的指导。

当地承担考务工作的人事考试机构具体开展当地考试报名、考点考场设置、考务培训与实施、考试期间试卷管理，以及违纪违规复核、成绩复查、证书信息变更等考务信息工作，会同当地审计机关开展资格审核。审计署考试中心总体组织试卷管理，对考务信息进行审核和规范管理，积极利用新技术方法提高信息化水平。

第十二条 坚持回避原则和考试与培训分开的原则。凡参与考试命（征）题、审题、阅卷等工作的专家及工作人员，不得报名参加当次相关科目的考试，不得参与或举办与考试内容相关的培训。

应试人员参加培训坚持自愿原则。

第十三条 考试相关工作、试题试卷等的涉密等级按照国家有关规定确定。各级考试实施机构会同有关部门切实做好考试各环节的安全保密工作，严防泄密和考试舞弊。

第十四条 参与考试组织实施的有关机构、专家及工作人员，应当严格执行专业技术人员资格考试有关的法律法规和规章制度，遵守考试工作纪律和保密规定。

第十五条 对违反考试工作纪律和有关规定的人员,依法依规给予处理处分;构成犯罪的,依法追究刑事责任。

第十六条 本办法自发布之日起施行。2003年1月13日审计署、人事部联合发布的《审计专业技术初、中级资格考试实施办法》(审人发〔2003〕4号)同时废止。

国家新闻出版署 人力资源社会保障部关于印发《新闻记者职业资格考试办法》和《新闻记者职业资格考试实施细则》的通知

国新出发〔2022〕21号

各省、自治区、直辖市新闻出版局、人力资源社会保障厅（局），中央和国家机关各部委、各人民团体有关主管部门，中央军委政治工作部宣传局，中央各主要新闻单位：

现将《新闻记者职业资格考试办法》和《新闻记者职业资格考试实施细则》印发给你们，请认真遵照执行。

2022年12月30日

新闻记者职业资格考试办法

第一章 总 则

第一条 为深入贯彻习近平新时代中国特色社会主义思想和党的二十大精神，坚持和加强党对宣传思想工作的全面领导，落实党管宣传、党管意识形态、党管媒体的要求,加强新闻采编队伍管理,规范新闻采编秩序,促进党和国家新闻事业发展,依据《国务院对确需保留的行政审批项目设定行政许可的决定》和国家对职业资格管理的有关规定,制定本办法。

第二条 国家对新闻记者实行准入类职业资格制度,纳入全国专业技术人员职业资格制度的统一规划。

第三条 新闻记者职业资格考试,面向已入职新闻单位的从业人员,考评其是否具备从事新闻采编工作所必需的政治素养、业务能力和职业道德。

本办法所称新闻单位,是指国家有关主管部门依法批准设立并列入新闻记者证核发范围的单位。

第四条 中华人民共和国境内新闻单位从事新闻采编工作的人员,应当参加新闻记者职业资格考试合格并依法取得新闻记者证。

第五条 新闻记者职业资格考试实行全国统一考试制度,由国家统一组织、统一时间、统一大纲、统一试题、统一标准。

第六条 新闻记者职业资格考试应当坚持公平、公正、公开的原则,考试组织工作应当接受监察机关、保密机关和社会监督。

第二章 考试组织

第七条 新闻记者职业资格考试在国家新闻出版署、人力资源社会保障部的统一领导下进行,具体考务工作委托人力资源社会保障部人事考试中心组织实施。

各地考试工作由各省、自治区、直辖市新闻出版管理部门和人力资源社会保障行政部门共同负责。具体职责分工,由各地协商确定。

第八条 国家新闻出版署负责审定考试科目、考试大纲、考试题目,研究并建立考试题库。

人力资源社会保障部负责考试工作的组织实施，会同国家新闻出版署对考试进行检查、监督和指导，确定合格标准。

第三章 考试报名

第九条 报名参加新闻记者职业资格考试的人员，必须遵守中华人民共和国宪法和法律，拥护中国共产党领导和社会主义制度，认真学习宣传贯彻习近平新时代中国特色社会主义思想，坚决贯彻落实党的理论和路线方针政策，坚持正确政治方向、舆论导向、新闻志向、工作取向，热爱新闻工作，恪守职业道德。

第十条 报名参加新闻记者职业资格考试的人员，除应当具备本办法第九条所列基本条件外，还必须具备下列条件：

（一）具有完全民事行为能力；

（二）具有大学专科及以上学历；

（三）在新闻单位编制内或者与新闻单位签有劳动合同，新闻单位为非法人编辑部的人员，须为新闻单位的主管（主办）单位在编人员或者与主管（主办）单位签有劳动合同。

第十一条 有下列情形之一的人员，不得报名参加新闻记者职业资格考试，已经办理报名手续的报名无效，已经参加考试的考试成绩无效：

（一）受过刑事处罚的；

（二）被开除公职的；

（三）受党纪、政务处分期限未满的；

（四）被列入新闻采编不良从业行为记录并在限业期限内的；

（五）伪造学历、工作资历证明的；

（六）因严重失信行为被国家有关单位确定为失信联合惩戒对象并纳入国家信用信息共享平台的；

（七）国家新闻出版署、人力资源社会保障部规定的其他情形。

第十二条　参加考试的人员，须本人提出申请，经所在新闻单位审核同意，按照当地人力资源社会保障行政部门考试管理机构规定的程序和要求完成报名，凭准考证、身份证在指定的时间、地点参加考试。

中央单位主管、主办新闻单位的人员参加考试，实行属地管理原则。

第四章　考试内容

第十三条　新闻记者职业资格考试的内容和命题范围以国家新闻出版署公布的新闻记者职业资格考试大纲为准。

第十四条　新闻记者职业资格考试设置基础科目和专业科目，综合考核应试人员从事新闻采编工作应当具有的政治素养、业务能力和职业道德。

第五章　考试方式

第十五条　新闻记者职业资格考试原则上每年举行一次，具体考试日期按照人力资源社会保障部年度专业技术人员职业资格考试工作计划确定。

第十六条　新闻记者职业资格考试实行纸笔考试或者电子化考试。

第十七条　新闻记者职业资格考试实行全国统一评卷，统一确定合格分数线，考试成绩及合格分数线由人力资源社会保障部公布。

第六章　考试违纪处理

第十八条　应试人员在考试中存在违纪违规行为的，按照专业技术人员资格考试违纪违规行为处理规定处理；构成犯罪的，由司法机关依法追究刑事责任，并终身不得参加新闻记者职业资格考试。

应试人员及其他相关人员有违反治安管理行为的,由公安机关进行处理;构成犯罪的,由司法机关依法追究刑事责任。

第十九条 考试工作人员有违反工作纪律行为的,应当按照有关规定,视其情节、后果给予相应的处分;构成犯罪的,由司法机关依法追究刑事责任。

第七章 资格管理

第二十条 国家新闻出版署建立新闻记者职业资格数据库和诚信档案,将参加新闻记者职业资格考试合格人员以及依据本办法第十八条作出相应处理人员的有关信息,录入新闻记者职业资格数据库和诚信档案,并为应试人员、新闻单位和新闻出版管理部门提供线上查询服务。

第二十一条 新闻记者职业资格考试合格的人员,由所在新闻单位按规定为其申领新闻记者证。

第二十二条 国家对新闻记者依法实行执业准入管理,由国家新闻出版署统一核发新闻记者证。

第八章 附 则

第二十三条 本办法施行前已获得国务院有关部门认定的新闻采编从业资格或者持有效新闻记者证的人员,视同通过新闻记者职业资格考试。

第二十四条 本办法由国家新闻出版署、人力资源社会保障部按职责分工负责解释。

第二十五条 本办法自2023年7月1日起施行。其他相关规定,凡与本办法不一致的,按照本办法执行。

新闻记者职业资格考试实施细则

第一条 根据《新闻记者职业资格考试办法》和有关法规规定，制定本实施细则。

第二条 国家新闻出版署成立全国新闻记者职业资格考试专家委员会，负责拟定考试大纲、考试命题、考试阅卷、提出考试合格标准等工作。

国家新闻出版署、人力资源社会保障部成立全国新闻记者职业资格考试办公室，设在国家新闻出版署，负责考试大纲、考试试题审定和考试监督检查等，承担考试日常管理工作。

第三条 新闻记者职业资格考试设立《新闻基础知识》和《新闻采编实务》2个科目。

2个科目考试在同一天上、下午分别进行，每个科目的考试时间均为3小时。

第四条 新闻记者职业资格考试成绩实行2年为一个周期的滚动管理方法，应试人员必须在连续的两个考试年度内参加全部应试科目考试合格，方可取得新闻记者职业资格考试成绩合格证明。合格证明由国家新闻出版署、人力资源社会保障部委托人力资源社会保障部人事考试中心制作发放。

第五条 新闻记者职业资格考试考点原则上设在直辖市和省会城市的大中专院校、中考高考定点学校或者考试机构建设的专门场所，优先安排在人事考试标准化考场、教育考试标准化考场进行。

第六条 新闻记者职业资格考试大纲在当年度考试6个月前向社会公布，保证应试人员及时了解考试要求，进行充分的学习、备考。

第七条 新闻记者职业资格考试坚持回避原则和考试与培训分开的原则。凡参与考试命审题、阅卷等工作的专家及工作人员,不得参加考试,也不得参与或者举办与考试内容相关的培训;参与考试组织实施的单位和机构,不得举办与考试内容相关的培训。

应试人员参加培训坚持自愿原则。

第八条 考试相关工作和试题试卷的秘密等级按照国家有关规定确定。各级考试实施机构会同有关部门切实做好考试各环节的安全保密工作。

第九条 参与考试组织实施的有关机构、专家及工作人员,应当严格执行专业技术人员资格考试有关法规规定,遵守考试工作纪律。

第十条 本细则由国家新闻出版署、人力资源社会保障部按职责分工负责解释。

第十一条 本细则自2023年7月1日起施行。其他相关规定,凡与本细则不一致的,按照本细则执行。

人力资源社会保障部办公厅关于单独划定部分专业技术人员职业资格考试合格标准有关事项的通知

人社厅发〔2022〕25号

各省、自治区、直辖市及新疆生产建设兵团人力资源社会保障厅（局），中共海南省委人才发展局，各副省级市人力资源社会保障局：

为深入贯彻党中央、国务院关于实现巩固拓展脱贫攻坚成果同乡村振兴有效衔接的决策部署，加强乡村振兴人才队伍建设，经商有关部门同意，人力资源社会保障部决定在国家乡村振兴重点帮扶县等地区单独划定部分专业技术人员职业资格考试合格标准（以下简称单独划线）。现就有关事项通知如下。

一、单独划线的职业资格考试项目及实施范围

（一）执业药师、通信（初、中级）、计算机技术与软件（初、中、高级）、社会工作者（初、中、高级）、经济（初、中、高级）、卫生（初、中级）、审计（初、中、高级）、统计（初、中、高级）、银行业专业人员（初、中级）、翻译专业资格（二、三级）等10项职业资格考试在国家乡村振兴重点帮扶县、西藏自治区、四省涉藏州县、新疆维吾尔自治区南疆四地州、甘肃临夏州、四川凉山州、乐山市峨边县、马边县及金口河区单独划线。

（二）出版（初、中级）职业资格考试针对从事少数民族语

言文字出版工作的人员单独划线。

上述职业资格考试结束后,人力资源社会保障部会同有关部门研究确定单独划线的合格标准,在中国人事考试网(www.cpta.com.cn)向社会公布。

二、证书申领及发放

(一)在单独划线地区报名参加相关职业资格考试的人员,未达到全国合格标准,在规定的考试成绩有效期内,全部科目达到单独划线地区合格标准的,发放单独划线职业资格证书或成绩合格证明。

(二)在单独划线地区之外报名参加相关职业资格考试,到单独划线地区工作的人员,未达到全国合格标准,在规定的考试成绩有效期内,全部科目达到单独划线地区合格标准的,可向当地省级考试管理机构申领单独划线职业资格证书或成绩合格证明。

(三)从事少数民族语言文字出版工作的出版专业技术人员,未达到全国合格标准,在规定的考试成绩有效期内,全部科目达到出版职业资格考试单独划线合格标准的,发放"从事少数民族语言文字出版工作"出版专业技术人员职业资格证书。

(四)单独划线的职业资格证书或成绩合格证明按现行证书管理程序印制发放。已推行职业资格电子证书的,可在中国人事考试网查询下载相应的职业资格电子证书或成绩合格证明。

三、证书效力

(一)执业药师、通信(初、中级)、计算机技术与软件(初、中、高级)、社会工作者(初、中、高级)、经济(初、中、高级)、卫生(初、中级)、审计(初、中、高级)、统计(初、中、高级)、银行业专业人员(初、中级)、翻译专业资格(二、三级)等考试的单独划线职业资格证书或成绩合格证明,在相应省(区、市)的单独划线地区有效。

(二)高级审计师、高级统计师、高级经济师的单独划线成绩合格证明,自考试合格之日起 5 年内有效;高级社会工作师的单独划线成绩合格证明,自考试合格之日起 3 年内有效。

(三)单独划线的出版(初、中级)职业资格证书,在从事少数民族语言文字出版工作时有效。

四、违纪违规行为处理

报考人员在报名考试和申领证书时须如实填报相关信息,如提供虚假信息、虚假证明材料或者以其他不正当手段,取得单独划线职业资格证书或成绩合格证明等,按照《专业技术人员资格考试违纪违规行为处理规定》(人力资源社会保障部令第 31 号)第十条处理。

五、其他事项

本通知自 2023 年 1 月 1 日起实施。2022 年单独划线工作参照《人力资源社会保障部办公厅关于在"三区三州"等深度贫困地区单独划定护士等职业资格考试合格标准有关事项的通知(试行)》(人社厅发〔2019〕77 号)执行,依据该通知取得的单独划线职业资格证书或成绩合格证明,在原有范围内继续有效。

各地人力资源社会保障部门要会同行业主管部门统筹做好职业资格考试报名、资格审核、证书发放等工作,有关考试机构要及时调整优化考试报名系统,确保政策落实落地。进一步加强政策宣传和解读,让专业技术人员充分了解政策,吸引更多优秀专业技术人才到基层建功立业。

2022 年 6 月 21 日

人力资源社会保障部办公厅
关于进一步做好职称评审工作的通知

人社厅发〔2022〕60号

各省、自治区、直辖市及新疆生产建设兵团人力资源社会保障厅(局),国务院各部委、各直属机构人事部门,有关中央企业人事部门:

为贯彻落实党的二十大和中央人才工作会议精神,持续深化职称制度改革,努力破解职称评审中的"一刀切"、简单化问题,根据中共中央办公厅 国务院办公厅《关于深化职称制度改革的意见》,现就做好职称评审工作有关事项通知如下。

一、动态调整职称评审专业

国家职称系列保持总体稳定,职称评审专业实行动态调整。通用性强、人才规模较大的评审专业由人力资源社会保障部会同有关行业主管部门研究设立。省级人力资源社会保障部门可会同省级有关行业主管部门,围绕国家重大战略需求和产业发展需要设立新评审专业。具有职称评审权的用人单位可结合本单位发展实际设立新评审专业,按管理权限报人力资源社会保障部门备案。探索将大数据、区块链、云计算、集成电路、人工智能、技术经纪、创意设计等新职业纳入职称评审范围。支持各地围绕特色产业、重点产业链设立特色评审专业,开展专项评审,通过"一产一策""一链一策",实现产业链、人才链、创新链融合发展。省级人力资源社会保障部门应建立职称评审专业目录,实行清单式管理。

二、科学制定职称评审标准

以破"四唯"和立"新标"为突破口,以激发专业技术人才创新活力为目标,坚持"先立后破",力避"一刀切"、简单化,突出品德、能力、业绩导向,分系列分专业修订职称评审标准,建立体现思想品德、职业道德、专业能力、技术水平、学术影响力、创新成效、决策咨询、人才培养、公共服务等多维度的评价指标,形成并实施有利于专业技术人才潜心研究和创新的职称评审标准。逐步开发专业技术类新职业标准,促进新职业标准与职称评审标准相衔接。鼓励从职业标准、技术标准、行业标准中提炼职称评审标准,将工作绩效、创新成果、解决实际问题能力等作为评价的核心内容。根据不同学科领域特点探索建立能够识别有天赋、有潜力人才的评价标准。

三、合理设置论文和科研成果要求

卫生、工程、艺术、中小学教师等实践性强的职称系列不将论文作为职称评审的主要评价指标,评价标准中不得简单设立论文数量、影响因子等硬性要求。对研究系列人才,聚焦原创成果和高质量论文,注重评价原创性贡献、学术影响力和研究能力,淡化论文数量要求。各职称系列逐步将论文"必选"转变为成果"多选",建立"菜单式"评价指标体系。推广代表性成果制度,标准开发、技术推广、技术解决方案、创新突破、高质量专利、成果转化、理论文章、智库成果、文艺作品、教案、病历等业绩成果均可作为代表性成果参加职称评审。探索通过学术委员会认定、同行专家评审、第三方机构评价、国际同行评价等方式,提高代表性成果评价的权威性。各级人力资源社会保障部门配合有关行业主管部门严厉打击论文代写代发、虚假刊发等违纪违规行为,鼓励科研人员把高质量论文发表在国内科技期刊上。对于抄袭、剽窃、不当署名等学术不端行为,按照《科研失信行为调查处理规则》等有关规定处理,撤销取得的职称,记入职称申报评审诚信档案库,情节严重的在一定期限内取消职称及岗位晋升资格。

四、减少学历、奖项等限制性条件

各职称系列对申报人学历只作基本要求,不具备规定学历但业绩显著、贡献突出的,可由2名以上具备正高级职称的同行专家推荐破格申报,法律法规另有规定的除外。除涉及公共安全、人身健康的系列或专业外,从事专业与所学专业不一致的,可允许按照本人长期从事专业申报职称。非全日制学历与全日制学历、职业院校毕业生与同层次普通学校毕业生在职称评审方面享有同等待遇。技工院校中级工班、高级工班、预备技师(技师)班毕业,可分别按照中专、大专、本科学历申报相应系列职称。不得将科研项目、经费数量、获奖情况、论文期刊层次、头衔、称号等作为职称评审的限制性要求。

五、完善同行评价机制

建立专业性、自律性的职称评审委员会,开展公平公正、代表性强、权威性高的同行评价。高端人才可实行国际同行评价,职称分组评议可采取小同行评价。发挥学术共同体在同行评价中的作用,鼓励对成果本身进行直接性同行评价。建立职称评审专家推荐遴选、培训考核、信用记录、退出惩戒等制度。加强职称评审专家库建设,遴选专业技术水平高、贴近科研生产一线、业内公认的专家担任评审专家。加大对评审专家履职尽责的考核力度,考核结果作为遴选专家的重要依据,探索建立同行评价责任追究机制。进一步规范各级职称评审委员会核准备案工作,未经备案的职称评审委员会,评审结果不纳入全国职称评审信息查询验证系统。

六、畅通职称评审绿色通道

取得重大基础研究和前沿技术突破、解决重大工程技术难题或在经济社会各项事业中作出重大贡献的专业技术人才,引进的海外高层次人才、急需紧缺人才,可采取"一事一议""一人一策"的方式直接申报高级职称。海外归国人员、党政机关交流或部队转业安置到企事业单位从事专业技术工作的人员，首次申报职称时可根据专业水平和工作业绩并参照同类人员评审标准，直接申报相应职称。探索国防和科技等特殊领域人才职称评审专门办法。

七、开展好职称"定向评价、定向使用"

以国家乡村振兴重点帮扶县为主体，在县以下基层开展职称"定向评价、定向使用"。由各地单独制定职称评审条件，适当放宽学历、科研要求，主要考察职业道德、实践能力、工作业绩、任务完成情况、群众认可度等内容。"定向评价"可采取单独分组、单独评审的方式。取得的职称限定在基层有效，评审结果由人力资源社会保障部门按管理权限备案。"定向评价、定向使用"的中高级岗位实行总量控制、比例单列、专岗专用，不占各地专业技术岗位结构比例，与常设岗位分开设置、单独管理。各地人力资源社会保障部门会同行业主管部门加强对"定向评价"数量、结构的宏观调控。

八、发挥用人单位主体作用

根据单位类型和岗位特点有序下放职称评审权限，向用人单位授予更多的职称评审自主权。支持国家实验室开展高级职称自主评审。具有职称评审权的单位结合目标任务、岗位职责、绩效考核等分类制定职称评审标准，科学合理明确论文、科研成果等要求。鼓励通过同行评价、技术技能竞赛、揭榜挂帅、服务对象评价等多元评价方法识别人才，促进评用结合。用人单位要切实履行好推荐申报主体责任，对申报人员的品德、能力、业绩情况的真实性负责。国家重点实验室、国家技术创新中心、科技领军企业、行业龙头企业等可推荐本单位技术负责人直接评定相应层级职称。支持科学中心、创新高地采取更加灵活的职称评聘机制。用人单位要切实履行好主体责任，用不好授权、履责不到位的要问责。

九、优化职称评审服务

进一步畅通外籍人才、港澳台人才、自由职业人才、高技能人才、农村实用人才职称申报渠道。优化职称评审工作流程，寓管理于服务之中，减少申报材料和证明材料。加强职称评审信息化建设，推行职称电子证书，加快实现职称评审结果全国查询验证。持续开展清理"四唯"专项行动，对职称申报、推荐和评审中存在的"四唯"做法，要及时约谈整改。加强职称评审备案管理、巡视巡查、信息公开、数据监测等工作，畅通投诉举报渠道，主动接受社会监督。严肃处理职称评审中"说情打招呼""圈子评审"等现象，营造风清气正的职称评审环境。

持续推动职称评审破"四唯"、立"新标"是进一步深化职称制度改革的重要举措。各地各有关单位要以习近平新时代中国特色社会主义思想为指导，全面贯彻党的二十大对人才工作的新部署新要求，进一步提高政治站位，坚持党管人才原则，提高思想认识，深入基层一线，加强调查研究，切实采取管用有效的措施推动改革任务落实落地落细。2023年6月底前完成各系列评审标准修订工作。2023年年底前，系统梳理本地区设置的职称评审专业，形成职称评审专业目录，向社会公布。职称制度改革推进过程中遇到的重要问题及时向人力资源社会保障部报告。

2022年11月30日

事业单位人事管理

事业单位法人书管理

退役军人事务部 教育部 人力资源社会保障部关于促进优秀 退役军人到中小学任教的意见

退役军人部发〔2022〕46号

各省、自治区、直辖市退役军人事务厅（局）、教育厅（教委）、人力资源社会保障厅（局），新疆生产建设兵团退役军人事务局、教育局、人力资源社会保障局：

为深入贯彻落实习近平总书记关于教育和退役军人工作重要论述，拓宽退役军人就业渠道，加强中小学教师队伍建设，落实立德树人根本任务，努力培养担当民族复兴大任的时代新人，现就促进优秀退役军人到中小学任教有关工作提出如下意见。

一、深刻认识重要意义

（一）优秀退役军人是充实中小学教师队伍的重要力量。退役军人政治信念坚定，使命责任强烈，作风素养过硬，在传承红色基因、为党和人民培养可靠接班人方面具有独特优势。部分优秀退役军人在部队练就了"会讲、会做、会教、会做思想工作"的基本功，具备担任中小学教师的潜质，成为充实中小学教师队伍的重要力量。

（二）促进优秀退役军人到中小学任教是推动新时代教育事业发展的重要举措。青少年是祖国的未来，民族的希望。在基础教育阶段，加强思想品德培养、引导价值观养成格外重要。吸收优秀退役军人担任中小学教师，有利于推动落实立德树人根本任务，助力改善中小学教师队伍学科结构和性别比例，不断提升优化育人环境、促进青少年全面发展。

（三）促进优秀退役军人到中小学任教是做好新时代退役军人工作的重要途径。拓宽了退役军人就业渠道，实现了退役军人高质量就业，促进了退役军人思想稳定，有助于继续发挥退役军人优势，弘扬勤勉敬业、乐于奉献的潜心育人精神，实现退役军人由军事人才向经济社会建设人才的转变，在新事业新岗位上贡献力量。

二、实施师范专业人才培养

（四）扩充师范专业教育机会。符合条件的退役军人参加高考按规定享受加分照顾。支持有条件的高校优化招生结构，扩大师范类学科"退役大学生士兵"专项硕士研究生招生计划、专升本的退役大学生士兵招生计划。按规定做好退役大学生士兵复学转专业等工作，优先开放师范类专业并提供专业补习等帮助。退役军人报考专升本师范专业，各地可结合相关人才培养实际，合理确定对应专业范围。各省（区、市）可结合实际依托本地师范类、体育类高等院校开设退役军人师范教育、体育专业专修班。在读师范专业退役大学生士兵按规定享受学生资助政策。

（五）提供教育教学能力专项培训。依托师范院校对符合基础条件且有从教意愿的退役军人开展教育教学能力专项培训。鼓励省际联合开展专项培训，共享优质教育资源。结合退役军人特点，着重培训思想政治、国防教育、体育等任教专业。符合教师资格考试报名条件的退役军人均可申请参加。

三、畅通任教发展通道

（六）支持到中小学任教。各地在制定中小学教师招聘计划时，可面向退役军人单列计划。综合考虑服役年限等因素对退役军人相应放宽年龄限制，并在教师招聘公告中予以明确。退役军人在服役前1年内取得中小学教师资格考试合格证明的凭入伍通知书、退役证书等相关材料，教师资格考试合格证明有效期可延长2年。有条件的地方将退役军人教师纳入教职工编制"周转池"制度。相关地区可结合特岗计划、"三支一扶""西部计划"等高校毕业生基层服务项目，支持鼓励符合条件的退役军人毕业生优先到中小学任教。

（七）支持多元化发展。中小学校要遵循教师成长规律，加强退役军人教师的专业培训和跟踪培养，配备优秀骨干教师传帮带；要发挥好退役军人教师优势，在爱国主义、集体主义、中国特色社会主义教育，在理想、道德、纪律、法治、国防和民族团结教育中提供施展才能的舞台空间，巩固学校思想文化阵地，加强国家安全教育。退役军人教师的服役年限按照国家有关规定计算养老保险缴费年限。绩效工资分配、职称评定、岗位晋级考核中，要综合考虑退役军人教师的教学业绩、教书育人实效以及对学校的贡献作用，全面客观评价，体现激励导向。

中小学行政、工勤空岗优先接收安置政府安排工作的退役军官和退役士兵。将获得教师资格的退役军人纳入中小学兼职体育教师选聘范围。鼓励退役军人在学校军训任务中担任军训教官。鼓励为学校提供安保服务的相关企业聘用更多退役军人，并兑现有关吸纳退役军人就业企业的优惠政策。

四、加强组织领导

（八）建立健全工作机制。各地要在当地党委教育工作领导小组领导下建立健全促进优秀退役军人到中小学任教工作机制，高位推动工作。要结合实际提出落实措施，深化政策统筹，处理好改革、发展和稳定关系，设计衔接好选拔、培养、聘用、发展各个环节。要强化各级各部门之间信息沟通共享，建立定期会商机制，推动解决重点难点问题。

（九）明确责任分工。各有关部门要加强协同配合，形成工作合力。地方各级退役军人事务部门负责宣传动员、摸清底数、审核退役军人身份，引导退役军人结合自身实际积极参加中小学教师招聘。地方各级教育部门、人力资源社会保障部门负责指导师范院校和中小学校制订培养和招聘计划，督促师范院校和中小学校落实各项倾斜政策。

（十）加强经费保障。地方各级退役军人事务部门将教育教学能力专项培训纳入退役军人教育培训补助项目范围，合理统筹使用经费，提高资金使用效率。地方各级教育部门要保障师范专业退役军人学生资助等相关经费。

（十一）实施督查检查。地方各级退役军人事务、教育、人力资源社会保障部门定期组织联合督查检查，将是否落实倾斜政策、建立长效工作机制、形成人才培养体系作为检查内容。检查结果作为评价履行教育、退役军人事务职责和对学校实施绩效奖励、评优评先等方面的重要参考依据。

2022年6月10日

人力资源社会保障部 教育部
关于印发《关于进一步完善中小学岗位设置管理的指导意见》的通知

人社部发〔2022〕58号

各省、自治区、直辖市及新疆生产建设兵团人力资源社会保障厅（局）、教育厅（教委、教育局）：

为深入贯彻落实习近平总书记关于教育的重要论述，深化中小学人事制度改革，建设高素质专业化创新型的中小学教职工队伍，现将《关于进一步完善中小学岗位设置管理的指导意见》印发给你们，请结合本地区实际认真贯彻执行。

2022年9月2日

关于进一步完善中小学岗位设置管理的指导意见

为贯彻《中共中央 国务院关于深化教育教学改革全面提高义务教育质量的意见》《中共中央 国务院关于全面深化新时代教师队伍建设改革的意见》要求，落实《新时代基础教育强师计划》，深化中小学人事制度改革，建设高素质专业化创新型的教职工队伍，根据《事业单位人事管理条例》及事业单位岗位设置管理有关规定，就进一步完善中小学岗位设置管理提出如下意见。

一、总体要求

（一）指导思想。全面贯彻党的十九大和十九届历次全会精神，以习近平新时代中国特色社会主义思想为指导，以促进基础教育事业发展为目标，遵循中小学教职工成长发展规律，创新岗位管理政策措施，拓宽职业发展通道，激发中小学教职工的积极性、主动性、创造性，进一步加强中小学教师队伍建设。

（二）基本原则。坚持分类施策、分级管理，立足国情，根据各级各类教师的不同特点和发展实际，考虑区域、城乡、校际差异，采取针对性的政策举措，定向发力；坚持因事设岗、精简效能、科学规范、评聘结合，全面实行中小学教师聘用制度和岗位管理制度，将教师职称评审和岗位聘用相结合；坚持激励和约束并重，发挥学校在用人上的主体作用，健全完善考核制度，加强聘后管理，奖优罚劣，树立重师德、重能力、重业绩、重贡献的导向，构建人员能上能下、能进能出的灵活用人机制。

二、主要内容

（三）健全教师岗位等级设置。中小学教师岗位等级设置划分为高、中、初级，按照国家现行事业单位专业技术岗位设置管理有关规定执行。

（四）科学制定岗位设置方案。岗位设置方案是学校公开招聘、确定岗位等级、调整岗位以及核定工资待遇的主要依据。各学校要严格按照国家政策规定，结合学校社会功能、职责任务、工作性质和人员结构特点等实际，制定岗位设置方案。岗位设置要优先满足教育教学工作实际需要，以教师岗位为主，根据需要合理设置管理岗位和工勤技能岗位。正高级教师岗位应具备的条件：具备过硬的思想政治素质和高尚的师德素养，在教育教学和教书育人方面业绩突出，能力卓越；在教育思想、课程改革、教学方法研究和推广等方面发挥示范和引领作用；在指导培养本地本学科教师方面作出突出贡献，在本地本学科领域有较高的声望和影响力。岗位设置方案由各级教育行政部门审核汇总后，按照规定的程序和权限报各级人力资源社会保障部门备案。岗位设置方案经备案后，应保持相对稳定，机构编制、职责任务和功能定位发生变化的，应按照规定的程序和权限在三个月内申请调整或变更。

各类学校要认真编写岗位说明书，明确岗位名称、岗位工作职责、目标任务、任职条件和绩效考核标准等内容，将其作为人员聘用和管理的依据。

（五）优化岗位结构。省级人力资源社会保障部门要会同教育行政部门按照优化结构、合理配置的要求，建立健全岗位动态调整机制，根据区域、学段、学科、人员结构特点等因素，制定高级教师岗位设置办法，分学段、分类型科学设置教师岗位结构，各类学校间专业技术岗位结构要保持相对平衡。"十四五"期间，正高级教师岗位数量控制在全国中小学教师岗位总量的千分之五以内。高级教师岗位比例偏高的省（区、市），要严格把握岗位标准和条件，适当优化控制高级岗位的结构比例，避免无序增长；高级教师岗位比例偏低的省（区、市），可结合当地教育事业发展需要和教师队伍建设要求，适当优化调整中小学岗位结构比例。

（六）实行县域统筹管理。县级人力资源社会保障部门要会同教育行政部门加强对县域内不同学段、不同类型学校岗位设置工作的指导。县级教育行政部门可按照班额、生源等情况，在核定的岗位总量内，统筹调配各校岗位数量，并向同级人力资源社会保障部门备案。按照乡村振兴战略部署，协调县域内同学段学校教师岗位结构并向乡村适当倾斜，努力使乡村学校中高级教师岗位比例不低于当地城镇同学段学校。义务教育学校要逐步实行县域统一的岗位结构比例。直辖市可按区统筹。

（七）落实岗位倾斜政策。乡村中小学引进急需紧缺高层次教师，经批准可以根据需要设置特设岗位，特设岗位岗位等级可放宽至专业技术八级，不受单位岗位总量、最高等级和结构比例限制。支持乡村中小学设置"定向评价、定向使用"教师中高级岗位，实行总量控制、比例单列、专岗专用，不占各地专业技术岗位结构比例，与常设岗位分开设置、单独管理，符合条件、通过评审的教师，可直接聘用至相应岗位。省级人力资源社会保障部门会同教育行政部门根据实际情况设置"定向评价、定向使用"教师岗位的总量或比例。对因组织安排援藏援疆援青的教师，援派期间取得高一级教师职称的，援派期满经考核合格，返回后派出单位按照援派期间取得的职称，在岗位出现空缺时将其优先聘用到相应教师岗位。

（八）规范开展岗位竞聘。各学校要在岗位结构比例内开展职称评审，按岗聘用。学校新设岗位、出现岗位空缺或者其他确需竞聘情形的，一般在备案的岗位总量、类别、等级范围内，采用竞聘上岗的方式进行。同一县域内中小学教师岗位出现空缺的，教师可以跨校评聘。

竞聘上岗可以综合采取笔试、面试、民主测评、同行评议、教学水平综合评价等方式，按照制定方案、公布竞聘信息、人员申报推荐、审查资格条件、组织竞聘、确定和公示拟聘人员名单、订立或者变更聘用合同等程序进行。

（九）加强聘后管理。各学校要严格根据聘用合同规定的岗位职责任务，全面考核教职工表现，以工作实绩和贡献为重点考核内容。要注重听取学生、家长的意见和评价，强化考核结果运用，将考核结果作为教职工岗位调整、职称评聘、岗位等级晋升、工资核定以及变更、续订、解除、终止聘用合同的基本依据。对长期不在教学岗位和教学工作量达不到学校同类人员任课标准的教师，要及时调整岗位。

三、组织实施

（十）加强组织领导。各地要充分认识加强中小学岗位设置管理的重要性，精心组织、周密部署，进一步明晰部门职责，人力资源社会保障部门主要负责中小学岗位设置管理的政策指导、宏观调控和监督管理，教育行政部门主要负责中小学岗位设置管理的工作指导、岗位配置和组织实施。

各地要结合实际情况，研究制定本地区中小学岗位设置管理的实施办法，优化岗位结构，做好组织落实工作，切实发挥岗位管理制度的基础作用。

（十一）强化监督管理。各地区、各部门和各学校在岗位设置和岗位聘用工作中，要严格执行本意见有关政策规定。对不按本意见进行岗位设置和岗位聘用的学校，人力资源社会保障部门、教育行政部门不予确认岗位等级、不予兑现工资，并提出限期整改要求。情节严重的，对相关领导和责任人予以通报批评，按照人事管理权限给予相应处分。

（十二）本意见适用于普通中小学、幼儿园、特殊教育学校、专门学校。

（十三）本意见自发布之日起施行，《人事部 教育部关于印发高等学校、义务教育学校、中等职业学校等教育事业单位岗位设置管理的三个指导意见的通知》（国人部发〔2007〕59号）有关规定与本意见不一致的，以本意见为准。

人力资源社会保障部办公厅 教育部办公厅关于做好2022年中小学幼儿园教师公开招聘工作的通知

人社厅发〔2022〕21号

各省、自治区、直辖市及新疆生产建设兵团人力资源社会保障厅（局）、教育厅（教委、教育局）：

为深入贯彻习近平总书记关于教育的重要论述，落实党中央、国务院"稳就业""保就业"的决策部署，促进高校毕业生就业和基层教师队伍建设，推动教育事业高质量发展，现就做好2022年中小学幼儿园教师公开招聘工作通知如下。

一、统筹谋划教师招聘，促进高校毕业生就业

2022届普通高校毕业生规模、增量创历史新高，就业形势复杂严峻。各地要高度重视，统筹谋划中小学幼儿园教师公开招聘工作，稳定招聘规模，促进高校毕业生在中小学幼儿园就业。鼓励各地在省级或市级层面统一组织中小学教师招聘。落实基层事业单位公开招聘倾斜政策，进一步鼓励和引导更多高校毕业生到基层中小学幼儿园任教。

二、精准测算义务教育学校和高中岗位需求，加强紧缺学科教师补充

各地要充分掌握城镇乡村不同区域、不同学校的岗位需求，精准招聘所需学科教师。要落实"双减政策"，拿出一定的招聘名额，有针对性地加强思想政治、音乐、体育、美术、科学、劳动、心理健康、特殊教育等紧缺学科教师招聘补充，着力解决教师队伍学科结构性矛盾。要结合高考改革选课走班的要求，加大力度补充普通高中紧缺学科教师，满足教育发展需要。

三、补足配齐幼儿园教师，支持学前教育发展

各地要落实《幼儿园教职工配备标准（暂行）》，加强对各类幼儿园教职工配备情况的动态监管，加大幼儿园教师公开招聘力度。要根据当地经济社会发展水平和学前教育发展的实际情况，落实幼儿园教师工资待遇保障政策，确保教师工资及时足额发放、同工同酬，依法依规足额足项为教职工缴纳社会保险和住房公积金。

四、强化职业学校教师配备，推动职业教育高质量发展

各地要重点支持职业教育改革，根据地方特色产业发展需求设置相应职业学校（含技工院校，下同）教师岗位。职业学校公开招聘教师时，有职业技能等级要求的岗位可以适当降低学历要求，或不再设置学历要求；以技能操作或技能指导履行职责任务的岗位，实际操作能力测试在考试中的比重原则上不低于50%；高层次、高技能人才可以按规定通过直接考察的方式公开招聘，建设高素质"双师型"教师和一体化教师队伍。

五、严格师德考察和招聘条件，把好教师招聘入口关

各地招聘中小学幼儿园教师，要充分发挥党组织的领导和把关作用，严格教师准入的思想政治素养和师德考察，把入职前涉罪信息查询作为必要环节。招聘的教师要符合新时代中小学幼儿园教师职业行为十项准则要求，无刑事犯罪记录和其他不得聘用的违法记录；符合教师法、《教师资格条例》等法律法规规定的学历标准、普通话水平、身体条件和心理条件，取得中小学、幼儿园教师资格证书。

对于在 2021 年及 2022 年中小学（含幼儿园、中等职业学校）教师资格考试中受疫情影响考生（2021 年及 2022 年中小学教师资格考试（NTCE）笔试成绩单或面试成绩单"受到疫情影响"栏标注为"是"），可以参加教师招聘，通过教师招聘的可以先上岗从事辅助性教育教学工作，再参加考试并取得教师资格。中小学幼儿园凡在 2022 年 12 月 31 日前招聘受疫情影响高校毕业生的，不得将取得上述教师资格作为限制性条件。高校毕业生参加公办中小学幼儿园公开招聘被聘用从事教育教学相关工作的，在订立聘用合同时应当按规定约定 1 年试用期，试用期内未取得相应教师资格的，应当依法解除聘用合同；高校毕业生与用人单位签订劳动合同的，按照劳动合同法等法律法规处理劳动关系。地方教育行政部门要会同相关部门落实好先上岗的高校毕业生各项待遇保障，督促中小学幼儿园依法为其缴纳社会保险费等，切实维护其合法权益。

六、创新基层招聘办法，拓展乡村振兴人才来源

积极引导高校毕业生到乡村学校任教。在坚持公开招聘基本制度的基础上，适当放宽国家乡村振兴重点帮扶县乡村中小学幼儿园招聘条件，可以拿出一定数量岗位面向本县市或者周边县市户籍人员（或者生源）招聘；招聘本科以上高校毕业生，可以结合实际情况，采取面试、直接考察的方式公开招聘；可以根据应聘人员报名、专业分布等情况适当降低开考比例或不设开考比例，划定成绩合格线。深入推进"特岗计划"，优化招聘实施工作，一次性招聘未完成计划的省份，可以按规定依次递补聘用或组织二次招聘；各地可结合实际在国家通用语言教育相对薄弱的原"三区三州"等民族地区，开展学前教育阶段本地"特岗计划"试点。

各地要尽快启动教师公开招聘工作，通过多种途径广泛推介招聘信息，倒排招聘报名、考试、考察、体检等时间表，在落实落细各项防疫措施、确保安全的前提下，加快招聘进度，力争在 8 月 1 日前完成教师招聘任务。请各省（区、市）教育行政部门会同人力资源社会保障部门抓紧开展工作，及时报送工作进展情况。在教师公开招聘工作结束后，报送《2022 年中小学幼儿园教师岗位招聘毕业生情况统计表》。

附件：2022年中小学幼儿园教师岗位招聘毕业生情况统计表

2022年6月6日

附件

2022年中小学幼儿园教师岗位招聘毕业生情况统计表（单位：人）

填报单位（公章）： 填报人： 联系电话：

省份	合计	幼儿园		小学		初中		高中		中职		其他毕业生	
		公办学校	民办学校	公办学校	民办学校	公办学校	民办学校	公办学校	民办学校	公办学校	民办学校	公办学校	民办学校

注：其他毕业生主要指2022届高校毕业生以外的中职、中专等毕业生。

养老保险

国务院办公厅关于推动个人养老金发展的意见

国办发〔2022〕7号

各省、自治区、直辖市人民政府，国务院各部委、各直属机构：

为推进多层次、多支柱养老保险体系建设，促进养老保险制度可持续发展，满足人民群众日益增长的多样化养老保险需要，根据《中华人民共和国社会保险法》《中华人民共和国银行业监督管理法》《中华人民共和国保险法》《中华人民共和国证券投资基金法》等法律法规，经党中央、国务院同意，现就推动个人养老金发展提出以下意见：

一、总体要求

以习近平新时代中国特色社会主义思想为指导，全面贯彻党的十九大和十九届历次全会精神，认真落实党中央、国务院决策部署，坚持以人民为中心的发展思想，完整、准确、全面贯彻新发展理念，加快构建新发展格局，推动发展适合中国国情、政府政策支持、个人自愿参加、市场化运营的个人养老金，与基本养老保险、企业（职业）年金相衔接，实现养老保险补充功能，协调发展其他个人商业养老金融业务，健全多层次、多支柱养老保险体系。

推动个人养老金发展坚持政府引导、市场运作、有序发展的原则。注重发挥政府引导作用，在多层次、多支柱养老保险体系中统筹布局个人养老金；充分发挥市场作用，营造公开公平公正的竞争环境，调动各方面积极性；严格监督管理，切实防范风险，促进个人养老金健康有序发展。

二、参加范围

在中国境内参加城镇职工基本养老保险或者城乡居民基本养老保险的劳动者，可以参加个人养老金制度。

三、制度模式

个人养老金实行个人账户制度，缴费完全由参加人个人承担，实行完全积累。参加人通过个人养老金信息管理服务平台（以下简称信息平台），建立个人养老金账户。个人养老金账户是参加个人养老金制度、享受税收优惠政策的基础。

参加人可以用缴纳的个人养老金在符合规定的金融机构或者其依法合规委托的销售渠道（以下统称金融产品销售机构）购买金融产品，并承担相应的风险。参加人应当指定或者开立一个本人唯一的个人养老金资金账户，用于个人养老金缴费、归集收益、支付和缴纳个人所得税。个人养老金资金账户可以由参加人在符合规定的商业银行指定或者开立，也可以通过其他符合规定的金融产品销售机构指定。个人养老金资金账户实行封闭运行，其权益归参加人所有，除另有规定外不得提前支取。

参加人变更个人养老金资金账户开户银行时，应当经信息平台核验后，将原个人养老金资金账户内的资金转移至新的个人养老金资金账户并注销原资金账户。

四、缴费水平

参加人每年缴纳个人养老金的上限为 12 000 元。人力资源社会保障部、财政部根据经济社会发展水平和多层次、多支柱养老保险体系发展情况等因素适时调整缴费上限。

五、税收政策

国家制定税收优惠政策，鼓励符合条件的人员参加个人养老金制度并依规领取个人养老金。

六、个人养老金投资

个人养老金资金账户资金用于购买符合规定的银行理财、储蓄存款、商业养老保险、公募基金等运作安全、成熟稳定、标的规范、侧重长期保值的满足不同投资者偏好的金融产品，参加人可自主选择。参与个人养老金运行的金融机构和金融产品由相关金融监管部门确定，并通过信息平台和金融行业平台向社会发布。

七、个人养老金领取

参加人达到领取基本养老金年龄、完全丧失劳动能力、出国（境）定居，或者具有其他符合国家规定的情形，经信息平台核验领取条件后，可以按月、分次或者一次性领取个人养老金，领取方式一经确定不得更改。领取时，应将个人养老金由个人养老金资金账户转入本人社会保障卡银行账户。

参加人死亡后，其个人养老金资金账户中的资产可以继承。

八、信息平台

信息平台由人力资源社会保障部组织建设，与符合规定的商业银行以及相关金融行业平台对接，归集相关信息，与财政、税务等部门共享相关信息，为参加人提供个人养老金账户管理、缴费管理、信息查询等服务，支持参加人享受税收优惠政策，为个人养老金运行提供信息核验和综合监管支撑，为相关金融监管部门、参与个人养老金运行的金融机构提供相关信息服务。不断提升信息平台的规范化、信息化、专业化管理水平，运用"互联网+"创新服务方式，为参加人提供方便快捷的服务。

九、运营和监管

人力资源社会保障部、财政部对个人养老金发展进行宏观指导，根据职责对个人养老金的账户设置、缴费上限、待遇领取、税收优惠等制定具体政策并进行运行监管，定期向社会披露相关信息。税务部门依法对个人养老金实施税收征管。相关金融监管部门根据各自职责，依法依规对参与个人养老金运行金融机构的经营活动进行监管，督促相关金融机构优化产品和服务，做好产品风险提示，对产品的风险性进行监管，加强对投资者的教育。

各参与部门要建立和完善投诉机制，积极发挥社会监督作用，及时发现解决个人养老金运行中出现的问题。

十、组织领导

推动个人养老金发展是健全多层次、多支柱养老保险体系，增强人民群众获得感、幸福感、安全感的重要举措，直接关系广大参加人的切身利益。各地区要加强领导、周密部署、广泛宣传，稳妥有序推动有关工作落地实施。各相关部门要按照职责分工制定落实本意见的具体政策措施，同向发力、密切协同，指导地方和有关金融机构切实做好相关工作。人力资源社会保障部、财政部要加强指导和协调，结合实际分步实施，选择部分城市先试行1年，再逐步推开，及时研究解决工作中遇到的问题，确保本意见顺利实施。

2022年4月8日

人力资源社会保障部 财政部关于 2022 年调整退休人员基本养老金的通知

人社部发〔2022〕27 号

各省、自治区、直辖市人民政府，国务院各部委、各直属机构，新疆生产建设兵团：

经党中央、国务院批准，从 2022 年 1 月 1 日起调整企业和机关事业单位退休人员（以下简称退休人员）基本养老金水平。现就有关事项通知如下：

一、调整范围

2021 年 12 月 31 日前已按规定办理退休手续并按月领取基本养老金的退休人员。

二、调整水平

全国调整比例按照 2021 年退休人员月人均基本养老金的 4% 确定。各省以全国调整比例为高限，确定本省调整比例和水平。

三、调整办法

采取定额调整、挂钩调整与适当倾斜相结合的办法，并实现企业和机关事业单位退休人员调整办法统一。定额调整要体现公平原则；挂钩调整要体现多缴多得、长缴多得的激励机制，应与退休人员本人缴费年限（或工作年限）和基本养老金水平挂钩；对高龄退休人员、艰苦边远地区退休人员，可适当提高调整水平。继续确保安置到地方工作且已参加基本养老保险的企业退休军转干部基本养老金不低于当地企业退休人员基本养老金平均水平。要进一步强化激励，适当加大挂钩调整所占比重。

四、资金来源

调整基本养老金所需资金，参加企业职工基本养老保险的从企业基本养老保险基金中列支，参加机关事业单位工作人员基本养老保险的从机关事业单位基本养老保险基金中列支。对中西部地区、老工业基地、新疆生产建设兵团和在京中央国家机关及所属事业单位所需资金，中央财政予以适当补助。地方财政对本地调整企业退休人员养老金新增支出安排资金给予一定补助。未参加职工基本养老保险的，调整所需资金由原渠道解决。

五、组织实施

调整退休人员基本养老金，是保障和改善民生的重要措施，体现了党中央、国务院对广大退休人员的亲切关怀。各地区要高度重视，切实加强领导，精心组织实施，加强宣传解读，正确引导舆论，确保调整工作平稳进行。要按照党中央、国务院统一部署，结合本地区实际，制定具体实施方案，于2022年5月31日前报人力资源社会保障部、财政部备案。要严格按照人力资源社会保障部、财政部备案同意的实施方案执行，把各项调整政策落实到位。要切实采取措施加强基本养老保险基金收支管理，提前做好资金安排，确保基本养老金按时足额发放，不得发生新的拖欠。未经人力资源社会保障部、财政部批准，不得自行提高退休人员基本养老金水平，不得通过设立最低养老金标准等方式变相提高待遇水平。将调整退休人员基本养老金工作纳入对省级政府养老保险全国统筹工作考核；对地方自行出台政策导致基金减收增支问题，核实后按全国统筹制度有关规定处理。在京中央国家机关及所属事业单位的调整方案由人力资源社会保障部、财政部制定并组织实施。

2022年5月16日

人力资源社会保障部 财政部 税务总局 银保监会 证监会关于印发《个人养老金实施办法》的通知

人社部发〔2022〕70号

各省、自治区、直辖市及新疆生产建设兵团人力资源社会保障厅（局）、财政厅（局），国家税务总局各省、自治区、直辖市、计划单列市税务局，各银保监局、证监局：

为贯彻落实《国务院办公厅关于推动个人养老金发展的意见》（国办发〔2022〕7号），我们制定了《个人养老金实施办法》，现印发给你们，请认真贯彻落实。实施中遇到新情况、新问题，请及时向主管部门报告。

2022年10月26日

个人养老金实施办法

第一章 总 则

第一条 为贯彻落实《国务院办公厅关于推动个人养老金

发展的意见》（国办发〔2022〕7号），加强个人养老金业务管理，规范个人养老金运作流程，制定本实施办法。

第二条 个人养老金是指政府政策支持、个人自愿参加、市场化运营、实现养老保险补充功能的制度。个人养老金实行个人账户制，缴费完全由参加人个人承担，自主选择购买符合规定的储蓄存款、理财产品、商业养老保险、公募基金等金融产品（以下统称个人养老金产品），实行完全积累，按照国家有关规定享受税收优惠政策。

第三条 本实施办法适用于个人养老金的参加人、人力资源社会保障部组织建设的个人养老金信息管理服务平台（以下简称信息平台）、金融行业平台、参与金融机构和相关政府部门等。

个人养老金的参加人应当是在中国境内参加城镇职工基本养老保险或者城乡居民基本养老保险的劳动者。金融行业平台为金融监管部门组织建设的业务信息平台。参与金融机构包括经中国银行保险监督管理委员会确定开办个人养老金资金账户业务的商业银行（以下简称商业银行），以及经金融监管部门确定的个人养老金产品发行机构和销售机构。

第四条 信息平台对接商业银行和金融行业平台，以及相关政府部门，为个人养老金实施、参与部门职责内监管和政府宏观指导提供支持。

信息平台通过国家社会保险公共服务平台、全国人力资源和社会保障政务服务平台、电子社保卡、掌上12333App等全国统一线上服务入口或者商业银行等渠道，为参加人提供个人养老金服务，支持参加人开立个人养老金账户，查询个人养老金资金账户缴费额度、个人资产信息和个人养老金产品等信息，根据参加人需要提供涉税凭证。

第五条 各参与部门根据职责，对个人养老金的实施情况、参与金融机构和个人养老金产品等进行监管。各地区要加强领导、周密部署、广泛宣传,稳妥有序推动个人养老金发展。

第二章 参加流程

第六条 参加人参加个人养老金,应当通过全国统一线上服务入口或者商业银行渠道,在信息平台开立个人养老金账户;其他个人养老金产品销售机构可以通过商业银行渠道,协助参加人在信息平台在线开立个人养老金账户。

个人养老金账户用于登记和管理个人身份信息,并与基本养老保险关系关联,记录个人养老金缴费、投资、领取、抵扣和缴纳个人所得税等信息,是参加人参加个人养老金、享受税收优惠政策的基础。

第七条 参加人可以选择一家商业银行开立或者指定本人唯一的个人养老金资金账户,也可以通过其他符合规定的个人养老金产品销售机构指定。

个人养老金资金账户作为特殊专用资金账户,参照个人人民币银行结算账户项下Ⅱ类户进行管理。个人养老金资金账户与个人养老金账户绑定,为参加人提供资金缴存、缴费额度登记、个人养老金产品投资、个人养老金支付、个人所得税税款支付、资金与相关权益信息查询等服务。

第八条 参加人每年缴纳个人养老金额度上限为12 000元,参加人每年缴费不得超过该缴费额度上限。人力资源社会保障部、财政部根据经济社会发展水平、多层次养老保险体系发展情况等因素适时调整缴费额度上限。

第九条 参加人可以按月、分次或者按年度缴费,缴费额度按自然年度累计,次年重新计算。

第十条 参加人自主决定个人养老金资金账户的投资计划,包括个人养老金产品的投资品种、投资金额等。

第十一条 参加人可以在不同商业银行之间变更其个人养老金资金账户。参加人办理个人养老金资金账户变更时,应向原商业银行提出，经信息平台确认后，在新商业银行开立新的个人养老金资金账户。

参加人在个人养老金资金账户变更后，信息平台向原商业银行提供新的个人养老金资金账户及开户行信息，向新商业银行提供参加人当年剩余缴费额度信息。参与金融机构按照参加人的要求和相关业务规则，为参加人办理原账户内资金划转及所持有个人养老金产品转移等手续。

第十二条　个人养老金资金账户封闭运行，参加人达到以下任一条件的，可以按月、分次或者一次性领取个人养老金。

（一）达到领取基本养老金年龄；

（二）完全丧失劳动能力；

（三）出国（境）定居；

（四）国家规定的其他情形。

第十三条　参加人已领取基本养老金的，可以向商业银行提出领取个人养老金。商业银行受理后，应通过信息平台核验参加人的领取资格，获取参加人本人社会保障卡银行账户，按照参加人选定的领取方式，完成个人所得税代扣后，将资金划转至参加人本人社会保障卡银行账户。

参加人符合完全丧失劳动能力、出国（境）定居或者国家规定的其他情形等领取个人养老金条件的，可以凭劳动能力鉴定结论书、出国（境）定居证明等向商业银行提出。商业银行审核并报送信息平台核验备案后，为参加人办理领取手续。

第十四条　鼓励参加人长期领取个人养老金。

参加人按月领取时，可以按照基本养老保险确定的计发月数逐月领取，也可以按照自己选定的领取月数逐月领取，领完为止；或者按照自己确定的固定额度逐月领取，领完为止。

参加人选取分次领取的，应选定领取期限，明确领取次数或方式，领完为止。

第十五条　参加人身故的，其个人养老金资金账户内的资产可以继承。

参加人出国（境）定居、身故等原因社会保障卡被注销的，商业银行将参加人个人养老金资金账户内的资金转至其本人或者继承人指定的资金账户。

第十六条　参加人完成个人养老金资金账户内资金（资产）转移，或者账户内的资金（资产）领取完毕的，商业银行注销该资金账户。

第三章　信息报送和管理

第十七条　信息平台对个人养老金账户及业务数据实施统一集中管理，与基本养老保险信息、社会保障卡信息关联，支持制度实施监控、决策支持等。

第十八条　商业银行应及时将个人养老金资金账户相关信息报送至信息平台。具体包括：

（一）个人基本信息。包括个人身份信息、个人养老金资金账户信息等；

（二）相关产品投资信息。包括产品交易信息、资产信息；

（三）资金信息。包括缴费信息、资金划转信息、相关资产转移信息、领取信息、缴纳个人所得税信息、资金余额信息等。

第十九条　商业银行根据业务流程和信息的时效性需要，按照实时核验、定时批量两类时效与信息平台进行交互，其中：

（一）商业银行在办理个人养老金资金账户开立、变更、注销和资金领取等业务时，实时核验参加人基本养老保险参保状态、个人养老金账户和资金账户唯一性，并报送有关信息；

（二）商业银行在办理完个人养老金资金账户开立、缴费、资金领取，以及提供与个人养老金产品交易相关的资金划转等服务后，定时批量报送相关信息。

第二十条　金融行业平台应及时将以下数据报送至信息平台。

（一）个人养老金产品发行机构、销售机构的基本信息；

（二）个人养老金产品的基本信息；

（三）参加人投资相关个人养老金产品的交易信息、资产信息数据等。

第二十一条　信息平台应当及时向商业银行和金融行业平台提供技术规范，确保对接顺畅。

推进信息平台与相关部门共享信息，为规范制度实施、实施业务监管、优化服务体验提供支持。

第四章　个人养老金资金账户管理

第二十二条　商业银行应完成与信息平台、金融行业平台的系统对接，经验收合格后办理个人养老金业务。

第二十三条　商业银行可以通过本机构柜面或者电子渠道，为参加人开立个人养老金资金账户。

商业银行为参加人开立个人养老金资金账户，应当通过信息平台完成个人养老金账户核验。

商业银行也可以核对参加人提供的由社会保险经办机构出具的基本养老保险参保证明或者个人权益记录单等相关材料，报经信息平台开立个人养老金账户后，为参加人开立个人养老金资金账户，并与个人养老金账户绑定。

第二十四条　参加人开立个人养老金资金账户时，应当按照金融监管部门要求向商业银行提供有效身份证件等材料。

商业银行为参加人开立个人养老金资金账户，应当严格遵守相关规定。

第二十五条　个人养老金资金账户应支持参加人通过商业银行结算账户、非银行支付机构、现金等途径缴费。商业银行应为参加人、个人养老金产品销售机构等提供与个人养老金产品交易相关的资金划转服务。

第二十六条　商业银行应实时登记个人养老金资金账户的缴

费额度,对于超出当年缴费额度上限的,应予以提示,并不予受理。

第二十七条 商业银行应根据相关个人养老金产品交易结果,记录参加人交易产品信息。

第二十八条 商业银行应为参加人个人养老金资金账户提供变更服务,并协助做好新旧账户衔接和旧账户注销。原商业银行、新商业银行应通过信息平台完成账户核验、账户变更、资产转移、信息报送等工作。

第二十九条 商业银行应当区别处理转移资金,转移资金中的本年度缴费额度累计计算。

第三十条 个人养老金资金账户当日发生缴存业务的,商业银行不应为其办理账户变更手续。办理资金账户变更业务期间,原个人养老金资金账户不允许办理缴存、投资以及支取等业务。

第三十一条 商业银行开展个人养老金资金账户业务,应当公平对待符合规定的个人养老金产品发行机构和销售机构。

第三十二条 商业银行应保存个人养老金资金账户全部信息自账户注销日起至少十五年。

第五章 个人养老金机构与产品管理

第三十三条 个人养老金产品及其发行、销售机构由相关金融监管部门确定。个人养老金产品及其发行机构信息应当在信息平台和金融行业平台同日发布。

第三十四条 个人养老金产品应当具备运作安全、成熟稳定、标的规范、侧重长期保值等基本特征。

第三十五条 商业银行、个人养老金产品发行机构和销售机构应根据有关规定,建立健全业务管理制度,包括但不限于个人养老金资金账户服务、产品管理、销售管理、合作机构管理、信息披露等。商业银行发现个人养老金实施中存在违规行为、相关风险或者其他问题的,应及时向监管部门报告并依规采取措施。

第三十六条　个人养老金产品交易所涉及的资金往来，除另有规定外必须从个人养老金资金账户发起，并返回个人养老金资金账户。

第三十七条　个人养老金产品发行、销售机构应为参加人提供便利的购买、赎回等服务，在符合监管规则及产品合同的前提下，支持参加人进行产品转换。

第三十八条　个人养老金资金账户内未进行投资的资金按照商业银行与个人约定的存款利率及计息方式计算利息。

第三十九条　个人养老金产品销售机构要以"销售适当性"为原则，依法了解参加人的风险偏好、风险认知能力和风险承受能力，做好风险提示，不得主动向参加人推介超出其风险承受能力的个人养老金产品。

第六章　信息披露

第四十条　人力资源社会保障部、财政部汇总并披露个人养老金实施情况，包括但不限于参加人数、资金积累和领取、个人养老金产品的投资运作数据等情况。

第四十一条　信息披露应当以保护参加人利益为根本出发点，保证所披露信息的真实性、准确性、完整性，不得有虚假记载、误导性陈述和重大遗漏。

第七章　监督管理

第四十二条　人力资源社会保障部、财政部根据职责对个人养老金的账户设置、缴费额度、领取条件、税收优惠等制定具体政策并进行运行监管。税务部门依法对个人养老金实施税收征管。

第四十三条　人力资源社会保障部对信息平台的日常运行履行监管职责，规范信息平台与商业银行、金融行业平台、有关政府部门之间的信息交互流程。

第四十四条 人力资源社会保障部、财政部、税务部门在履行日常监管职责时，可依法采取以下措施：

（一）查询、记录、复制与被调查事项有关的个人养老金业务的各类合同等业务资料；

（二）询问与调查事项有关的机构和个人，要求其对有关问题做出说明、提供有关证明材料；

（三）其他法律法规和国家规定的措施。

第四十五条 中国银行保险监督管理委员会、中国证券监督管理委员会根据职责，分别制定配套政策，明确参与金融机构的名单、业务流程、个人养老金产品条件、监管信息报送等要求，规范银行保险机构个人养老金业务和个人养老金投资公募基金业务，对参与金融机构发行、销售个人养老金产品等经营活动依法履行监管职责，督促参与金融机构优化产品和服务，做好产品风险提示，加强投资者教育。

参与金融机构违反本实施办法的，中国银行保险监督管理委员会、中国证券监督管理委员会依法依规采取措施。

第四十六条 中国银行保险监督管理委员会、中国证券监督管理委员会对金融行业平台有关个人养老金业务的日常运营履行监管职责。

第四十七条 各参与部门要加强沟通，通过线上线下等多种途径，及时了解社会各方面对个人养老金的意见建议，处理个人养老金实施过程中的咨询投诉。

第四十八条 各参与机构应当积极配合检查，如实提供有关资料，不得拒绝、阻挠或者逃避检查，不得谎报、隐匿或者销毁相关证据材料。

第四十九条 参与机构违反本实施办法规定或者相关法律法规的，人力资源社会保障部、财政部、税务部门按照职责依法依规采取措施。

第八章　附　则

第五十条　中国银行保险监督管理委员会、人力资源社会保障部会同相关部门做好个人税收递延型商业养老保险试点与个人养老金的衔接。

第五十一条　本实施办法自印发之日起施行。

第五十二条　人力资源社会保障部、财政部、国家税务总局、中国银行保险监督管理委员会、中国证券监督管理委员会根据职责负责本实施办法的解释。

失业保险

人力资源社会保障部 财政部 税务总局关于做好失业保险稳岗位提技能防失业工作的通知

人社部发〔2022〕23号

各省、自治区、直辖市人民政府，新疆生产建设兵团：

为贯彻落实2022年《政府工作报告》部署，充分发挥失业保险保生活、防失业、促就业功能作用，助力稳就业保民生，经国务院同意，现就有关事项通知如下：

一、继续实施失业保险稳岗返还政策

参保企业上年度未裁员或裁员率不高于上年度全国城镇调查失业率控制目标，30人（含）以下的参保企业裁员率不高于参保职工总数20%的，可以申请失业保险稳岗返还。大型企业仍按不超过企业及其职工上年度实际缴纳失业保险费的30%返还，中小微企业返还比例从60%最高提至90%。社会团体、基金会、社会服务机构、律师事务所、会计师事务所、以单位形式参保的个体工商户参照实施。实施上述稳岗返还政策的统筹地区，上年度失业保险基金滚存结余备付期限应在1年以上。上述政策执行期限至2022年12月31日。各地要大力推广通过后台数据比对精准发放的"免申即享"经办新模式，进一步畅通资金返还渠道，对没有对公账户的小微企业，可将资金直接返还至当地税务部门提供的其缴纳社会保险费的账户。

二、拓宽技能提升补贴受益范围

领取失业保险金人员取得职业资格证书或职业技能等级证书的，可按照初级（五级）不超过1 000元、中级（四级）不超过1 500元、高级（三级）不超过2 000元的标准申请技能提升补贴。参保职工取得职业资格证书或职业技能等级证书的，可按规定申请技能提升补贴；技能提升补贴申领条件，继续放宽至企业在职职工参加失业保险1年以上。每人每年享受补贴次数最多不超过三次。上述政策执行期限至2022年12月31日。

三、继续实施职业培训补贴政策

对领取失业保险金期间接受职业培训的失业人员，按规定发放职业培训补贴。

四、继续实施东部7省（市）扩大失业保险基金支出范围试点政策

北京市、上海市、江苏省、浙江省、福建省、山东省和广东省，可继续将失业保险基金用于支持参加失业保险且符合就业补助资金申领条件人员和单位的职业培训补贴、职业技能鉴定补贴、岗位补贴和社会保险补贴等四项支出。实施上述政策的统筹地区，上年度失业保险基金滚存结余备付期限应在2年以上。

五、发放一次性留工培训补助

2022年1月1日至12月31日，累计出现1个（含）以上中高风险疫情地区的市（地、州、盟）、县（市、区、旗），可对因新冠肺炎疫情严重影响暂时无法正常生产经营的中小微企业，按每名参保职工不超过500元的标准发放一次性留工培训补助，支持企业组织职工以工作代替培训。社会团体、基金会、社会服务机构、律师事务所、会计师事务所、以单位形式参保的个体工商户参照实施。社会保险经办机构可通过大数据比对，按照该企业参加失业保险人数直接发放补助，无需企业提供培训计划、培训合格证书、职工花名册以及生产经营情况证明。上述补助同一企业只能享受一次。符合条件的，还可以享受失业保险稳

岗返还。实施上述政策的统筹地区，上年度失业保险基金滚存结余备付期限应在2年以上。上述政策执行期限至2022年12月31日。具体办法由各省（自治区、直辖市）制定。

六、大力支持职业技能培训

上年度失业保险基金滚存结余备付期限在2年以上，并且职业技能提升行动专账资金不足的统筹地区，在各项保生活稳岗位政策落实到位的基础上，根据本地实际，可提取累计结余4%左右的失业保险基金至职业技能提升行动专账资金中，统筹用于职业技能培训。该项政策的提取期限至2022年12月31日。具体办法由各省（自治区、直辖市）制定，并报人力资源社会保障部、财政部备案。

七、实施降费率和缓缴社会保险费政策

延续实施阶段性降低失业保险、工伤保险费率政策1年，执行期限至2023年4月30日。对餐饮、零售、旅游、民航、公路水路铁路运输企业阶段性实施缓缴养老保险、失业保险、工伤保险费政策，其中，养老保险费缓缴期限3个月，失业保险和工伤保险费缓缴期限不超过1年，缓缴期间免收滞纳金。以个人身份参加企业职工基本养老保险的个体工商户和各类灵活就业人员，2022年缴纳养老保险费有困难的，可自愿暂缓缴费至2023年年底前补缴。

八、保障失业人员基本生活

继续实施失业保险保障扩围政策，对领取失业保险金期满仍未就业的失业人员、不符合领取失业保险金条件的参保失业人员，发放失业补助金；对参保不满1年的失业农民工，发放临时生活补助。保障范围为2022年1月1日至12月31日期间新发生的参保失业人员。上年度失业保险基金滚存结余备付期限不足2年的省份，可结合本地区就业形势和基金支付能力，制定具体实施政策，并报人力资源社会保障部、财政部备案。上述政策执行期限至2022年12月31日。持续做好失业保险金、代缴基本医疗保险费和失业农民工一次性生活补助等常规性保生活待遇发放工作。各省（自治区、直辖市）要根据本地实际，逐步将失业保险金标准提高至最低工资标准的 90%。要进一步优化失业保险待遇全国线上申领统一入口，方便失业人员申领。

九、切实防范基金风险

各省（自治区、直辖市）要密切监测失业保险基金运行状况，加强形势研判和工作指导，确保基金收支平衡和安全可持续。要加快推进失业保险基金省级统筹，充分发挥省级调剂金作用，支持基金结余不足的统筹地区落实政策。要健全基金审核、公示、拨付等监督机制，加强技防人防，充分利用信息化手段验证资格条件，完善待遇申领信息比对核查系统，严防欺诈、冒领、骗取风险。

十、加强组织领导

各地要抓紧抓实抓细失业保险保生活稳岗位提技能等各项惠企利民政策落地见效。要大力开展失业保险待遇"畅通领、安全办"、援企稳岗"护航行动"和技能提升补贴"展翅行动"，持续优化经办服务，推动更多政策免跑即领、免申即享、免证即办，推动政策红利早释放。各省（自治区、直辖市）要加强工作调度，及时掌握政策落实情况，加大督促指导力度；要大力宣传先进经验、工作亮点，为推进工作提供借鉴，营造良好氛围。人力资源社会保障部将会同有关部门适时对政策实施情况、效果和失业保险基金运行情况开展评估。

2022 年 4 月 25 日

国家发展改革委　民政部　财政部人力资源社会保障部　退役军人事务部国家统计局关于阶段性调整价格补贴联动机制加大对困难群众物价补贴力度的通知

发改价格〔2022〕1340号

各省、自治区、直辖市、新疆生产建设兵团发展改革委、民政厅（局）、财政厅（局）、人力资源社会保障厅（局）、退役军人事务厅（局）、统计局，国家统计局各调查总队：

党中央、国务院高度重视困难群众基本生活保障工作。受疫情、灾情等影响，困难群众增多。为更好保障困难群众基本生活，经国务院同意，决定阶段性调整社会救助和保障标准与物价上涨挂钩联动机制（简称"价格补贴联动机制"），加大对困难群众物价补贴力度。现就有关事项通知如下。

一、阶段性扩大价格补贴联动机制保障范围

各地在认真执行《关于进一步健全社会救助和保障标准与物价上涨挂钩联动机制的通知》（发改价格〔2021〕1553号）规定基础上，将领取失业补助金人员和低保边缘人口等两类群体，阶段性新增纳入价格补贴联动机制保障范围。执行期限为2022年9月至2023年3月（对应2022年8月至2023年2月物价指数）。有条件的地方可进一步扩大保障范围。

二、阶段性降低价格补贴联动机制启动条件

将启动条件中的CPI单月同比涨幅达到3.5%阶段性调整为

3.0%，同时保持 CPI 中食品价格同比涨幅达到 6%的启动条件不变，满足任一条件即启动价格补贴联动机制。采用城镇低收入居民基本生活费用价格指数（SCPI）的地方，可参考 CPI 单月同比涨幅达到 3.0%合理设定启动条件。执行期限为 2022 年 9 月至 2023 年 3 月（对应 2022 年 8 月至 2023 年 2 月物价指数）。现行启动条件已经适当降低的地方，可结合当地实际情况阶段性进一步降低启动条件，不得提高启动条件。

三、明确增支资金保障渠道

将低保边缘人口纳入保障范围并降低启动条件的增支资金，以及对城乡低保对象、特困人员、享受国家定期抚恤补助的优抚对象、孤儿、事实无人抚养儿童、艾滋病病毒感染儿童降低启动条件的增支资金，由中央财政通过困难群众救助补助资金分地区给予补助，其中东部地区补助 30%、中部地区补助 60%、西部地区补助 80%。地方阶段性进一步降低启动条件至 3.0%以下的增支资金以及其他增支资金，由地方财政予以保障。价格临时补贴由地方先发放，中央财政后结算。

对领取失业保险金人员和领取失业补助金人员的增支资金，从失业保险基金中列支。

四、工作要求

保障基本民生是群众突出关切，是坚持以人民为中心发展思想的重要任务，是政府义不容辞的责任。今后一段时间，将迎来中秋、国庆、元旦、春节等多个重要节日和党的二十大、明年全国两会等重要活动，积极主动做好困难群众基本生活保障工作，具有特殊重要意义。各地要进一步提高政治站位，加强组织领导，压实主体责任，切实做好困难群众基本生活保障各项工作，坚决兜住兜牢民生底线。

各地要落实资金保障责任，按规定做好物价补贴所需资金安排。全面梳理保障范围和对象，做到"应保尽保、应补尽补"。认真落实启动条件要求，及时启动价格补贴联动机制。严格对照有关规定要求，准确测算补贴标准。健全工作机制，优化程序、提高效率，务必做到在物价指数公布当月将价格临时补贴足额发放到位。发展改革委将会同民政部、财政部、人力资源社会保障部、退役军人事务部、统计局等部门加强工作指导。

各地要抓紧组织落实相关政策，工作中遇到的重要情况和问题及时报告当地人民政府和上级有关部门。每月8日前，将上月价格临时补贴发放、资金增支情况报送国家发展改革委（价格司）和财政部（社会保障司）。2023年4月底前，将此次阶段性调整价格补贴联动机制、加大对困难群众物价补贴力度执行情况报送国家发展改革委（价格司）和财政部（社会保障司）。

2022年8月26日

人力资源社会保障部办公厅关于扎实做好失业保险待遇发放工作的通知

人社厅发〔2022〕27号

各省、自治区、直辖市及新疆生产建设兵团人力资源社会保障厅（局）：

为扎实做好失业保险待遇申领和发放工作，进一步畅通待遇申领渠道，切实保障好参保失业人员基本生活，现就有关事项通知如下：

一、建立失业保险待遇申领渠道信息推送机制

各地要推动经办机构通过手机短信、本地自行开发的失业保险待遇申领App或微信、支付宝等有关渠道，按月对新发生的失业保险停保人员主动发送信息，告知全国和本地申领渠道，使参保失业人员最大化知晓申领方式。失业保险待遇全国统一申领入口网址为 si.12333.gov.cn。

二、根据疫情形势变化建立失业保险待遇直发模式

各地要在疫情常态化防控条件下，根据疫情形势变化，因时因势探索主动发放失业保险待遇的经办新模式。指导所属经办机构调整业务流程，改造信息系统，搭建"线上审核"通道，开展社银合作，通过后台数据比对，直接向符合条件的参保失业人员发放失业保险待遇，努力让失业人员在最困难时得到帮扶。

三、健全审核结果及时反馈机制

对失业人员的线上或线下申领信息，各地要加快审核，在规

定时限内办结。对审核结果要通过短信或原申领渠道及时反馈。审核通过的，要告知待遇发放期限和标准；审核不通过的，要准确告知原因。

四、持续提升失业保险经办服务便捷性

各地要多措并举，切实取消证明材料、申领时限、捆绑条件、附加义务，实现失业人员仅凭身份证或社保卡即可申领失业保险待遇。要确保落实申领失业保险金同步办理失业登记或发放后办理失业登记，申领失业补助金无需办理失业登记。不得要求失业人员先培训再领金，不能以不参加培训为由停发失业保险待遇。对失业人员领金期间从事灵活就业的，不得停发失业保险待遇。

五、加强组织实施

各地要充分认识做好失业保险待遇发放工作的重要性，切实提高政治站位，树牢底线思维，增强主动服务意识，全面落实失业保险待遇。要优化经办流程，完善信息系统，加强数据共享，加快发放进度，切实提高保障的可及性、时效性。要加大宣传力度，提高政策知晓度，最大限度让参保失业人员应知尽知、应享尽享。在推进工作中遇到的问题，及时向部失业保险司报告。

2022 年 6 月 30 日

人力资源社会保障部办公厅 教育部办公厅 财政部办公厅关于加快落实一次性扩岗补助政策有关工作的通知

人社厅发〔2022〕41号

各省、自治区、直辖市及新疆生产建设兵团人力资源社会保障厅（局）、教育厅（教委、教育局）、财政厅（局）：

为贯彻落实国务院关于进一步加大稳岗力度的部署要求，发挥失业保险助企扩岗作用，鼓励企业积极吸纳大学生就业，现就加快落实一次性扩岗补助政策有关事项通知如下：

一、对招用毕业时间为2022年1—12月且取得普通高等学校毕业证书的普通高校毕业生，签订劳动合同，并为其缴纳失业保险费1个月以上的企业，可以按每招用1人不超过1 500元的标准发放一次性扩岗补助。政策执行至2022年12月底。

二、各地可采取"免申即享"的方式，按照"方便、快捷、规范、安全"的原则，主动向符合条件的企业发放一次性扩岗补助。可按月将本地新参保人员信息与部省人社业务协同平台提供的"普通高校应届毕业生身份核验接口"比对，确认参保人为毕业年度普通高校毕业生的，将一次性扩岗补助资金发放至用人企业对公账户，对没有对公账户的企业，可将资金发放至当地税务部门提供的该企业缴纳社会保险费账户。

省级人力资源社会保障部门也可以通过组织下发部端比对的信息加快发放。要在每月20日前，按照《人力资源社会保障部关于调整社会保险联网指标和加强数据上报工作的通知》（人社部函〔2021〕158号）要求，将本省（区、市）上月失业保险参保全量信息上传至人力资源社会保障部社保联网监测系统。人力资源社会保障部会同教育部开展全国新参保人员与2022年度普通高校毕业生实名信息比对后，将符合参保及毕业年度普通高校毕业生身份的信息数据下发各省（区、市）。各省（区、市）要组织经办机构及时下载审核，在数据下发30日内向符合条件的企业发放一次性扩岗补助。

人力资源社会保障部部省内部业务协同平台将在7月30日前向各省（区、市）提供"普通高校应届毕业生身份核验接口"，各省（区、市）要积极主动进行对接，在10个工作日内完成对接。

三、各地失业保险经办机构要开设服务窗口，便于企业自行申请一次性扩岗补助。对企业所招用的毕业年度普通高校毕业生参加失业保险情况，经办机构要通过本地信息系统核实。毕业年度普通高校毕业生身份，经办机构可协调同级教育部门予以认定，或通过人力资源社会保障部部省内部业务协同平台"普通高校应届毕业生身份核验接口"进行核验。经办机构要在收到企业申请后30日内办结。

四、要强化事后核查，统筹推进一次性扩岗补助畅通领、安全办。省级人力资源社会保障部门要于每月20日前向人力资源社会保障部上报一次性扩岗补助发放数据，支持部端开展全国信息比对核查。对部端比对下发的身份不实、跨省（区、市）重复享受等疑点数据，各地要立即核实，对于不符合条件的企业，及时追回所发一次性扩岗补助，按规定追究其相应责任。

五、1名毕业年度普通高校毕业生的就业参保信息和身份只能由一户企业用于享受一次性扩岗补助，不能重复使用。一次性扩岗补助和一次性吸纳就业补贴政策不能重复享受。各地不得超出现有政策规定提高政策享受门槛，增加限制条件，要让招用毕业年度普通高校毕业生并符合相关条件的企业尽可能享受政策红利。

六、一次性扩岗补助所需资金从失业保险基金"其他支出"科目中列支。加快落实一次性扩岗补助政策是促进高校毕业生就业、稳定当前就业局势的重要举措。各地人力资源社会保障、教育、财政部门要高度重视、主动作为，加强协调配合，形成工作合力，采取有力措施推动政策落实落地。要强化宣传引导，多渠道投放政策信息，尽快让企业知悉运用政策。人力资源社会保障部门信息化综合管理机构、经办机构间要明确职责分工，切实做好信息上报核查工作。省级人力资源社会保障、教育、财政部门要加强业务指导、工作调度、信息支持。要及时总结推广好做法，发挥典型示范带动作用，扩大工作效果。要按月将政策落实情况报送人力资源社会保障部，在执行中遇有重大情况和问题，及时报告。

2022 年 7 月 25 日

社会保险基金监管

社会保险基金行政监督办法

(2022年2月9日人力资源社会保障部令第48号公布 自2022年3月18日起施行)

第一章 总 则

第一条 为了保障社会保险基金安全，规范和加强社会保险基金行政监督，根据《中华人民共和国社会保险法》和有关法律法规，制定本办法。

第二条 本办法所称社会保险基金行政监督，是指人力资源社会保障行政部门对基本养老保险基金、工伤保险基金、失业保险基金等人力资源社会保障部门管理的社会保险基金收支、管理情况进行的监督。

第三条 社会保险基金行政监督应当遵循合法、客观、公正、效率的原则。

第四条 人力资源社会保障部主管全国社会保险基金行政监督工作。县级以上地方各级人力资源社会保障行政部门负责本行政区域内的社会保险基金行政监督工作。

人力资源社会保障行政部门对下级人力资源社会保障行政部门管辖范围内的重大监督事项，可以直接进行监督。

第五条 人力资源社会保障行政部门应当加强社会保险基金行政监督队伍建设，保证工作所需经费，保障监督工作独立性。

第六条 社会保险基金行政监督工作人员应当忠于职守、清正廉洁、秉公执法、保守秘密。

社会保险基金行政监督工作人员依法履行监督职责受法律保护，失职追责、尽职免责。

社会保险基金行政监督工作人员应当具备与履行职责相适应的专业能力，依规取得行政执法证件，并定期参加培训。

第七条 人力资源社会保障行政部门负责社会保险基金监督的机构具体实施社会保险基金行政监督工作。人力资源社会保障部门负责社会保险政策、经办、信息化综合管理等机构，依据职责协同做好社会保险基金行政监督工作。

第八条 人力资源社会保障行政部门应当加强与公安、民政、司法行政、财政、卫生健康、人民银行、审计、税务、医疗保障等部门的协同配合，加强信息共享、分析，加大协同查处力度，共同维护社会保险基金安全。

第九条 人力资源社会保障行政部门应当畅通社会监督渠道，鼓励和支持社会各方参与社会保险基金监督。

任何组织或者个人有权对涉及社会保险基金的违法违规行为进行举报。

第二章　监督职责

第十条 人力资源社会保障行政部门依法履行下列社会保险基金行政监督职责：

（一）检查社会保险基金收支、管理情况；
（二）受理有关社会保险基金违法违规行为的举报；
（三）依法查处社会保险基金违法违规问题；
（四）宣传社会保险基金监督法律、法规、规章和政策；
（五）法律、法规规定的其他事项。

第十一条 人力资源社会保障行政部门对社会保险经办机构的下列事项实施监督：

（一）执行社会保险基金收支、管理的有关法律、法规、规章和政策的情况；

（二）社会保险基金预算执行及决算情况；

（三）社会保险基金收入户、支出户等银行账户开立、使用和管理情况；

（四）社会保险待遇审核和基金支付情况；

（五）社会保险服务协议订立、变更、履行、解除或者终止情况；

（六）社会保险基金收支、管理内部控制情况；

（七）法律、法规规定的其他事项。

第十二条 人力资源社会保障行政部门对社会保险服务机构的下列事项实施监督：

（一）遵守社会保险相关法律、法规、规章和政策的情况；

（二）社会保险基金管理使用情况；

（三）社会保险基金管理使用内部控制情况；

（四）社会保险服务协议履行情况；

（五）法律、法规规定的其他事项。

第十三条 人力资源社会保障行政部门对与社会保险基金收支、管理直接相关单位的下列事项实施监督：

（一）提前退休审批情况；

（二）工伤认定（职业伤害确认）情况；

（三）劳动能力鉴定情况；

（四）法律、法规规定的其他事项。

第三章 监督权限

第十四条 人力资源社会保障行政部门有权要求被监督单位提供与监督事项有关的资料，包括但不限于与社会保险基金收支、管理相关的文件、财务资料、业务资料、审计报告、会议纪要等。

被监督单位应当全面、完整提供实施监督所需资料，说明情况，并对所提供资料真实性、完整性作出书面承诺。

第十五条　人力资源社会保障行政部门有权查阅、记录、复制被监督单位与社会保险基金有关的会计凭证、会计账簿、财务会计报告、业务档案，以及其他与社会保险基金收支、管理有关的数据、资料，有权查询被监督单位社会保险信息系统的用户管理、权限控制、数据管理等情况。

第十六条　人力资源社会保障行政部门有权询问与监督事项有关的单位和个人，要求其对与监督事项有关的问题作出说明、提供有关佐证。

第十七条　人力资源社会保障行政部门应当充分利用信息化技术手段查找问题，加强社会保险基金监管信息系统应用。

第十八条　信息化综合管理机构应当根据监督工作需要，向社会保险基金行政监督工作人员开放社会保险经办系统等信息系统的查询权限，提供有关信息数据。

第十九条　人力资源社会保障行政部门有权对隐匿、伪造、变造或者故意销毁会计凭证、会计账簿、财务会计报告以及其他与社会保险基金收支、管理有关资料的行为予以制止并责令改正；有权对可能被转移、隐匿或者灭失的资料予以封存。

第二十条　人力资源社会保障行政部门有权对隐匿、转移、侵占、挪用社会保险基金的行为予以制止并责令改正。

第四章　监督实施

第二十一条　社会保险基金行政监督的检查方式包括现场检查和非现场检查。人力资源社会保障行政部门应当制订年度检查计划，明确检查范围和重点。

被监督单位应当配合人力资源社会保障行政部门的工作，并提供必要的工作条件。

第二十二条　人力资源社会保障行政部门实施现场检查，依照下列程序进行：

（一）根据年度检查计划和工作需要确定检查项目及检查内容，制定检查方案，并在实施检查3个工作日前通知被监督单位；提前通知可能影响检查结果的，可以现场下达检查通知；

（二）检查被监督单位社会保险基金相关凭证账簿，查阅与监督事项有关的文件、资料、档案、数据，向被监督单位和有关个人调查取证，听取被监督单位有关社会保险基金收支、管理使用情况的汇报；

（三）根据检查结果，形成检查报告，并送被监督单位征求意见。被监督单位如有异议，应当在接到检查报告10个工作日内提出书面意见。逾期未提出书面意见的，视同无异议。

第二十三条 人力资源社会保障行政部门实施非现场检查，依照下列程序进行：

（一）根据检查计划及工作需要，确定非现场检查目的及检查内容，通知被监督单位按照规定的范围、格式及时限报送数据、资料；或者从信息系统提取社会保险基金管理使用相关数据；

（二）审核被监督单位报送和提取的数据、资料，数据、资料不符合要求的，被监督单位应当补报或者重新报送；

（三）比对分析数据、资料，对发现的疑点问题要求被监督单位核查说明；对存在的重大问题，实施现场核实；评估社会保险基金收支、管理状况及存在的问题，形成检查报告。

对报送和提取的数据、资料，人力资源社会保障行政部门应当做好存储和使用管理，保证数据安全。

第二十四条 人力资源社会保障行政部门对监督发现的问题，采取以下处理措施：

（一）对社会保险基金收支、管理存在问题的，依法提出整改意见，采取约谈、函询、通报等手段督促整改；

（二）对依法应当由有关主管机关处理的，向有关主管机关提出处理建议。

人力资源社会保障行政部门有权对被监督单位的整改情况进行检查。

第二十五条 人力资源社会保障行政部门对通过社会保险基金行政监督检查发现、上级部门交办、举报、媒体曝光、社会保险经办机构移送等渠道获取的违法违规线索，应当查处，进行调查并依法作出行政处理、处罚决定。

人力资源社会保障行政部门作出行政处理、处罚决定前，应当听取当事人陈述、申辩；作出行政处理、处罚决定，应当告知当事人依法享有申请行政复议或者提起行政诉讼的权利。

第二十六条 社会保险基金行政监督的检查和查处应当由两名及以上工作人员共同进行，出示行政执法证件。

社会保险基金行政监督工作人员不得利用职务便利牟取不正当利益，不得从事影响客观履行基金监督职责的工作。

社会保险基金行政监督工作人员与被监督单位、个人或者事项存在利害关系的，应当回避。

第二十七条 人力资源社会保障行政部门可以聘请会计师事务所等第三方机构对社会保险基金的收支、管理情况进行审计，聘请专业人员协助开展检查。

被聘请机构和人员不得复制涉及参保个人的明细数据，不得未经授权复制统计数据和财务数据，不得将工作中获取、知悉的被监督单位资料或者相关信息用于社会保险基金监督管理以外的其他用途，不得泄露相关个人信息和商业秘密。

第二十八条 人力资源社会保障行政部门应当建立社会保险基金要情报告制度。

地方人力资源社会保障行政部门应当依规、按时、完整、准确向上级人力资源社会保障行政部门报告社会保险基金要情。

社会保险经办机构应当及时向本级人力资源社会保障行政部门报告社会保险基金要情。

本办法所称社会保险基金要情是指贪污挪用、欺诈骗取等侵害社会保险基金的情况。

第五章 法律责任

第二十九条 社会保险经办机构及其工作人员有下列行为之一的，由人力资源社会保障行政部门责令改正；对直接负责的主管人员和其他直接责任人员依法给予处分；法律法规另有规定的，从其规定：

（一）未履行社会保险法定职责的；

（二）未将社会保险基金存入财政专户的；

（三）克扣或者拒不按时支付社会保险待遇的；

（四）丢失或者篡改缴费记录、享受社会保险待遇记录等社会保险数据、个人权益记录的；

（五）违反社会保险经办内部控制制度的；

（六）其他违反社会保险法律、法规的行为。

第三十条 社会保险经办机构及其工作人员隐匿、转移、侵占、挪用社会保险基金的，按照《中华人民共和国社会保险法》第九十一条的规定处理。

第三十一条 社会保险服务机构有下列行为之一，以欺诈、伪造证明材料或者其他手段骗取社会保险基金支出的，按照《中华人民共和国社会保险法》第八十七条的规定处理：

（一）工伤保险协议医疗机构、工伤康复协议机构、工伤保险辅助器具配置协议机构、工伤预防项目实施单位等通过提供虚假证明材料及相关报销票据等手段，骗取工伤保险基金支出的；

（二）培训机构通过提供虚假培训材料等手段，骗取失业保险培训补贴的；

（三）其他以欺诈、伪造证明材料等手段骗取社会保险基金支出的行为。

第三十二条 用人单位、个人有下列行为之一，以欺诈、伪造证明材料或者其他手段骗取社会保险待遇的，按照《中华人民共和国社会保险法》第八十八条的规定处理：

（一）通过虚构个人信息、劳动关系，使用伪造、变造或者盗用他人可用于证明身份的证件，提供虚假证明材料等手段虚构社会保险参保条件、违规补缴，骗取社会保险待遇的；

（二）通过虚假待遇资格认证等方式，骗取社会保险待遇的；

（三）通过伪造或者变造个人档案、劳动能力鉴定结论等手段违规办理退休，违规增加视同缴费年限，骗取基本养老保险待遇的；

（四）通过谎报工伤事故、伪造或者变造证明材料等进行工伤认定或者劳动能力鉴定，或者提供虚假工伤认定结论、劳动能力鉴定结论，骗取工伤保险待遇的；

（五）通过伪造或者变造就医资料、票据等，或者冒用工伤人员身份就医、配置辅助器具，骗取工伤保险待遇的；

（六）其他以欺诈、伪造证明材料等手段骗取社会保险待遇的。

第三十三条　人力资源社会保障行政部门工作人员弄虚作假将不符合条件的人员认定为工伤职工或者批准提前退休，给社会保险基金造成损失的，依法给予处分。

从事劳动能力鉴定的组织或者个人提供虚假鉴定意见、诊断证明，给社会保险基金造成损失的，按照《工伤保险条例》第六十一条的规定处理。

第三十四条　被监督单位有下列行为之一的，由人力资源社会保障行政部门责令改正；拒不改正的，可以通报批评，给予警告；依法对直接负责的主管人员和其他责任人员给予处分：

（一）拒绝、阻挠社会保险基金行政监督工作人员进行监督的；

（二）拒绝、拖延提供与监督事项有关资料的；

（三）隐匿、伪造、变造或者故意销毁会计凭证、会计账簿、财务会计报告以及其他与社会保险基金收支、管理有关资料的。

第三十五条 报复陷害社会保险基金行政监督工作人员的，依法给予处分。

第三十六条 人力资源社会保障行政部门、社会保险经办机构违反本办法第二十八条的规定，对发现的社会保险基金要情隐瞒不报、谎报或者拖延不报的，按照有关规定追究相关人员责任。

第三十七条 人力资源社会保障行政部门负责人、社会保险基金行政监督工作人员违反本办法规定或者有其他滥用职权、徇私舞弊、玩忽职守行为的，依法给予处分。

第三十八条 人力资源社会保障行政部门、社会保险经办机构、会计师事务所等被聘请的第三方机构及其工作人员泄露、篡改、毁损、非法向他人提供个人信息、商业秘密的，对直接负责的主管人员和其他直接责任人员依法给予处分；违反其他法律、行政法规的，由有关主管部门依法处理。

第三十九条 违反本办法规定，构成违反治安管理行为的，依法给予治安管理处罚；构成犯罪的，依法追究刑事责任。

第六章 附 则

第四十条 本办法所称的社会保险服务机构，包括工伤保险协议医疗机构、工伤康复协议机构、工伤保险辅助器具配置协议机构、工伤预防项目实施单位、享受失业保险培训补贴的培训机构、承办社会保险经办业务的商业保险机构等。

对乡镇（街道）事务所（中心、站）等承担社会保险经办服务工作的机构的监督，参照对社会保险经办机构监督相关规定执行。

第四十一条 基本养老保险基金委托投资运营监管另行

规定。

第四十二条 本办法自 2022 年 3 月 18 日起施行。原劳动和社会保障部《社会保险基金行政监督办法》(劳动和社会保障部令第 12 号) 同时废止。

人力资源社会保障部 财政部
关于印发《社会保险基金监督举报奖励暂行办法》的通知

人社部发〔2022〕45号

各省、自治区、直辖市及新疆生产建设兵团人力资源社会保障厅（局）、财政厅（局）：

现将《社会保险基金监督举报奖励暂行办法》印发给你们，请结合实际认真贯彻执行。

2022年7月11日

社会保险基金监督举报奖励暂行办法

第一条 为加强社会保险基金社会监督，鼓励社会公众举报社会保险领域违法违规问题，维护社会保险基金安全，根据《中华人民共和国社会保险法》等法律法规，制定本办法。

第二条 公民、法人和其他社会组织（以下简称举报人）对欺诈骗取、套取或挪用贪占基本养老保险、失业保险、工伤保险基金（以下简称社会保险基金）的违法违规问题进行举报并提供相关线索，经查证属实、符合本办法规定的给予奖励。

举报人对举报事项负有社会保险基金监督职责的，不适用本办法。

第三条 举报奖励由查处举报事项的县级以上人力资源社会保障行政部门负责实施。举报事项涉及两个或两个以上地区的，由负责查处的相关人力资源社会保障行政部门分别就涉及本区域社会保险基金违法违规问题的举报查实部分进行奖励。

人力资源社会保障行政部门负责社会保险基金监督工作的机构具体承办举报奖励工作。

第四条 举报奖励资金按照预算管理有关规定列入同级人力资源社会保障行政部门的部门预算。举报奖励资金的发放管理接受同级财政、审计部门的监督。

第五条 举报人力资源社会保障行政部门、社会保险经办机构、信息化综合管理机构、劳动能力鉴定委员会及其工作人员存在以下行为并经查证属实的，纳入奖励范围：

（一）隐匿、转移、侵占、挪用社会保险基金的；

（二）违规审核、审批社会保险申报材料，违规办理参保缴费、关系转移、待遇核定、待遇资格认证、提前退休、违规工伤认定、劳动能力鉴定，违规发放社会保险待遇的；

（三）伪造或篡改缴费记录、享受社会保险待遇记录、个人权益记录等社会保险数据的；

（四）其他欺诈骗取、套取或挪用贪占社会保险基金的行为。

第六条 举报参保单位、个人或中介机构存在以下行为并经查证属实的，纳入奖励范围：

（一）提供虚假证明材料等手段虚构社会保险参保条件、违规补缴的；

（二）伪造、变造有关证件、档案、材料，骗取社会保险基金的；

（三）组织或协助他人以伪造、变造档案、材料等手段骗取参保补缴、提前退休资格或违规申领社会保险待遇的；

（四）丧失基本养老、失业、工伤保险待遇享受资格后，本人或其亲属不按规定履行告知义务、隐瞒事实违规享受社会保险待遇的；

（五）其他欺诈骗取、套取或挪用贪占社会保险基金的行为。

第七条 举报工伤医疗、工伤康复、工伤保险辅助器具配置、失业人员职业培训等社会保险服务机构及其工作人员存在以下行为并经查证属实的，纳入奖励范围：

（一）伪造、变造或提供虚假病历、处方、诊断证明、医疗费票据、培训记录等资料骗取社会保险基金的；

（二）协助、配合他人以伪造材料、冒名顶替等手段骗取社会保险参保补缴资格，违规申领、享受社会保险待遇，骗取社会保险基金的；

（三）其他欺诈骗取、套取或挪用贪占社会保险基金的行为。

第八条 举报事项存在以下情形的，不纳入奖励范围：

（一）无明确举报对象或经查证无违法违规行为的；

（二）举报已受理或已办结，原处理程序及结论均符合相关法律、法规规定和客观事实的；

（三）依法通过诉讼、仲裁等法定途径判决裁定或已进入上述程序的；

（四）举报事项的主要事实、证据事先已由人力资源社会保障部门、纪检监察、审计、公安部门掌握的；

（五）不属于本办法规定举报奖励事项的；

（六）其他依法不予受理的举报行为。

第九条 奖励对象原则上应为实名举报者。匿名举报并希望获得奖励的，应主动提供能够辨认其身份的信息及有效联系方式，未提供的视为主动放弃奖励。

第十条 县级以上人力资源社会保障行政部门受理举报线索后，应当根据职责范围确定举报查处主体：

（一）属于本级人力资源社会保障行政部门职责范围的，由本级负责查处；

（二）属于下级人力资源社会保障行政部门职责范围的，原则上转交下级查处；涉及重大违法违规问题线索的，本级人力资源社会保障行政部门可直接查处；

（三）属于本级人力资源社会保障行政部门职责范围且涉及其他地区的，应会同相关地区人力资源社会保障行政部门共同查处。

第十一条 人力资源社会保障行政部门受理的举报线索涉及财政部门职责的，应会同财政部门共同查处。

第十二条 人力资源社会保障行政部门应当根据举报事项查证情况，对违法违规事实与举报事项的一致性进行认定，作为奖励依据。

第十三条 举报人和举报事项同时符合下列条件的，给予奖励：

（一）举报人具有完全民事行为能力；

（二）举报事项符合本办法规定的奖励范围；

（三）举报情况经查证属实并结案。

第十四条 同一事项由两个或两个以上举报人分别举报的，奖励第一举报人（按人力资源社会保障行政部门受理举报的时间先后顺序确定）；由两个或两个以上举报人联名举报的，按一个举报人奖励额度进行奖励，奖金由举报人自行协商分配。

第十五条 举报奖励标准根据查证属实违法违规行为所造成的社会保险基金损失金额，按照一定比例进行计算，最高额度不超过10万元。对同一举报事项分别查处奖励的，奖金合计数额不得超过10万元。对举报事项查证为违法违规行为但尚未造成基金损失的，人力资源社会保障行政部门应当根据违法违规行为性质、可能造成的基金损失等因素，给予一定的奖励。具体奖励办法由各省（自治区、直辖市）人力资源社会保障行政部门、财政部门制定。

第十六条 查处举报事项的人力资源社会保障行政部门应当在举报事项办结后 10 个工作日内与举报人联系，并以适当方式向举报人送出《社会保险基金监督举报奖励通知书》。举报人应当自接到《社会保险基金监督举报奖励通知书》之日起 30 个工作日内，持本人有效身份证件及《社会保险基金监督举报奖励通知书》到人力资源社会保障行政部门领取奖金，不能现场领取的应当提供合法、可靠的奖金发放途径。举报奖励资金通过举报人的社会保障卡或者其选择的本人其他银行卡发放。举报人无正当理由逾期未办理领取奖金手续的，视为自动放弃奖金。

第十七条 各级人力资源社会保障行政部门应当建立健全举报奖励审核制度，明确发放流程，建立奖励台账，加强奖励资金发放管理。

第十八条 人力资源社会保障行政部门及其工作人员应当按规定为举报人保密，不得泄露举报人相关信息。

第十九条 举报人故意捏造事实诬告他人，或者弄虚作假骗取奖励，依法承担相应责任；涉嫌犯罪的，依法追究刑事责任。

第二十条 人力资源社会保障部门工作人员在举报奖励工作中存在下列情形的，视情节轻重依法给予政务处分；涉嫌犯罪的，依法追究刑事责任：

（一）伪造或者教唆、伙同他人伪造举报材料，冒领举报奖励的；

（二）利用职务之便故意泄露线索套取奖励的；

（三）泄露举报人相关信息导致举报人利益受到损害，或帮助被举报对象转移、隐匿、毁灭证据的；

（四）贪污、挪用、截留奖励资金的；

（五）其他应当依法承担法律责任的行为。

第二十一条 各省（自治区、直辖市）人力资源社会保障行政部门、财政部门应当依据本办法制定实施细则，对奖励的范围、标准、审批、发放程序等作出规定。

第二十二条 本办法由人力资源社会保障部、财政部负责解释，自 2023 年 1 月 1 日起施行。

财政部　人力资源社会保障部　税务总局国家医保局关于印发《社会保险基金预算绩效管理办法》的通知

财社〔2022〕65号

人民银行，各省、自治区、直辖市财政厅（局）、人力资源社会保障厅（局）、医疗保障局，新疆生产建设兵团财政局、人力资源社会保障局、医疗保障局，国家税务总局各省、自治区、直辖市和计划单列市税务局，中央国家机关养老保险管理中心，中国农业发展银行：

　　为贯彻落实《中共中央　国务院关于全面实施预算绩效管理的意见》有关精神，进一步提升社会保险基金预算管理水平，我们制定了《社会保险基金预算绩效管理办法》。现予以印发，请遵照执行。

2022年5月27日

社会保险基金预算绩效管理办法

第一章 总 则

第一条 为全面实施社会保险基金预算绩效管理，建立科学、合理、规范的预算绩效管理体系，提高社会保险基金管理水平，根据《中华人民共和国预算法》《中华人民共和国社会保险法》《中华人民共和国预算法实施条例》《中共中央 国务院关于全面实施预算绩效管理的意见》等有关规定，制定本办法。

第二条 本办法所称社会保险基金预算绩效管理，是指在社会保险基金预算管理全过程中融入绩效理念和要求，通过合理确定绩效目标、全面实施绩效运行监控、科学开展绩效评价和切实强化结果应用，进一步改善政策实施效果、提升基金使用效益、促进基金精算平衡、防范基金运行风险的预算管理活动。

第三条 社会保险基金预算绩效管理的对象是各项社会保险基金。包括：企业职工基本养老保险基金、城乡居民基本养老保险基金、机关事业单位基本养老保险基金、职工基本医疗保险（含生育保险）基金、城乡居民基本医疗保险基金、工伤保险基金、失业保险基金，以及根据国家法律法规建立并纳入预算管理的其他社会保险基金。

第四条 社会保险基金预算绩效管理的基本原则：

（一）统一领导，分级负责。中央统一领导社会保险基金预算绩效管理，各省（自治区、直辖市，以下统称省）具体负责本省社会保险基金预算绩效管理工作。加强总体设计，按照促进社会保险制度更加公平更可持续的要求，建立目标明确、管理规范、职责清晰的社会保险基金预算绩效管理制度、绩效指标体系和绩效管理系统。

（二）全程管理，全面覆盖。落实全面实施预算绩效管理要求，建立预算编制有目标、预算执行有监控、预算完成有评价、评价结果有应用的社会保险基金预算绩效管理链条，对社会保险基金预算编制、执行、调整、决算、监督实施全程绩效管理，将各项社会保险基金收入、支出、结余全部纳入预算绩效管理范围，实现预算和绩效管理一体化。

（三）突出共性，兼顾个性。绩效管理制度和指标体系适应社会保险基金管理特点。突出各项社会保险基金运行和管理的共性特征，强化预算绩效管理的统一性；兼顾不同社会保险基金项目的差异，体现预算绩效管理的针对性。

（四）激励相容，约束有力。健全绩效管理的激励约束机制，在资金安排或政策调整时注重对绩效评价结果的运用，加强对社会保险基金预算绩效管理工作的考核。

第五条 社会保险基金预算绩效管理由财政部门牵头，社会保险行政部门、社会保险经办机构和税务部门密切配合。财政部门主要负责牵头制定绩效管理办法、绩效评价方案和指标体系，审核并下达绩效目标，组织和指导绩效监控、绩效评价，审定绩效评价报告，反馈和应用绩效评价结果，推进绩效信息公开等工作。社会保险行政部门主要负责绩效目标初审、指导经办机构开展绩效监控和绩效评价、形成并向财政部门报送绩效评价报告、提出绩效评价结果应用建议等工作。社会保险经办机构和税务部门具体负责绩效目标制定、运行监控、绩效自评、结果应用等工作。相关部门要各司其职，形成合力。

第六条 中央层面负责制定全国社会保险基金预算绩效管理制度，推进社会保险基金绩效指标体系和绩效管理信息化建设，审核下达分省区域绩效目标，指导地方开展绩效管理相关工作，适时对各省开展绩效评价。

省级层面负责制定本省区域绩效目标并报中央层面审核后实施或分解下达至统筹地区，负责组织、协调、指导和考核等工作，并开展省级绩效评价。统筹地区具体负责本区域社会保险基金预算绩效目标管理、绩效运行监控、绩效评价和结果应用等工作。企业职工基本养老保险实行全国统筹后，各省绩效管理工作由省级层面承担。

第二章 绩效目标

第七条 制定社会保险基金预算绩效目标要全面贯彻落实党中央、国务院关于社会保险工作的重大决策部署，紧密结合国民经济和社会发展规划及社会保险事业发展相关专项规划等。整体绩效目标由中央层面统一制定。分省区域绩效目标由省级层面制定。分省区域绩效目标制定和调整应按程序报中央层面审核。将绩效目标设置作为社会保险基金预算安排的前置条件。

第八条 社会保险基金预算绩效目标按时间段分为总体目标和年度目标。总体目标主要结合党中央、国务院关于社会保险工作的总体部署，反映未来一定时期内社会保险政策预期实施效果。年度目标是实现总体目标的年度计划任务。

第九条 社会保险基金预算绩效指标是绩效目标的分解和细化，是衡量绩效目标实现程度的具体工具，采取定量与定性相结合的方式设定，涵盖决策、过程、产出、效益等方面。

（一）决策指标主要包括社会保险基金管理相关政策制定和调整完善等方面。

（二）过程指标主要包括社会保险基金管理相关政策执行、基金预算管理、风险防控等方面。

（三）产出指标主要包括基金收入和支出的数量、质量、时效、成本等方面。

（四）效益指标主要包括经济效益、社会效益、可持续发展、满意度等方面。

绩效指标选取应遵循可取、可比、可测、可用原则。

第十条 中央层面在部署社会保险基金预算时，同步下达指导性的社会保险基金预算分省区域绩效目标和指标。社会保险基金预算区域绩效目标的批复按照现行社会保险基金预算批复程序执行。

第三章 绩效运行监控

第十一条 绩效运行监控是在社会保险基金预算执行过程中，对社会保险基金绩效目标实现程度和预算执行进度进行跟踪、分析和监测的日常管理活动。

第十二条 绩效运行监控内容包括：绩效目标完成、预算执行进度、风险防控、财务管理与核算等情况。重点关注社会保险费收入完成、一般公共预算安排的财政补助收入到位、社会保险待遇支付、社会保险基金收支结余等情况。

第十三条 绩效运行监控由统筹地区组织开展，主要采用目标比较法，运用定量分析和定性分析相结合的方式，定期将绩效实现情况与预期绩效目标进行比较分析。绩效监控包括及时性、合规性和有效性监控等。

第十四条 统筹地区要及时纠正绩效监控中发现的问题，改进工作中的薄弱环节，确保绩效目标如期保质保量实现。

第四章 绩效评价、结果反馈及应用

第十五条 绩效评价是在社会保险基金年度预算执行完毕后，按照相关要求，运用科学、合理的绩效评价指标、评价标准和方法，依据设定的绩效目标，对目标实现程度、政策产出效果等进行客观公正的测量、分析和评判，形成评价结果的活动。

第十六条 绩效评价内容主要包括：社会保险基金预算管理工作开展、社会保险基金管理相关政策落实、社会保险基金可持续运行等情况。

第十七条 绩效评价包括统筹地区自评和上级部门绩效评价。统筹地区自评由同级财政部门牵头组织,要注重提高绩效自评质量。省级财政部门牵头组织对省以下统筹地区开展省级绩效评价。条件成熟时,财政部牵头组织开展全国绩效评价。

根据工作需要,绩效评价工作可委托中介机构、专家等第三方具体实施。

统筹地区自评和省级绩效评价采用定量与定性评价相结合的方式,具体评价方法以比较法为主。

第十八条 各统筹地区按要求分险种开展绩效自评工作,并于每年5月底前向省级层面报送上一年度绩效自评报告。各省按要求开展全省绩效评价工作,并于每年7月底前向中央层面报送上一年度本省绩效评价报告。

绩效自评报告和省级绩效评价报告要做到内容完整、数据真实、结果客观,及时发现存在的问题,未完成绩效目标或偏离绩效目标较大时要分析并说明原因,研究提出改进措施。

第十九条 省级层面要结合各统筹地区自评结果开展省级绩效评价,对各统筹地区实际绩效情况进行分析评价,提出有针对性的建议措施,并及时将评价结果反馈相关统筹地区。

第二十条 要强化绩效评价结果应用,将绩效评价结果作为完善社会保险基金管理相关政策、改进管理的重要依据,逐步在资金安排中应用绩效评价结果。对绩效评价中发现的问题要及时整改。

第五章 组织实施

第二十一条 加大社会保险基金绩效信息公开力度,逐步推动社会保险基金预算重要绩效目标、绩效评价结果等绩效信息向同级人大报送并向社会公开,接受人大和社会各界监督。

第二十二条 中央层面按照部门职责开展对各省社会保险基金预算绩效管理工作的考核,建立考核结果通报制度,对预算绩效管理工作成效明显的给予表扬,对工作推进不力的进行约谈并责令限期整改。

第六章　附　　则

第二十三条　中央国家机关养老保险管理中心管理的社会保险基金预算绩效管理参照本办法相关规定执行。

第二十四条　各省可根据本办法并结合本省实际情况，制定具体实施办法。

第二十五条　本办法自 2023 年 1 月 1 日起实施。

本办法中社会保险行政部门是指人力资源社会保障行政部门和医疗保障行政部门，社会保险经办机构是指人力资源社会保障经办机构和医疗保障经办机构。

社会保险事业管理

人力资源社会保障部办公厅关于推进社会保险经办管理服务标准化规范化便利化的意见

人社厅发〔2022〕59号

各省、自治区、直辖市及新疆生产建设兵团人力资源社会保障厅（局）：

近年来，各级人力资源社会保障部门坚决贯彻落实党中央、国务院"放管服"改革、优化营商环境的决策部署，持续推进人力资源社会保障领域行风建设，建成全国统一的社会保险公共服务平台，社会保险管理服务水平不断提高。为深入贯彻落实党的二十大精神和习近平总书记关于完善覆盖全民的社会保障体系重要讲话精神，按照《国家标准化发展纲要》和国务院加强政务服务管理要求，进一步提高社会保险经办管理服务标准化规范化便利化水平，推动经办模式转型，优化群众办事体验，提出如下意见：

一、总体要求

（一）指导思想。以习近平新时代中国特色社会主义思想为指导，全面贯彻落实党的二十大和二十届一中全会精神，按照党中央、国务院决策部署，立足新发展阶段，完整、准确、全面贯彻新发展理念，构建新发展格局，坚持以人民为中心的发展思想，以社会保险服务运行标准化为基础，以服务供给规范化为保障，以企业和群众办事便利化为目标，持续提升社会保险经办服务效能，不断增强群众获得感、幸福感、安全感，更好满足人民日益增长的美好生活需要。

（二）工作目标。"十四五"时期，社会保险高频服务事项无差别受理、同标准办理，全国统一的服务标准全面建立；社会保险经办管理服务体系更加健全，服务场所实现综合窗口全覆盖；推动社会保险公共服务事项"网上办、掌上办、就近办、一次办、一卡办"，推进跨层级、跨地域、跨部门、跨业务协同，主动适应属地政务服务一体化要求，全国社会保险服务标准化规范化便利化水平大幅提升。

（三）基本原则。

坚持以人民为中心。聚焦企业和群众反映强烈的烦心事揪心事，优化服务流程，精简要件材料，提供更加优质高效的社会保险公共服务。

坚持统一规范。加强整体谋划，坚持全国"一盘棋"，落实统一的经办管理服务标准，规范机构设置、人员配备，构建全国统一的社会保险经办管理服务体系。

坚持协同高效。适应政务服务一体化要求，以全局、整体的思路整合资源，打破部门间业务壁垒，推动跨层级、跨地区、跨部门协同管理。

坚持智慧便捷。推动社会保险管理服务模式创新和转型升级，提升管理服务集约化、智能化、精细化水平，提升服务便利度。

坚持公平可及。推进社保领域基本公共服务均等化、普惠化，坚持传统服务方式与智能化服务创新并行，为老年人、残疾人等特殊群体提供多元化的高质量服务。

二、推进社会保险经办管理服务标准化

（四）推进服务事项目录标准化。各地区要依据全国人力资源社会保障系统公共服务事项目录，及时编制、动态调整全省实施的社会保险服务事项基本目录，在省级政务服务平台和社会保险公共服务平台发布。明确依申请办理社会保险公共服务事项政务服务属性，主动配合将相关事项纳入政务服务事项范围，实现服务事项数据同源、联动管理。适应社会保险统筹层次变化，逐步推动实现统筹区域内服务范围统一，服务事项目录同源发布。

（五）推进服务事项实施清单标准化。部级制定"跨省通办"办事指南，明确事项名称、办理方式、办理材料、结果送达、办事时间、办事机构及地点等框架性要求，各地要结合本地实际进一步细化完善。各地区要在名称、编码、依据、类型等基本要素"四级四同"基础上，推进服务事项受理条件、办理流程、申请材料、办结时限等全省统一，分批推动实现全部服务事项"省内通办"。推进社保经办数字化转型，实现流程由业务驱动向数据驱动转变，形成更加标准清晰的业务流程图、经办规程、操作手册和办事指南。加强与属地各部门协同，推动实现跨部门协作流程、数据、事项标准化，加快与政务服务平台对接和数据实时调用，有效支撑政务服务一体化。

（六）健全和推广全国统一的社会保险经办服务技术标准。实施基本公共服务标准体系建设工程，完善社会保险标准化体系，加快服务流程、设施设备、人员配备等软硬件国家、行业标准制修订。推动各地标准化机构和组织建设，鼓励各地开展社会管理和公共服务综合标准化试点，强化社会保险标准与政务服务标准协同配套，推动社会保险地方标准与国家标准、行业标准有机衔接。强化标准实施应用，建立政策实施配套标准制度，在法规和政策文件制定时积极应用标准，持续完善标准实施效果评估机制。

三、推进社会保险经办管理服务规范化

（七）统筹经办管理服务资源。加强人力资源社会保障系统内部资源统筹整合，加快推进养老、工伤、失业保险"多险合一"经办，推动社保经办机构由分险种管理向流程化管理模式转变。按照《人力资源和社会保障事业发展"十四五"规划》

要求,有条件的地区要加强协调、先行先试,推动建立与养老保险全国统筹相适应的经办管理服务体系,逐步建成垂直管理的经办组织架构。适应政务服务中心一体化管理要求,主动对接属地政务服务,推动前台服务与属地政务服务融合,单设服务场所的要按照统一要求提供规范化服务。

(八)规范经办力量配置。适应社会保险统筹层次和事权调整变化,全面增强省级社保经办管理能力和各级社保经办机构服务能力,配齐配强经办管理和服务人员。制定适应业务经办、风险防控的人员配置标准规范。强化经办队伍建设,推动经办力量由前台向中后台倾斜,根据服务对象规模、服务事项数量、服务时限要求、服务质量标准、信息系统支撑能力,全面增强中后台审核经办和风险防控力量。各地通过政府购买服务等方式提供服务的,要加强人员管理和培养,增强人员队伍的稳定性。

(九)规范线上线下经办服务。规范线下服务窗口设置,落实《社会保险服务综合柜员制实施指南》行业标准,分险种单设机构要协调设立统一服务大厅和前台,或通过业务系统授权、平台对接等方式委托政务服务综合窗口统一受理。设置"办不成事"反映窗口,提供兜底服务。提升网上办事深度,加快完善全国统一的社会保险公共服务平台,持续完善省级平台,推进"跨省通办""一网通办"服务事项对接,推动与属地政务服务平台对接。优化网上办事指南和操作说明,提供在线导办帮办、智能客服等方式辅助在线办理。线上线下并行提供服务,推进服务事项、办事指南等在线上线下服务渠道同源发布、同步更新,满足企业和群众的多样化办事需求。

四、推进社会保险经办管理服务便利化

(十)推进高效便捷服务。按照"应上尽上"原则推动社会保险服务"网上办、掌上办、不见面办",以电子社保卡为服务载体,发挥第三方平台渠道优势,实现在线服务更加泛在可及。继续深化社会保障卡在社会保险服务领域全面应用。新增一批高频"跨省通办"事项,完善异地代收代办、多地联办业务规程,加快部省数据联动,实现跨省业务联动、状态联查、服务联通、监管联管。合理利用银行、基层平台资源,推动城乡居民养老保险等高频服务事项以委托受理、授权办理、帮办代办等方式下沉办理,拓展服务渠道,打造城区步行15分钟、乡村辐射5公里服务圈,推动服务"就近办"。

(十一)提升智慧精准服务。加强本地区跨部门数据共享,全面推行告知承诺制,推行容缺受理和免申即办。加快推进数字驱动服务,以需求为导向开展在线业务、待办业务、业务经办周期分析和数据挖掘,优化全过程、全方位管理服务流程。组织对服务对象精准"画像",实现对服务诉求的实时感知和提前预测,把握和预判公众办事需求,提供个性化的主动服务。

(十二)优化特殊集成服务。深入推进社会保险服务与税务、市场监管、医疗保障等部门关联性强、办事需求量大、企业和群众获得感强的政务服务事项集成化办理,加强跨部门、跨层级数据流转,实现更多"一件事"打包办。坚持传统服务方式与智能化服务创新并行、协同发展,实现线上办理的服务事项,要同步提供线下窗口办事服务,提供"同质同效"办事服务。加强无障碍环境建设和改造,推进服务平台及移动端适老化、无障碍改造,为老年人、残疾人等特殊群体提供便利服务。鼓励各地开展延时错时服务。

五、工作要求

(十三)加强组织领导。各级人力资源社会保障部门要高度重视社会保险经办管理服务标准化规范化便利化工作,进一步提高政治站位,加强组织领导,有步骤、有计划地推动工作开展。要加强与组织、编制、财政等部门的沟通协调,及时研究解决遇到的困难和问题。经办机构分设的,要明确牵头部门,加强协调配合,细化实施方案。

(十四)加强规范指导。各地要进一步强化工作指导,全面落实统一的管理服务标准规范,提供优质高效经办服务。对 2022 年年底实现服务场所综合窗口全覆盖,加快推动高频服务事项无差别受理、同标准办理,实现"多险合一"经办等重点工作要强化指导调度。

(十五)强化试点示范。围绕精细管理、标准化建设、完善经办体系、打造服务品牌等方面,全力打造高标准社会保险经办管理服务标准化规范化便利化建设示范点,发挥试点示范带动辐射作用。及时总结典型案例和经验做法,按照可学习、能复制、易推广的要求,选树一批典型样本,以点带面、示范推广。

2022 年 12 月 19 日

农民工工作

人力资源社会保障部 国家发展改革委 财政部 农业农村部 国家乡村振兴局关于进一步支持农民工就业创业的实施意见

人社部发〔2022〕76号

各省、自治区、直辖市及新疆生产建设兵团人力资源社会保障厅（局）、发展改革委、财政厅（局）、农业农村（农牧）厅（局、委）、乡村振兴局（支援合作办、合作交流办）：

促进农民工及脱贫人口就业创业，是保持就业大局稳定的重要支撑，是巩固拓展脱贫攻坚成果同乡村振兴有效衔接的关键举措。为深入贯彻党的二十大精神，落实党中央、国务院关于高效统筹疫情防控和经济社会发展决策部署，多措并举稳增长稳就业，进一步支持农民工及脱贫人口（含防止返贫监测对象，下同）就业创业，提出如下意见。

一、支持稳定农民工就业岗位

（一）强化稳岗扶持政策。全面落实社保费缓缴、稳岗返还、留工培训补助、社会保险补贴等政策，结合实际实行"免申即享""直补快办"，重点支持农民工就业集中的建筑业、制造业、服务业企业渡过难关，最大限度稳定农民工就业岗位。加速落地吸纳农民工就业数量较多、成效较好的项目，尽快发挥带动农民工就业作用。

（二）健全稳岗服务机制。加强对农民工所在企业的用工指导，会同相关行业主管部门依托公共就业服务机构、经营性人力资源服务机构开通省或地市范围内共享用工服务，组织暂时停工企业与用工短缺企业开展用工余缺调剂。坚持协商一致、依法依规组织开展用工余缺调剂，保障好共享用工中劳动者权益，同步推动稳就业、保用工，努力将农民工稳在当地。

二、引导农民工有序外出务工

（三）健全劳务协作机制。在东西部协作、对口支援和省内协作机制基础上，地理相邻、人员往来密切的省份可探索组建区域劳务协作联盟，推动区域内信息对接、培训联动，为农民工外出务工提供支持，根据需要提供"点对点"劳务输出。动态掌握农民工返乡情况，及时形成就业人员清单、失业人员清单和有意愿外出人员清单。健全跨区域就业服务机制，动员市场化服务机构参与，完善岗位收集、精准匹配、高效输出全流程服务，帮助有意愿外出的农民工再次外出。

（四）培育发展劳务品牌。着眼劳务品牌行业特征、区域特色、经营服务模式等，结合当地资源禀赋、文化特色分类打造一批知名劳务品牌，培育一批劳务品牌龙头企业，推动做大做强做优，提高农民工就业质量。举办劳务品牌推介活动，搭建展示交流平台，形成比学赶超的良好氛围，推动壮大更多劳务品牌。

（五）健全输出服务平台。在农民工及脱贫人口输出较多的市县、乡村和就业集中地区，合理设置就业服务站点，扩大服务供给，为农民工即时提供跨区域就业岗位信息，帮助有序外出务工。充分发挥各级各类人力资源服务机构作用，为农民工提供高效率、低成本、全流程的劳务输出服务。对组织农民工外出务工数量较多、成效较好的人力资源服务机构，按规定给予就业创业服务补助。

三、促进农民工就近就业创业

（六）加快发展县域特色产业。结合推进以县城为重要载体的城镇化建设，鼓励新办环境友好型和劳动密集型企业，提升县域就业承载力，为农民工提供更多就近就业机会。构建现代农业产业体系，发展乡村特色产业、农村电商等新产业新业态，推进农村一二三产业融合发展，支持农民工家门口就业。

（七）加快开发就近就业岗位。按照"应用尽用、能用尽用"的原则，充分挖掘重点工程项目主体工程建设及附属临建、服务保障、建后管护等方面用工潜力，围绕适合人工作业、劳动密集型的建设任务和用工环节，大力实施以工代赈，吸纳当地农民工参加工程建设，尽可能增加劳务报酬发放规模，为农民工就近就业增收创造条件。结合乡村振兴战略实施，持续推进乡村建设行动和农村人居环境整治提升行动，开发更多乡村基层服务管理岗位。依托县域特色农副产品、文化旅游等资源，积极开发适合农村留守人员特点和需求的就业岗位。

（八）加快推进返乡入乡创业。实施重点群体创业推进行动，组建一批创业服务专家队伍，为返乡创业农民工提供政策咨询、开业指导等专业化服务。强化试点示范，挖掘典型案例，高质量建设返乡入乡创业园、创业孵化基地，推荐带动就业明显、发展前景好的返乡入乡创业项目入驻。推动创业担保贷款、税费减免、场地安排、一次性创业补贴等政策"打包办""提速办"，为农民工返乡创业提供培育、孵化、加速等创业扶持。

四、强化农民工就业服务保障

（九）精准提供就业服务。允许失业农民工在常住地、就业地、参保地进行失业登记，同等提供职业指导、职业介绍等基本公共就业服务，落实就业扶持政策，促进尽快实现转岗就业。优化零工服务，加大零工信息归集推介力度，建立"即时快招"服务机制，动员人力资源服务机构提供优质高效的专业服务。推广"隔屏对话""无接触面试"等线下服务新模式，有序组织线下招聘活动，优化"互联网+就业"线上服务，满足农民工求职就业需求。

（十）开展各级各类培训。围绕市场急需紧缺工种，为有意愿外出农民工开展针对性技能培训、安全知识培训，大力开展新职业新业态培训，鼓励支持获得技能等级证书，加快推进产训结合行动，提升培训针对性和有效性，对符合条件的按规定给予补贴。积极推进乡村建设所需的农业农村本地人才技能培训，为不愿外出农民工提供种植养殖等各类现代农业技术培训和其它涉农技术培训，提升农业农村产业发展能力和新型农业经营主体经营管理能力，帮助稳定收入水平，培养一批农业农村高技能人才和乡村工匠。

（十一）切实维护劳动权益。指导企业依法合规用工，保障农民工合法劳动权益。对企业依法解除、终止农民工劳动合同的，督促企业依法支付劳动报酬和经济补偿。持续深化推进根治欠薪，畅通线上线下维权渠道，依法查处拖欠农民工工资等违法问题，加大劳动争议处理力度，努力做到案结事了。支持有条件地区在农民工就业集中地区建立劳动维权咨询服务点，设立维权信息告示牌，明示劳动维权相关信息，提供免费维权咨询服务。

（十二）做好大龄农民工就业扶持。收集适合大龄农民工的就业岗位、零工信息，在农民工专场招聘活动中持续发布。尊重大龄农民工就业需求和企业用工需要，指导企业根据农民工身体状况合理安排工作岗位，强化安全生产管理，定期开展职业健康体检，不得以年龄为由"一刀切"清退。大龄农民工有就业需求的，可以到公共就业服务机构进行求职登记，享受免费公共就业服务。

五、实施防止返贫就业攻坚行动

（十三）做好就业失业监测。依托全国防返贫监测信息系统，聚焦未就业和就业不稳的脱贫人口，建立就业帮扶台账。加强与失业登记、参加社会保险等信息比对，定期开展电话联系、上门走访，准确掌握就业失业状态，及时发现苗头性、倾向性问题，按月在全国防返贫监测信息系统更新相关数据。

（十四）实施优先就业帮扶。将脱贫人口作为有组织劳务输出的优先保障对象，加密岗位归集发布，加快劳务输出组织，推动脱贫人口愿出能出。全面落实失业保险稳岗返还、社会保险补贴等政策，引导企业优先留用脱贫人口，对失业的优先提供转岗服务，帮助尽快实现再就业。强化就近就业岗位推荐，通过以工代赈工程项目、就业帮扶车间、乡村公益性岗位等方式，有序承接返乡脱贫人口。将吸纳脱贫人口就业数量作为认定就业帮扶车间的基本标准，利用衔接推进乡村振兴补助资金对就业帮扶车间吸纳脱贫人口就业给予奖补。

（十五）强化重点地区倾斜。聚焦国家乡村振兴重点帮扶县、易地搬迁大型安置区，依托东西部协作机制、省内协作机制，持续实施就业帮扶专项行动，密集开展岗位投放和招聘活动，援建一批产业项目、企业实体和就业帮扶车间，确保当地脱贫人口就业规模保持稳定。深化易地搬迁安置区按比例安排就业机制，政府投资建设项目、安置区周边以工代赈项目、基层服务管理和公共服务项目要安排一定比例的岗位用于吸纳搬迁群众就业。

（十六）加大安置保障力度。统筹用好现有各类乡村公益性岗位，对"无法离乡、无业可扶"且有就业意愿、有能力胜任岗位工作的脱贫人口实施安置，不得在现有规定外另行设置年龄、残疾等不必要的限制条件。充分考虑当地脱贫人口数量、就业困难程度及收入水平、岗位职责内容，科学设定岗位总量，合理确定岗位补贴标准，指导用人单位按规定为在岗人员参加工伤保险或购买人身意外伤害保险，依法签订劳动合同或劳务协议，每次签订期限不超过1年。督促用人单位加强在岗人员履职情况监管，定期考核工作成效、遵守规章制度和工作纪律情况。对于从事非全日制乡村公益性岗位的人员，在确保严格履行岗位职责的前提下，可采取适度灵活的管理方式，允许其同时从事其他灵活就业，灵活就业收入超出当地防止返贫监测范围的，应退出岗位。

　　各地要高度重视农民工及脱贫人口就业创业工作，进一步压实工作责任，动态掌握就业失业情况，及时提供针对性就业帮扶。工作中遇到的重大问题，请及时报告。

2022 年 11 月 9 日

人力资源社会保障部　公安部　民政部　司法部　交通运输部　文化和旅游部　国家卫生健康委　国家乡村振兴局　国家疾控局　全国总工会　共青团中央　国铁集团关于开展2023年春节期间"春暖农民工"服务行动的通知

人社部明电〔2022〕16号

各省、自治区、直辖市及新疆生产建设兵团人力资源社会保障厅（局）、公安厅（局）、民政厅（局）、司法厅（局）、交通运输厅（局、委）、文化和旅游厅（局）、卫生健康委、乡村振兴局、疾控局、总工会、团委，各铁路集团公司：

为贯彻落实党的二十大精神和中央经济工作会议精神，落实党中央、国务院关于农民工工作决策部署，做好春节前后农民工服务保障工作，让广大农民工安心舒心开心过个好年，人力资源社会保障部、公安部、民政部、司法部、交通运输部、文化和旅游部、国家卫生健康委、国家乡村振兴局、国家疾控局、全国总工会、共青团中央、国铁集团定于2022年12月至2023年2月联合开展"春暖农民工"服务行动。现将有关工作通知如下：

一、行动内容

（一）做好关怀慰问。深入基层、深入一线，因地制宜开展走访慰问农民工活动，宣传宣讲党中央对广大农民工群体的关心关怀关爱。通过"倡议书""一封信"等方式开展线上慰问、线上拜年。发挥好农民工务工之家、驻外劳务服务站、工会帮扶（服务）中心、户外劳动者服务站点等作用，结合农民工需求提供便利暖心服务。积极为留岗农民工组织开展文艺联欢、集体过年、发放年货等"送温暖"活动。

（二）做好出行服务。及时发布疫情防控、交通、天气等信息，引导返乡返岗农民工安全出行、错峰出行。交通、铁路等部门要开通绿色通道，为农民工集中购买汽车票、火车票提供便利。按规定落实外出务工脱贫人口（含防止返贫监测对象）交通费补贴。鼓励在农民工集中的交通站场设置志愿服务工作点，为有需要的大龄农民工在购票乘车、出示健康信息、搬运行李等方面提供帮助。提示农民工系好安全带、不坐超员车、不坐非客运车辆，运输企业要落实主体责任，强化车辆和驾驶人安全管理。统筹考虑疫情防控要求，对节前在外地务工集中返乡的、节后已确定工作岗位集中外出的农民工，根据实际需要视情提供"点对点"包专车、专列（车厢）等运输服务。

（三）做好就业和培训服务。以节前提前返乡、节后延迟返岗的农民工为重点，加强动态监测分析，有针对性地加强农民工就业服务。将脱贫人口作为优先就业帮扶对象，帮助尽快实现就业。利用春节假期摸排农民工技能培训意愿，鼓励农民工根据实际需求，通过线上线下等方式参加技能培训。各地团委要发动青联委员以及社会爱心企业举办返乡农民工专场招聘会，通过广泛发布岗位信息、宣传优惠政策等帮助更多农民工就近就地就业创业。

（四）做好健康服务。各地要广泛开展疫情防控知识宣传，有针对性地提高农民工健康防护意识，为农民工疫苗接种提供便利，对于农民工集中的企业、社区可协调有关机构上门服务。做好返乡农民工健康监测服务，利用春节期间做好重点地区农民工职业病摸底工作。支持基层医疗卫生机构在春节期间开展农民工义诊等活动。鼓励有条件的地方和企业为农民工免费发放口罩、消毒液等防疫用品。

（五）做好文化服务。各地文化和旅游行政部门要负责组织全国"村晚"等示范展示活动，宣传农民工拼搏奋斗、健康向上的精神风貌。落实公共图书馆、文化馆（站）、美术馆等公共文化设施面向全社会免费开放政策，有针对性地开发、开放一批农民工喜闻乐见的公共文化服务资源，举办面向农民工的群众文化活动。

（六）做好权益维护。各地人力资源社会保障部门要指导企业依法合规用工，畅通农民工维权渠道，加大违法惩戒力度，落实拖欠农民工工资争议"快立、快调、快审、快结"长效机制，维护好农民工工资报酬等权益。积极推行"劳动维权+就业帮扶"工作模式。司法行政部门要深入开展"法援惠民生　助力农民工"活动，积极开展法治宣传教育和公益法律服务。

（七）做好关爱帮扶。人力资源社会保障部门要及时为符合条件的失业农民工发放失业保险待遇。民政部门要及时为符合条件的困难农民工提供社会救助，强化乡镇（街道）临时救助备用金制度，受疫情影响严重地区要落实由急难发生地直接实施临时救助政策，加强遭遇急难农民工的救助帮扶。开展留守老年人探访关爱，根据实际情况提供政策宣传讲解、需求转介和必要救援等服务。加强对农村留守儿童的走访慰问，对于有困难的农村留守儿童及其家庭及时提供相应关爱帮扶措施。团委要积极开展"童心港湾"建设，通过亲情陪伴、情感关怀、自护教育、励志教育等促进农民工子女健康成长。各地要鼓励关注农民工关心关爱工作的公益慈善、志愿服务等公益伙伴，探索通过项目制等方式，为农民工群体开展专业化、精细化、社会化服务。

二、工作要求

（一）切实提高认识。提高政治站位，坚持以人民为中心的发展思想，认真落实新阶段疫情防控各项举措，紧紧抓住农民工最关心最直接最现实的利益问题，聚焦农民工急难愁盼问题，强化工作举措，创新工作方式，务求工作实效。

（二）精心组织实施。充分发挥农民工工作议事协调机构作用，细化工作方案，明确职责分工，建立信息共享和工作通报制度，加强协同配合，形成工作合力。农民工主要输入输出地要加强信息交流和工作衔接。

（三）加强宣传推广。利用好线上线下宣传渠道，加强与主流媒体、新媒体的合作，及时发布活动安排，策划专题专栏，宣传典型经验做法，营造良好的舆论氛围。

（四）及时总结情况。各省（区、市）人力资源社会保障部门要动态掌握服务行动进展情况，及时总结报送工作情况。

2022 年 12 月 19 日

人力资源社会保障部办公厅 国家发展改革委办公厅 商务部办公厅 国家乡村振兴局综合司 全国妇联办公厅关于进一步加强家政劳务品牌建设的通知

人社厅函〔2022〕90号

各省、自治区、直辖市及新疆生产建设兵团人力资源社会保障厅（局）、发展改革委、商务厅（局）、乡村振兴局、妇联：

为深入贯彻党中央、国务院关于巩固拓展脱贫攻坚成果同乡村振兴有效衔接的部署安排，持续深化实施家政服务劳务对接助力乡村振兴行动，充分发挥家政劳务品牌带动作用，引导更多农村劳动力特别是农村妇女到家政服务领域就业，扩大家政服务有效供给，推动家政服务提质扩容。现就加强家政劳务品牌建设有关事项通知如下：

一、加强分类指导，壮大提升家政劳务品牌规模

各地人力资源社会保障部门要会同相关部门、行业协会广泛开展家政劳务品牌摸底调查，全面掌握本地区劳务品牌数量、分布和基本运营情况，建立本地区家政劳务品牌台账，形成指导目录，实施动态管理，培育一批有特色、有规模、有影响力的家政劳务品牌。坚持分类培育，指导已形成相对成熟运营体系的家政劳务品牌，进一步规范管理服务，不断扩大市场影响力；指导具有一定知名度、从业人员规模较大、还未形成固定品牌名称的，

进一步聚焦品牌特点，尽快确定劳务品牌名称，聚力品牌化发展；指导具有一定从业人员基础，但技能特点不突出、分布较为零散的拟开发家政劳务品牌，聚焦地域和行业特征，逐步形成劳务品牌。

二、畅通对接渠道，支持家政劳务品牌开展劳务输出

在东西部协作、对口支援以及本地区劳务协作中，为家政劳务品牌搭建对接渠道，支持家政劳务品牌在家政服务劳务对接助力乡村振兴行动、家政兴农行动中发挥作用。支持家政劳务品牌对接国家乡村振兴重点帮扶县和易地扶贫搬迁集中安置区，引导中西部地区防止返贫监测对象、脱贫劳动力特别是女性劳动力到家政服务领域就业。搭建"政府部门+家政劳务品牌+家政劳务输出基地"模式，开展家政服务劳务输出。引导和组织家政劳务品牌开展跨地区交流合作，发挥家政劳务品牌龙头企业引领作用，鼓励和引导家政劳务品牌建立行业内、区域内合作联盟。

三、加强技能培训，提升家政劳务品牌质量

实施职业技能提升行动、康养职业技能培训计划、国家乡村振兴重点帮扶县职业技能提升工程，对从业人员开展技能培训，按规定落实好职业技能培训补贴、职业技能鉴定补贴、生活费补贴等政策。鼓励各类培训机构、职业院校开展家政劳务品牌相关职业技能培训，按规定纳入补贴性职业技能培训范围。支持东部地区家政劳务品牌在中西部协作地区建立劳务培训基地，开展订单定向培训。完善家政劳务品牌相关职业技能等级认定、专项职业能力考核等多元化评价方式。加强家政劳务品牌技能带头人培养，对符合条件的给予高技能人才培养补贴。通过举办各类家政服务职业技能竞赛，以赛带训，提升家政服务从业人员技能。

四、加强规范引导，推动家政服务劳务品牌健康发展

加强标准化建设，发挥行业主管部门、行业协会、龙头企业的作用，围绕家政服务培训、服务机构分级评价、家政服务信息化等领域，加强标准制修订工作，完善家政劳务品牌标准体系，

提高家政服务标准化水平。鼓励和支持家政劳务品牌加强规范化建设，优化品牌名称、标识等要素，支持有条件的注册申请商标专利。鼓励有条件的家政劳务品牌向员工制家政企业转型，推动家政服务职业化、规模化发展。鼓励行业协会、行业联盟、社会团体建立行业内信用承诺制度，开展诚信评价，倡导家政劳务品牌开展诚信经营自律承诺行动。将家政劳务品牌纳入家政服务企业和家政服务员信用记录。

五、加强统筹协调，用足用好相关支持政策

各地人力资源社会保障、发展改革、商务、乡村振兴部门和妇联组织要加强工作协调配合，加大工作力度，共同推进家政劳务品牌建设。要统筹用好人力资源社会保障部、国家发展改革委等20部门《关于劳务品牌建设的指导意见》政策措施，推动家政劳务品牌发展。落实"领跑者"行动、家政服务劳务对接助力乡村振兴行动、家政兴农行动等相关支持政策。统筹用好巩固拓展脱贫攻坚成果同乡村振兴有效衔接相关政策措施和稳就业相关政策措施，按规定对符合条件的家政劳务品牌给予扩大就业、技能培训、社保补贴、稳岗返还等政策支持。对新创业的家政劳务品牌按规定落实税费减免、创业培训补贴、一次性创业补贴、创业担保贷款及贴息等政策。充分考虑新冠肺炎疫情防控常态化对家政服务行业的影响，加大对家政劳务品牌助企纾困政策支持力度。

六、加强推广宣传，不断扩大家政劳务品牌影响力

各地要积极开展家政劳务品牌推广工作，注重发挥典型引路作用，定期开展品牌征集评选活动，广泛开展品牌推介交流活动。引导家政劳务品牌积极参与全国乡村振兴职业技能大赛等竞赛活动，不断扩大和提升品牌影响力。利用网络、报纸、杂志、广播电视等媒体平台，广泛开展家政劳务品牌宣传报道，吸引更多劳动者到家政服务领域就业创业，引导广大人民群众放心、安心使用家政服务产品。

各省级人力资源社会保障厅（局）请于12月15日前将家政劳务品牌建设和家政服务劳务对接助力乡村振兴行动开展情况报送人力资源社会保障部农民工工作司。

附件：家政劳务品牌建设台账

2022年6月14日

附件

家政劳务品牌建设台账

单位：_____ 省（区、市）人力资源社会保障厅（局）（盖章）
联系人：_____ 电话：_____ 填报时间： 年 月 日

序号	品牌名称	品牌所在地	服务类别	创建品牌时间	累计培训人数	累计带动就业人数		累计劳务收入或经营收入（万元）	主要劳务输出或对接方向	品牌类别
						总数	其中脱贫劳动人数			
1										
2										
3										
…										

注：1. 品牌所在地请填写至市（区、县）；

2. 服务类别可多项填写,例如家政服务、婴幼儿照护服务、养老照护服务、保洁服务、护工、月嫂等;
3. 建立品牌时间填写至年,累计培训、带动就业人员、劳务收入或经营收入从创建品牌起算;
4. 主要劳务输出或对接方向,省外填写至省省级,省内填写至市(区、县);
5. 品牌类别请按照"已有品牌""正在建设品牌""拟开发建设品牌"分类填写;
6. 累计培训人数中并请标注女性劳动者人数。

劳动关系

人力资源社会保障部　财政部 国务院国资委关于印发《国有企业工资内外收入监督管理规定》的通知

人社部发〔2022〕57号

各省、自治区、直辖市及新疆生产建设兵团人力资源社会保障厅（局）、财政厅（局）、国资委，党中央有关部门，国务院有关部委、直属机构，全国人大常委会办公厅、全国政协办公厅，国家监委、最高人民法院、最高人民检察院，有关民主党派中央，有关人民团体：

现将《国有企业工资内外收入监督管理规定》印发给你们，请认真贯彻执行。

2022年8月30日

国有企业工资内外收入监督管理规定

第一章　总　　则

第一条　为加强对国有企业工资内外收入的监督管理，规范国有企业工资分配秩序，根据党中央、国务院关于国有企业负责人薪酬制度和工资决定机制改革要求以及有关法律法规规定，制定本规定。

第二条 对国家出资的国有独资和国有控股企业工资内外收入的监督管理，适用本规定。

对中央和地方有关部门或机构作为实际控制人的企业工资内外收入的监督管理，参照本规定执行。

第三条 国有企业工资内外收入监督管理工作应坚持依法依规、客观公正、高效廉洁和分级监管的原则。

第四条 各级人力资源社会保障部门会同财政、国资监管等部门负责对国有企业工资内外收入情况实施监督检查等监督管理工作，及时查处工资分配违规行为。

各级履行出资人职责机构（或其他企业主管部门，下同）依据监管职责负责对所监管企业工资分配执行情况加强监督，对违规问题督促整改。

第二章 监督管理内容

第五条 国有企业工资内外收入监督管理是对国有企业执行国家关于企业工资收入分配政策情况的监督检查，重点检查国有企业负责人薪酬制度和工资决定机制改革政策执行情况。

工资内外收入具体包括工资、奖金、津贴、补贴、加班加点工资、特殊情况下支付的工资以及其他工资性收入、福利等。

第六条 国有企业负责人薪酬分配监督管理事项包括：

（一）企业负责人纳入国有企业负责人薪酬制度改革范围情况；

（二）企业负责人薪酬管理制度制定情况；

（三）企业负责人薪酬结构、水平和发放情况；

（四）企业负责人的年度和任期考核评价情况及考核结果与薪酬分配挂钩情况；

（五）企业负责人领取津补贴、奖励、福利性待遇和以现金形式发放的履职待遇等情况；

（六）离任企业负责人领取薪酬情况；

（七）企业负责人薪酬列支情况；

（八）企业负责人薪酬信息披露情况；

（九）企业负责人薪金所得税代扣代缴情况；

（十）其他应纳入监督管理的事项。

对组织任命管理企业负责人和非组织任命管理企业负责人，薪酬分配的监督管理按照相应适用的政策开展。

第七条 国有企业职工工资福利待遇监督管理事项包括：

（一）企业纳入国有企业工资决定机制改革范围情况；

（二）国家工资分配宏观指导调控政策和要求执行情况；

（三）企业内部工资分配、福利管理等制度制定情况；

（四）工资总额预算编制、清算、计提和发放等情况；

（五）津补贴、奖金、福利等管理情况；

（六）工资总额信息披露情况；

（七）工资内外收入列支情况；

（八）工资薪金所得税代扣代缴情况；

（九）其他应纳入监督管理的事项。

第三章 监督管理实施

第八条 监督管理工作采取企业自查、综合检查、重点核查等方式进行。

第九条 人力资源社会保障部门会同财政、国资监管等部门根据工作需要，定期或不定期组织履行出资人职责机构对所监管国有企业开展工资内外收入情况自查。自查工作结束后，企业应形成自查报告报送履行出资人职责机构，履行出资人职责机构汇总报送人力资源社会保障部门。

第十条 人力资源社会保障部门会同财政、国资监管等部门原则上每年应选取一定数量国有企业对其工资内外收入情况进行综合检查。履行出资人职责机构和企业应配合做好监督检查工作，按要求提供企业名单及相关信息。

人力资源社会保障部门会同财政、国资监管部门确定被检查企业时，应加强与巡视巡察、审计等部门和机构的沟通，原则上同一对象在同一年度内已接受巡视巡察、审计的，不再确定为被检查对象。

第十一条 人力资源社会保障部门应会同财政、国资监管等部门对以下情形开展重点核查：

（一）企业自查报告、备案报告、信息披露等中发现可能存在违规问题或存在虚假记载、误导性陈述或重大遗漏的；

（二）纪检监察、巡视巡察、审计或其他部门和机构移送或反映企业存在工资分配违规问题的；

（三）企业职工、社会公众和媒体举报或反映企业工资分配存在重大违规问题的；

（四）监督管理中查处的违规问题未整改到位的；

（五）其他需要核查的情形。

第十二条 人力资源社会保障部门应提前书面通知被确定为综合检查和重点核查对象的企业做好准备工作，组织被检查企业召开会议，安排部署有关监督检查工作。

人力资源社会保障部门应当在被检查企业以适当方式公布检查项目名称、检查纪律要求和举报信箱、举报电话等。

被检查企业应当按照要求提供监督检查必要的工作条件，组织专门力量配合做好监督检查工作。

第十三条 综合检查、重点核查根据工作需要可采取下列措施：

（一）到被检查企业开展现场检查；

（二）向有关人员调查、了解情况，要求其对被检查事项作出解释、说明；

(三）查阅、复制与被检查事项有关的制度、工资统计报表、财务报表、工资福利台账、会计凭证等相关材料和数据；
（四）对所属或相关企业开展必要的延伸检查或调查；
（五）其他必要的方式。

综合检查、重点核查根据工作需要可通过政府购买服务委托第三方专业机构承担现场检查工作。所需经费由各级财政部门按照规定根据工作需要统筹安排。

第十四条 被检查企业应按要求及时、准确、完整提交与监督检查内容相关的材料，主要包括：

（一）企业工资内外收入情况报告；
（二）履行出资人职责机构审核（核准）或备案的企业负责人薪酬、工资总额确定和清算方案及相关文件材料；
（三）工资内外收入的财务凭证和台账；
（四）劳动工资统计报表；
（五）财务决算报表和审计报告；
（六）巡视巡察、审计或监督检查发现问题整改情况报告及相关文件材料；
（七）企业工资福利管理相关制度文件；
（八）社会保险、住房公积金和个人所得税缴纳相关材料；
（九）其他需要提供的材料。

企业应当对所提供材料的真实性、完整性负责，不得有虚假记载、误导性陈述或者重大遗漏，并作出书面承诺。

第十五条 综合检查和重点核查过程中，应当就检查过程中发现的有关问题事实与被检查企业沟通听取意见，确认有关事实。被检查企业对监督检查中发现的违规问题，应及时主动进行整改。

第十六条 综合检查和重点核查结束后，人力资源社会保障部门应商财政、国资监管等部门根据监督检查认定的事实和问题，向被检查企业下达处理意见书，明确违规问题的处理措施、依据、整改时限和相关要求,并抄送其履行出资人职责机构。

第十七条 被检查企业应在收到处理意见书 15 个工作日内,就处理意见书指出的违规问题及提出的整改意见制定整改方案,2 个月内完成违规问题整改,并及时向人力资源社会保障部门报送整改情况报告。确因特殊情况需要延长整改时限的,经人力资源社会保障部门同意后可以适当延长。

第四章 违 规 处 理

第十八条 对国有企业工资内外收入违规问题的处理措施包括:

(一)责令改正;

(二)追回违规所得;

(三)经济处罚;

(四)约谈;

(五)通报;

(六)移送有关部门处理。

对同一违规问题的处理,可以并用多种处理措施。对同一次监督检查中同一责任人出现多个违规问题给予经济处罚的,按照处罚的最高标准执行;对纪检监察、履行出资人职责机构等部门或机构已就工资内外收入违规问题按照国家或部门有关规定的处罚标准给予了经济处罚且企业已按要求整改到位的,就同一违规问题不再给予经济处罚。

第十九条 国有企业负责人薪酬管理出现下列违规情形的,应责令企业改正,违规或超标准领取部分应予以追回。

(一)企业负责人未按照党中央、国务院关于国有企业负责人薪酬制度改革要求纳入实施范围的;

(二)企业负责人包括离任、退休企业负责人违规领取薪酬以及津补贴、奖励、福利性待遇和以现金形式发放的履职待遇的;

（三）违规实行职业经理人薪酬制度的。

前款第二项违规情形除责令改正和追回违规所得外，应同时按照违规所得等量给予经济处罚，但最高不超过违规问题发生当年的本人绩效年薪。企业负责人在处理意见书下达前主动退回违规所得的，可视情不再予以经济处罚。

第二十条 国有企业工资总额管理出现下列情形的，应责令企业改正，违规核定或超发部分不计入工资总额预算基数，违规超发部分在下一年度工资总额中予以扣回。对违规超发金额过大，难以一次性扣回的，经同意可在 3 年内逐年扣回。

（一）企业未按照国务院关于国有企业工资决定机制改革要求纳入实施范围的；

（二）违反工资效益联动机制有关规定计提、发放工资总额的；

（三）集团总部职工平均工资增长幅度超过本企业全部职工平均工资增长幅度的；

（四）超履行出资人职责机构核准或备案工资总额计提、发放工资总额的；

（五）其他超提、超发工资总额的。

前款违规情形，除责令改正并予以扣回外，应视情给予相关企业负责人经济处罚。对违规核定或超发部分超过应发工资总额 5%但未超过 10%的，对企业主要负责人、分管负责人按不超过本人当年绩效年薪的 10%给予经济处罚；违规核定或超发部分超过当年应发工资总额 10%以上的，对企业主要负责人、分管负责人按违规核定或超发占应发工资总额比例的绩效年薪给予经济处罚。

第二十一条 国有企业工资分配管理存在下列情形的，应责令企业改正，建立完善有关工资内外收入管理制度，规范工资内外收入管理。

（一）企业负责人薪酬、工资总额管理和考核制度，以及内部分配和福利管理制度不健全或内容违规的；

（二）违规向企业负责人提前发放薪酬的；

（三）违规发放福利待遇或承担应由职工个人支付费用的；

（四）企业负责人薪酬、工资总额信息未按规定披露和落实厂务公开要求的；

（五）违规实行周期制工资总额管理的；

（六）工资总额预算编制、调整、清算等程序和时间等不合规的；

（七）工资性支出未纳入工资总额管理、按照企业会计准则规定应当通过应付职工薪酬核算的工资福利项目未通过应付职工薪酬核算、企业负责人薪酬未单独核算并设置明细账目的；

（八）未按规定报送企业负责人薪酬和工资总额实施情况的；

（九）企业负责人及职工工资福利收入未依法缴纳个人所得税的；

（十）其他违反工资分配法律法规和政策的。

前款第七项工资性支出未纳入工资总额管理，按规定纳入后工资总额超提超发的，按照第二十条规定处理。

第二十二条　被监督检查企业拒不配合甚至阻挠监督管理工作、拒不整改违规问题或违规情节严重的，应约谈企业负责人，并视情在一定范围内予以通报。

被监督检查企业违规行为依规依纪依法应给予相关责任人纪律处分、组织调整或组织处理、处分的，应移交有关部门进行处理；构成犯罪的，依法追究刑事责任。

第二十三条　国有企业负责人授意、指使、纵容、强令、包庇下属人员实施违规行为的，对有关企业负责人应按照第十八条有关处理措施从重或加重处理。

第二十四条　履行国有企业工资内外收入监督管理职责部门或机构、履行出资人职责机构的工作人员应当依法依规、客观公正开展工作,严格遵守廉洁自律和保密有关规定。对于未依法依规履行职责,玩忽职守、徇私枉法或者泄露检查中知晓的国家秘密和商业秘密、个人信息的,依规依纪依法追究责任。

第五章　检查结果运用

第二十五条　监督检查工作结束后,人力资源社会保障部门应视情向同级财政、国资监管以及相关部门、有关国有企业通报监督检查情况,并报送上一级人力资源社会保障部门。

对国有企业工资分配违规问题的处理意见书,人力资源社会保障部门应抄送组织、纪检监察、巡视巡察、审计、国资监管、税务等部门和机构。

对企业连续三次在监督检查过程中未发现任何违规问题的,在一定时期内可免于综合检查。

第二十六条　履行出资人职责机构应根据监督检查处理意见,督促违规企业进行整改。对存在严重违规情形的国有企业,履行出资人职责机构对其至少三年内不得实行工资总额备案制管理。

第二十七条　国有企业对违规情形中的相关责任人,除按照第二十二条第二款依规依纪依法追究责任外,还应视情节轻重按照管理权限和企业规章制度给予批评教育、内部通报、扣减薪酬等处理。

第二十八条　人力资源社会保障部门应会同组织、纪检监察、巡视巡察、财政、审计、国资监管、税务等部门和机构建立信息沟通、线索移交、成果共享机制,推动建设信息化工作平台,提高监督效能,形成监督合力。

纪检监察、巡视巡察、审计等部门和机构移送或反映国有企业工资分配违规问题相关线索的,人力资源社会保障部门应会同财政、国资监管等部门及时予以核查处理,并按规定将调查处理结果反馈给相关部门。

第六章 附 则

第二十九条 各省、自治区、直辖市及新疆生产建设兵团人力资源社会保障厅（局）应会同财政厅（局）、国资委等部门按照本规定做好国有企业工资内外收入监督管理工作。各地区可结合本地实际，依据本规定制定具体实施办法。

第三十条 本规定自印发之日起施行。《劳动部、财政部、审计署关于颁发〈国有企业工资内外收入监督检查实施办法〉的通知》（劳部发〔1995〕218号）同时废止。

人力资源社会保障部　全国总工会中国企业联合会/中国企业家协会全国工商联关于开展 2022 年全国和谐劳动关系创建示范活动的通知

人社部函〔2022〕59 号

各省、自治区、直辖市及新疆生产建设兵团人力资源社会保障厅（局），总工会，企业联合会/企业家协会，工商联：

　　为推动和谐劳动关系创建活动深入开展，构建中国特色和谐劳动关系，经报全国评比达标表彰工作协调小组批准，"和谐劳动关系创建"列为人力资源社会保障部全国创建示范活动项目目录，国家协调劳动关系三方决定开展 2022 年全国和谐劳动关系创建示范活动。现将有关事项通知如下：

　　一、总体要求

　　以习近平新时代中国特色社会主义思想为指导，深入贯彻党的十九大和十九届历次全会精神，立足新发展阶段，贯彻新发展理念，构建新发展格局，全面落实党中央和国务院关于构建和谐劳动关系的一系列重要决策部署，通过认定示范企业、工业园区，充分展现构建中国特色和谐劳动关系取得的重要成就，大力弘扬企业自觉践行社会责任的新时代精神，厚植企业关心关爱职工、职工爱岗爱企的和谐文化底蕴，更好发挥先进典型的示范引领作用，带动企业切实保障职工权益，引导职工增强对企业的责任感、认同感和归属感,充分调动劳动关系主体双方的积极性、主动性、创造性,打造企业与职工的利益共同体、事业共同体、命运共同体,团结动员广大企业和职工建功立业新时代,推动形成企业得效益、职工得实惠、经济得发展、社会得稳定、和合文化得弘扬的良好局面。

二、创建示范范围、名额和命名方式

(一)创建示范范围

全国各类企业、工业园区(包括各类经济技术开发区、高新技术产业园区、科技园区以及其他产业集聚区)。

(二)创建示范项目设置和名额

全国和谐劳动关系创建示范企业350家,全国和谐劳动关系创建示范工业园区50个(名额分配表见附件1)。

(三)命名方式

对符合创建示范标准的企业命名"全国和谐劳动关系创建示范企业",对符合创建示范标准的工业园区命名"全国和谐劳动关系创建示范工业园区",同时颁发铭牌。

三、创建示范原则

创建示范活动坚持公平、公正、公开;坚持严格执行创建示范标准和"两审三公示"程序;坚持三方共同审核。

四、创建示范标准

创建示范的企业、工业园区应是2019年以来在和谐劳动关系创建活动中表现突出,具有示范引领作用的单位。

(一)全国和谐劳动关系创建示范企业的标准

1. 企业党组织健全,作用发挥充分。坚持把党建工作摆在突出位置,党的基层组织完善,在开展和谐劳动关系创建活动中履行组织职工、凝聚职工、服务职工的职责,党员先锋模范作用有效发挥。

2. 全面实行劳动合同制度。劳动合同应签尽签;劳动合同的订立、履行、变更、解除和终止等程序合法、内容规范;劳务派遣用工规范；依法制定劳动规章制度。

3. 依法保障职工劳动报酬、休息休假、社会保险权益。按时足额支付职工工资；职工工资增长与企业效益、劳动生产率增长相适应；依法执行工作时间和休息休假制度；依法参加社会保险，按规定缴纳各项社会保险费用，定期向职工公开社会保险缴费信息。

4. 全面执行劳动安全和职业卫生法律法规。劳动保护措施和劳动安全卫生条件符合国家规定的标准；建立健全安全生产责任制和工会劳动保护监督检查制度，开展安全生产教育培训，对从事有职业危害的职工定期进行健康检查，有效预防工伤和职业病的发生；执行女职工和未成年工特殊劳动保护规定，定期组织健康检查；2019年以来无安全生产事故和职业危害事故。

5. 建立集体协商和集体合同制度。依法订立和履行集体合同，集体协商程序规范；未建立企业集体协商机制的小微企业通过区域性行业性集体合同覆盖。

6. 依法加强民主管理。企业依法建立工会组织，健全组织机构，充实工作人员，依法拨缴经费，工会作用充分发挥；建立职工（代表）大会制度，定期召开职工（代表）大会，涉及职工切身利益的规章制度和重大事项经过职工（代表）大会审议通过，公司制企业依法设立职工董事、职工监事；尚不具备建立职工代表大会制度条件的小微企业，通过区域性行业性职工代表大会覆盖。完善厂务公开制度，通过协商会、恳谈会等形式定期与职工代表（工会）进行沟通，了解并及时处理职工意见建议。

7. 企业劳动争议调解组织和工作制度健全。依法及时妥善调处劳动争议和影响稳定的苗头性、倾向性问题，切实维护劳动关系双方合法权益；无劳动关系群体性、突发性事件发生。

8. 建立职工岗位培训制度，职工教育经费足额到位。常态化开展岗位、技能等培训活动。鼓励职工参加学历教育和继续教育，提高职工技能水平和文化知识水平，拓宽职工成长成才空间。

9. 重视企业文化建设。努力培育与中华优秀传统文化相契合富有特色的企业精神和健康向上的企业文化，注重提升职工生活品质，完善职工困难帮扶机制，纾困解难送温暖，支持和帮助生育职工平衡工作和家庭责任，不断改善职工的工作、学习和生活条件。建立职工健康服务体系，注重职工精神需求和心理健康，教育引导职工正确对待社会利益关系调整，以理性合法形式表达利益诉求，维护自身权益。

10. 提升职工满意度。职工对劳动报酬、社保缴纳、休息休假、工作环境、劳动条件、人文关怀等综合满意度高。

（二）全国和谐劳动关系创建示范工业园区的标准

1. 健全工业园区党委领导的构建和谐劳动关系工作机制，将创建活动纳入当地党委、政府重要议事日程，制定推进创建活动的实施方案，完善政府、工会、企业共同参与的劳动关系协商协调机制。

2. 加强对辖区内企业劳动用工的指导服务，健全日常管理台账，全面掌握企业劳动用工动态信息。根据辖区内企业数量和规模，合理布局劳动关系基层公共服务站点，配备一定数量的劳动关系协调员，站点标识统一，服务场所固定，服务设施齐全，服务内容完备，服务质量高效，通过提供多样化、专业化、智慧化、标准化劳动关系公共服务，更好满足企业和劳动者需求，形成地域、行业特色鲜明的公共服务品牌。

3. 辖区内符合建会条件的企业普遍建立工会组织；80%以上的企业建立以工资集体协商为重点的集体合同制度；对不具备开展集体协商签订集体合同条件的小微企业，通过签订区域性、行业性集体合同实现覆盖。

4. 依法建立工会组织、企业代表组织以及劳动争议调解组织，建立健全劳动关系矛盾纠纷排查预防和联动化解机制，形成劳动争议预防调解工作网络，对辖区内带有普遍性、倾向性的劳动关系问题开展协商，预防和调处劳动关系矛盾纠纷。2019年以来辖区内未发生重大安全生产、重大职业危害事故以及重大劳动关系群体性、突发性事件。

5. 辖区内企业普遍参加了和谐劳动关系创建活动，并基本上达到了示范标准。

五、创建示范程序

（一）组织申报

1. 地方申报。各地企业、工业园区自愿申报，申报材料在企业、工业园区内公示无异议后，向所在地县级或地市级协调劳动关系三方机构申报（申报材料见附件2、附件3、附件4）。地市级三方机构对申报企业、工业园区进行初审，并向省级三方机构上报。省级三方机构对地市级三方机构上报的企业、工业园区进行复审，在本省（自治区、直辖市）范围内向社会公示无异议后，向国家三方创建示范工作办公室申报。

2. 国家三方成员申报。全国总工会、中国企业联合会/中国企业家协会和全国工商联分别组织申报审核工作。各产业系统按照企业自愿申报、省级产业工会初审、全国产业工会牵头复审的程序开展，并在本系统范围内进行公示无异议后，向国家三方创建示范工作办公室申报；中国企业联合会/中国企业家协会按照企业自愿申报、省级企业联合会/企业家协会初审、中国企业联合会/中国企业家协会复审的程序开展，并在本系统内进行公示无异议后，向国家三方创建示范工作办公室申报；全国工商联按照企业自愿申报、全国工商联直属商会初审、全国工商联复审的程序开展，并在本系统内进行公示无异议后，向国家三方创建示范工作办公室申报。

（二）全国公示

国家三方创建示范工作办公室汇总各地、各全国产业工会和企业代表组织申报的创建示范结果，提出拟命名为创建示范的企业、工业园区名单，在国家协调劳动关系三方四家门户网站向社会公示，接收和处理各地对示范结果的反馈意见。公示期满后没有异议的，报国家三方创建示范工作领导小组决定；公示期内有异议的，返回省级三方机构重新审核，确有问题的，不再上报。

（三）报批审定

国家三方创建示范工作领导小组提出拟命名的企业、工业园区建议名单，按程序报国家协调劳动关系三方会议研究确定后予以通报。

六、工作要求

（一）精心组织实施。国家协调劳动关系三方会议成立由执行主席担任组长的创建示范工作领导小组，下设创建示范工作办公室，全面负责和协调创建示范工作。各地区协调劳动关系三方要把创建示范活动摆上重要日程，按照统一部署和要求，成立本地区创建示范工作领导机构，制定工作方案，明确责任分工，精心组织实施。

（二）广泛宣传发动。各地区要深入基层、深入企业、深入企业集聚的工业园区开展宣传动员，充分调动各类企业、工业园区参与创建示范活动的积极性。

（三）严格执行创建示范标准和程序。各地区要把好法律规定执行关、职工意见关、部门核查关，把在和谐劳动关系创建活动中作出表率的企业、工业园区予以认定。要指导和督促申报企业组织实施好企业职工对企业劳动关系状况的满意度调查，将创建情况报经职工代表大会或职工大会讨论通过，并由企业工会盖章。工业园区的创建情况应由所在地协调劳动关系三方分别盖章。要统筹考虑各类企业，适当向非公有制中小企业倾斜，合理确定各类企业的示范比例，体现企业代表性。

（四）做好典型经验申报工作。各地区申报2~4个"全国和谐劳动关系创建示范企业"的典型经验材料，分配了工业园区名额的地方报送1个"全国和谐劳动关系创建示范工业园区"的典型经验材料。各地区报送的典型经验材料，要求事例典型、内容翔实、主题鲜明、文字简洁。经验材料字数控制在3 000字以内。

请省级三方机构于7月底前将创建示范单位名单及经验材料经省级三方分别盖章后,传真至国家三方创建示范工作办公室(同时扫描文件发送电子邮件)。

附件:1. 全国和谐劳动关系创建示范企业、工业园区名额分配表
  2. 全国和谐劳动关系创建示范企业申报表
  3. 企业申报材料内容证明表
  4. 全国和谐劳动关系创建示范工业园区申报表

2022年5月25日

附件1

全国和谐劳动关系创建示范企业、工业园区名额分配表

地区及部门	全国和谐劳动关系创建示范企业	全国和谐劳动关系创建示范工业园区
北京	17	2
天津	12	1
河北	14	2
山西	10	2
内蒙古	9	2
辽宁	13	2
吉林	10	2
黑龙江	10	1
上海	16	2
江苏	17	2
浙江	17	2
安徽	12	2
福建	13	2
江西	12	2
山东	17	2
河南	12	2
湖北	12	2
湖南	12	2

续表

地区及部门	全国和谐劳动关系创建示范企业	全国和谐劳动关系创建示范工业园区
广东	17	2
广西	8	1
海南	4	1
重庆	11	2
四川	13	2
贵州	5	1
云南	6	1
西藏	2	—
陕西	10	1
甘肃	4	1
青海	4	1
宁夏	4	1
新疆	5	1
新疆生产建设兵团	2	1
国家协调劳动关系三方	20	—
总计	350	50

附件2

全国和谐劳动关系创建示范企业
申 报 表

企业名称（盖章）＿＿＿＿＿＿＿＿
申报地区＿＿＿＿＿＿＿＿＿＿＿＿

填表日期　2022 年　月　日

企业名称（全称）：_____
所属地区和所属产业：_____
上级主管部门：_____
企业性质：_____；职工人数：_____
企业法人姓名：_____
工会负责人职务和姓名：_____
通信地址：_____
邮政编码：_____
联系电话：_____；传真：_____
电子邮箱：_____

创建情况

注：创建情况按示范条件填写，如内容多，可另附纸。

续表

企业职工代表或职工大会意见
(企业工会代章) 年　月　日

县级协调劳动关系三方申报意见
(三方分别盖章) 年　月　日

地市级协调劳动关系三方初审意见
(三方分别盖章) 年　月　日

省级协调劳动关系三方复审意见
(三方分别盖章) 年　月　日

附件 3

企业申报材料内容证明表

被证明企业名称：_____

证明该企业党组织健全。   　　　　　　　　　　　　　企业党组织的上级党组织盖章 　　　　　　　　　　　　　　　　年　　月　　日
证明该企业自 2019 年以来坚持依法用工，依法开展劳动争议预防调解工作。   　　　　　　　　　　　　企业申报地方的人力资源社会保障部门意见 　　　　　　　　　　　　　　　　年　　月　　日
证明该企业自 2019 年以来坚持依法照章纳税。   　　　　　　　　　　　　　企业申报地方的税务部门意见 　　　　　　　　　　　　　　　　年　　月　　日

续表

证明该企业自2019年以来,劳动保护措施和劳动安全卫生条件符合国家规定的标准,无安全生产、职业危害事故发生。

企业申报地方的卫生健康和应急管理部门意见
年　　月　　日

证明该企业自2019年以来坚持合法经营。

企业申报地方的市场监督管理部门意见
年　　月　　日

证明该企业职工对企业劳动关系状况的综合满意度高。
　　___年___月___日,该企业工会组织企业职工对企业劳动关系状况的综合满意度进行问卷调查。企业职工总人数_____,发放满意度问卷份数_____,收回份数_____。其中,满意问卷数占职工总人数_____%。

企业申报地方的工会组织盖章
年　　月　　日

附件 4

全国和谐劳动关系创建示范工业园区
申 报 表

园区名称（盖章）＿＿＿＿＿＿＿＿＿＿
申报地区＿＿＿＿＿＿＿＿＿＿＿＿＿＿

填表日期　　2022 年　　月　　日

工业园区名称(全称):＿＿＿＿＿＿＿＿＿＿＿＿＿＿＿＿

属于哪个级别:国家级(＿)、省级(＿)、市(地)级(＿)、县级(＿)、乡镇(＿)(是哪一级请打"√")

所属地区和所属产业:＿＿＿＿＿＿＿＿＿＿＿＿＿＿＿

上级主管部门:＿＿＿＿＿＿＿＿＿＿＿＿＿＿＿＿＿＿

企业数量:＿＿＿＿＿＿＿＿＿＿＿＿;职工人数:＿＿＿＿

园区负责人姓名:＿＿＿＿＿＿＿＿＿＿＿＿＿＿＿＿＿

三方负责人姓名:人社部门＿＿＿＿＿工会＿＿＿＿＿企业组织＿＿＿＿

园区三方机构办公室通信地址:＿＿＿＿＿＿＿＿＿＿＿＿＿

＿＿＿＿＿＿＿＿＿＿＿＿＿＿＿＿＿＿＿＿＿＿＿＿＿＿＿＿＿＿＿

邮政编码:＿＿＿＿＿＿＿＿＿＿＿＿

联系电话:＿＿＿＿＿＿＿＿＿＿＿＿＿;传真:＿＿＿＿＿＿＿

电子邮箱:＿＿＿＿＿＿＿＿＿＿＿＿

创建情况

注：创建情况按示范条件填写，如内容多，可另附纸。

续表

所在地协调劳动关系三方意见
    （三方分别盖章） 年　月　日
县级协调劳动关系三方申报意见
    （三方分别盖章） 年　月　日
地市级协调劳动关系三方初审意见
     （三方分别盖章） 年　月　日
省级协调劳动关系三方复审意见
     （三方分别盖章） 年　月　日

人力资源社会保障部办公厅关于印发《国有企业科技人才薪酬分配指引》的通知

人社厅发〔2022〕54号

各省、自治区、直辖市及新疆生产建设兵团人力资源社会保障厅（局），党中央有关部门办公厅（室），国务院有关部委、直属机构办公厅（室），全国人大常委会办公厅、全国政协办公厅秘书局，国家监委、最高人民法院、最高人民检察院办公厅，有关民主党派中央办公厅（室），有关人民团体办公厅（室）：

  为贯彻落实党的二十大精神，加强和改进政府对企业工资分配的宏观指导和服务，引导国有企业完善科技人才薪酬分配制度，我们制定了《国有企业科技人才薪酬分配指引》，现印发给你们，供做好国有企业科技人才薪酬分配工作参考。请你们高度重视国有企业科技人才薪酬分配工作，加强对企业的指导服务，抓好《国有企业科技人才薪酬分配指引》的宣传培训，总结推广企业好的做法和经验，充分发挥国有企业示范引领作用，有效激发科技人才创新活力。

2022年11月9日

国有企业科技人才薪酬分配指引

第一章 总 则

第一条 为贯彻落实党中央、国务院关于加强科技创新、完善科技人才激励机制的决策部署，引导国有企业建立完善科学的科技人才薪酬分配制度，加大科技人才薪酬分配激励力度，充分调动科技人才创新活力，促进企业科技创新，根据国家有关法律法规和政策，制定本指引。

第二条 本指引所称科技人才是指企业中具备较强的科学思维和创新能力，掌握某个领域专业知识、技能，从事科研、生产等工作的人员。主要包括从事科学研究、工程设计、技术开发、科技服务、科技管理、技能操作等科技活动的人员。

第三条 科技人才薪酬分配应遵循以下原则：

（一）坚持服务国家创新驱动发展战略。围绕国家科技创新需求，重点加大对承担前瞻性、战略性、基础性等重点研发任务的科技人才激励力度，为科技人才创新创造提供有力支持和保障。

（二）坚持生产要素按贡献参与分配。建立健全劳动、知识、技术、管理和数据等生产要素按贡献参与分配的机制，实行以增加知识价值为导向的分配办法，薪酬分配向科技人才倾斜。

（三）坚持市场化薪酬分配改革方向。充分发挥市场在薪酬分配中的决定性作用，完善市场化薪酬分配机制，科学评价科技人才贡献，按贡献决定科技人才报酬，更加科学地运用市场化手段做好科技人才薪酬分配。

（四）坚持当期激励与长期激励相结合。实行科技人才分类管理、分类激励，结合不同科技人才特点，建立完善当期薪酬激励与股权等中长期激励相结合的分配机制，充分激发科技人才创新活力。

第四条 加强企业科技人才薪酬分配与工资总额管理的有机结合，确保薪酬分配符合国家关于工资总额管理政策规定。

第二章 科技人才薪酬制度体系

第五条 科技人才薪酬制度体系包括岗位评价和职级评定、绩效管理、薪酬结构、薪酬水平确定和调整、中长期激励等制度。

第六条 岗位评价和职级评定为科技人才薪酬体系的基础，具体包括基于岗位分析的岗位价值评估体系和基于能力评测的职级评定体系。

岗位价值评估是在工作分析的基础上，根据岗位所要求的技术水平高低、创新要求难易、劳动强度大小以及市场稀缺程度等因素，对岗位价值进行系统衡量和评价。

职级评定是在岗位序列划分基础上，对同一岗位序列的不同职位按照能力素质等级划分的职级体系。其中，能力素质既包括专业知识与技能等显性素质，又涵盖个性品质、特质、动机等隐性素质。

第七条 科技人才绩效管理是通过设置绩效目标，引导督促科技人才按照既定目标实施并完成任务，最后评价其任务产出结果的过程。绩效管理一般包括绩效目标设定、绩效实施、绩效考核、绩效反馈、结果运用、绩效改进等六个环节。

第八条 科技人才薪酬结构一般分为当期薪酬和中长期激励。当期薪酬一般由岗位基本薪酬和绩效薪酬组成。岗位基本薪酬主要根据岗位相对价值和科技人才能力等级确定，相对固定。绩效薪酬按照科技人才实际贡献确定，相对浮动。当期薪酬中还可设置科技人才岗位津贴、补贴等作为岗位基本薪酬的补充。根据企业实际和岗位特点，还可采取其他特殊薪酬形式。

第九条 综合考虑企业发展战略、发展阶段、经济效益、市场薪酬水平、外部环境和国家工资分配政策等因素，科学制定企业科技人才薪酬策略，合理确定科技人才薪酬水平。

第十条 根据企业经营战略调整、人才队伍变化和外部市场环境变化，定期对本企业薪酬制度和薪酬水平进行评估，根据评估情况适时完善薪酬制度和调整科技人才薪酬水平。

第十一条 按照国家规定并结合企业实际对科技人才实行中长期激励，中长期激励一般可分为股权型激励、现金型激励和创新型激励三类。

股权型激励主要包括股票增值权、限制性股票、股票期权等。现金型激励主要包括任期激励收入、岗位分红、项目分红、科技成果转化收益激励、利润分享等。创新型激励主要包括项目跟投、合伙人机制等。

第十二条 围绕薪酬、福利、环境、认可度、荣誉、发展和幸福等激励因素，实行全面薪酬策略。建立完善企业福利制度，健全科技人才培训制度，畅通科技人才职业发展通道，完善科技创新荣誉奖励制度等。加强对科技人才的人文关怀，创建"报国为民""自强不息""开拓创新"等优良企业文化，弘扬科学家精神、主人翁精神，营造宽松的科研创新环境，增强科技人才获得感、归属感和幸福感。

第三章　岗位、职级评定和绩效管理

第一节　岗位评价

第十三条 根据工作岗位性质和职责不同，岗位序列可分为管理、技术、技能、营销等类别。其中，科技人才主要分布在技术和技能序列岗位，从事科技管理工作的科技人才可列入管理序列，也可根据承担的工作职责情况按技术序列管理。

第十四条　根据企业实际可将技术序列岗位进一步细化为研究、设计、工程、工艺、质量等岗位中类。技能序列岗位可细化为加工、维修、检测、调度等岗位中类。规模较大或管理精细化程度较高的企业可将岗位中类再细分为岗位小类。

第十五条　岗位价值评估方法包括要素计分法、排序法和配对对比法等。技术技能岗位价值评估一般采取要素计分法，工作性质单一、岗位较少的企业可采取排序法、配对对比法。

第十六条　要素计分法是根据预先规定的衡量要素，由企业组成专业岗位评价委员会或评价小组对岗位的主要影响因素逐一进行评比、估量和打分，加总得出各个岗位分数，再按照分数从高到低绘制岗位价值散点图，将得分相近的岗位作为同一等级，依次划分岗位等级。

评价要素主要包括知识技能、创新、劳动强度、市场稀缺等。评价时对各要素赋予权重，明确各要素不同要求条件下的分值，再根据各岗位不同要求进行打分。同一岗位序列的不同岗位一般应在统一要素计分体系内评分。

第二节　职级评定

第十七条　岗位等级确定后，根据企业科技发展战略、人才发展需求等开展基于能力的职位等级评定，形成职级体系。

第十八条　职位等级设置主要考虑企业发展阶段、规模、科技人才素质结构等因素。初创期、规模较小的企业每个岗位序列一般可划分3~5个职级，发展成熟、规模较大的企业可以划分5~7个职级或更多。

第十九条　技术类岗位序列可参考国家关于职称层级有关规定进行设置，也可结合企业实际按照首席工程（研发、设计、工艺等）师、资深师、主任师、高级师、主管师、助理师、技术员等进行设置。

技能类岗位可按照首席技师、特级技师、高级技师、技师、高级工、中级工、初级工、学徒工等进行设置。

高等级的职位要适当控制数量和比例，首席类职位一般不得超过企业科技人才总数的5%。

第二十条 职位等级确定后，科学界定各层级职位的能力素质（任职资格）要求，包括学习能力、专业知识水平、技术水平、创新能力、执行力、承压力、项目跟踪和控制力、风险识别及成本分析控制力、团队影响力等，每个等级应明确需要达到的最低能力素质要求。

第二十一条 岗位和职位等级确定后，相应确定每个岗位序列各职位薪酬等级。企业组织架构和岗位相对简单的，一个职位等级可对应一个薪酬等级，复杂的可一个职位等级再细分多个薪酬等级。

对特殊人才难以明确岗位设置的，可直接基于能力评测确定其薪酬等级。

第三节 绩效管理

第二十二条 坚持共通性与特殊性、水平业绩与发展潜力、定性与定量评价相结合，以职业属性和岗位要求为基础，健全科学的人才分类评价体系，对科技人才应结合岗位特点分类实行绩效考核，为科技人才营造相对宽松、宽容的创新环境，鼓励科技人才自由探索。

第二十三条 科技人才绩效管理应克服唯论文、唯职称、唯学历、唯奖项等倾向，依据能力、实绩、贡献评价人才，注重考察各类科技人才的专业性、创新性和实际贡献。

基础研究人才主要采取同行评价的方式，加强学术团体等第三方评价、国际同行评价。应用研究和技术开发人才、技能人才主要突出市场评价，由市场、用户和专家等第三方深度参与评价。

第二十四条 绩效管理可根据科技人才的工作性质和岗位特

征,分类侧重考核不同的内容和指标:

(一)对于从事基础研究类的科技人才,结合基础性研究技术路线不确定性、研发失败风险高等特点,着重评价其提出和解决重大科学问题的原创能力、重大原创性贡献、成果的科学价值、学术影响和研究能力等,一般以科技人才取得的阶段性成果、证实证伪的结论、下一步研究路径等作为考核指标。

(二)对于从事应用研究和技术开发类的科技人才,结合应用研究技术工作一般具有较为明确市场导向和技术路线的特点,着重评价其技术创新与集成能力、取得的自主知识产权和重大技术突破、成果转化、对产业发展的实际贡献等,一般以研发工作的技术指标先进性、研发效率、成果的市场价值和应用实效等作为考核指标。

(三)对于从事技能操作类的科技人才,着重评价其实际操作能力和水平,一般以工作效率、工作质量和解决技能操作难题等作为考核指标。

第二十五条 遵循不同类型科技人才成长发展规律,统筹考虑科技人才行业特点、岗位特征、技术周期等因素,科学合理设置评价考核周期,突出中长期目标导向,注重过程评价和结果评价、短期评价和长期评价相结合。

适当延长基础研究人才、青年科技人才等评价考核周期,原则上以1年作为考核周期,特殊的可以3至5年作为一个周期,鼓励持续研究和长期积累。

第二十六条 结合行业属性、经营特点、科技人才类型、企业文化等因素,创新绩效考核方式方法,可单独选择或综合运用目标与关键成果法(OKR)、360度绩效考核、关键绩效指标法(KPI)、平衡积分卡法(BSC)等方式开展绩效考核。

第二十七条 研发创新型企业可探索使用目标与关键成果法(OKR)对科技人才进行绩效管理。企业根据发展实际明确具有挑战性的战略目标,通过自下而上由科技人才结合企业战略目标提出需要完成的关键成果，经过内部充分磋商讨论达成共识。目标与关键成果确定并实施后，一般采取每周调度会、季度质询会等形式，对实施情况进行反馈和评估，回顾目标、评估结果、分析原因、总结经验，为下一周期绩效管理持续提升做好准备。

目标与关键成果法（OKR）实施应重反馈、轻考核，其完成情况不与薪酬、晋升、奖惩等直接挂钩。企业可配套采取360度绩效考核加强对科技人才的日常绩效管理，通过外部评价、同事互评、上下级互评、自我评价等形式重点考核工作态度、工作过程、工作进度等，考核结果与薪酬挂钩。

第四章　当期薪酬

第一节　岗位基本薪酬

第二十八条　岗位基本薪酬以岗位、能力作为主要依据且更加侧重能力，结合岗位职级体系，采取宽带薪酬或等级薪酬形式。对实行扁平化管理的企业，可简化和淡化职位等级，采取宽带薪酬形式，以更好地体现同职级科技人才不同能力、贡献的差别。对职位等级划分较细的企业，可采取突出纵深的等级薪酬形式，更多体现不同职级薪酬标准。

第二十九条　岗位基本薪酬根据本地区经济社会发展水平、企业经营状况、岗位评价结果、市场薪酬对标等确定，具体可按照以下步骤确定：

（一）根据岗位评价和职级评定结果，将价值度相近的岗位归为一个薪酬等级，将薪酬等级自下而上排序。

（二）根据市场薪酬价位、本企业历史薪酬水平等确定最高、最低和关键岗位的薪酬等级的薪酬标准。

（三）采取等差数列（薪酬标准差别相对较小）或等比数列（薪酬标准差别相对较大）等方式，确定每个薪酬等级的薪酬标准。

（四）结合企业科技人才能力、年龄结构、人员资历分布等因素，同一薪酬等级再横向划分具体的薪酬档次或薪酬区间。

第三十条 根据企业岗位基本薪酬表，综合考虑个人岗位、能力、职务职级、职称或技能等级、学历、工作年限等相关因素，确定科技人才个人岗位基本薪酬。岗位基本薪酬一般按月发放。

第三十一条 企业可根据实际建立科技人才津贴、补贴制度，设立科技类的津贴、补贴项目作为岗位基本薪酬的补充，也可将一般普惠性津贴、补贴调整优化为科技创新、技能提升等津贴、补贴项目。

对战略性、关键性领域核心岗位和承担重大科技项目、专项攻关任务，以及作出重大突出贡献的科技人才，可设置特定岗位津贴、专项任务津贴等。

第二节 绩效薪酬

第三十二条 绩效薪酬是体现科技人才业绩贡献差别的浮动薪酬单元，根据个人绩效考核结果确定发放，具体形式有绩效工资、项目奖金、年终奖金等。

规模较小、组织架构简单的企业绩效薪酬一般采取直接确定至个人的方式。规模较大、组织架构复杂的企业一般采取分层次确定。

第三十三条 绩效薪酬分配一般以绩效考核结果为依据，按照以下程序确定发放：

（一）根据履行出资人职责机构或母公司核定的年度工资总额预算，统筹考虑岗位基本薪酬以及津贴补贴等固定部分的发放情况，确定可发放的绩效薪酬总额。

（二）根据企业内部各部门或项目组目标任务完成情况及考核结果、技术或项目难度以及战略贡献度、科技人才数量等，由企业确定各部门或项目组的绩效薪酬总额。采取直接确定的，根据个人绩效考核结果一次性直接分配至个人。绩效薪酬总额应统筹考虑其他非科技人才绩效薪酬分配。

（三）企业内部各部门或项目组根据个人绩效考核情况，包括承担的技术角色、技术难度、工作量和贡献度、工作投入度等，确定各科技人才的绩效薪酬。

绩效薪酬按照绩效考核周期，根据绩效考核结果可按年度、半年度、季度或者项目进度发放。

第三十四条　根据不同类型科技人才特点，科学合理确定岗位基本薪酬和绩效薪酬的比例关系。

从事基础研究类的科技人才岗位基本薪酬占总薪酬的比例原则上应达到60%以上。

从事应用研究类的科技人才绩效薪酬占总薪酬的比例原则上应达到50%以上，其中从事直接面向市场的应用研究、技术销售等工作的科技人才可不设岗位基本薪酬单元，实行单一的绩效薪酬结构，但薪酬支付应符合国家关于最低工资标准等要求。

第三十五条　企业符合以下情形的，可按照国家关于国有企业重大科技创新薪酬分配激励有关政策设立激励项目，据实计入工资总额，不作为工资总额基数：

（一）对承担财政资金投入科研项目的企业，提取的间接费用可按规定全部用于绩效支出。现有工资总额难以满足的，可在科研项目间接费用范围内，按照国家规定向参与项目的科技人才发放奖金。

（二）对承担国家重大科技项目任务、引进高层次技术技能人才且符合国有企业重大科技创新薪酬分配政策适用条件的企业，可按照国家规定设立科技项目专项奖金、高层次人才"薪酬包"等。

第三节　特殊薪酬制度

第三十六条　企业对核心关键科技人才、高层次科技管理人才、短期难以衡量产出效果的研究开发人员等，可实行年薪制，根据职责、责任、难度以及业绩和实际贡献等，参考市场价位薪酬水平确定。

第三十七条 企业可探索建立科技人才回溯薪酬制度，科学评价从事原创技术探索、基础研究科技人才的贡献，对其历史贡献在薪酬分配激励中未体现或未充分体现部分予以薪酬补偿。

第三十八条 企业对短期或阶段性聘用的科技人才、项目科技顾问、在线网络办公等工作相对灵活的科技人才，可实行即时薪酬制，通过数字化手段实时计量科技人才工作量和工作成果，按照项目或日、小时及时支付科技人才相应薪酬。

第五章　中长期激励

第三十九条 企业可按照国家有关规定对符合条件的科技人才实行股权激励。综合考虑科技人才岗位价值、实际贡献、承担风险和服务年限等因素，重点激励在自主创新和科技成果转化中发挥主要作用的关键核心技术人才。

第四十条 企业实施科技成果转化的，可按照国家规定实行项目收益分红、岗位分红以及发放奖励和报酬。其中，按照国家规定分红激励每次激励人数一般不超过本企业在岗职工总数的30%，参与分红的技术技能人才占总分红人数比重一般不低于60%。

第四十一条 初创型或发展遇到瓶颈的企业可探索实施科技人才超额利润分享计划，更好激发科技人才对促进企业成长、脱困、转型和发展的重要作用。发展成熟型企业、经济效益良好的企业可在按照工资效益联动机制确定的工资总额内，薪酬分配向科技人才倾斜，一般不再实施超额利润分享。

第四十二条 企业拓展新产业、新业态、新商业模式，或者投资周期较长、业务发展前景不明朗、具有较高风险和不确定性的创新业务，可实施科技人才项目跟投，实行企业与科技人才利益共享、风险共担。

第四十三条　企业可探索实施事业合伙人机制，将关键核心技术人才作为事业合伙人，对其实行有充分市场竞争力的薪酬，并可按照国家规定实行股票增值权等股权激励。企业可结合实际设立合伙人董事席位，吸收合伙人参与公司决策和日常经营管理。

第四十四条　企业按照国家规定实行的项目收益分红、岗位分红等中长期激励和科技成果转化收益激励，发放的激励收入可据实计入工资总额，不作为工资总额预算基数。其他现金型激励按照工资效益联动机制纳入工资总额统一管理。

第六章　薪酬水平确定及调整

第四十五条　企业通过开展行业市场对标、标杆企业岗位对标，结合企业薪酬策略，科学确定科技人才薪酬水平，加大科技人才特别是关键核心技术人才的激励，增强企业人才市场竞争力。

第四十六条　企业可根据人力资源社会保障部、国家统计局以及上市公司、协会商会、权威咨询机构等发布的薪酬数据进行薪酬市场对标分析。根据企业实际和岗位特点，可委托专业机构定向细分行业领域中某个或多个同类企业，进行更加精准的薪酬对标。

第四十七条　企业根据发展战略和阶段，选择合适的企业作为市场对标对象，合理确定薪酬对标分位值。企业薪酬策略结合企业不同发展阶段或企业经营特点等，一般可选择领先型（总体薪酬水平处于市场75分位以上）、匹配型（总体薪酬水平围绕市场50分位波动）、滞后型（总体薪酬水平围绕市场25分位波动）、混合型（按不同部门、岗位和人才分层分类确定薪酬水平），科技型企业实践中一般采取混合型策略。

第四十八条　企业基于可获得的市场薪酬数据，可采取居中趋势分析法、离散分析法、回归分析法等方式开展岗位市场对标。

第四十九条 企业在确定内部不同群体薪酬水平时,原则上科技人才薪酬水平和增长速度不低于同职级管理人员,领军科技人才的薪酬水平最高可高于本企业高级管理人员。

对于企业发展至关重要的战略科学家、顶尖领军人才等特殊关键核心技术人才,可不限于岗位薪酬框架,实行"一人一议"的协议开放薪酬,对标市场90分位值以上,可上不封顶。

第五十条 企业内部工资总额分配应向科技人才集中的子企业或机构倾斜,工资总额增量优先用于科技人才激励,合理提高科技人员薪酬水平。

第五十一条 定期评估企业科技人才薪酬策略和水平,结合地区和行业薪酬水平、物价指数等变动情况以及科技人才诉求,评估科技人才现有薪酬水平是否与其岗位职责、绩效表现相匹配,不相匹配的应予以调整。

薪酬水平调整一般以1至3年为周期进行调整,也可每半年调整一次。企业薪酬水平调整分为普遍调整和个别调整、岗位基本薪酬调整和薪酬总水平调整。

第五十二条 薪酬水平普遍调整一般根据企业未来发展目标、年度经营、人工成本情况,参考地区和行业平均薪酬水平、标杆企业薪酬水平、人力资源社会保障部门发布的工资指导线和地区物价水平变化等进行调整。

第五十三条 薪酬水平个别调整一般根据科技人才的职位、业绩、能力等变化进行调整,对于一些特殊科技人才或重大贡献科技人才可根据实际即时调整。

第七章 附 则

第五十四条 本指引主要为国有企业科技人才薪酬分配提供参考。

国有企业可参照本指引，结合企业实际，深化内部薪酬分配制度改革，完善科技人才薪酬分配制度体系，进一步分层分类细化有关内容，提升薪酬分配激励的精准性、公平性和有效性，充分激发科技人才的创新活力。

第五十五条 其他企业科技人才薪酬分配可参照本指引实施。

案例 1

建立绩效与薪酬协调联动机制以薪酬分配变革激发科技人才价值创造力

某机车制造公司是我国交通装备制造行业的骨干企业,是高档铁路客车、城市轨道交通车辆的重要生产基地和出口基地,拥有相关国家工程技术研究中心、国家工程实验室、博士后科研工作站等国家级研发实验机构,并设立多个海外研发中心。

一、科技人才队伍情况

公司全部职工 1.4 万余人,其中,科技人才为 3 300 余人,拥有国家级专家 16 人、省部级专家 42 人,高级职称人员占比达 25%,研究生及以上学历占比达 12%,科技人才发展是公司人才队伍建设的重中之重。

二、主要做法经验

结合企业生产经营特点和科技人才队伍状况,在绩效评价、薪酬分配等机制变革中实施"组合拳",为企业高质量发展提供了强力支撑,有关重大科技创新不断实现突破,盈利能力稳步提升。

(一)实施考评体系变革,实现从保住"最低线"到争创"最高位"的转变。重新架构了组织绩效评价体系。一是在指标设置上,建立以"3321"为框架的指标体系,划分产出、关联产出及非产出 3 类单位,制定产出类、能力提升类、基础责任类 3 类绩效指标,每个单位均设置 T1/T2 两级目标,并量身定做 1 套指标。指标体系更加突出投入产出效能和基础能力提升,注重分类考核、差异化管理,由保证不越低线转为追求更高目标。

二是在指标结果评价上,由原来同板块各单位强制正态分布变为自己跟自己比,跟历史业绩、最高目标比,无论各单位既有条件和管理基础是优还是劣,均可实现自我进步。各单位"主动经营"的积极性进一步提升,提高了工作质量和工作效率。

(二)业绩深度联动"工资包",实现从习惯"要工资"到积极"挣工资"的转变。为有效发挥薪酬分配的杠杆作用,建立了"工资包"薪酬兑现模式。在工资总额预算范围内,构建了以业绩工资+基础工资为导向的部门"工资包"激励模式,业绩工资包鼓励各单位高目标引领,兑现额度与各单位年度组织绩效得分实现线性计算,充分体现贡献多、薪酬多的正向激励,变"要工资"到"挣工资"。基础工资包遵循"增人不增资,减人不减资"原则,鼓励提升劳动效率,引导实现优员增效,变"要人"到"要活"。工资包模式的推行有效发挥了薪酬分配的正向激励作用,实现了各单位在完成业绩指标过程中的高目标引领。

(三)搭建"橄榄型"绩效评价模型,实现从注重"均衡性"到识别"价值体"的转变。为充分激发团队成员的价值贡献,搭建了更加科学合理的全员绩效评价模式。一是通过对标世界一流企业实践及分析人力资源活力曲线呈正态分布的特征,优化了绩效结果的强制分布比例,将原来的A:25%、B:35%、C:40%调整成A:10%、B:80%、C:10%,精准识别"价值创造"群体,从组织视角关注绩效表现优异和待改进的两端群体。二是强化对绩效评价结果的应用,对绩效表现优异的职工(前10%)升职加薪,对绩效表现较差的职工(后10%)降职降薪,连续2年绩效结果为C的职工实施岗位淘汰。

(四)构建"双因四驱"全员激励模型,实现从端平"一碗水"到激活"一池水"的转变。对薪酬分配模式进行了变革。一是在"工资包"激励模式下,公司赋能并授权各单位自主实施二次分配,层层传递以价值创造引导价值分配的理念。二是开展岗位价值评估，运用全球权威、领先的 IPE 工具（国际职位评估系统）对全部岗位进行"称重"，实现了不同岗位的精准价值定位。三是依据组织绩效、个人绩效及岗位价值评估结果，运用管理学"保健+激励"双因素理论，搭建了"组织绩效+个人绩效+岗位价值+个人能力"的四轮驱动激励模型，实现同层级、同岗位、不同能力、不同业绩人员的薪酬差异化。同层级技术人员收入差距最高达 3.4 倍，管理人员最高达 2.5 倍，精准激励了"价值创造"群体，让高绩效人员得到相匹配的"价值认可"。

案例 2

建立"贡献、职级、岗位"挂钩的三位一体的科技人才薪酬分配体系

某信息技术科技公司主要从事软件设计与开发、SAAS系统开发、自动化控制系统开发与集成、自动化工程、软件销售、技术支持和服务等,在部分行业和领域信息化技术研发处于领先地位。

一、科技人才队伍情况

公司全部职工8 000余人,平均年龄33岁,科技人员占比93%,研发人员占比70%,硕士以上学历占比46%。公司建立了一支核心技术研发主力军,其中:自主可控及信创技术人员占比超过12%,人工智能、量子等前沿技术人员占比约8%,大数据、云技术及基础设施研发人员占比超过5%,形成了一支技术领先、业务精通、市场经验丰富的高素质、复合型科技人才队伍。

二、主要做法经验

坚持"薪酬激励靠贡献""以业绩为导向,合理拉开差距"的总体原则,结合公司发展战略和业务发展阶段,建立以价值贡献为导向的分配机制,鼓励和支持科技人才积极创新,初步形成了与"贡献、职级、岗位"挂钩的三位一体的科技人才薪酬分配体系。

(一)与贡献挂钩——强调价值贡献,明确薪酬分配规则。一是企业内部各组织薪酬总量与组织绩效强挂钩,涵盖各类组织的收入规模、利润水平、风险管控、发展质效等经营成果,合理体现各类组织对公司整体发展的效益贡献。二是强化绩效奖金分配的考核导向,职工浮动的绩效薪酬分配与7档强制分布的考核

结果强关联，分别对应不同的浮动比例，从而合理拉开差距，激励头部、鞭策尾部，全面实现薪酬能上能下。如实施尾部鞭策机制，原则上对年度绩效考核排名后 5% 的职工予以降薪。三是针对战略性重点项目、重点人群设置专项奖励，如创新推出"战略军功制"，激励成功攻克技术难关或率先取得重大突破的杰出团队和个人，给予专项绩效积分，与晋升、薪酬等直接挂钩；挂钩项目签单、交付、回款等重要节点，对战略爬坡成果实现充分激励、精准分配。

（二）与职级挂钩——"以能定级，以级付薪"。构建了横向覆盖"研发、生产运维、技术、解决方案与咨询、产品与运营、市场与销售、流程与项目管理、专业职能"共 8 个一级岗位序列和 31 个二级岗位中类，纵向贯通"助理级、初级、中级、高级、资深、专家、高级专家、权威"共 8 层能级和 24 层职级，其中技术、研发岗位序列可具体见表1。职工职级晋升与绩效积分、专业能力评估、关键经历强挂钩，打破论资排辈和平均主义。薪酬通过挂钩职级体系，在各专业能力发展通道上实现薪酬随职级变化进行调整。同时，兼顾各地区、各技术领域、市场竞争力水平和历史因素，采用宽带薪酬的管理模式实现统一、规范管理，即通过明确各职级薪酬水平、各级级差，以及职级与薪酬的宽幅对应关系，构建矩阵式、动态化的定薪、调薪策略，并分阶段、分步骤应用到全体职工，实现平稳套改。

（三）与岗位挂钩——体现责任的重量，加大对关键岗位的激励力度。对于支撑公司发展的关键岗位角色进行精准激励，对底层技术基础研发人才、精通前沿科技的尖端人才、既懂科技又具备管理能力的干部人才以及兼具业务和科技素养的复合型人才进行重点关注和资源倾斜，通过"向市场看齐"的宽带薪资标准和"与市场接轨"的差异化薪酬结构，保持公司对核心关键岗位人才的吸引力，从而短期实现激励价值产出、长期有利于企业稳健发展。

表1　部门岗位职位体系和岗位基本薪酬示意表

职位等级	研发			技术			薪酬等级	宽带薪酬档次						
	基础技术研发	应用技术研发	通用程序设计	信息系统测试	信息系统维护			一档	二档	三档	四档	五档	六档	七档
24级	权威						八级	60 000	65 000	70 000	75 000	80 000	85 000	90 000
23级	高级专家	权威												
22级	高级专家	高级专家	权威				七级	41 600	42 600	45 600	47 600	49 600	51 600	53 600
21级	专家	高级专家	高级专家	高级专家	高级专家									
20级	专家	专家	高级专家	高级专家	高级专家		六级	30 800	32 600	34 400	36 200	38 000	39 800	41 600
19级	专家	专家	专家	专家	专家									
18级	资深	资深	专家	专家	专家		五级	21 800	23 300	24 800	26 300	27 800	29 300	30 800
17级	资深	资深	资深	资深	资深									
16级	高级	高级	资深	资深	资深		四级	15 800	16 800	17 800	18 800	19 800	20 800	21 800
15级	高级	高级	高级	高级	高级									
14级	中级	中级	高级	高级	高级		三级	11 600	12 300	13 000	13 700	14 400	15 100	15 800
13级	中级	中级	中级	中级	中级									
12级	初级	初级	中级	中级	中级									
11级	初级	初级	初级	初级	初级		二级	8 000	8 600	9 200	9 800	10 400	11 000	11 600
10级	助理	助理	初级	初级	初级									
9级	助理	助理	助理	助理	助理									
8级														
7级														
6级														
5级							一级	4 000	4 500	6 400	6 900	7 200	7 700	8 000
4级														
3级														
2级														
1级														

案例 3

构建能力素质模型实现科技人才"以能定薪"

某电子器件科技公司主要从事环保节能的电源及磁性元件研发、生产、销售,主要产品包括开关电源适配器、动力电池充电器、音响电源、LED 照明电源,产品广泛使用于液晶显示器、液晶电视、可视电话、便携计算机等领域。凭借优秀的科技研发队伍和较高的管理水平,公司始终保持快速发展态势,在行业中处于领先地位。

一、科技人才队伍情况

公司全部职工 2 300 余人,其中研发人员占到 40%,高级技术技能人员占 30%,博士 30 余名,行业顶尖科技人才 10 余名。

二、主要做法经验

综合评估人才队伍现状和发展需求,公司借助科学的管理手段来提升企业管理水平,建立了一套定制式的、能落地的能力素质模型,公平客观公正评价科技人才能力,实现对科技人才的科学选拔、配置和激励。

(一)建立基于能力素质模型的职级体系。在建立能力素质模型的过程中,采取归纳法建模,即通过访谈调研方法,比较分析目标群体中高绩效与一般绩效者在工作中表现出的不同特质,挖掘并归纳出实现绩效优异所需要的个人素质,进而形成能力素质模型。如,公司对技术开发工程师岗位从素质、知识技能、客户导向、领导力四个维度搭建能力素质模型,对职工进行综合评价。四个评价维度涵盖了职工工作能力、工作态度和职业素养等多个方面,归纳出各能力等级的差异特质,实现对职工评价的针对性和全面性相结合。具体见表2。

表2　　　技术开发工程师能力素质模型示意表

类别		能力素质要点	职位等级能力素质分数				
			P1（技术员）	P2（助理工程师）	P3（主管工程师）	P4（高级工程师）	P5（主任工程师）
素质模型	素质	1 学习能力	1	3	4	5	5
		2 沟通能力	1	3	4	5	5
		3 抗压能力	1	2	3	4	5
		4 执行力	1	2	4	5	5
能力模型	知识技能	5 专业知识	1	2	3	4	5
		6 关联知识	0	1	2	3	4
		7 技术能力	0	1	2	3	5
		8 业务能力	0	2	3	4	5
		9 项目计划能力	1	2	3	4	5
		10 项目控制能力	1	2	3	4	5
		11 风险与管控能力	0	2	3	4	4
	客户导向	12 度量与数据分析	0	2	2	4	5
		13 敏捷项目管理	0	2	3	3	5
	领导力	14 成本分析与控制	0	1	2	4	5
		15 团队影响力	0	1	2	4	5
		16 带人能力	0	1	2	4	5

说明：能力素质分数0~5代表在该项能力上需达到的程度等级，分值越高，表示要求相应的能力越强，各等级的程度定义由企业按照岗位要求，结合能力素质辞典进行描述确定。

（二）基于技能、知识和胜任力的薪酬的确定。在构建了基于能力素质模型的职级体系后，建立基于能力的科技人才薪酬体系。

1.确定薪酬等级。采取宽带薪酬，将企业30个职位等级对应至17个薪酬等级，具体薪酬等级见图1。

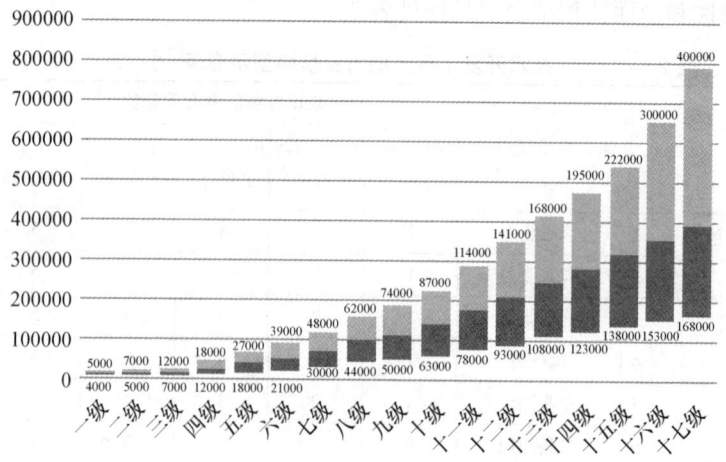

图 1　薪酬等级去梯图

2. 开展薪酬市场对标。企业将职位等级作为自变量（X），各职位等级对应的薪酬中位值作为因变量（Y），分别将本企业薪酬中位值与市场调查数据进行回归分析，通过回归曲线观察本企业薪酬与市场调查数据的差距，为确定薪酬宽幅提供依据，具体见图2。

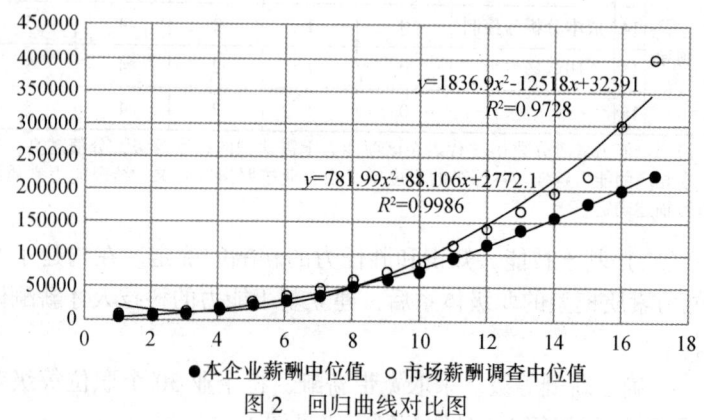

图 2　回归曲线对比图

3. 确定薪酬宽幅。确定薪酬宽幅一般有两种方法，可以根据市场调查薪酬中位值上下浮动 20%作为每个薪酬等级对应的薪酬区间，也可以根据市场调查薪酬最大及最小值确定本企业的薪酬宽幅。

4. 确定科技人才薪酬水平。企业对每位科技人才的能力素质进行评定，套入相应的薪酬等级确定其薪酬。同时，在此过程中，可分析科技人才在各要素上的具备程度、体现方式、存在问题等，决定是否要修正能力素质模型，从而使能力素质模型更切近实际。

案例 4

实行科技人才岗位分红激励更加充分体现岗位价值

某通信科技研究公司是一家专门从事微波通信装备研究、开发和生产的大型科技企业，是我国微波通信技术的行业引领者。公司坚持走自主创新之路，持续推进信息技术、人工智能等新兴领域的攻关，实现多项行业领域重大科技创新突破。

一、科技人才队伍情况

公司全部职工7 300人，其中科研人员占比22%、生产制造人员49%。科研人员中，高级及资深技术人员占20%，中级技术人员占45%。生产制造人员中，技师及以上技能人才占比达30%，是公司研发制造的中坚力量。

二、主要经验做法

公司建立了科学的岗位体系，基于岗位配套建立薪酬激励、绩效考核、轮岗交流等相关制度。同时，建立了完整的任职资格体系，以及基于任职资格的能力评价、培训发展等制度体系，在此基础上对科技人才实施岗位分红。

（一）实施的业绩条件。公司近3年累计净资产增值额为26亿元，远超过近三年年初净资产总额10%，实施当年年初未分配利润为9 887万元，符合《国有科技型企业股权和分红激励暂行办法》的有关要求。

（二）激励对象的确定。激励对象强调向承担技术创新和价值创造的关键部门、关键岗位、关键职级上的骨干职工倾斜。具体为：一是根据公司科技创新体系中的创新主体，确定激励的部门范围；二是根据岗位体系及岗位价值度，确定激励的岗位范围；三是根据任职资格评价和人岗匹配程度，确定激励的人员范围。

根据岗位价值度测评，选取专业技术类三级、四级、五级岗位，管理类四级岗位等高等级岗位工作为公司重点领域、重要专业岗位。按此激励范围，首期激励岗位共计74个，占总岗位数量的比例为16%。在首期激励岗位中，专业技术类岗位占比77%。首期激励对象共计510人，占职工总人数的比例为7%。在首期激励对象中，专业技术类人员占比85%。

（三）激励总额的确定方式。激励总额以净利润、净利润增加额作为提取基数。计算公式为：岗位分红权激励总额＝净利润×a%＋净利润增加额×b%，计提比例a%挂钩当年的净利润，分别取固定值3%、2%、1%；计提比例b%挂钩当年的净利润增加额。分别取固定值30%、35%、40%，引导企业做大利润增量。

（四）岗位分红权额确定方式。在确定整体岗位分红权激励的基础上，按照选择激励岗位的相对价值系数和业绩考核系数核定激励个人的分红权额，既体现岗位工作对组织的价值，同时对职工的实际业绩贡献予以充分认可。

根据激励岗位的相对价值系数确定个人岗位分红系数，根据职工年度考核结果确定个人考核系数，根据当期激励的总人数、激励总额等因素核定激励个人的分红权额，具体公式为：个人分红权额＝个人分红权系数×分红权值，其中：个人分红系数＝个人岗位系数×个人考核系数，分红权值＝分红激励总额/Σ个人分红系数。

（五）个人岗位分红权额发放方式。分红权实施期间，激励对象年度岗位分红权所得的70%在考核结束后予以支付，30%延期至下一年度考核后发放。下一年度考核结果为合格及以上的，兑现全部延期额度；考核结果为合格以下或因各种原因未参加考核的，不兑现延期额度。

案例 5

建立科技人才项目跟投激励机制
实现利益共享 风险共担

某智能电子设备公司是物联网领域高科技企业,高度重视科技创新,年研发投入强度在10%以上。公司形成了以"存储计算、智能感知、智能控制、物联网系统/平台和IOT应用生态"为主要业务的物联网产业布局,在物联网、高端存储、智能传感、微纳制造等方面取得一系列科研与产业化成果。

一、科技人才队伍情况

公司全部职工5万余人,其中科技人才占全部职工总数的50%左右。公司将科技人才分为专业技术、技术支持和技术技能序列,人数分别占科技人才总数的52%、25%和23%,45岁以下中青年专业技术人员占比75%。

二、主要经验做法

公司针对创新业务、需持续投入的业务以及关系到国家战略需求的业务,通过设立专业子公司或对既有子公司增资扩股等方式实施核心科技人才项目跟投,建立了利益共享、风险共担的长效机制,也打开了公司进一步成长的新空间。在保持控股地位进而确保对相关业务的控制力、国有资产和整体利益不受损失的同时,通过跟投机制激发核心科技人才进行创新业务发展,充分发挥国有资本的竞争和管理优势,带动并促进跟投企业的发展。

(一)跟投平台设计。为便于对跟投职工所持公司股权进行统一管理,提高股权流转及股东决策效率,保障公司股权稳定性,跟投职工通过组建有限合伙企业作为跟投平台参与投资,跟投方式为职工间接持股跟投业务子公司,即跟投职工先行出资成立3家有限合伙企业,作为有限合伙人与公司下设管理咨询公司共同出资设立职工跟投平台,最终以职工跟投平台持有各项跟投业务子公司的股权。公司出资设立的管理咨询公司担任职工跟投平台普通合伙人,对外执行职工跟投平台(有限合伙企业)的事务。

职工跟投平台每年吸纳新的科技人才或已有优秀科技人才进行增资,跟投平台的职工持股比例每年相应会有调整,表现优秀者在股权份额上可以后来居上,表现较差的职工即使初始份额高,后续无法获得增资的资格,总体持股比例也会被稀释。

(二)跟投参与对象。参与跟投的职工根据公司主体分为A计划与B计划,A计划由公司的高层管理人员和核心科技人才组成,以确保跟投职工与公司创新业务牢牢绑定,形成共创共担的业务平台。B计划由跟投业务子公司的高级管理人员与核心科技人才组成,参与跟投某一特定业务或项目,以进一步激发跟投业务子公司职工的创造性和拼搏精神,建立符合高新技术企业行业惯例的高风险和高回报的人才吸引、人才管理模式。通过服务年限、岗位层级等维度的考量确认纳入跟投计划的职工范围,确保对核心科技人才的绑定。

(三)激励收益分配。对于创新业务,激励收益中具有较大吸引力的是增值而非分红。如果创新业务子公司发展壮大,符合独立上市条件的,核心科技人才持有的原始股收益会产生较大的激励效果。公司也会视创新业务的具体发展情况,考虑进行整体回购,回购的价格为公允价格。公允价格优先参考12个月内外部投资者投资创新业务子公司时的估值确定,如果没有外部价格,会聘请独立第三方进行评估。

(四)跟投退出机制。不论跟投平台是以直接或间接的方式持有创新业务子公司的股权,创新业务子公司的权益原则上只能由公司或子公司的职工持有。不论何种原因,一旦职工与公司或子公司的劳动关系解除或终止，该职工所持有的创新业务子公司权益不再保留，按事先约定的条件退还其权益对应的价格，或由该职工按照事先约定的条件将其持有的权益转让给公司指定的主体。创新业务子公司的权益只能转让给公司指定主体，其他核心科技人才、跟投平台其他股东或合伙人无条件放弃跟投计划份额及其对应的创新业务子公司权益的优先购买权或其他任何类似权利。职工之间不得买卖、赠送、出质或以其他方式转移、处置其持有的权益。

（五）跟投决策机制与管理方式。为了确保跟投机制在实施过程中能够科学高效、合法合规决策，公司成立了跟投方案执行管理委员会，负责职工跟投方案的执行和日常管理，下设"跟投管理小组"辅助日常工作。跟投方案执行管理委员会成员由董事会授权薪酬委员会选任及解聘。公司总部管理部门具体负责持股平台日常管理，包括办理公司设立、变更、注销手续、文档管理等。

人力资源社会保障部办公厅关于国有企业新设企业或机构增人增资有关政策规定意见的函

人社厅函〔2022〕119号

各省、自治区、直辖市及新疆生产建设兵团人力资源社会保障厅（局），党中央有关部门办公厅（室），国务院有关部委、直属机构办公厅（室），全国人大常委会办公厅、全国政协办公厅秘书局，国家监委、最高人民法院、最高人民检察院办公厅，有关民主党派中央办公厅（室），有关人民团体办公厅（室）：

为进一步贯彻落实《国务院关于改革国有企业工资决定机制的意见》（国发〔2018〕16号），明确关于新设企业或机构等情况可以合理增加工资总额的有关规定，现提出如下意见：

一、国有资本发起设立国有一级企业或者国有企业新设立并取得营业执照的子公司、分公司、分支机构的，可以按照新设企业或机构合理增加工资总额。有关新设企业或机构应积极落实聚焦主业等要求。关闭、划出企业或机构应当按照相同原则，根据减少人员上年度实发工资相应核减工资总额。

二、根据新设企业或机构新增人员数量（不含企业集团内部调整至新设企业或机构的现有人员），统筹考虑离退休人员等自然减员因素，参考企业现有职工平均工资水平、市场薪酬价位等因素，合理确定应当增加的工资总额。

三、新设企业或机构核定增人增资期限自取得营业执照当月起计算，原则上为 12 个月。确因特殊原因长期未开展经营的，经履行出资人职责机构（或其他企业主管部门，下同）同意，期限可自开始经营当月起计算。根据企业特点、生产经营及效益状况等，期满后仍难以通过工资效益联动机制满足企业设立初期增人增资需要的，经履行出资人职责机构同意可适当延长期限，但最长不得超过 36 个月。

四、新设企业或机构在实行增人增资政策期间，已实现一定营收、盈利的，集团公司按照工资效益联动机制编制企业整体工资总额时，应在核算企业整体经济效益中合理剔除新设企业或机构产生的效益，按同口径计算经济效益增减幅度。关闭、划出企业或机构按照相同原则处理。

五、除国家有明确规定外，企业不得在按照工资效益联动机制确定的工资总额外，以新增内设机构或部门、新扩建项目、招聘人员、引进人才、人员晋级晋职、设立津补贴和奖励等各种名义额外核增或单列工资总额。

2022 年 7 月 29 日

人力资源社会保障部办公厅关于2022年国有企业招聘高校毕业生增人增资有关意见的函

人社厅函〔2022〕132号

各省、自治区、直辖市及新疆生产建设兵团人力资源社会保障厅（局），党中央有关部门办公厅（室），国务院有关部委、直属机构办公厅（室），全国人大常委会办公厅、全国政协办公厅秘书局，国家监委、最高人民法院、最高人民检察院办公厅，有关民主党派中央办公厅（室），有关人民团体办公厅（室）：

为贯彻落实党中央、国务院关于稳就业的有关要求，鼓励和支持国有企业2022年扩大高校毕业生招聘规模，现提出以下意见：

国有企业根据党中央、国务院关于稳就业的有关要求，积极扩大高校毕业生招聘规模，按照工资效益联动机制确定的工资总额难以满足扩大高校毕业生招聘需求的，经履行出资人职责机构或其他企业主管部门同意，统筹考虑企业招聘高校毕业生人数、离退休减员情况和现有职工工资水平等因素，2022年可给予一次性增人增资，核增部分据实计入工资总额并作为下一年度工资总额预算基数。

2022年9月5日

调解仲裁管理

人力资源社会保障部 最高人民法院关于劳动人事争议仲裁与诉讼衔接有关问题的意见（一）

人社部发〔2022〕9号

各省、自治区、直辖市人力资源社会保障厅（局）、高级人民法院，解放军军事法院，新疆生产建设兵团人力资源社会保障局、新疆维吾尔自治区高级人民法院生产建设兵团分院：

为贯彻党中央关于健全社会矛盾纠纷多元预防调处化解综合机制的要求，落实《人力资源社会保障部最高人民法院关于加强劳动人事争议仲裁与诉讼衔接机制建设的意见》（人社部发〔2017〕70号），根据相关法律规定，结合工作实践，现就完善劳动人事争议仲裁与诉讼衔接有关问题，提出如下意见。

一、劳动人事争议仲裁委员会对调解协议仲裁审查申请不予受理或者经仲裁审查决定不予制作调解书的，当事人可依法就协议内容中属于劳动人事争议仲裁受理范围的事项申请仲裁。当事人直接向人民法院提起诉讼的，人民法院不予受理，但下列情形除外：

（一）依据《中华人民共和国劳动争议调解仲裁法》第十六条规定申请支付令被人民法院裁定终结督促程序后，劳动者依据调解协议直接提起诉讼的；

（二）当事人在《中华人民共和国劳动争议调解仲裁法》第十条规定的调解组织主持下仅就劳动报酬争议达成调解协议，用人单位不履行调解协议约定的给付义务，劳动者直接提起诉讼的；

（三）当事人在经依法设立的调解组织主持下就支付拖欠劳动报酬、工伤医疗费、经济补偿或者赔偿金事项达成调解协议，双方当事人依据《中华人民共和国民事诉讼法》第二百零一条的规定共同向人民法院申请司法确认，人民法院不予确认，劳动者依据调解协议直接提起诉讼的。

二、经依法设立的调解组织调解达成的调解协议生效后，当事人可以共同向有管辖权的人民法院申请确认调解协议效力。

三、用人单位根依据《中华人民共和国劳动合同法》第九十条规定，要求劳动者承担赔偿责任的，劳动人事争议仲裁委员会应当依法受理。

四、申请人撤回仲裁申请后向人民法院起诉的，人民法院应当裁定不予受理；已经受理的，应当裁定驳回起诉。

申请人再次申请仲裁的，劳动人事争议仲裁委员会应当受理。

五、劳动者请求用人单位支付违法解除或者终止劳动合同赔偿金，劳动人事争议仲裁委员会、人民法院经审查认为用人单位系合法解除劳动合同应当支付经济补偿的，可以依法裁决或者判决用人单位支付经济补偿。

劳动者基于同一事实在仲裁辩论终结前或者人民法院一审辩论终结前将仲裁请求、诉讼请求由要求用人单位支付经济补偿变更为支付赔偿金的，劳动人事争议仲裁委员会、人民法院应予准许。

六、当事人在仲裁程序中认可的证据，经审判人员在庭审中说明后，视为质证过的证据。

七、依法负有举证责任的当事人，在诉讼期间提交仲裁中未提交的证据的，人民法院应当要求其说明理由。

八、在仲裁或者诉讼程序中，一方当事人陈述的于己不利的事实，或者对于己不利的事实明确表示承认的，另一方当事人无需举证证明，但下列情形不适用有关自认的规定：

（一）涉及可能损害国家利益、社会公共利益的；

（二）涉及身份关系的；

（三）当事人有恶意串通损害他人合法权益可能的；

（四）涉及依职权追加当事人、中止仲裁或者诉讼、终结仲裁或者诉讼、回避等程序性事项的。

当事人自认的事实与已经查明的事实不符的，劳动人事争议仲裁委员会、人民法院不予确认。

九、当事人在诉讼程序中否认在仲裁程序中自认事实的，人民法院不予支持，但下列情形除外：

（一）经对方当事人同意的；

（二）自认是在受胁迫或者重大误解情况下作出的。

十、仲裁裁决涉及下列事项，对单项裁决金额不超过当地月最低工资标准十二个月金额的，劳动人事争议仲裁委员会应当适用终局裁决：

（一）劳动者在法定标准工作时间内提供正常劳动的工资；

（二）停工留薪期工资或者病假工资；

（三）用人单位未提前通知劳动者解除劳动合同的一个月工资；

（四）工伤医疗费；

（五）竞业限制的经济补偿；

（六）解除或者终止劳动合同的经济补偿；

（七）《中华人民共和国劳动合同法》第八十二条规定的第二倍工资；

（八）违法约定试用期的赔偿金；

（九）违法解除或者终止劳动合同的赔偿金；

（十）其他劳动报酬、经济补偿或者赔偿金。

十一、裁决事项涉及确认劳动关系的，劳动人事争议仲裁委员会就同一案件应当作出非终局裁决。

十二、劳动人事争议仲裁委员会按照《劳动人事争议仲裁办案规则》第五十条第四款规定对不涉及确认劳动关系的案件分别作出终局裁决和非终局裁决，劳动者对终局裁决向基层人民法院提起诉讼、用人单位向中级人民法院申请撤销终局裁决、劳动者或者用人单位对非终局裁决向基层人民法院提起诉讼的，有管辖权的人民法院应当依法受理。

审理申请撤销终局裁决案件的中级人民法院认为该案件必须以非终局裁决案件的审理结果为依据，另案尚未审结的，可以中止诉讼。

十三、劳动者不服终局裁决向基层人民法院提起诉讼，中级人民法院对用人单位撤销终局裁决的申请不予受理或者裁定驳回申请，用人单位主张终局裁决存在《中华人民共和国劳动争议调解仲裁法》第四十九条第一款规定情形的，基层人民法院应当一并审理。

十四、用人单位申请撤销终局裁决，当事人对部分终局裁决事项达成调解协议的，中级人民法院可以对达成调解协议的事项出具调解书；对未达成调解协议的事项进行审理，作出驳回申请或者撤销仲裁裁决的裁定。

十五、当事人就部分裁决事项向人民法院提起诉讼的，仲裁裁决不发生法律效力。当事人提起诉讼的裁决事项属于人民法院受理的案件范围的，人民法院应当进行审理。当事人未提起诉讼的裁决事项属于人民法院受理的案件范围的，人民法院应当在判决主文中予以确认。

十六、人民法院根据案件事实对劳动关系是否存在及相关合同效力的认定与当事人主张、劳动人事争议仲裁委员会裁决不一致的，人民法院应当将法律关系性质或者民事行为效力作为焦点问题进行审理，但法律关系性质对裁判理由及结果没有影响，或者有关问题已经当事人充分辩论的除外。

当事人根据法庭审理情况变更诉讼请求的，人民法院应当准许并可以根据案件的具体情况重新指定举证期限。

不存在劳动关系且当事人未变更诉讼请求的,人民法院应当判决驳回诉讼请求。

十七、对符合简易处理情形的案件,劳动人事争议仲裁委员会按照《劳动人事争议仲裁办案规则》第六十条规定,已经保障当事人陈述意见的权利,根据案件情况确定举证期限、开庭日期、审理程序、文书制作等事项,作出终局裁决,用人单位以违反法定程序为由申请撤销终局裁决的,人民法院不予支持。

十八、劳动人事争议仲裁委员会认为已经生效的仲裁处理结果确有错误,可以依法启动仲裁监督程序,但当事人提起诉讼,人民法院已经受理的除外。

劳动人事争议仲裁委员会重新作出处理结果后,当事人依法提起诉讼的,人民法院应当受理。

十九、用人单位因劳动者违反诚信原则,提供虚假学历证书、个人履历等与订立劳动合同直接相关的基本情况构成欺诈解除劳动合同,劳动者主张解除劳动合同经济补偿或者赔偿金的,劳动人事争议仲裁委员会、人民法院不予支持。

二十、用人单位自用工之日起满一年未与劳动者订立书面劳动合同,视为自用工之日起满一年的当日已经与劳动者订立无固定期限劳动合同。

存在前款情形,劳动者以用人单位未订立书面劳动合同为由要求用人单位支付自用工之日起满一年之后的第二倍工资的,劳动人事争议仲裁委员会、人民法院不予支持。

二十一、当事人在劳动合同或者保密协议中约定了竞业限制和经济补偿,劳动合同解除或者终止后,因用人单位的原因导致三个月未支付经济补偿,劳动者请求解除竞业限制约定的,劳动人事争议仲裁委员会、人民法院应予支持。

2022年2月21日

人力资源社会保障部 中央政法委 最高人民法院 工业和信息化部 司法部 财政部 中华全国总工会 中华全国工商业联合会 中国企业联合会/中国企业家协会关于进一步加强劳动人事争议协商调解工作的意见

人社部发〔2022〕71号

各省、自治区、直辖市人力资源社会保障厅（局）、党委政法委、高级人民法院、中小企业主管部门、司法厅（局）、财政厅（局）、总工会、工商联、企业联合会/企业家协会，新疆生产建设兵团人力资源社会保障局、党委政法委、新疆维吾尔自治区高级人民法院生产建设兵团分院、工业和信息化局、司法局、财政局、总工会、工商联、企业联合会/企业家协会：

  劳动人事争议协商调解是社会矛盾纠纷多元预防调处化解综合机制的重要组成部分。通过协商调解等方式柔性化解劳动人事争议，对于防范化解劳动关系风险、维护劳动者合法权益、构建和谐劳动关系、维护社会稳定具有重要意义。为深入贯彻党的二十大精神，落实党中央、国务院关于"防范化解重大风险""坚持把非诉讼纠纷解决机制挺在前面"的重要决策部署，进一步强化劳动人事争议源头治理，现就加强劳动人事争议协商调解工作，提出如下意见：

一、总体要求

（一）指导思想。以习近平新时代中国特色社会主义思想为指导，深入贯彻习近平法治思想，坚持系统观念、目标导向和问题导向，着力强化风险防控，加强源头治理，健全多元处理机制，提升协商调解能力，促进中国特色和谐劳动关系高质量发展。

（二）基本原则

1. 坚持人民至上，把为民服务理念贯穿协商调解工作全过程，拓展服务领域，优化服务方式，提升服务能力，打造协商调解服务优质品牌。

2. 坚持源头治理，充分发挥协商调解的前端性、基础性作用，做到关口前移、重心下沉，最大限度地把劳动人事争议解决在基层和萌芽状态。

3. 坚持创新发展，尊重基层首创精神，积极探索新理念、新机制、新举措，促进各类调解联动融合，推动社会协同共治，形成体现中国特色、符合劳动人事争议多元处理规律、满足时代需求的协商调解工作格局。

4. 坚持灵活高效，充分发挥协商调解柔性高效、灵活便捷的优势，运用法治思维和法治方式，推动案结事了人和，促进劳动关系和谐与社会稳定。

（三）目标任务。从2022年10月开始，持续加强协商调解制度机制和能力建设，力争用5年左右时间，基本实现组织机构进一步健全、队伍建设进一步强化、制度建设进一步完善、基础保障进一步夯实，党委领导、政府负责、人力资源社会保障部门牵头和有关部门参与、司法保障、科技支撑的劳动人事争议多元处理机制更加健全，部门联动质效明显提升，协商调解解决的劳动人事争议案件数量在案件总量中的比重显著提高，劳动人事争议诉讼案件稳步下降至合理区间，协商调解工作的规范化、标准化、专业化、智能化水平显著提高。

二、加强源头治理

（四）强化劳动人事争议预防指导。充分发挥用人单位基层党组织在劳动关系治理、协商调解工作中的重要作用，以党建引领劳动关系和谐发展。完善民主管理制度，保障劳动者对用人单位重大决策和重大事项的知情权、参与权、表达权、监督权。推行典型案例发布、工会劳动法律监督提示函和意见书、调解建议书、仲裁建议书、司法建议书、信用承诺书等制度，引导用人单位依法合规用工、劳动者依法理性表达诉求。发挥中小企业服务机构作用，通过培训、咨询等服务，推动中小企业完善劳动管理制度、加强劳动人事争议预防，具备相应资质的服务机构可开展劳动关系事务托管服务。把用人单位建立劳动人事争议调解组织、开展协商调解工作情况作为和谐劳动关系创建等评选表彰示范创建的重要考虑因素。发挥律师、法律顾问职能作用，推进依法治企，强化劳动用工领域合规管理，减少劳动人事争议。

（五）健全劳动人事争议风险监测预警机制。建立健全劳动人事争议风险监测机制，通过税费缴纳、社保欠费、案件受理、投诉举报、信访处理、社会舆情等反映劳动关系运行的重要指标变化情况，准确研判劳动人事争议态势。完善重大劳动人事争议风险预警机制，聚焦重要时间节点，突出农民工和劳务派遣、新就业形态劳动者等重点群体，围绕确认劳动关系、追索劳动报酬、工作时间、解除和终止劳动合同等主要劳动人事争议类型，强化监测预警，建立风险台账，制定应对预案。

（六）加强劳动人事争议隐患排查化解工作。建立重点区域、重点行业、重点企业联系点制度，以工业园区和互联网、建筑施工、劳动密集型加工制造行业以及受客观经济情况发生重大变化、突发事件等影响导致生产经营困难的企业为重点，全面开展排查，及时发现苗头性、倾向性问题，妥善化解因欠薪、不规范用工等引发的风险隐患。加强劳动人事争议隐患协同治理，完善调解仲裁机构与劳动关系、劳动保障监察机构以及工会劳动法律监督组织信息共享、协调联动，共同加强劳动用工指导，履行好"抓前端、治未病"的预防功能。

三、强化协商和解

（七）指导建立内部劳动人事争议协商机制。培育用人单位和劳动者的劳动人事争议协商意识，推动用人单位以设立负责人接待日、召开劳资恳谈会、开通热线电话或者电子邮箱、设立意见箱、组建网络通信群组等方式，建立健全沟通对话机制，畅通劳动者诉求表达渠道。指导用人单位完善内部申诉、协商回应制度，优化劳动人事争议协商流程，认真研究制定解决方案，及时回应劳动者协商诉求。

（八）协助开展劳动人事争议协商。工会组织统筹劳动法律监督委员会和集体协商指导员、法律援助志愿者队伍等资源力量，推动健全劳动者申诉渠道和争议协商平台，帮助劳动者与用人单位开展劳动人事争议协商，做好咨询解答、释法说理、劝解疏导、促成和解等工作。各级地方工会可设立劳动人事争议协商室，做好劳动人事争议协商工作。企业代表组织指导企业加强协商能力建设，完善企业内部劳动争议协商程序。鼓励、支持社会力量开展劳动人事争议协商咨询、代理服务工作。

（九）强化和解协议履行和效力。劳动者与用人单位就劳动人事争议协商达成一致的，工会组织要主动引导签订和解协议，并推动和解协议履行。劳动者或者用人单位未按期履行和解协议的，工会组织要主动做好引导申请调解等工作。经劳动人事争议仲裁委员会审查，和解协议程序和内容合法有效的，可在仲裁办案中作为证据使用；但劳动者或者用人单位为达成和解目的作出的妥协认可的事实，不得在后续的仲裁、诉讼中作为对其不利的根据，但法律另有规定或者劳动者、用人单位均同意的除外。

四、做实多元调解

（十）推进基层劳动人事争议调解组织建设。人力资源社会保障部门会同司法行政、工会、企业代表组织和企事业单位、社会团体，推动用人单位加大调解组织建设力度。推动大中型企业普遍建立劳动争议调解委员会，建立健全以乡镇（街道）、工会、行业商（协）会、区域性等调解组织为支撑、调解员（信息员）为落点的小微型企业劳动争议协商调解机制。推动事业单位、社会团体加强调解组织建设，规范劳动人事管理和用工行为。

（十一）建设市、县级劳动人事争议仲裁院调解中心和工会法律服务工作站。推动在有条件的市、县级劳动人事争议仲裁院（以下简称仲裁院）内设劳动人事争议调解中心（以下简称调解中心），通过配备工作人员或者购买服务等方式提供劳动人事争议调解服务。调解中心负责办理仲裁院、人民法院委派委托调解的案件，协助人力资源社会保障部门指导辖区内的乡镇（街道）、工会、行业商（协）会、区域性等调解组织做好工作。探索推进工会组织在劳动人事争议案件较多、劳动者诉求反映集中的仲裁院、人民法院设立工会法律服务工作站，具备条件的地方工会可安排专人入驻开展争议协商、调解和法律服务工作，建立常态化调解与仲裁、诉讼对接机制。

（十二）加强调解工作规范化建设。人力资源社会保障部门会同司法行政、工会、企业代表组织等部门，落实调解组织和调解员名册制度，指导各类劳动人事争议调解组织建立健全调解受理登记、调解办理、告知引导、回访反馈、档案管理、统计报告等制度，提升调解工作规范化水平。加大督促调解协议履行力度，加强对当事人履约能力评估，达成调解协议后向当事人发放履行告知书。总结、推广调解组织在实践中形成的成熟经验和特色做法，发挥典型引领作用。

（十三）发挥各类调解组织特色优势。企业劳动争议调解委员会发挥熟悉内部运营规则和劳动者情况的优势，引导当事人优先通过调解方式解决劳动争议。人民调解组织发挥扎根基层、贴近群众、熟悉社情民意的优势，加大劳动人事争议调处工作力度。乡镇（街道）劳动人事争议调解组织发挥专业性优势，积极推进标准化、规范化、智能化建设，帮助辖区内用人单位做好劳动人事争议预防化解工作。行业性、区域性劳动人事争议调解组织发挥具有行业影响力、区域带动力的优势，帮助企业培养调解人员、开展调解工作。商（协）会调解组织发挥贴近企业的优势，积极化解劳动争议、协同社会治理。人力资源社会保障部门、司法行政部门、工会、企业代表组织引导和规范有意向的社会组织及律师、专家学者等社会力量，积极有序参与调解工作，进一步增加调解服务供给。

五、健全联动工作体系

（十四）健全劳动人事争议调解与人民调解、行政调解、司法调解联动工作体系。人力资源社会保障部门在党委政法委的统筹协调下，加强与司法行政、法院、工会、企业代表组织等部门的工作沟通，形成矛盾联调、力量联动、信息联通的工作格局，建立健全重大劳动人事争议应急联合调处机制。有条件的地区，可建立"一窗式"劳动人事争议受理和流转办理机制，通过联通各类网上调解平台、设立实体化联调中心等方式，强化各类调解资源整合。可根据实际情况建立调解员、专家库共享机制，灵活调配人员，提高案件办理专业性。

（十五）参与社会矛盾纠纷调处中心建设。各相关部门主动融入地方党委、政府主导的社会矛盾纠纷多元预防调处化解综合机制，发挥职能优势，向社会矛盾纠纷调处中心派驻调解仲裁工作人员，办理劳动人事争议案件、参与联动化解、提供业务支持，做好人员、经费、场所、设备等保障工作。

（十六）强化调解与仲裁、诉讼衔接。完善调解与仲裁的衔接，建立仲裁员分片联系调解组织制度。双方当事人经调解达成一致的，调解组织引导双方提起仲裁审查申请或者司法确认申请，及时巩固调解成果。仲裁机构通过建议调解、委托调解等方式，积极引导未经调解的当事人到调解组织先行调解。加强调解与诉讼的衔接，对追索劳动报酬、经济补偿等适宜调解的纠纷，先行通过诉前调解等非诉讼方式解决。推进劳动人事争议"总对总"在线诉调对接，开展全流程在线委派委托调解、音视频调解、申请调解协议司法确认等工作。建立省级劳动人事争议调解专家库，并将符合条件的调解组织和人员纳入特邀调解名册，参与调解化解重大疑难复杂劳动人事争议。依法落实支付令制度。

六、提升服务能力

（十七）加强调解员队伍建设。通过政府购买服务等方式提升劳动人事争议协商调解能力。扩大兼职调解员来源渠道，广泛吸纳法学专家、仲裁员、律师、劳动关系协调员（师）、退休法官、退休检察官等专业力量参与调解。加强对调解员的培训指导，开发国家职业技能标准，切实提高调解员职业道德、增强服务意识，提升办案能力。

（十八）加强智慧协商调解建设。推动信息化技术与协商调解深度融合，建立部门间数据信息互通共享机制，整合运用各类大数据开展劳动人事争议情况分析研判。完善网络平台和手机App、微信小程序、微信公众号等平台的调解功能，推进"网上办""掌上办"，实现协商调解向智能化不断迈进。

（十九）保障工作经费。人力资源社会保障部门将协商调解纳入政府购买服务指导性目录。地方财政部门结合当地实际和财力可能，合理安排经费，对协商调解工作经费给予必要的支持和保障，加强硬件保障，为调解组织提供必要的办公办案设施设备。

（二十）落实工作责任。构建和谐劳动关系，是增强党的执政基础、巩固党的执政地位的必然要求，是加强和创新社会治理、保障和改善民生的重要内容，是促进经济高质量发展、社会和谐稳定的重要基础。各地要把做好协商调解工作作为构建和谐劳动关系的一项重要任务，切实增强责任感、使命感、紧迫感，积极争取党委、政府支持，将这项工作纳入当地经济社会发展总体规划和政府目标责任考核体系，推动工作扎实有效开展。各级党委政法委要将劳动人事争议多元处理机制建设工作纳入平安建设考核，推动相关部门细化考评标准，完善督导检查、考评推动等工作。人力资源社会保障部门要发挥在劳动人事争议多元处理中的牵头作用，会同有关部门统筹推进调解组织、制度和队伍建设，完善调解成效考核评价机制。人民法院要发挥司法引领、推动和保障作用，加强调解与诉讼有机衔接。司法行政部门要指导调解组织积极开展劳动人事争议调解工作，加强对调解员的劳动法律政策知识培训，鼓励、引导律师参与法律援助和社会化调解。财政部门要保障协商调解工作经费，督促有关部门加强资金管理，发挥资金使用效益。中小企业主管部门要进一步健全服务体系，指导中小企业服务机构帮助企业依法合规用工，降低用工风险，构建和谐劳动关系。工会要积极参与劳动人事争议多元化解，引导劳动者依法理性表达利益诉求，帮助劳动者协商化解劳动人事争议，依法为劳动者提供法律服务，切实维护劳动者合法权益，竭诚服务劳动者。工商联、企业联合会等要发挥代表作用，引导和支持企业守法诚信经营、履行社会责任，建立健全内部劳动人事争议解决机制。

各省级人力资源社会保障部门要会同有关部门，按照本意见精神，制定切实可行的实施方案，明确任务、明确措施、明确责任、明确要求，定期对本意见落实情况进行督促检查，及时向人力资源社会保障部报送工作进展情况。

2022年10月13日

人力资源社会保障部办公厅 共青团中央办公厅关于建立青年仲裁员志愿者联系企业活动常态化长效化工作机制的通知

人社厅发〔2022〕55号

各省、自治区、直辖市及新疆生产建设兵团人力资源社会保障厅（局）、团委：

2021年，按照党史学习教育"我为群众办实事"实践活动要求，我们组织开展了"法治人社 志愿青春"千名青年仲裁员志愿者联系万家企业活动。活动期间，共组织1 500多名青年劳动人事争议仲裁员为1.4万多家企业提供人力资源社会保障领域法律政策宣传咨询、劳动用工指导、劳动争议预防调解工作机制建设等有针对性的志愿服务，在提高企业自主预防化解劳动争议能力、促进劳动关系和谐、稳定市场主体、维护就业稳定等方面取得了明显成效。为贯彻党的二十大关于完善劳动关系协商协调机制、把青年工作作为战略性工作来抓的精神，落实"我为群众办实事"实践活动常态化长效化工作要求，进一步引领带动广大青年仲裁员参与志愿服务，服务人民群众特别是青年群体更稳定就业，现就建立青年仲裁员志愿者联系企业活动常态化长效化工作机制通知如下。

一、推进志愿者队伍建设

各省（自治区、直辖市）人力资源社会保障部门调解仲裁机构要通过广泛动员、自愿申请，遴选政治素质高、专业功底好、服务意识强的专职青年仲裁员组成专项志愿者队伍。要组织做好志愿者注册工作，建立青年仲裁员志愿者名册，加强志愿者培训，组织开展经验交流，不断提高志愿者专业素质，增强服务意识，提升服务水平。各省（自治区、直辖市）团委青年志愿者工作机构要积极将青年仲裁员志愿者队伍纳入当地青年志愿者协会组织体系，在志愿者管理、培训、交流等方面给予支持。

二、建立联系企业名册

各地要指导仲裁员志愿者结合办案实际，以劳动争议易发多发的非公有制中小微企业为主，根据企业基本经营状况、用工特点、服务需求等选择确定联系企业，可结合实际向新就业形态劳动者较多的平台企业、受疫情影响较为突出的困难企业倾斜。要制定联系企业名册，并根据企业情况和志愿服务开展情况进行动态更新。

三、拓展志愿服务内容

丰富服务内容，在原有普法讲座、送法入企等基础上，积极探索用工体检、以案释法、主题沙龙、网络课堂、普法短视频等服务项目，进一步畅通与联系企业的沟通渠道，有针对性地补齐企业在人力资源社会保障法律政策理解适用方面的短板，帮助企业梳理解决劳动用工管理中的重点难点问题。探索开展"一揽子""菜单式""点单式"等服务，鼓励各地打造特色志愿服务品牌。

四、强化志愿服务管理

各地要成立联合工作组，地（市）级确定具体负责工作人员，结合本地区实际分级分类制定志愿者服务计划和服务事项清单，打造常态化志愿服务项目。保证服务频次，每季度至少开展1次志愿服务。鼓励应用信息化方式加强志愿服务信息记录，按照相关要求记录仲裁员志愿者参与项目、服务对象、服务内容、活动时长等内容。加强纪律约束，厘清仲裁机构依法履行办案职责与提供志愿服务的界限，严格执行回避等制度规定。

五、完善激励保障机制

加强工作统筹,将志愿服务活动与调解仲裁队伍建设、行风建设有机结合。各地要共同制定细则,对志愿服务组织工作、志愿服务质效进行考核评价,作为培养选拔优秀人才的重要参考。积极协调相关部门选树表现突出的组织单位和志愿者,并作为其他评先选优的优先推荐对象。

六、加强协调联动

贯彻党中央、国务院关于稳定市场主体稳就业决策部署,将志愿服务与助企纾困相结合。在提供志愿服务过程中,主动了解企业生产经营困难和相关服务需求,积极协调人力资源社会保障系统就业、社会保险、技能培训、人力资源服务等机构,加强与工会、工商联、企联、律协等部门沟通协调,整合职能优势为企业提供有针对性的打包式帮扶服务。探索将志愿服务活动纳入中小企业服务月等工作事项,综合发挥促进企业发展、维护社会和谐的作用。

七、做好总结宣传

各地要定期对志愿服务工作进行调度,开展服务对象满意度调查,了解联系企业对志愿服务的评价以及意见建议,及时调整完善,确保活动取得应有效果。要定期发布志愿服务情况,借助新媒体手段积极展示志愿服务活动成效,推广活动中创造出的经验做法,宣传涌现出的先进典型,发挥"放大示范"效应,营造良好氛围。

人力资源社会保障部调解仲裁司将会同团中央青年志愿者行动指导中心加强督促指导,推动青年仲裁员志愿者联系企业活动不断取得新成效。

2022 年 11 月 11 日

劳动保障监察

人力资源社会保障部　最高人民法院关于加强行政司法联动保障新冠肺炎康复者等劳动者平等就业权利的通知

人社部函〔2022〕108号

各省、自治区、直辖市人力资源社会保障厅（局）、高级人民法院，解放军军事法院，新疆生产建设兵团人力资源社会保障局，新疆维吾尔自治区高级人民法院生产建设兵团分院：

近期，部分单位违反劳动法、就业促进法、传染病防治法等有关法律法规规定，以曾经新冠病毒核酸检测阳性等为由，限制新冠肺炎康复者等劳动者求职，相关劳动者平等就业权利受到侵害，社会广泛关注。为加强行政司法协调联动，进一步保障新冠肺炎康复者等劳动者平等就业权利，现就有关事项通知如下：

一、严格禁止歧视新冠肺炎康复者等劳动者

依据劳动法、就业促进法、传染病防治法等法律法规规定，用人单位招用人员、人力资源服务机构从事职业中介活动，不得歧视新冠肺炎康复者等劳动者。用人单位和人力资源服务机构应当遵守相关法律规定，不得以曾经新冠肺炎病毒核酸检测阳性等为由，拒绝招（聘）用新冠肺炎康复者等劳动者；不得发布含有歧视性内容的招聘信息；除因疫情防控需要，不得违反个人信息保护法等有关规定，擅自非法查询新冠病毒核酸检测结果。

二、加大招聘活动监管力度

人力资源社会保障部门要加强对用人单位、人力资源服务机构招聘活动监管，宣传普及法律法规和政策规定，督促用人单位、人力资源服务机构严格遵守法律法规，及时查处违法行为。对用人单位发布含有歧视新冠肺炎康复者等劳动者招聘信息的，人力资源服务机构未履行合法性审查义务的，要依据《人力资源市场暂行条例》，发现一起严肃查处一起。对情节严重或者造成严重不良影响的，要通过采取行政约谈、曝光等方式督促整改。用人单位对新冠肺炎康复者等劳动者实施就业歧视、侵害劳动者平等就业权利的，告知劳动者可以向人民法院提起诉讼。

三、加强就业歧视案件审理工作

用人单位对新冠肺炎康复者等劳动者实施就业歧视、擅自非法查询新冠病毒核酸检测结果的，劳动者可以侵害平等就业权、个人信息权益等为由，依法向人民法院提起诉讼。对案件事实清楚、法律关系明确的就业歧视案件，人民法院在确保公正的前提下，要提高司法保护的效率，做到快立、快审、快结。劳动者请求人民法院调查取证，人民法院对于符合法定条件的申请要积极主动进行调查。案件审理中，人民法院要充分考虑当事人的举证能力，根据诚实信用、公平原则合理分配举证责任，使劳动者的合法权益得到应有的保护。

四、完善人力资源社会保障部门和人民法院协调配合机制

各地人力资源社会保障部门、人民法院要认真履行职责，建立就业歧视情况和统计信息通报制度，完善相关政策措施和司法解释。人民法院在审理就业歧视案件过程中，发现用人单位招聘信息含有歧视性内容的，可以将违法行为线索通报给人力资源社会保障部门，人力资源社会保障部门要及时予以核查，并将查处相关违法行为情况反馈给人民法院。各地人力资源社会保障部门、人民法院要加强对疑难复杂案件和法律适用问题的研讨和交流，通过联合发布典型案例等方式开展普法宣传，警示教育违法者，引导用人单位及人力资源服务机构遵纪守法、劳动者依法理性维权，保障劳动者平等就业权利。

各地人力资源社会保障部门、人民法院要高度重视保障新冠肺炎康复者等劳动者平等就业权利工作,将其作为稳就业的重要措施,结合当地实际抓紧制定细化措施,确保本通知要求贯彻落实到位。

2022 年 8 月 10 日

人力资源社会保障部　国家卫生健康委关于坚决打击对新冠肺炎康复者就业歧视的紧急通知

人社部明电〔2022〕8号

各省、自治区、直辖市及新疆生产建设兵团人力资源社会保障厅（局）、卫生健康委：

就业是民生之本。近期，部分地方出现滥用"健康码"等检测查询工具，对新冠肺炎康复者实施就业歧视问题，严重侵害劳动者平等就业权益，社会反响强烈。为依法保障新冠肺炎康复者平等就业权益，现就有关事项通知如下：

一、科学认识新冠肺炎病毒传播机理

最新医学研究表明，呼吸道飞沫和密切接触是新冠肺炎病毒传播的主要途径，新冠肺炎患者经治疗后病毒核酸检测阴性，并达到解除隔离管理、出院标准，其日常工作、学习或生活接触不会导致新冠病毒传播。

二、规范新冠病毒核酸检测查询

除因疫情防控需要并科学合理设置新冠病毒核酸检测信息查询期限外，任何单位和个人不得擅自非法查询相关检测结果。

三、依法维护新冠肺炎康复者就业权益

要毫不动摇坚持"外防输入、内防反弹"总策略和"动态清零"总方针，落实就业促进法、传染病防治法、《人力资源市场暂行条例》，切实维护新冠肺炎康复者平等就业权益。严禁用人单位发布或委托发布含有新冠肺炎病毒核酸检测历史阳性等歧视性内容的招聘信息。严禁用人单位、人力资源服务机构以曾经新冠肺炎病毒核酸检测阳性为由，拒绝招（聘）用新冠肺炎康复者。严禁用人单位在劳动者入职和用工过程中对新冠肺炎康复者实施就业歧视。严禁用人单位随意违法辞退、解聘新冠肺炎康复者。支持劳动者对就业歧视侵权问题向人民法院提起诉讼。

四、依法查处、曝光相关就业歧视违法行为

要进一步畅通投诉、举报渠道，严格落实首问负责制，及时有效处理劳动者合理合法诉求。加强排查检查，对用人单位、人力资源服务机构或其他单位和个人非法查询核酸检测结果、超过合理期限设置查询期限、对新冠肺炎康复者实施就业歧视的，要依据职责分工快查快办，采取行政约谈、通报曝光、行政处理、行政处罚等有力举措，发现一起严肃处理一起。对招聘信息中含有相关歧视性内容的，劳动保障监察机构要依照《人力资源市场暂行条例》第43条之规定，从重处理处罚。对涉及其他就业歧视情形或非法使用核酸检测信息的，要依照相关法律规定予以处理。

五、加强宣传引导

人力资源社会保障部门要加强对用人单位和人力资源服务机构的普法宣传，增强市场主体的法治意识和守法自觉。卫生健康主管部门要采取有效举措开展多种形式的科普宣传，最大限度消除对新冠肺炎病毒传播的误解，坚持科学防治，从源头上防止过度防疫和层层加码"一刀切"。对查处的涉及新冠康复者就业歧视典型问题，要主动公开曝光，回应社会关切，形成警示震慑效应。

六、强化责任落实

要加强督促指导和监督检查，对发现的失职失责行为，要限期督促纠正，依法依规对相关单位和责任人员追责问责。人力资源社会保障部、国家卫生健康委将适时对各地区落实情况进行明察暗访，推动各项要求落实落地。

各地区要对抓好本通知的贯彻落实作出专门部署，在落实中遇到的重大问题，要及时报告。

2022 年 7 月 29 日

人力资源社会保障部办公厅关于阶段性缓缴农民工工资保证金有关事项的紧急通知

人社厅函〔2022〕99号

各省、自治区、直辖市及新疆生产建设兵团人力资源社会保障厅（局）：

为深入贯彻党中央、国务院关于高效统筹疫情防控和经济社会发展决策部署，落实6月15日国务院常务会议要求，加力支持纾困稳岗，经商住房和城乡建设部、交通运输部、水利部、银保监会、铁路局、民航局同意，现就阶段性缓缴农民工工资保证金有关事项通知如下：

一、施工企业暂缓存储农民工工资保证金，缓缴期限自2022年7月1日起至2022年9月30日止。缓缴期结束后，确需延长缓缴期限的，经本地区根治拖欠农民工工资工作领导小组批准，可作适当延长并报我部备案。

二、要按照本通知要求，尽快制定本地区缓缴具体操作办法，主动向社会公布。会同有关主管部门加强对缓缴落实情况的监督检查，确保政策真正落实落地。

三、加强对工程建设领域农民工工资支付情况的日常监管，依法维护农民工工资报酬权益。对缓缴政策实行过程中拖欠农民工工资的，依法依规予以惩戒并作为实行农民工工资保证金差异化存储的重要依据。

房屋市政、铁路、公路、水路、民航、水利领域之外的其他工程项目农民工工资保证金，参照本通知执行。

请于2022年10月31日前，将本地区阶段性缓缴农民工工资保证金政策落实情况（缓缴金额等）报人力资源社会保障部劳动保障监察局。

2022年6月24日

其他

中央企业合规管理办法

(2022年8月23日 国务院国有资产监督管理委员会令第42号公布自2022年10月1日起施行)

第一章 总 则

第一条 为深入贯彻习近平法治思想，落实全面依法治国战略部署，深化法治央企建设，推动中央企业加强合规管理，切实防控风险，有力保障深化改革与高质量发展，根据《中华人民共和国公司法》《中华人民共和国企业国有资产法》等有关法律法规，制定本办法。

第二条 本办法适用于国务院国有资产监督管理委员会（以下简称国资委）根据国务院授权履行出资人职责的中央企业。

第三条 本办法所称合规，是指企业经营管理行为和员工履职行为符合国家法律法规、监管规定、行业准则和国际条约、规则，以及公司章程、相关规章制度等要求。

本办法所称合规风险，是指企业及其员工在经营管理过程中因违规行为引发法律责任、造成经济或者声誉损失以及其他负面影响的可能性。

本办法所称合规管理，是指企业以有效防控合规风险为目的，以提升依法合规经营管理水平为导向，以企业经营管理行为和员工履职行为为对象，开展的包括建立合规制度、完善运行机制、培育合规文化、强化监督问责等有组织、有计划的管理活动。

第四条 国资委负责指导、监督中央企业合规管理工作，对合规管理体系建设情况及其有效性进行考核评价，依据相关规定对违规行为开展责任追究。

第五条 中央企业合规管理工作应当遵循以下原则：

（一）坚持党的领导。充分发挥企业党委（党组）领导作用，落实全面依法治国战略部署有关要求，把党的领导贯穿合规管理全过程。

（二）坚持全面覆盖。将合规要求嵌入经营管理各领域各环节，贯穿决策、执行、监督全过程，落实到各部门、各单位和全体员工，实现多方联动、上下贯通。

（三）坚持权责清晰。按照"管业务必须管合规"要求，明确业务及职能部门、合规管理部门和监督部门职责，严格落实员工合规责任，对违规行为严肃问责。

（四）坚持务实高效。建立健全符合企业实际的合规管理体系，突出对重点领域、关键环节和重要人员的管理，充分利用大数据等信息化手段，切实提高管理效能。

第六条 中央企业应当在机构、人员、经费、技术等方面为合规管理工作提供必要条件，保障相关工作有序开展。

第二章 组织和职责

第七条 中央企业党委（党组）发挥把方向、管大局、促落实的领导作用，推动合规要求在本企业得到严格遵循和落实，不断提升依法合规经营管理水平。

中央企业应当严格遵守党内法规制度，企业党建工作机构在党委（党组）领导下，按照有关规定履行相应职责，推动相关党内法规制度有效贯彻落实。

第八条 中央企业董事会发挥定战略、作决策、防风险作

用,主要履行以下职责:

(一)审议批准合规管理基本制度、体系建设方案和年度报告等。

(二)研究决定合规管理重大事项。

(三)推动完善合规管理体系并对其有效性进行评价。

(四)决定合规管理部门设置及职责。

第九条 中央企业经理层发挥谋经营、抓落实、强管理作用,主要履行以下职责:

(一)拟订合规管理体系建设方案,经董事会批准后组织实施。

(二)拟订合规管理基本制度,批准年度计划等,组织制定合规管理具体制度。

(三)组织应对重大合规风险事件。

(四)指导监督各部门和所属单位合规管理工作。

第十条 中央企业主要负责人作为推进法治建设第一责任人,应当切实履行依法合规经营管理重要组织者、推动者和实践者的职责,积极推进合规管理各项工作。

第十一条 中央企业设立合规委员会,可以与法治建设领导机构等合署办公,统筹协调合规管理工作,定期召开会议,研究解决重点难点问题。

第十二条 中央企业应当结合实际设立首席合规官,不新增领导岗位和职数,由总法律顾问兼任,对企业主要负责人负责,领导合规管理部门组织开展相关工作,指导所属单位加强合规管理。

第十三条 中央企业业务及职能部门承担合规管理主体责任,主要履行以下职责:

(一)建立健全本部门业务合规管理制度和流程,开展合规风险识别评估,编制风险清单和应对预案。

(二)定期梳理重点岗位合规风险,将合规要求纳入岗位职责。

（三）负责本部门经营管理行为的合规审查。

（四）及时报告合规风险，组织或者配合开展应对处置。

（五）组织或者配合开展违规问题调查和整改。

中央企业应当在业务及职能部门设置合规管理员，由业务骨干担任，接受合规管理部门业务指导和培训。

第十四条 中央企业合规管理部门牵头负责本企业合规管理工作，主要履行以下职责：

（一）组织起草合规管理基本制度、具体制度、年度计划和工作报告等。

（二）负责规章制度、经济合同、重大决策合规审查。

（三）组织开展合规风险识别、预警和应对处置，根据董事会授权开展合规管理体系有效性评价。

（四）受理职责范围内的违规举报，提出分类处置意见，组织或者参与对违规行为的调查。

（五）组织或者协助业务及职能部门开展合规培训，受理合规咨询，推进合规管理信息化建设。

中央企业应当配备与经营规模、业务范围、风险水平相适应的专职合规管理人员，加强业务培训，提升专业化水平。

第十五条 中央企业纪检监察机构和审计、巡视巡察、监督追责等部门依据有关规定，在职权范围内对合规要求落实情况进行监督，对违规行为进行调查，按照规定开展责任追究。

第三章 制度建设

第十六条 中央企业应当建立健全合规管理制度，根据适用范围、效力层级等，构建分级分类的合规管理制度体系。

第十七条 中央企业应当制定合规管理基本制度，明确总体目标、机构职责、运行机制、考核评价、监督问责等内容。

第十八条 中央企业应当针对反垄断、反商业贿赂、生态环保、安全生产、劳动用工、税务管理、数据保护等重点领域，以及合规风险较高的业务，制定合规管理具体制度或者专项指南。

中央企业应当针对涉外业务重要领域，根据所在国家（地区）法律法规等，结合实际制定专项合规管理制度。

第十九条 中央企业应当根据法律法规、监管政策等变化情况，及时对规章制度进行修订完善，对执行落实情况进行检查。

第四章 运行机制

第二十条 中央企业应当建立合规风险识别评估预警机制，全面梳理经营管理活动中的合规风险，建立并定期更新合规风险数据库，对风险发生的可能性、影响程度、潜在后果等进行分析，对典型性、普遍性或者可能产生严重后果的风险及时预警。

第二十一条 中央企业应当将合规审查作为必经程序嵌入经营管理流程，重大决策事项的合规审查意见应当由首席合规官签字，对决策事项的合规性提出明确意见。业务及职能部门、合规管理部门依据职责权限完善审查标准、流程、重点等，定期对审查情况开展后评估。

第二十二条 中央企业发生合规风险，相关业务及职能部门应当及时采取应对措施，并按照规定向合规管理部门报告。

中央企业因违规行为引发重大法律纠纷案件、重大行政处罚、刑事案件，或者被国际组织制裁等重大合规风险事件，造成或者可能造成企业重大资产损失或者严重不良影响的，应当由首席合规官牵头，合规管理部门统筹协调，相关部门协同配合，及时采取措施妥善应对。

中央企业发生重大合规风险事件，应当按照相关规定及时向国资委报告。

第二十三条 中央企业应当建立违规问题整改机制，通过健全规章制度、优化业务流程等，堵塞管理漏洞，提升依法合规经营管理水平。

第二十四条 中央企业应当设立违规举报平台，公布举报电话、邮箱或者信箱，相关部门按照职责权限受理违规举报，并就举报问题进行调查和处理，对造成资产损失或者严重不良后果的，移交责任追究部门；对涉嫌违纪违法的，按照规定移交纪检监察等相关部门或者机构。

中央企业应当对举报人的身份和举报事项严格保密，对举报属实的举报人可以给予适当奖励。任何单位和个人不得以任何形式对举报人进行打击报复。

第二十五条 中央企业应当完善违规行为追责问责机制，明确责任范围，细化问责标准，针对问题和线索及时开展调查，按照有关规定严肃追究违规人员责任。

中央企业应当建立所属单位经营管理和员工履职违规行为记录制度，将违规行为性质、发生次数、危害程度等作为考核评价、职级评定等工作的重要依据。

第二十六条 中央企业应当结合实际建立健全合规管理与法务管理、内部控制、风险管理等协同运作机制，加强统筹协调，避免交叉重复，提高管理效能。

第二十七条 中央企业应当定期开展合规管理体系有效性评价，针对重点业务合规管理情况适时开展专项评价，强化评价结果运用。

第二十八条 中央企业应当将合规管理作为法治建设重要内容，纳入对所属单位的考核评价。

第五章 合 规 文 化

第二十九条 中央企业应当将合规管理纳入党委（党组）法治专题学习，推动企业领导人员强化合规意识，带头依法依规开展经营管理活动。

第三十条 中央企业应当建立常态化合规培训机制，制定年度培训计划，将合规管理作为管理人员、重点岗位人员和新入职人员培训必修内容。

第三十一条 中央企业应当加强合规宣传教育，及时发布合规手册，组织签订合规承诺，强化全员守法诚信、合规经营意识。

第三十二条 中央企业应当引导全体员工自觉践行合规理念，遵守合规要求，接受合规培训，对自身行为合规性负责，培育具有企业特色的合规文化。

第六章 信息化建设

第三十三条 中央企业应当加强合规管理信息化建设，结合实际将合规制度、典型案例、合规培训、违规行为记录等纳入信息系统。

第三十四条 中央企业应当定期梳理业务流程，查找合规风险点，运用信息化手段将合规要求和防控措施嵌入流程，针对关键节点加强合规审查，强化过程管控。

第三十五条 中央企业应当加强合规管理信息系统与财务、投资、采购等其他信息系统的互联互通，实现数据共用共享。

第三十六条 中央企业应当利用大数据等技术，加强对重点领域、关键节点的实时动态监测，实现合规风险即时预警、快速处置。

第七章 监督问责

第三十七条 中央企业违反本办法规定，因合规管理不到位引发违规行为的，国资委可以约谈相关企业并责成整改；造成损失或者不良影响的，国资委根据相关规定开展责任追究。

第三十八条 中央企业应当对在履职过程中因故意或者重大过失应当发现而未发现违规问题，或者发现违规问题存在失职渎职行为，给企业造成损失或者不良影响的单位和人员开展责任追究。

第八章 附 则

第三十九条 中央企业应当根据本办法,结合实际制定完善合规管理制度,推动所属单位建立健全合规管理体系。

第四十条 地方国有资产监督管理机构参照本办法,指导所出资企业加强合规管理工作。

第四十一条 本办法由国资委负责解释。

第四十二条 本办法自 2022 年 10 月 1 日起施行。

退役军人事务部 财政部 人力资源社会保障部 国家卫生健康委 国家医保局 中央军委后勤保障部关于印发《残疾退役军人医疗保障办法》的通知

退役军人部发〔2022〕3号

各省、自治区、直辖市退役军人事务厅（局）、财政厅（局）、人力资源社会保障厅（局）、卫生健康委、医疗保障局，新疆生产建设兵团退役军人事务局、财政局、人力资源社会保障局、卫生健康委、医疗保障局，军队各有关单位：

现将《残疾退役军人医疗保障办法》印发给你们，请遵照执行。

2022年1月5日

残疾退役军人医疗保障办法

第一条 为切实保障残疾退役军人的医疗待遇，根据《中华人民共和国退役军人保障法》《军人抚恤优待条例》等法律法规的规定，制定本办法。

第二条 本办法适用于服现役期间因战、因公、因病致残被评定残疾等级和退役后补评或者重新评定残疾等级的残疾退役军人。

第三条 坚持待遇与贡献匹配、普惠与优待叠加原则，残疾退役军人按规定参加基本医疗保险并享受相应待遇，符合条件的困难残疾退役军人按规定享受医疗救助。

第四条 一级至六级残疾退役军人按照属地原则参加职工基本医疗保险，七级至十级残疾退役军人按照属地原则相应参加职工基本医疗保险、城乡居民基本医疗保险。鼓励残疾退役军人参加其他形式的补充医疗保险。

第五条 残疾退役军人在按规定享受基本医疗保障待遇的基础上，享受优抚对象医疗补助。各地要进一步健全完善优抚对象医疗补助制度，保障水平应当与各地经济发展水平和财政承受能力相适应，保证残疾退役军人现有医疗待遇不降低。

第六条 有工作单位的一级至六级残疾退役军人随单位参加职工基本医疗保险，按规定缴费；无工作单位的一级至六级残疾退役军人参加职工基本医疗保险，以统筹地区上一年度城镇单位就业人员平均工资作为缴费基数。

所在单位无力参保和无工作单位的一级至六级残疾退役军人由统筹地区退役军人事务部门统一办理参保手续。其单位缴费部分，经统筹地区医疗保障、退役军人事务、财政部门共同审核确认后，由残疾退役军人户籍所在地财政安排资金。

一级至六级残疾退役军人参加职工基本医疗保险个人缴费确有困难的，由残疾退役军人所在单位帮助解决；所在单位无力解决和无工作单位的，经统筹地区医疗保障、退役军人事务、财政部门共同审核确认后，由残疾退役军人户籍所在地财政安排资金。

移交政府安置军队离退休干部退休士官中的一级至六级残疾退役军人医疗保险按照国家有关规定执行。

第七条 有工作单位的七级至十级残疾退役军人，随单位参加职工基本医疗保险，按规定缴费。当地退役军人事务部门应当督促残疾退役军人所在单位按规定缴费参保，所在单位确有困难的，各地应当通过多渠道筹资帮助其参保。

未就业的七级至十级残疾退役军人，可按规定参加城乡居民基本医疗保险。其中纳入低保、特困人员救助供养范围的残疾退役军人，由其户籍所在地医疗保障部门通过医疗救助基金等对其参加居民基本医疗保险的个人缴费部分给予补贴。

未参加基本医疗保障制度的，以及参加上述基本医疗保障制度但个人医疗费用负担较重的残疾退役军人，按规定享受城乡医疗救助和优抚对象医疗补助政策。

第八条 残疾退役军人按规定在户籍所在地享受优抚对象医疗补助，医疗补助所需资金由当地退役军人事务部门根据本地经济发展水平、财政承受能力、残疾退役军人医疗费实际支出和服现役期间医疗保障水平等因素测算，经同级财政部门审核确定后，列入当年财政预算。各地应当通过财政预算安排、吸收社会捐赠等多种渠道，筹集医疗补助资金。医疗补助资金单独列账。

第九条 因战因公致残的残疾退役军人旧伤复发的医疗费用，参加工伤保险并依法认定为工伤的，按照《工伤保险条例》的有关规定解决。未参加工伤保险但医疗费用符合工伤保险诊疗项目目录、工伤保险药品目录、工伤保险住院服务标准的，有工作的由工作单位解决；所在单位无力支付和无工作单位的，从优抚对象医疗补助资金中解决。

因战因公致残的残疾退役军人旧伤复发，由其户籍所在地设区的市级以上人民政府退役军人事务部门组织医疗卫生专家小组进行确认，医疗卫生专家小组出具旧伤复发医学鉴定意见。因战因公致残残疾退役军人取得旧伤复发医学鉴定意见后，有工作单位的依据《工伤保险条例》相关规定申请工伤认定，无工作单位的按规定申请优抚对象医疗补助。

第十条 残疾退役军人到医疗机构就医时按规定享受优先挂号、取药、缴费、检查、住院服务，优先享受家庭医生签约和健康教育、慢性病管理等基本公共卫生服务。

残疾退役军人在优抚医院享受优惠体检和优先就诊、检查、住院等服务，并免除普通门诊挂号费。

残疾退役军人在军队医疗机构就医，凭残疾军人证与同职级现役军人享受同等水平的挂号、就诊、检查、治疗、取药、入院全流程优先，以及就诊场所、病房条件等优待，并免除门急诊挂号费。

第十一条 医疗机构应当公开对残疾退役军人优先、优惠的医疗服务项目；完善并落实各项诊疗规范和管理制度，合理检查、合理用药、合理诊疗、合理收费。医保定点医疗机构和工伤保险协议医疗机构应当严格执行医保和工伤保险药品、医用耗材、医疗服务项目等目录，优先配备使用医保和工伤保险目录内药品。

第十二条 残疾退役军人医疗保障工作由退役军人事务、财政、人力资源社会保障、卫生健康、医疗保障、军队后勤保障等部门管理并组织实施，各部门应当密切配合，切实履行各自职责。

第十三条 退役军人事务部门应当严格残疾退役军人的审核工作并提供有关资料，负责为所在单位无力参保和无工作单位的一级至六级残疾退役军人办理参加职工基本医疗保险等手续；组织发放优抚对象医疗补助，协调有关部门研究处理医疗保障工作中遇到的具体问题；组织因战因公致残残疾退役军人旧伤复发鉴定，及时向工伤保险行政部门提供残疾退役军人伤情等信息，配合工伤认定调查；对年老体弱、行动不便的残疾退役军人就医等给予协助；按照预算管理要求编制年度优抚对象医疗补助资金预算，报同级财政部门审核。

第十四条 各级财政部门按规定落实经费保障，并会同有关部门加强资金的监督。省级财政要切实负起责任,减轻基层压力。中央财政按规定对优抚对象医疗保障经费给予适当补助。

第十五条 人力资源社会保障部门应当做好参加工伤保险的因战因公致残残疾退役军人旧伤复发医疗费用支付工作。

第十六条 卫生健康部门应当组织医疗机构为残疾退役军人提供优质医疗服务;加强对医疗机构的监督管理,规范医疗服务,提高服务质量,保障医疗安全;支持、鼓励和引导医疗机构制定相关优待政策,落实优待措施。

第十七条 医疗保障部门应当将符合条件的残疾退役军人纳入职工基本医疗保险、城乡居民基本医疗保险、医疗救助制度覆盖范围;做好已参保残疾退役军人的医疗保险服务管理工作,按规定落实参保残疾退役军人相应的医疗保险待遇、医疗救助待遇。

第十八条 有关单位、组织和个人应当如实提供所需情况,积极配合残疾退役军人医疗保障的调查核实工作。

第十九条 各地应当积极完善基本医疗保险、大病保险、医疗救助、工伤保险、优抚对象医疗补助"一站式"费用结算信息平台建设,努力实现资源协调、信息共享、结算同步,减轻残疾退役军人医疗费用垫付压力。

第二十条 各地退役军人事务、财政、人力资源社会保障、卫生健康、医疗保障部门可以根据本办法并结合本地区实际情况制定实施办法,切实保障残疾退役军人医疗待遇的落实。

第二十一条 本办法由退役军人事务部会同财政部、人力资源社会保障部、国家卫生健康委、国家医保局以及中央军委后勤保障部解释。

第二十二条 本办法自印发之日起施行。2005年12月21日民政部、财政部、原劳动和社会保障部印发的《一至六级残疾军人医疗保障办法》同时废止。

最高人民法院 最高人民检察院 教育部印发《关于落实从业禁止制度的意见》的通知

法发〔2022〕32号

各省、自治区、直辖市高级人民法院、人民检察院、教育厅（教委），解放军军事法院、军事检察院，新疆维吾尔自治区高级人民法院生产建设兵团分院、新疆生产建设兵团人民检察院、教育局：

　　为严格执行犯罪人员从业禁止制度，净化校园环境，保护未成年人，根据刑法、未成年人保护法、教师法等法律规定，结合执法司法实践反映的情况，最高人民法院会同最高人民检察院、教育部制定了《关于落实从业禁止制度的意见》。现予以印发，请结合实际认真贯彻执行。在执行中遇到问题，请及时分别报告最高人民法院、最高人民检察院、教育部。

2022年11月10日

最高人民法院 最高人民检察院 教育部
关于落实从业禁止制度的意见

为贯彻落实学校、幼儿园等教育机构、校外培训机构教职员工违法犯罪记录查询制度，严格执行犯罪人员从业禁止制度，净化校园环境，切实保护未成年人，根据《中华人民共和国刑法》（以下简称《刑法》）、《中华人民共和国未成年人保护法》（以下简称《未成年人保护法》）、《中华人民共和国教师法》（以下简称《教师法》）等法律规定，提出如下意见：

一、依照《刑法》第三十七条之一的规定，教职员工利用职业便利实施犯罪，或者实施违背职业要求的特定义务的犯罪被判处刑罚的，人民法院可以根据犯罪情况和预防再犯罪的需要，禁止其在一定期限内从事相关职业。其他法律、行政法规对其从事相关职业另有禁止或者限制性规定的，从其规定。

《未成年人保护法》《教师法》属于前款规定的法律，《教师资格条例》属于前款规定的行政法规。

二、依照《未成年人保护法》第六十二条的规定，实施性侵害、虐待、拐卖、暴力伤害等违法犯罪的人员，禁止从事密切接触未成年人的工作。

依照《教师法》第十四条、《教师资格条例》第十八条规定，受到剥夺政治权利或者故意犯罪受到有期徒刑以上刑罚的，不能取得教师资格；已经取得教师资格的，丧失教师资格，且不能重新取得教师资格。

三、教职员工实施性侵害、虐待、拐卖、暴力伤害等犯罪的，人民法院应当依照《未成年人保护法》第六十二条的规定，判决禁止其从事密切接触未成年人的工作。

教职员工实施前款规定以外的其他犯罪,人民法院可以根据犯罪情况和预防再犯罪的需要,依照《刑法》第三十七条第一款的规定,判决禁止其自刑罚执行完毕之日或者假释之日起从事相关职业,期限为三年至五年;或者依照《刑法》第三十八条第二款、第七十二条第二款的规定,对其适用禁止令。

四、对有必要禁止教职员工从事相关职业或者适用禁止令的,人民检察院在提起公诉时,应当提出相应建议。

五、教职员工犯罪的刑事案件,判决生效后,人民法院应当在三十日内将裁判文书送达被告人单位所在地的教育行政部门;必要时,教育行政部门应当将裁判文书转送有关主管部门。

因涉及未成年人隐私等原因,不宜送达裁判文书的,可以送达载明被告人的自然情况、罪名及刑期的相关证明材料。

六、教职员工犯罪,人民法院作出的判决生效后,所在单位、教育行政部门或者有关主管部门可以依照《未成年人保护法》《教师法》《教师资格条例》等法律法规给予相应处理、处分和处罚。

符合丧失教师资格或者撤销教师资格情形的,教育行政部门应当及时收缴其教师资格证书。

七、人民检察院应当对从业禁止和禁止令执行落实情况进行监督。

八、人民法院、人民检察院发现有关单位未履行犯罪记录查询制度、从业禁止制度的,应当向该单位提出建议。

九、本意见所称教职员工,是指在学校、幼儿园等教育机构工作的教师、教育教学辅助人员、行政人员、勤杂人员、安保人员,以及校外培训机构的相关工作人员。

学校、幼儿园等教育机构、校外培训机构的举办者、实际控制人犯罪,参照本意见执行。

十、本意见自 2022 年 11 月 15 日起施行。

最高人民法院关于为实施积极应对人口老龄化国家战略提供司法服务和保障的意见

法发〔2022〕15号

为全面贯彻落实《中共中央、国务院关于加强新时代老龄工作的意见》，深入贯彻积极应对人口老龄化国家战略，充分发挥审判职能作用，切实提升广大老年人的获得感、幸福感、安全感，现结合工作实际，就人民法院服务和保障实施积极应对人口老龄化国家战略提出如下意见。

一、统一思想认识，准确把握为实施积极应对人口老龄化国家战略提供司法服务和保障的总体要求

1. 指导思想。各级人民法院要切实提高政治站位，坚持以习近平新时代中国特色社会主义思想为指导，深入贯彻习近平法治思想，深入学习领会"两个确立"的决定性意义，增强"四个意识"、坚定"四个自信"、做到"两个维护"。坚持以人民为中心，把积极老龄观、健康老龄化理念融入审判执行工作全过程，大力弘扬中华民族孝亲敬老传统美德，为推动构建老年友好型社会、加强老年人权益保障提供有力司法服务和保障。

2. 重大意义。人口老龄化是我国未来相当长一个时期的基本国情。随着老龄化程度加深、劳动力供给数量减少，家庭养老负担和基本公共服务供给压力将进一步增加。有效应对我国人口老龄化，事关国家发展全局，事关亿万百姓福祉，事关社会和谐

稳定，对于全面建设社会主义现代化国家具有重要意义。各级人民法院要充分认识实施积极应对人口老龄化国家战略的重要性和紧迫性，采取有力措施切实保障老年人合法权益，让老年人共享改革发展成果、安享幸福晚年。

3. 目标任务。新发展阶段，各级人民法院要建立健全上下贯通、一抓到底的工作体系，将服务和保障实施积极应对人口老龄化国家战略纳入审判执行的总体工作之中。推动完善老年人优待政策、法规体系，涉及老年人利益司法政策的制定和执行过程要充分征求老年人意见，推动人民法院服务和保障实施积极应对人口老龄化国家战略的各项政策举措落地、落实、落细。

二、充分发挥审判职能作用，加强老年人权益保障

4. 依法妥善审理涉老年人婚姻家庭纠纷案件。依法审理赡养纠纷案件，保障老年人基本生活需要。加强老年人精神赡养类案件调解力度，增进对老年人的精神关爱。注重法院的职权调查，强化依法裁量，依法保护老年人的婚姻自由。对于老年人同居析产纠纷，要综合考量共同生活时间、各自付出等因素，兼顾双方利益，实现公平公正。

5. 依法妥善审理涉老年人继承纠纷案件。落实民法典遗产管理人制度，依法确定遗产管理人，保障遗产妥善管理、顺利分割。要依法保护各类遗嘱形式，切实尊重老年人立遗嘱时的真实意愿，保障老年人遗产处分权。依法认定各类遗赠扶养协议效力，满足养老形式多样化需求。

6. 贯彻实施反家庭暴力法，保护老年家庭成员人身、财产安全。推动完善各部门共同参与的反家暴宏观体系。加强对家庭暴力受害老年人举证的指导，加大心理疏导和帮扶力度。建立人身安全保护令案件受理"绿色通道"，加大依职权调取证据力度，依法及时作出、送达人身安全保护令。加强与公安机关、居民委员会、村民委员会等部门协作配合，充分利用协助执行制度，保障人身安全保护令切实发挥作用。建立定期回访、跟踪机

制,拓展反家暴延伸服务范围。

7. 完善老年人监护制度。妥善审理监护权纠纷案件,最大程度尊重老年当事人的真实意愿。依法认定老年人通过意定监护协议确定的监护人,督促其依法履行监护责任。对于侵犯无民事行为能力、限制民事行为能力老年人合法权益的监护人,依法撤销其监护人资格,为老年人安排必要的临时监护措施,按照最有利于被监护人的原则依法指定监护人,保护老年人人身权利、财产权利及其他合法权益。

8. 依法妥善审理涉养老纠纷案件,促进老有所养。贯彻落实民法典关于居住权的规定,依法审理涉老年人居住权益保护案件,满足老年人稳定的生活居住需要,为"以房养老"模式提供坚实的法律保障。依法妥善审理养老服务合同纠纷案件,确保养老机构提供符合质量和安全标准的养老服务,推动机构养老规范化发展。

9. 推动农村养老保障服务发展。依法审理涉及农村土地承包经营权、侵害集体经济组织成员权益等纠纷案件,保障老年人依法享有本集体经济组织成员权益,增加农村老年人收入。发挥审判职能作用,保障无劳动能力、无生活来源又无人赡养、扶养的老年村民享受农村五保供养待遇。

10. 依法妥善审理涉老年人医疗服务合同纠纷案件,促进老有所医。依法认定家庭病床、巡诊等居家医疗服务合同中各方当事人的权利义务关系,保障老年人合法权益。妥善审理老年人医疗、失能老年人长期照护等服务合同纠纷案件,发挥审判职能,保障医养结合政策的贯彻实施,为老年人健康生活保驾护航。

11. 加强老年人劳动权益保护,促进老有所为。依法审理涉老年人劳动争议案件,助力老年人就业、维护老年人再就业权益。助推"银龄行动",引导具有一定经验和专业技术的老年人以志愿服务形式积极参与民事调解等活动。各地人民法院可以根据实际探索建立退休法官专家库，鼓励有意愿的退休法官积极参与诉前调解、调查研究等。

12. 依法妥善审理老年人参与社会文化生活相关案件，促进老有所学、老有所乐。妥善审理涉老年人旅游合同纠纷等案件，督促、引导服务机构充分、合理履行提示说明义务和安全保障义务，不断提升老年人生活质量，满足老年人日益增长的美好生活需要。

13. 依法加大对侵害老年人人身和财产权益违法犯罪行为的打击力度。依法严惩虐待、遗弃、伤害老年人等违法犯罪行为。严厉打击针对老年人的电信网络诈骗、借用"以房养老"之名实施的"套路贷"，依法惩处家庭成员盗窃、诈骗、抢夺、侵占、勒索、故意毁损老年人财物等违法犯罪行为。依法严惩消费领域违法犯罪行为，维护老年人消费权益，为老年人营造安全、便利、诚信的消费环境。

14. 加大涉老年人权益案件执行力度。各地人民法院要加大涉老年人居住权案件执行力度，依法及时维护老年人居住权益，保障老年人住有所居。加大对老年人追索赡养费、扶养费案件的先予执行力度。创新涉老年人精神赡养纠纷案件执行方式，督促、引导赡养人积极主动履行赡养义务。

三、持续深化改革创新，建立健全便老惠老司法服务机制

15. 深化一站式多元解纷机制建设，推动涉老年人矛盾纠纷源头化解。坚持和发展新时代"枫桥经验"，坚持把非诉讼纠纷解决机制挺在前面。建立完善涉老年人婚姻家庭、侵权等矛盾纠纷的预警、排查、调解机制。构建多元解纷和诉讼服务体系，促进涉老年人矛盾纠纷一站式多元化解。推动人民法院一站式多元解纷向基层延伸，推进人民法庭进乡村、进社区、进网格，加强巡回审判，及时就地化解矛盾纠纷。坚持服务老年人需求导向，建设一站式诉讼服务中心，提供"一站通办、一网通办、一号通办、一次通办"的诉讼服务。

16. 深入推进社会主义核心价值观融入裁判文书释法说理。在涉老年人等弱势群体保护、诉讼各方存在较大争议且可能引发社会广泛关注的案件中，要强化运用社会主义核心价值观释法说理。加强社会主义核心价值观在涉老年人权益案件中的导向作用，切实发挥司法裁判规范、评价、教育、引领等功能，实现政治效果、法律效果和社会效果的有机统一。

17. 进一步深化家事审判方式和工作机制改革。树立人性化审判理念，注重将对老年当事人的保护从身份利益、财产利益全面延伸到人格利益、安全利益和情感利益。充分发挥家事审判对婚姻家庭关系的诊断、修复和治疗作用，为老年人安享幸福晚年提供和睦稳定的家庭环境。

18. 加强法律宣传。各级人民法院要通过法律进社区、巡回审判、推广学习典型案例等多种方式，加强老年人权益保障普法宣传。提高老年人运用法律手段保护自身权益的意识，提升老年人识骗防骗能力。推动在全社会树立保障老年人合法权益的法律意识，形成关心关爱老年人的良好氛围。

19. 加大法律援助协作和司法救助力度。加强与法律援助机构的协调配合，依法及时转交老年当事人的法律援助申请。对于符合司法救助条件的老年当事人，人民法院应当依法予以救助。会同相关部门加大对受害老年人临时庇护、法律援助的帮扶力度，加大司法救助力度，推动建立多层次救助体系。

20. 建立适老型诉讼服务机制，为便利老年人参与诉讼活动提供保障。聚焦涉老年人案件类型和特点，探索建立涉老年人民事案件专业化审判机制。依法准许书写起诉状确有困难的老年人口头起诉，有效给予老年人诉讼服务指导和帮助。为行动不便的老年人开通上门立案、电话立案等绿色通道，实现快速、便捷立案。开展网上立案、电子诉讼的同时，保留老年人易于接受的传统司法服务方式。完善无障碍诉讼设施及服务，方便老年人参加诉讼。根据案件情况，允许相关辅助、陪护人员陪同老年当事人出庭。依法妥善处理老年人涉诉信访案件，对于老年当事人应当予以特别关照。

2022 年 3 月 29 日

最高人民法院关于为稳定就业提供司法服务和保障的意见

法发〔2022〕36号

就业是最基本的民生。坚持突出做好稳就业工作，落实落细就业优先政策，是实施就业优先战略的内在要求和重要基础。为完整、准确、全面贯彻新发展理念，加快构建新发展格局，着力推动高质量发展，更好统筹疫情防控和经济社会发展，现就进一步发挥人民法院职能作用，服务保障稳就业大局，提出如下意见。

一、推动落实就业优先政策，支持稳市场主体保就业

1. 推动落实阶段性缓缴社会保险费政策，减轻用人单位用工负担。依法受理因就业优惠政策实施引发的行政案件，坚决依法支持符合条件的用人单位享受阶段性降低社会保险费率、缓缴社会保险费、失业保险费稳岗返还等优惠政策，切实减轻用人单位在用工、社保等方面的经营压力和负担，帮助受疫情严重冲击的行业、中小微企业和个体工商户复工复产。妥善审理用人单位因拖欠社会保险费等被责令补缴的行政案件，依法依规考虑企业复工复产实际情况，可以通过延展补缴期限等方式协调解决，平衡好为用人单位减负与维护劳动者合法权益的关系，促进行政争议实质性化解。依法妥善审理社会保险纠纷案件，参保单位享受阶段性缓缴社会保险费政策，劳动者主张缓缴期间用人单位未依法缴纳社会保险费，依据劳动合同法第三十八条第一款第三项的

规定解除劳动合同的,人民法院应当依法审慎处理。

2. 推动落实阶段性减免房产租金等助企纾困政策,支持中小微企业稳就业规模。依法妥善审理房屋租赁合同纠纷等案件,推动落实阶段性减免国有房产租金等政策,引导出租人减免或者缓收租金,依法减轻中小微企业、个体工商户等负担,稳住中小微企业就业规模。承租国有企业房屋或者行政事业单位房屋用于经营,符合政策条件的服务业中小微企业、个体工商户等请求按照国家有关政策减免一定期限内租金的,人民法院应当依法支持。承租非国有房屋的承租人请求减免或者延期支付租金的,可以引导当事人参照有关租金减免政策、条件进行和解;和解不成的,结合案件实际情况,依照民法典有关规定处理。

3. 推动落实金融支持政策,增强服务行业就业吸纳能力。依法审理金融借款合同纠纷案件,充分考虑延期还本付息、加大普惠小微贷款支持等金融支持政策,对金融机构违反金融支持政策提出的借款提前到期、解除合同等诉讼请求,人民法院不予支持。批发零售、住宿餐饮、物流运输、文化旅游等服务行业企业、个体工商户等,因受疫情影响生产经营、复工复产暂时困难、无力还款,主张延期还款、分期还款、减免逾期利息、降低利率的,应当积极引导当事人双方协商解决纠纷;协商解决不成,借款人的主张依据充分或者符合政策条件的,人民法院应当依法支持。

4. 依法支持脱贫人口稳岗就业,推动农村劳动力转移就业。为巩固拓展脱贫攻坚成果、全面推进乡村振兴、实施乡村建设行动提供有效司法服务,妥善处理涉"三农"领域传统纠纷以及休闲农业、乡村旅游、民宿经济、健康养老等农村新业态纠纷,妥善处理涉农担保融资纠纷案件,促进农村产业融合发展,推动提升富农产业、本地特色产业就业吸纳能力。深入推进新型城镇化和乡村振兴战略有效衔接,为农村劳动力转移就业提供有效司法服务,依法保障进城落户农民农村土地承包权、宅基地使用权、集体收益分配权，依法平等保护其就业、教育、住房、医疗等民生权益，推动在城镇稳定就业生活、具有落户意愿的农业转移人口便捷落户。推动形成平等竞争、规范有序、城乡统一的劳动力市场，落实城乡劳动者平等就业、同工同酬，完善办理拖欠农民工工资案件的快立快审快执通道，依法适用先予执行，推动完善欠薪治理长效机制，依法推动农业转移人口全面融入城市。

5. 依法支持高校毕业生就业，促进多渠道灵活就业。妥善审理平等就业权纠纷案件，依法纠正用人单位性别歧视、地域歧视等不予招录、拒绝签订劳动合同的行为，破除各种不合理限制，推动高校毕业生平等就业、多渠道灵活就业创业。依法打击"黑职介"、虚假招聘、售卖简历等违法犯罪活动，依法审理涉就业见习纠纷案件，妥善认定涉就业见习用工法律关系，维护高校毕业生合法就业权益。对因受疫情影响不能按时离校的应届毕业生，在处理相关案件时要引导用人单位推迟签约时间，相应延长报到接收、档案转递、落户办理时限。高校毕业生在试用期内因受疫情影响不能返岗的，可以引导用人单位采取灵活的试用考察方式考核其是否符合录用条件；无法采取灵活考察方式实现试用期考核目的的，无法实施考察实现试用期考核目的期间可以协商不计算在原约定试用期内，用人单位通过顺延试用期变相突破法定试用期上限的，人民法院不予支持。科学设置司法辅助岗位，深化落实基层法官助理规范便捷招录机制，畅通政法专业高校毕业生进入基层人民法院就业渠道。

二、依法规范新就业形态用工，推动平台经济可持续发展

6. 准确把握新就业形态民事纠纷案件审判工作要求。推进落实《人力资源社会保障部、国家发展改革委、交通运输部、应急部、市场监管总局、国家医保局、最高人民法院、全国总工会关于维护新就业形态劳动者劳动保障权益的指导意见》（以下简称新业态劳动者权益保障指导意见）有关制度和要求，加强灵活就业和新就业形态劳动者权益保障，支持和规范发展新就业形态，合理认定平台企业责任，支持网约配送、移动出行、网络直播等平台企业在引领发展、创造就业、国际竞争中大显身手。依法支持劳动者依托互联网平台就业，支持用人单位依法依规灵活用工，引导平台企业与劳动者就劳动报酬、工作时间、劳动保护等建立制度化、常态化沟通协调机制，保障新就业形态劳动者合法劳动权益。适时制定司法政策，发布典型案例，统一裁判标准，发挥个案裁判和司法政策引领作用，推动形成新就业形态用工综合治理机制。

7. 依法合理认定新就业形态劳动关系。平台企业及其用工合作单位与劳动者建立劳动关系的，应当订立书面劳动合同。未订立书面劳动合同，劳动者主张与平台企业或者用工合作单位存在劳动关系的，人民法院应当根据用工事实和劳动管理程度，综合考虑劳动者对工作时间及工作量的自主决定程度、劳动过程受管理控制程度、劳动者是否需要遵守有关工作规则、劳动纪律和奖惩办法、劳动者工作的持续性、劳动者能否决定或者改变交易价格等因素，依法审慎予以认定。平台企业或者用工合作单位要求劳动者登记为个体工商户后再签订承揽、合作等合同，或者以其他方式规避与劳动者建立劳动关系，劳动者请求根据实际履行情况认定劳动关系的，人民法院应当在查明事实的基础上依法作出相应认定。

8. 加强新就业形态劳动者合法权益保障。不完全符合确立劳动关系情形但企业对劳动者进行劳动管理的，可以结合新业态劳动者权益保障指导意见有关规定，依法保障劳动者权益。依法保护劳动者按照约定或者法律规定获得劳动报酬的权利；劳动者因不可抗力、见义勇为、紧急救助以及工作量或者劳动强度明显不合理等非主观因素，超时完成工作任务或者受到消费者差评，主张不能因此扣减应得报酬的，人民法院应当依法支持。推动完善劳动者因执行工作任务遭受损害的责任分担机制。依法认定与用工管理相关的算法规则效力，保护劳动者取得劳动报酬、休息休假等基本合法权益；与用工管理相关的算法规则存在不符合日常生活经验法则、未考虑遵守交通规则等客观因素或者其他违背公序良俗情形，劳动者主张该算法规则对其不具有法律约束力或者请求赔偿因该算法规则不合理造成的损害的，人民法院应当依法支持。

9. 推动健全新业态用工综合治理机制。依法妥善审理涉新就业形态社会保险纠纷案件，支持完善基本养老保险、医疗保险参保办法，推动企业引导和支持不完全符合确立劳动关系情形的新就业形态劳动者，根据自身情况参加相应社会保险。依法妥善审理保险合同纠纷案件，促进平台企业通过购买人身意外、雇主责任等商业保险，提升平台灵活就业人员保障水平。妥善审理机动车交通事故责任纠纷、非机动车交通事故责任纠纷等案件，依法合理认定各方责任，推动平台企业制定注重遵守交通规则等社会秩序的算法规则和规章制度，强化外卖快递从业人员遵守交通规则等社会秩序意识。配合有关部门推动行业协会、头部企业或者企业代表与工会组织、职工代表开展协商，签订行业集体合同或者协议，推动制定行业劳动标准；畅通裁审衔接程序，完善多元化解机制，支持各类调解组织、法律援助机构等依法为新就业形态劳动者提供更加便捷、优质高效的纠纷调解、法律咨询、法律援助等服务。

三、妥善处理劳动争议案件，依法保护双方权益

10. 注重依法保护原则。积极贯彻落实国家助企纾困、促稳定促发展、复工复产等政策要求，正确理解和参照适用国务院有关行政主管部门以及省级人民政府等制定的相关政策文件，准确把握新阶段疫情防控各项政策，妥善处理涉疫情劳动争议案件，积极引导用人单位与职工协商，推动构建和谐劳动关系，确保用人单位有序复工复产，保障劳动者合法权益。坚持依法保护劳动者合法权益和促进用人单位稳定有序发展相结合，努力寻找用人单位和劳动者之间的最佳利益平衡点和结合点，保障劳动者合法

权益和就业稳定,为用人单位生存发展、有序运转创造条件。

11. 妥善审理劳动合同纠纷案件。用人单位生产经营困难,按照法定程序经与职工代表大会讨论或者经与工会、职工代表等民主协商,对在合理期限内延迟支付工资、轮岗轮休等事项达成一致意见的,可以作为认定双方权利义务的依据。除依法按协商程序降低劳动报酬外,用人单位安排劳动者通过居家办公或者灵活办公等方式提供正常劳动,劳动者请求按正常工资标准支付其工资的,人民法院应当依法支持。依法妥善审理相关案件,积极引导和支持用人单位与劳动者依法协商,采取协商薪酬、调整工时、轮岗轮休、在岗培训等措施稳定工作岗位。

12. 推动劳动争议纠纷多元化解。准确适用《人力资源社会保障部、最高人民法院关于劳动人事争议仲裁与诉讼衔接有关问题的意见(一)》,推动劳动争议仲裁和诉讼有序衔接,逐步统一裁审受理范围和法律适用标准;加强与人社部门、工会、行业协会联动协作,促使劳动者与企业和解协商、共克时艰,推动构建和谐劳动关系。对于群体性、突发性、敏感性、涉重大利益等劳动争议,应当坚持把非诉讼纠纷解决机制挺在前面,积极推动诉源治理,及时做好风险预警,"调、裁、审"协作发力,充分维护劳动者与用人单位合法权益。

四、准确适用程序法律规定,依法保障诉讼权利行使

13. 准确适用期限顺延规定。当事人依据民事诉讼法第八十六条规定申请顺延期限的,应当根据疫情防控形势变化以及当事人提供的证据情况综合考虑是否准许,依法保护当事人诉讼权利。当事人及其诉讼代理人等因受疫情影响不能正常出庭参加诉讼,符合条件的,依法在线开展诉讼活动。当事人受疫情影响耽误起诉期限的,对耽误的时间依法予以扣除。劳动争议当事人提供证据证明其因受疫情影响无法在法定仲裁时效期间内申请仲裁,主张仲裁时效中止的,人民法院应当依法支持。

14. 切实提高诉讼服务水平。对于企业以及其他市场主体涉及的复工复产纠纷案件,应当高度重视其立案、审理、执行工作,依法高效妥善处理。对于确有困难的当事人申请免交、减交或者缓交诉讼费用的,人民法院应当依法审查并及时作出相应决定;确实需要其他司法救助的,依法及时采取救助措施。对于陷入困境的市场主体特别是中小微企业、个体工商户等,依法审慎采取财产保全措施,依法及时纠正超标的查封、乱查封,可以采取灵活的诉讼财产保全措施或者财产保全担保方式,减轻企业负担,助力复工复产。完善一站式多元解纷机制,加强线上诉讼服务和互联网审判,持续推动案件繁简分流、简案快审,使合法权益尽快得以实现,各种争议得到依法快速解决,切实降低诉讼成本。

2022年12月26日